云在阁经藏

永明延寿大师文集

〔五代〕延寿　著
于德隆　点校

九州出版社 JIUZHOUPRESS | 全国百佳图书出版单位

图书在版编目（CIP）数据

永明延寿大师文集 / （五代）延寿著；于德隆点校．
—北京：九州出版社，2013.1（2022.10 重印）
ISBN 978-7-5108-1929-2

Ⅰ．①永… Ⅱ．①延… ②于… Ⅲ．①禅宗－
中国－五代十国时期－文集 Ⅳ．①B946.5-53

中国版本图书馆 CIP 数据核字（2013）第 010829 号

永明延寿大师文集

作　　者	（五代）延寿 著　于德隆 点校
责任编辑	张万兴　周红斌
装帧设计	李永刚
出版发行	九州出版社
地　　址	北京市西城区阜外大街甲 35 号（100037）
发行电话	（010）68992190/3/5/6
网　　址	www.jiuzhoupress.com
印　　刷	三河市兴博印务有限公司
开　　本	720 毫米 ×1020 毫米　16 开
印　　张	32.5　插　页　12P
字　　数	500 千字
版　　次	2013 年 1 月第 1 版
印　　次	2022 年 10 月第 2 次印刷
书　　号	978-7-5108-1929-2
定　　价	348.00 元

御製重刊宗鏡錄序

蓋惟宗爲教本。教屬宗枝。無教非宗。全波是此。非宗無教。全水是波。有偏圓頓漸之名言。無淺深高下之別義。譬如布無淨染。但有空明。粉入而白呈。硃來而赤現。不能離赤白而別存此質。豈可混粉硃而謂即水真。此與粉硃。了無交涉。

雍正御制重刊宗镜录序（之一）

粉硃在水。不礙圓常。迨其粉真硃沉水。
亦無餘無欠。了知硃來粉入水。原不即
不離。又如零雨滋生。而句萌甲坼。抱束
為饎。而釋叟烝浮。至於柯條枝葉既長。
而雨乃點點在中。黍稷稻粱既盛。而泉
則顆顆滲入。不特水相無住。並且無性
皆空。然而枝條柯葉。皆是水所圓成。黍

雍正御制重刊宗镜录序（之二）

稷穡果。雖非水之常住。雖則餘無有水。實皆水。有無餘。不離真如。餘因教亦內水而外餘。異餘而同水。人我之見本也。有餘而成諸變幻。無餘而返其真常。動靜之相根也。水不與餘而增減。餘自與水相去來。生死之真源也。見餘而全昧夫水。悟水而正受其餘。聖凡之虛說也。

雍正御制重刊宗镜录序（之三）

逈無所有。塵剎熾然。寔已非無。龜毛可
貫。故知達宗履教。了了是真宗。遺教談宗。
宗非本教。未明宗要。雖涉教藩。既據宗
綱。須探教網。或乃迷源棄本。執相徇名。
顛倒情塵浪浪之中。徘徊因滅果生之
內。將釋迦法空之座。椽作碇之橋。借迦葉
上行之衣。黏為膠漆。一塵遮眼。銀海迷

雍正御制重刊宗镜录序（之四）

範。半句修通。鐵圍突兀。微聞龍藏十二
分。秪堪熏誘善根。若同拂席五千人。豈
免成大我慢。至若初發貴驅。若資糧作進
菩提大道。雖回一念迴光。即同本得。若
如千生結習。借力來光。便乃超學屏聞。
廣備弛行。斥他水毋借繳為眼。不是己
光。却類寒蟬抱露鳴清。先成我執。去真

雍正御制重刊宗镜录序（之五）

空無量。覺海無邊。必須舉足下足。躡無

真其方。是無行而行。深度覺海。皇乃泝

循此路。中出化城。取一捨諸。望梅畫餅。

歷觀禪侶。良用慨然。瞻望古錐。曷勝仰

止。如宗慧日永明寺妙圓正脩壽禪師。

紹隆覺位。了微澈玄。性行雙圓。宗成蓋

至。朕披其著述。欽厥風規。又為震旦第

雍正御制重刊宗镜录序（之六）

一導師。真到空王家上妙乘。安居寶所。而法財充溢。非同守藏之夫。高坐蓮花。與瑞彩旁騰。莫測化雲之現。其萬善同歸。唯心訣。心賦。諸書。朕既刊之琬琰。布在叢林。普願有口者誦。當庶幾善心人直達。若夫宗鏡錄者。舉一心為宗。照萬法如鏡。所錄百卷。括盡三宗。實乃寶藏

雍正御制重刊宗镜录序（之七）

圓詮。妙來心印。住宗師自在之位。棹佛
母智度之航。共坐淨名方丈之中。同登
彌勒毘盧之閣。義味圓足。中邊妙致。皇
哉深通。精微該括。圓攝內外。微塵法
界。深入無自性之實。惟心真明大涅槃
海重重。萬萬波紋。悉從無所得胸中一一湧
出。卷中無句。句中無字。但現珠珠之光明

雍正御制重刊宗镜录序（之八）

日輪。從表徹裡。從裏徹空。遍界參參。清
淨寶月。如摩尼珠。迴光返照。而明暗色
空。重重交映。如獅筋絃。響絕群音。而
山林草木。處處應其色。在珠邊而無色
寶珠。不離赤白青黃之內。聲流絃外。
而無奏妙絃。而在宮商角徵之中。不一
不多。非純非雜。絕思絕議。難讚難名。雖

雍正御制重刊宗镜录序（之九）

使奪弄精魂者。與其自疑是。令學識依
通者。迷而知返。既悟必讀。方踏末後一
關。未了先觀。亦使正宗的旨。五家道果。
未朔朔字寶王。十法界因。並作群生慈
父。聽不聞而覩莫見。四虛空之處其迹。
不滅而悟不增。乃平等之平等。作多尊
勝義上寔。而宗教俱融。人果能妙達斯

雍正御制重刊宗镜录序（之十）

宗。必不言打破生鏡。無傳禪師誕降。室惟慈氏下生。朕謂不必慈氏再來。現同慈氏本說。特為重刻。用廣其傳。布在今茲。盡未來際。俾學者知宗教律之共貫。入聞思修之三摩。以知寂不二之一心。契空有雙融之中道。出生普賢願海。幻住夢存。常遊圓覺道場。隨緣無礙。

雍正御制重刊宗镜录序（之十一）

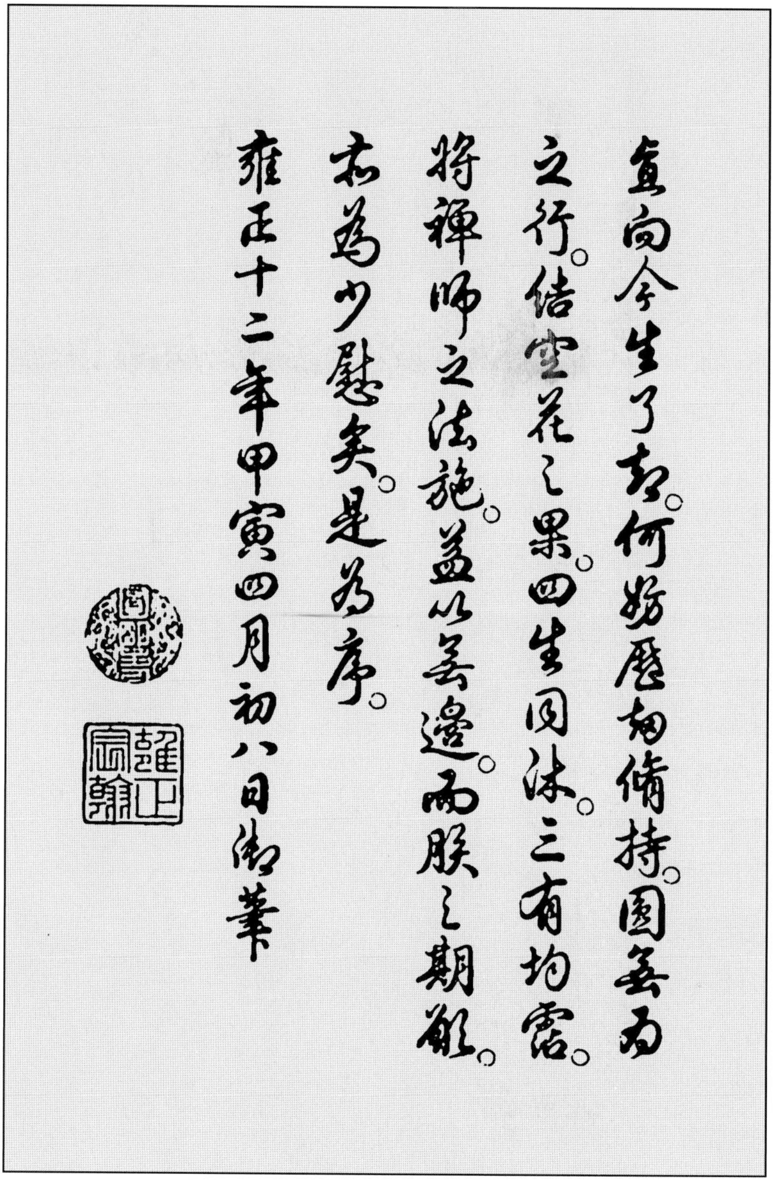

直向今生了却。何妨歷劫脩持。圓無爲之行。結空花之果。四生同沐。三有均霑。將禪師之法施。益以無邊。而朕之期願。亦爲少慰矣。是爲序。

雍正十二年甲寅四月初八日御筆

雍正御制重刊宗镜录序（之十二）

出版说明

释延寿（904—975），是五代末、北宋初的著名高僧，吴越国忠懿王钱俶赐号为智觉禅师。因长期住持杭州永明寺（即净慈寺），世人尊称为永明大师。永明大师不仅是中国南禅法眼宗的三祖，且被尊奉为净土宗六祖。其一心为宗，融合禅教，万善同归，指归净土的思想，奠定了此后中国汉传佛教发展的主流，对中国佛教的发展具有巨大而深远的影响。

永明大师在中国佛教界受到极高尊崇。明末蕅益大师曾说：“细读《宗镜》问答、引证，谓非释迦末法第一功臣，可乎？”（《灵峰宗论·较定宗镜录跋四则》）清世宗雍正皇帝曾特为永明大师的重要著作《宗镜录》、《万善同归集》等制序流通，他称赞永明大师为“古佛再来”，“从来善知识中，尤为出类拔萃者”，“超出历代诸古德之上”，给予了极高评价，称赞永明大师“更为震旦第一导师，真到空王最上妙乘。”又云：“《宗镜录》一书，为震旦宗师著述中第一妙典。”

永明大师的法誉还远及海外。高丽国王览师之言教，倾心服膺，曾遣使修书叙弟子之礼，并派僧人来亲承大师学法，归国后大弘法化，使法眼宗法脉得以在海东延续，同时促进了海东净土念佛之风的盛行。

永明大师一生著述等身，据永明大师自述、行明禅师记录整理的《智觉禅师自行录》记载，永明大师著作“共六十一本，总一百九十七卷”。虽然其中部分已经佚失，但是其主要著作如《宗镜录》、《万善同归集》、《心赋注》、《唯心诀》、《观心玄枢》、《禅净四料拣》、《神栖安养赋》、《受菩萨戒法》、《定慧相资歌》、《警世》、《山居诗》等都保存了下来，这些都已成为研修佛法的珍贵法宝，也是研究中国禅宗史、净土宗史、佛教史的重要一手资料。

本文集中收录了永明大师现在存世的全部著作，由于篇幅所限，其中《宗镜录》为选要收录。本次校勘，对原文采用现代标点、分段，希望能够为广大读者提供一个优良的读本。

九州出版社
二〇一四年一月

目　录

心　宗

净　土

戒 修

道 歌

心　宗

一、宗镜录①（选录）

御制重刊《宗镜录》序②

雍 正

盖惟宗为教本，教属宗枝。无教非宗，全波是水；非宗无教，全水是波。有偏圆顿渐之名言，无浅深高下之别义。譬如本无净染，但有空明，粉入而白呈，硃来则赤现。不能离赤白而别存水质，岂可混粉硃而谓即水真？水与粉硃，了无交涉；粉硃在水，不凝圆常。迨其粉奠硃沉，水亦无

① 《宗镜录》一百卷，是永明大师的代表作。明末蕅益大师曾说："永明大师，相传为弥陀化身，得法于韶国师，乃法眼嫡孙，宗眼圆明，梵行清白。睹末运宗教分张之失，爰集三宗义学沙门于宗镜堂，广辨台、贤、性、相旨趣，而衡以心宗，辑为《宗镜录》百卷，不异孔子之集大成也。"又云："细读《宗镜》问答、引证，谓非释迦末法第一功臣，可乎？"（《灵峰宗论·较定《宗镜录》跋四则》）清世宗雍正皇帝所作〈重刊宗镜录序〉中，称赞永明大师"更为震旦第一导师，真到空王最上妙乘。"又云："《宗镜录》一书，为震旦宗师著述中第一妙典。"《宗镜录》共分三大部分，第一卷前半是标宗章，从第一卷后半至第九十三卷是问答章，第九十四卷讫文是引证章。所谓"标宗"，即"举一心为宗"，以此心宗，"照万法如镜"，"宗镜录"的立名，即自此义而来。现据雍正十三年内府刻本为底本，以《中华大藏经》本（第 76 册，经号 1698，《高丽藏》影印本）、清《乾隆藏》本（第 141 册，经号 1595）为校本，由于篇幅所限，选录前三卷正文，这是《宗镜录》开宗明义的部分，并收录了全部序文。

② 《中华藏》本无此序。

余无欠；了知䅩来粉入，水原不即不离。又如零雨滋生，而勾萌甲坼；挹泉为饎，而释叟烝浮。至于柯条枝叶既长，而雨乃点点在中；黍稷稻粱既盛，而泉则颗颗涉入。不特水相无住，并且水性皆空。然而枝条柯叶，皆是水所圆成；黍稷稻粱，孰非水之常住？虽则余无有水，实则水有无余。水譬真知，余同教乘。内水而外余，异余而同水，人我之见本也。有余而成诸变幻，无余而返其真常，动静之相根也。水不与余为增减，余自与水相去来，生死之真源也。见余而全昧夫水，悟水而正受其余，圣凡之虚说也。迥无所有，尘刹炽然；实有非无，龟毛可贯。故知达宗履教，教是真宗；遗教谈宗，宗非本教。未明宗要，难涉教藩；既握宗纲，须探教网。或乃迷源弃本，执相徇名，颠倒情尘识浪之中，徘徊因灭果生之内。将释迦法空之座，椓作碇桩；化迦叶上行之衣，粘为胶漆。一尘遮眼，银海迷茫；半句才通，铁围突兀。纵闻龙藏十二分，只堪熏诸善根；若同拂席五千人，岂免成大我慢？至若初赍般若资粮，乍进菩提大道，虽曰一念回光，即同本得；无如千生结习，其力未充。便乃歇学屏闻，废修弛行。斥他水母借虾为眼，不是己光；却类寒蝉抱露鸣清，先成我执。夫真空无量，觉海无边，必举足下足，蹑尽真空，方是无行而行，深度觉海；岂得沿循此岸，中止化城，取一舍诸，望梅画饼。历观禅侣，良用慨然。瞻望古锥，曷胜仰止！

如宋慧日永明寺妙圆正修寿禅师，绍隆觉位，了彻微言，性行双圆，乘戒兼至。朕披其著述，钦厥风规，更为震旦第一导师，真到空王最上妙乘。安居宝所而法财充溢，非同守藏之夫；高坐莲花而瑞彩旁腾，莫测化云之现。其《万善同归》、《唯心诀》、《心赋》诸书，朕既刊之琬琰，布在丛林，普愿有口者遍尝，庶几无心人直达。若夫《宗镜录》者，举一心为宗，照万法如镜，所录百卷，括尽三乘，实乃宝藏圆诠，如来心印。住宗师自在之位，棹佛母智度之航。共坐净名方丈之中，同登弥勒毗卢之阁。义味周足，中边妙融，直截深通，精微该括。圆摄不内外微尘法界，深入无自性真实惟心。算明大涅槃海里万万波纹，尽从无所得胸中一一流出。卷中无句，句中无字，但现赫赫光明日轮，从表彻里，从里彻空。遍界寥寥，清净宝月，如摩尼珠，回光返照，而明暗色空，重重交映；如狮筋弦，响绝群音，而山林草木，处处应空。色在珠边，而无色宝珠不离赤白青黄之内；声流弦外，而无声妙弦即在宫商角徵之中。不一不多，非纯非杂，绝思绝议，难赞难名。能使夺弄精魂者爽然自疑，足令学识依通者迷而知返。既悟必读，方踏末后一关；未了先观，亦识正宗的旨。五乘道果，来朝∴字宝王；十法界因，并仰群生慈父。听不闻而睹莫见，曰虚空之虚空；迷不灭而悟不增，乃平等之平等。信乎尊胜无上，实为宗教俱融。人果能妙达斯宗，必不言打破此镜。

世传禅师诞降，实惟慈氏下生。朕谓不必慈氏再来，现同慈氏本说。特为重刻，用广其传。布在今兹，尽未来际。俾学者知宗、教、律之共贯，入闻、思、修之三摩。以知寂不二之一心，契空有双融之中道。出生普贤愿海，幻住梦存；常游圆觉道场，随缘无碍。直向今生了却，何妨历劫修持。圆无为之行，结空华之果。四生同沐，三有均沾。将禅师之法施，益以无边；而朕之期愿，亦为少慰矣！是为序。

雍正十二年甲寅四月初八日御笔

御制重刊《宗镜录》后序①

雍 正

朕读禅师《唯心诀》，嘉其尽善尽美，无比无俦，乃遍求禅师平生著述流传宇内者览之。其《宗镜录》一百卷，朕实心悦赞叹，不能自已。至矣哉！禅师慈愿如此其宏大，彻悟如此其真到，导人如此其微妙，自性如此其明圆也。夫如来五千教典，虽有小乘、大乘之说，然所为小乘、大乘者，乃随时说法而有，亦随人听法而分。如来所说小乘，即是大乘。且

① 《中华藏》本无此序。

所说大乘，实无有法名为大乘。悟者听之，皆是大乘，本无小乘。不悟者，未明小乘，安得妄谈大乘？历来宗门，直指本心，先期自悟，将一切大乘、小乘，并称之为教典，皆在所简，不令人于语言文字上推求，心意识知边卜度。迨其弊也，歧教于宗，知求别传于教外，不知妙旨之仍在教中，抑又过己。学人既得自证自悟，岂能不取佛祖言教，印合真归，成其圆信。顾大藏浩瀚，诚古人所云："象负之而不胜，龙藏之而不尽。"又且截琼枝而寸寸是玉，折旃檀而片片皆香。自必阅之而双眼难周，诵之而一期莫毕。若非禅师宏大慈力，纂此妙典，孰能囊括群经之要旨，廓通三乘之圆诠，使人直达宝所乎！

朕谓达摩西来以后，宗门中述佛妙心，续绍慧命，广济含生，利益无尽者，未有若禅师此书者也。学人观此，可不必泛览大藏矣。魔民仰面唾云，谓法眼流弊，不数传而《宗镜》出焉，义解沙门倚以为说。若斯谬论，谤大般若，自堕无间，所不足道。乃此书历宋、元、明，以迄于今，宗门古德不乏具眼，而从未有称道赞扬、标为第一希有者，亦可异也！朕既重刊广布，序而传之，使深山古刹中禅侣，家有隋侯之珠。序有不尽，复述此以宣朕尊崇褒美之至意，使天下后世读斯书者，知为最尊最胜云。

虽然，如是元音，不关文字。若不自性自度，而于此中寻思觅解，即为背觉而合尘，譬之买椟还珠，认沤为海。虽能成诵得如瓶泻水，亦能为人诠解讲说，究于自己曾何少分相应耶？禅师百卷书中，丁宁告戒，反复申明此旨者，不一而足，学人所宜猛省。苟非了达本性，亲证自心，而欲于意下求通，言中取则，将蒸沙岂能成饭？他宝宁济己贫？埋没自己绝代英灵，涂汙佛祖金口正典。不特将禅师吃紧为人无尽法施，付诸火宅，即朕今日拂拭之于故纸陈言之中，宏阐褒扬，期与真修参侣共尝甘露妙味，一片谆谆劝勉之心，亦属唐捐矣！禅师不云乎？"不得一向离之而起绝言之见，亦不得一向即之而成执指之愚。"此事如人饮水，冷暖自知，自在学者，朕奚能少助焉。

雍正十二年甲寅五月朔日御笔

上 谕[①]

雍 正

朕于永明寿禅师《宗镜录》，欣服敬礼，得未曾有。特为天下后世禅侣拈出，重刊广布，亲制序文，有曰："既悟必读，方踏末后之一关；未了先观，亦识正宗之的旨。"又恐学人寻章摘句，不求了证自心，辜负古佛妙典，为是重制后序以申明之。朕之勤惓训谕，指示后学之意，实为无已。

尝闻涌泉欣有言："见解人多，行解人万中无一。"盖人果到得行解地位，自必宗亦通、说亦通。但说通而未宗通，其说必非真通，所不必道。若宗通而于说通未到至圆至明处，究为见解到而行解未到。盖行解一分，则说通一分；行解十分，则说通十分。说通之真际，即宗通之真际也。歧宗、教而为二者，皆未入圆宗之门外汉耳。释迦牟尼世尊所说法，多至于三藏十二分，末后拈花授记摩诃迦叶，以逮西天四七，流入震旦，俾众生一超直入如来地，灯传无尽，慧命不绝。释迦牟尼佛，诚为恒河沙数众生大慈悲父矣！其自达摩西来、曹溪南迈，历唐、宋、元、明以迄于今，古德上贤乘时辈出，莫不阐佛元音，自他兼利。然而圆通方广、放大光明，一如世尊佛在世转轮，不动一心而演诸义、不坏诸义而显一心，震诸经大海之潮音、了一心离微之密旨，囊括无遗，纤毫不立，如开圆满宝藏，听贫子之归携；如决甘露天池，恣渴人之斟掬，法施无穷无尽，慈恩无量无边，挺生震旦，为释迦牟尼世尊佛后一人，作众生慈父，其书与三藏十二分媲美者，惟有此古佛妙典耳！非其行解与佛相亚，奚能宗通、说通如是乎！

夫达摩之时，震旦缁侣多执滞教相，将三藏十二分，作此土经史子

① 《中华藏》本无此上谕。

集一例观之，寻文索义，背觉合尘，埋没却世尊不说说、迦叶不闻闻之妙旨。既迷失家宝，如同衣内之珠，而世尊所示觅珠之方，又成盲人之疑象。达摩为救其弊，是以直指一心，单提向上，期夫震旦学佛人，如是了达，如是顿圆，然后于不二法中，现妙神通；无心性内，成大佛事。将六度万行齐圆，而三藏十二分具举。岂曰有拈花一宗，便可不必有三藏十二分也？世谓教外别传由达摩而入震旦，不知达摩未来之先，及虽同时而未见达摩者，如志公、如僧肇、如南岳思辈，皆从三藏十二分，了彻心宗，洞明此事。其以达摩为东土初祖者，乃宗门叙其源流如是耳。岂可云震旦宗旨，自达摩始，而三藏十二分，非此元音？此宗虽称教外别传，究而论之，无内无外，故曰宗。教固不得而外宗，宗又安得而外教也？非同非异，故曰宗。教固岂得异于宗，宗并不得云同于教也。如使教典果有外于宗、异于宗者，则世尊灭度后，迦叶何以集诸弟子，于宾钵罗窟，令阿难述佛种种经教？其后马鸣何为以博通诸经见称，而龙树又何以造诸论偈垂世乎？且释迦牟尼佛说法四十九年，俱是说此拈花妙旨。若谓所说在拈花之外，而拈花在所说之外，不特所说皆与本分间隔，而拈花又何以能该恒河沙数法门乎？将见一轮有阻，千车尽滞修途；安在一法才通，万象尽归心地也？

曹溪以降，每以片语单词、擎拳竖拂，勘验学人果否自性自度。至于一举数百万言，大小三乘全该并显，不恤眉毛拖地，掉广长舌，出和雅音，于一芥子中剖出八万四千须弥山王，举八万四千须弥山王纳归一芥子，于言语道断处演出无边诸佛音声，于心行处灭处应现无方真实慈化，上下千百年内，实罕其人，唯一永明，出兴震旦，而宗徒转谓曹溪门庭无此法式，实乃罪同谤佛。吾宗无语句、亦无一法与人者，岂可以哑羊为无语句，以顽空为无一法与人耶？既为宗徒，而轻蔑教典，业已堕空，入狂参知见，奚得借口圆宗耶？十方禅侣，草鞋行脚，得古人片语单词，闻诸方擎拳竖拂，一般于謦欬边推求、意根下卜度。然则何不向此书寻讨真实究竟？如曰："此是语言文字"，岂多许则为语言文字，少许即非语言文字乎？夫心解则一切解，心缚则一切缚。若心解者，无关语言文字之多少；若心缚者，与其缚向古人片语单词、诸方擎拳竖拂边，何如缚向如来教典中，姑且随喜华光妙云之为愈乎！朕虽曰："悟后读之，更得进步；而未证自心者，不得于此寻思觅解。"然朕固曰："未了先观，亦识正宗之的旨也。"

且宗徒既已扫弃教典，谓是语言文字，而复好工偈颂，真光武所谓悬羊头卖马肉者，堪发一笑。宗徒中由文学诸生出家，自幼读书，循其故业而作偈颂，尚不足怪；至于本不识字之人，因欲悟宗旨，乃从事于偈颂，岂非首越而之燕耶？若乃欲以偈颂取悦于学士大夫，使为外护，具是污浊心行；而又指斥教典，谓之语言文字，岂免堕无间之狱？且出家儿，欲工偈颂，入于诗赋之流，舍本分之当学，而学门外之别学，况学必不到家，徒供文儒嗤笑。夫欲所作偈颂不至见笑大方，亦非积数十年学力不能，则此数十年，业已不依本分。若将此数十年心力用于宗、教，即曰解路推求，要必近朱者赤、近墨者黑，所解既在正路中，亦可有因解得悟之一日。即使不悟，熏习而成异熟果，不与作偈颂者之雕琢浮辞、拾狐唾者之瞒心乱统，相去霄壤乎！

教典浩瀚，毕生莫竟。观禅师此书，则释迦牟尼佛三藏十二分，具在是矣。朕向实未阅教典，因洞明此事后，爰取从上宗师为人机缘，于几暇时，披寻翻阅，因而识得永明古佛，实为震旦第一导师。及观师著述，又识得《宗镜录》一书，为震旦宗师著述中第一妙典。朕生平遇一佳味，必思人人共尝；契一妙理，必思人人共晓。今既阅此第一妙典，何忍不以开示后学？是以剀切恳到言之，不惮再四。夫朕岂执著教相者，朕于何文、何字，何经、何典，有所滞惑耶？知朕者自知之。惟愿天下后世学侣，决定无疑，勇猛坚固，永不退转，诵读受持。先以闻解信入，后以无思契同，齐达此宗，交光此镜。不虚古佛当年将大觉不思议绝妙法施，普度一切无量含生之大慈悲心、如实至语，是朕所厚望也。特谕。

雍正十二年甲寅十二月初八日御笔

《宗镜[1]录》序

宋 左朝请郎尚书礼部员外郎护军杨杰 撰

诸佛真语，以心为宗；众生信道，以宗为鉴。众生界即诸佛界，因迷而为众生；诸佛心是众生心，因悟而成诸佛。心如明鉴，万象历然。佛与众生，其犹影像。涅槃生死，俱是强名。鉴体寂而常照，鉴光照而常寂。心佛众生，三无差别。

国初吴越永明智觉寿禅师，证最上乘，了第一义；洞究教典，深达禅宗；禀奉律仪，广行利益。因读《楞伽经》云“佛语心为宗”，乃制《宗镜[2]录》。于无疑中起疑，非问处设问。为不请友，真大导师。掷龙宫之宝，均施群生；彻祖门之关，普容来者。举目而视，有欲皆充；信手而拈，有疾皆愈。荡涤邪见，指归妙源，所谓举一心为宗，照万法为鉴矣。若人以佛为鉴，则知戒定慧为诸善之宗，人、天、声闻、缘觉、菩萨、如来由此而出，一切善类莫不信受。若以众生为鉴，则知贪嗔痴为诸恶之宗，修罗、旁生、地狱、鬼趣由此而出，一切恶类莫不畏惮。善恶虽异，其宗则同。返鉴其心，则知灵明湛寂，广大融通，无为无住，无修无证，无尘可染，无垢可磨，为一切诸法之宗矣。

初吴越忠懿王宝[3]之，秘于教藏。至元丰中，皇弟魏端献王镂板分施名蓝，四方学者罕遇其本。元祐六年夏，游东都法云道场，始见钱唐新本，尤为精详，乃吴人徐思恭请法涌禅师，同永乐、法真二三耆宿，遍取诸录，用三乘典籍、圣贤教语，校读成就，以广流布，其益甚博。法涌知予喜阅是录，因请为序云。

---

① “镜”，《中华藏》本作“鉴”。

② “镜”，《中华藏》本作“鉴”。

③ “宝”，清藏本作“字”，《中华藏》本作“序”。

《宗镜录》序

吴越国王钱俶 制

详夫域中之教者三：正君臣，亲父子，厚人伦，儒，吾之师也；寂兮寥兮，视听无得，自微妙，升虚无，以止乎乘风驭景，君得之则善建不拔，人得之则延贶无穷，道，儒之师也；四谛、十二因缘，三明、八解脱，时习不忘，日修以得，一登果地，永达真常，释，道之宗也。惟此三教，并自心修。《宗[①]镜录》者，智觉禅师所撰也。总乎百卷，包尽微言。我佛金口所宣，盈于海藏，盖亦提诱后学。师之智慧辩才，演畅万法，明了一心，禅际河游，慧间云布，数而称之，莫能尽纪。聊为小序，以颂宣行云尔。

① “宗”，《中华藏》本、清藏本作“心”。

《宗镜录》卷一并序

宋 慧日永明妙圆正修智觉禅师延寿 集

伏以真源湛寂，觉海澄清，绝名相之端，无能所之迹。最初不觉，忽起动心，成业识之由，为觉明之咎。因明起照，见分俄兴；随照立尘，相分安布。如镜现像，顿起根身。次则随想而世界成差，后则[1]因智而憎爱不等。从此遗真失性，执相徇名。积滞著之情尘，结相续之识浪。锁真觉于梦夜，沉迷三界之中；瞽智眼于昏衢，匍匐九居之内。遂乃縻业系之苦，丧解脱之门，于无身中受身，向无趣中立趣。约依处，则分二十五有；论正报，则具十二类生。皆从情想根由，遂致依正差别。向不迁境上，虚受轮回；于无脱法中，自生系缚。如春蚕作茧，似秋蛾赴灯。以二见妄想之丝，缠苦聚之业质；用无明贪爱之翼，扑生死之火轮。用谷响言音，论四生妍丑；以妄想心镜，现三有形仪。然后违顺想风，动摇觉海；贪痴爱水，资润苦芽。一向徇尘，罔知反本。发狂乱之知见，翳于自心；立幻化之色声，认为他法。从此一微涉境，渐成戛汉之高峰；滴水兴波，终起吞舟之巨浪。

尔后将欲反初复本，约根利钝不同，于一真如界中，开三乘、五性。或见空而证果，或了缘而入真。或三祇熏炼，渐具行门；或一念圆修，顿成佛道。斯则克证有异，一性非殊。因成凡圣之名，似分真俗之相。若欲穷微洞本，究旨通宗，则根本性离，毕竟寂灭。绝升沉之异，无缚脱之殊。既无在世之人，亦无灭度之者。二际平等，一道清虚，识智俱空，名体咸寂，迥无所有，唯一真心。达之名见道之人，昧之号生死之始。

复有邪根外种，小智权机，不了生死之病原，罔知人我之见本，唯欲厌喧斥动，破相析尘。虽云味静冥空，不知埋真拒觉。如不辨眼中之赤

① “则”，《中华藏》本作“即”。

眚，但灭灯上之重光；罔穷识内之幻身，空避日中之虚影。斯则劳形役思，丧力捐功，不异足水助冰、投薪益火。岂知重光在眚、虚影随身，除病眼而重光自消，息幻质而虚影当灭。若能回光就己，反境观心，佛眼明而业影空，法身现而尘迹绝。以自觉之智刃，剖开缠内之心珠；用一念之慧锋，斩断尘中之见网。

此穷心之旨、达识之诠，言约义丰，文质理诣。揭疑关于正智之户，薙妄草于真觉之原。愈入髓之沉痾，截盘根之固执。则物我遇智火之焰，融唯心之炉；名相临慧日之光，释一真之海。斯乃内证之法，岂在文诠？知解莫穷，见闻不及。今为未见者演无见之妙见、未闻者入不闻之圆闻、未知者说无知之真知、未解者成无解之大解。所冀因指见月，得兔忘罤；抱一冥宗，舍诠检理。了万物由我，明妙觉在身。可谓搜抉玄根，磨砻理窟，剔禅宗之骨髓，标教网之纪纲。余惑微瑕，应手圆净；玄宗妙旨，举意全彰。能摧七慢之山，永塞六衰之路。尘劳外道尽赴指呼，生死魔军全消影响。现自在力，阐大威光。示真宝[①]珠，利用无尽；倾秘密藏，周济何穷！可谓香中爇其牛头，宝中探其骊颔，华中采其灵瑞，照中耀其神光，食中啜其乳糜，水中饮其甘露，药中服其九转，主中遇其圣王。故得法性山高，顿落群峰之峻；醍醐海阔，横吞众派之波。似夕魄之腾辉，夺小乘之星宿；如朝阳之孕彩，破外道之昏蒙。犹贫法财之人，值大宝聚；若渴甘露之者，遇清凉池。为众生所敬之天，作菩萨真慈之父。抱膏肓之疾，逢善见之药王；迷险难之途，遇[②]明达之良导。久居暗室，忽临宝炬之光明；常处裸形，顿受天衣之妙服。不求而自得，无功而顿成。故知无量国中，难闻名字；尘沙劫内，罕遇传持。以如上之因缘，目为心镜。现一道而清虚可鉴，辟群邪而毫发不容。妙体无私，圆光匪外。无边义海，咸归顾盼[③]之中；万像形容，尽入照临之内。斯乃曹溪一味之旨，诸祖同传；

① “宝”，底本内府刻本、清藏本均作“实”，现按《中华藏》本校订。

② “遇”，《中华藏》本、内府刻本作“偶”，现按清藏本校订。

③ “盼”，《中华藏》本、清藏本作“眄”。

鹄林不二之宗，群经共述。可谓万善之渊府，众哲之玄源，一字之宝王，群灵之元祖。遂使离心之境，文理俱虚；即识之尘，诠量有据。一心之海印，楷定圆宗；八识之智灯，照开邪暗。实谓含生灵府，万法义宗。转变无方，卷舒自在；应缘现迹，任物成名。诸佛体之号三菩提，菩萨修之称六度行；海慧变之为水，龙女献之为珠；天女散之为无著华，善友求之为如意宝；缘觉悟之为十二缘起，声闻证之为四谛人空；外道取之为邪见河，异生执之作生死海。论体则妙符至理，约事则深契正缘。

然虽标法界之总门，须辩一乘之别旨。种种性相之义，在大觉以圆通；重重即入之门，唯种智而妙达。但以根羸靡鉴，学寡难周，不知性相二门，是自心之体用。若具用而失恒常之体，如无水有波；若得体而阙妙用之门，似无波有水。且未有无波之水，曾无不湿之波，以波彻水源、水穷波末；如性穷相表、相达性源。须知体用相成，性相互显。今则细明总别，广辩异同。研一法之根元，搜诸缘之本末，则可称宗镜，以鉴幽微，无一法以逃形，斯千差而普会。遂尔编罗广义，撮略要文，铺舒于百卷之中，卷摄在一心之内。能使难思教海，指掌而念念圆明；无尽真宗，目睹而心心契合。若神珠在手，永息驰求；犹觉树垂阴，全消影迹。获真宝于春池之内，拾砾浑非；得本头于古镜之前，狂心顿歇。可以深挑见刺，永截疑根。不运一毫之功，全开宝藏；匪用刹那之力，顿获玄珠。名为一乘大寂灭场，真阿兰若正修行处。此是如来自到境界，诸佛本住法门。是以普劝后贤，细垂玄览，遂得智穷性海，学洞真源。

此识此心，唯尊唯胜。此识者，十方诸佛之所证；此心者，一代时教之所诠。唯尊者，教理行果之所归；唯胜者，信解证入之所趣。诸贤依之而解释，论起千章；众圣体之以弘宣，谈成四辩。所以掇奇提异，研精洞微，独举宏纲，大张正网，捞摝五乘机地，升腾第一义天。广证此宗，利益无尽。遂得正法久住，摧外道之邪林；能令广济含生，塞小乘之乱辙；则无邪不正，有伪皆空。由自利故，发智德之原；由利他故，立恩德之事。成智德故，则慈起无缘之化；成恩德故，则悲含同体之心。以同体故，则心起无心；以无缘故，则化成大化。心起无心故，则何乐而不与；化成大化故，则何苦而不收？何乐而不与，则利钝齐观；何苦而不收，则怨亲普救。遂使三草二木，咸归一地之荣；邪种焦芽，同沾一雨之润。斯乃尽善尽美，无比无俦，可谓括尽因门，搜穷果海。故得创发菩提之士，初求般若之人，了知成佛之端由，顿圆无滞；明识归家之道路，直进何疑！或离此别修，随他妄解，如构角取乳、缘木求鱼，徒历三祇，终无一得。若依此旨信受弘持，如快舸随流，无诸阻滞，更遇便风之势，复加橹棹之功，则疾届宝城，忽登觉岸。可谓资粮易办，道果先成。披[1]迦叶上行之衣，坐释迦法空之座，登弥勒毗卢之阁，入普贤法界之身。能令客作贱人，全领长者之家业；忽使沈空小果，顿受如来之记名。未有一门匪通斯道，必无一法不契此宗。过去觉王因兹成佛，未来大士仗此证真。则何一法门而不开，何一义理而不现？无一色非三摩钵地，无一声非陀罗尼门。尝一味而尽变醍醐，闻一香而皆入法界。风柯月渚，并可传心；烟岛云林，咸提妙旨。步步踏金色之界，念念嗅薝卜之香。掬沧海而已得百川，到须弥而皆同一色。焕兮开观象之目，尽复自宗；寂尔导求珠之心，俱还本法。遂使邪山落仞，苦海收波，智楫以之安流，妙峰以之高出。

今详祖佛大意、经论正宗，削去繁文，唯搜要旨，假申问答，广引证明。举一心为宗，照万法如镜。编联古制之深义，撮略宝藏之圆诠，同此显扬，称之曰录。分为百卷，大约三章：先立正宗，以为归趣；次申问答，用去疑情；后引真诠，成其圆信。以兹妙善，普施含灵，同报佛恩、共[2]传斯旨耳。

---

① “披”，《中华藏》本作“被”。

② “共”，《中华藏》本作“其”，应误。

标宗章第一

详夫祖标禅理，传默契之正宗；佛演教门，立诠下之大旨。则前贤所禀，后学有归，是以先列标宗章。为有疑故问，以决疑故答；因问而疑情得启，因答而妙解潜生。谓此圆宗难信难解，是第一之说，被[1]最上之机，若不假立言诠，无以荡其情执。因指得月，不无方便之门；获兔忘罟，自合天真之道；次立问答章。但以时当末代，罕遇大机，观浅心浮，根微智劣，虽知宗旨的有所归，问答决疑渐消惑障，欲坚信力，须假证明。广引祖佛之诚言，密契圆常之大道；遍采经论之要旨，圆成决定之真心；后陈引证章。以此三章，通为一观，搜罗该括，备尽于兹矣。

◎问：先德云："若教我立宗定旨，如龟上觅毛、兔边求角。"《楞伽经》偈云："一切法不生，不应立是宗。"何故标此章名？

答：斯言遣滞。若无宗之宗，则宗说兼畅。古佛皆垂方便门，禅宗亦开一线道。切不可执方便而迷大旨，又不可废方便而绝后陈。然机前无教，教后无实，设有一解一悟，皆是落后之事，属第二头。所以《大智度论》云："以佛眼观一切十方国土中一切物，尚不见无，何况有法？毕竟空法能破颠倒，令菩萨成佛，是事尚不可得，何况凡夫颠倒有法？"今依祖佛言教之中，约今学人随见心性发明之处，立心为宗。是故西天释迦文佛云："佛语心为宗，无门为法门。"此土初祖达磨大师云："以心传心，不立文字。"则佛佛手授，授斯旨；祖祖相传，传此心。已上约祖佛所立宗旨。

又诸贤圣所立宗体者。杜顺和尚依《华严经》，立自性清净圆明体。此即是如来藏中法性之体，从本已来性自满足，处染不垢，修治不净，故

① "被"，《中华藏》本作"备"。

云自性清净。性体遍照，无幽不瞩，故曰圆明。又随流加[①]染而不垢，返流除染而不净。亦可在圣体而不增，处凡身而不减。虽有隐显之殊，而无差别之异。烦恼覆之则隐，智慧了之则显。非生因之所生，唯了因之所了。斯即一切众生自心之体，灵知不昧，寂照无遗，非但华严之宗，亦是一切教体。

《佛地论》立一清净法界体，《论》云："清净法界者，一切如来真实自体，无始时来自性清净，具足种种过十方界极微尘数性相功德，无生无灭，犹如虚空。遍一切有情平等共有，与一切法不一不异，非有非无，离一切相，一切分别、一切名言皆不能得。唯是清净圣智所证，二空无我所显真如为其自性。诸圣分证，诸佛圆证。"此清净法界，即真如妙心，为诸佛果海之源，作群生实际之地。

此皆是立宗之异名，非别有体。或言宗者，尊也，以心为宗，故云："天上天下唯我独尊。"或言体者，性也，以心为体，故云："知一切法即心自性。"或言智者，以心为智，即是本性寂照之用，所以云"自觉圣智"、"普光明智"等。若约义用而分，则体、宗、用别；若[②]会归平等，则一道无差。所以《华严记》问[③]云："等、妙二位，全同如来普光明智者，结成入普所以。此会说等妙二觉，二觉全同普光明智，即是会归之义。问：等觉同妙觉，于理可然。妙觉之外，何有如来普光明智，为所同耶？答：说等觉、说妙觉，即是约位。普光明智，不属因果，该通因果，其由自觉圣智超绝因果。故《楞伽经》妙觉位外，更立自觉圣智之位。亦犹佛性有因、有果，有因因、有果果。以因取之，是因佛性；以果取之，是果佛性。然则佛性非因非果。普光明智，亦复如是，体绝因果，为因果依，果方究竟，故云如来普光明智。"或称为本者，以心为本，故《涅槃疏》云："涅槃宗本者，诸行皆以大涅槃心为本，本立道生。如无纲目不

① "加"，内府刻本、清藏本作"如"，现按《中华藏》本校订。

② "若"，《中华藏》本作"其"。

③ "问"，疑为衍字。

立，无皮毛靡附。心为本故，其宗得立。”

◎问：若欲明宗，只合纯提祖意，何用兼引诸佛菩萨言教以为指南？故宗门中云：借虾为眼，无自己分，只成文字圣人，不入祖位。

答：从上非是一向不许看教，恐虑不详佛语，随文生解，失于佛意，以负[①]初心。或若因诠得旨，不作心境对治，直了佛心，又有何过？只如药山和尚，一生看《大涅槃经》，手不释卷。时有学人问：“和尚寻常不许学人看经，和尚为什么自看？”师云：“只为遮眼。”问：“学人还看得不？”师云：“汝若看，牛皮也须穿。”

且如西天第一祖师是本师释迦牟尼佛，首传摩诃迦叶为初祖，次第相传，迄至此土六祖，皆是佛弟子。今引本师之语，训示弟子，令因言荐道，见法知宗，不外驰求，亲明佛意。得旨即入祖位，谁论顿渐之门；见性现证圆通，岂标前后之位？若如是者，何有相违？且如西天上代二十八祖、此土六祖，乃至洪州马祖大师，及南阳忠国师、鹅湖大义禅师、思空山本净禅师等，并博通经论，圆悟自心，所有示徒，皆引诚证，终不出自胸臆，妄有指陈，是以绵历岁华，真风不坠。以圣言为定量，邪伪难移；用至教为指南，依凭有据。故圭峰和尚云：“谓诸宗始祖即是释迦，经是佛语，禅是佛意，诸佛心口必不相违。诸祖相承，根本是佛亲付；菩萨造论，始末唯弘佛经。况迦叶乃至鞠多，弘传皆兼三藏。及马鸣、龙树，悉是祖师，造论释经，数十万偈，观风化物，无定事仪。”所以凡称知识，法尔须明佛语，印可自心。若不与了义一乘圆教相应，设证圣果，亦非究竟。今且录一二，以证斯文。

洪州马祖大师云：达磨大师从南天竺国来，唯传大乘一心之法，以《楞伽经》印众生心，恐不信此一心之法。《楞伽经》云：“佛语心为宗，无门为法门。”何故佛语心为宗？佛语心者，即心即佛，今语即是心语，故云“佛语心为宗”。无门为法门者，达本性空，更无一法，性自是

① “负”，内府刻本、清藏本作“护”，现按《中华藏》本校订。

门。性无有相，亦无有门，故云“无门为法门”。亦名空门，亦名色门。何以故？空是法性空，色是法性色。无形相故，谓之空；知见无尽故，谓之色。故云：“如来色无尽，智慧亦复然。”随生诸法处，复有无量三昧门，远离内外知见情执，亦名总持门，亦名施门，谓不念内外善恶诸法，乃至皆是诸波罗蜜门。色身佛，是实相佛家用，经云“三十二相、八十种好，皆从心想生”；亦名法性家焰，亦法性功勋。菩萨行般若时，火烧三界内外诸物尽，于中不损一草叶，为诸法如相故，故经云：“不坏于身，而随一相。”今知自性是佛，于一切时中，行住坐卧，更无一法可得。乃至真如不属一切名，亦无无名，故经云：“智不得有无。”内外无求，任其本性，亦无任性之心。经云：“种种意生身，我说为心量。”即无心之心，无量之量。无名为真名，无求是真求。经云：“夫求法者，应无所求。”心外无别佛，佛外无别心。不取善，不作恶，净秽两边俱不依。法无自性，三界唯心。经云：“森罗及万像，一法之所印。”凡所见色，皆是见心。心不自心，因色故心；色不自色，因心故色。故经云：“见色即是见心。”

南阳忠国师云：禅宗法者，应依佛语一乘了义，契取本原心地，转相传授，与佛道同。不得依于妄情，及不了义教，横作见解，疑误后学，俱无利益。纵依师匠领受宗旨，若与了义教相应，即可依行；若不了义教，互不相许。譬如狮子身中虫，自食狮子身中肉，非天魔外道而能破灭佛法矣。时有禅客问曰：“阿那个是佛心？”师曰：“墙壁瓦砾，无情之物，并是佛心。”禅客曰：“与经大相违也。经云：‘离墙壁瓦砾无情之物，名为佛性。’今云：‘一切无情之物皆是佛心。’未审心之与性，为别不别？”师曰：“迷人即别，悟人不别。”禅客曰：“与经又相违也。经云：‘善男子！心非佛性。佛性是常，心是无常。’今云不别，未审此意如何？”师曰：“汝自依语不依义。譬如寒月[①]，结水为冰，及至暖时，释冰成水；众生迷时，结性成心，悟时释心成性。汝定执无情之物非心者，经

① “月”，《中华藏》本作“时”。

不应言三界唯心，故《华严经》云：‘应观法界性，一切唯心造。’今且问汝：无情之物，为在三界内，为在三界外？为复是心不是心？若非心者，经不应言三界唯心。若是心者，又不应言无性。汝自违经，我不违也。”

鹅湖大义禅师，因诏入内，遂问京城诸大师：“大德！汝等以何为道？”或有对云：“知见为道。”师云：“《维摩经》云‘法离见闻觉知’，云何以知见为道？”又有对云：“无分别为道。”师云：“经云：‘善能分别诸法相，于第一义而不动。’云何以无分别为道？”又皇帝问：“如何是佛性？”答：“不离陛下所问。”是以或直指明心，或破执入道。以无方之辩，祛必定之执；运无得之智，屈有量之心。

思空山本净禅师，语京城诸大德云：“汝莫执心，此心皆因前尘而有，如镜中像，无体可得。若执实有者，则失本原，常无自性。《圆觉经》云：‘妄认四大为自身相，六尘缘影为自心相。’《楞伽经》云：‘不了心及缘，则生二妄想。了心及境界，妄想则不生。’《维摩经》云：‘法非见闻觉知。’且引三经，证斯真实。”

五祖下庄严大师，一生示徒，唯举《维摩经》宝积长者赞佛颂末四句云：“不著世间如莲华，常善入于空寂行，达诸法相无挂碍，稽首如空无所依。”学人问云：“此是佛语，欲得和尚自语。”师云：“佛语即我语，我语即佛语。”

是故初祖西来，创行禅道，欲传心印，须假佛经。以《楞伽》为证明，知教门之所自。遂得外人息谤，内学禀承，祖胤大兴，玄风广被。是以初心始学之者，未自省发已前，若非圣教正宗，凭何修行进道？设不自生妄见，亦乃尽值邪师，故云：“我眼本正，因师故邪。”西天九十六种执见之徒，皆是斯类。故知木匪绳而靡直，理非教而不圆。如上略引二三，皆是大善知识，物外宗师，禅苑麟龙，祖门龟镜。示一教而风行电卷，垂一语而山崩海枯。帝王亲师，朝野归命，丛林取则，后学禀承。终不率自胸襟，违于佛语。凡有释疑去伪、显性明宗，无不一一广引经文，备彰佛意。所以永传后嗣，不坠家风。若不然者，又焉得至今绍继昌盛？法力如是，证验非虚。

又若欲研究佛乘、披寻宝藏，一一须消归自己，言言使冥合真心。但莫执义上之文，随语生见；直须探诠下之旨，契会本宗。则无师之智现前，天真之道不昧。如《华严经》云："知一切法，即心自性，成就慧身，不由他悟。"故知教有助道之力，初心安可暂忘？细详法利无边，是乃搜扬纂集。

且凡论宗旨，唯逗顿机，如日出照高山，驶马见鞭影。所以丹霞和尚云："相逢不擎出，举意便知有。"如今《宗镜》，尚不待举意，便自知有，故《首楞严经》云："圆明了知，不因心念。"扬眉动目，早是周遮。如先德颂云："便是犹倍句，动目即差违。若问曹溪旨，不更待扬眉。"今为乐佛乘人，实未荐者，假以宗镜，助显真心。虽挂文言，妙旨斯在。俯收中下，尽被群机，但任当人，各资己利。百川虽阔①，何妨大海广含；五岳自高，不碍太阳普照。根机莫等，乐欲匪同，于四门入处虽殊，在一真见时无别。如获鸟者罗之一目，不可以一目为罗；理国者功在一人，不可以一人为国。如《内德论》云："夫一水无以和羹，一木无以构室；一衣不称众体，一药不疗殊疾；一彩无以为文绣，一声无以谐琴瑟；一言无以劝众善，一戒无以防多失。"何得怪渐顿之异，令法门之专一？故云："如为一人，众多亦然；如为众多，一人亦然。"岂同劣解凡情，而生局见？我此无碍广大法门，如虚空非相，不拒诸相发挥；似法性无身，匪碍诸身顿现。须以六相义该摄，断常之见方消；用十玄门融通，去取之情始绝。

又若实得一闻千悟，获大总持，即胡假言诠，无劳解释。船筏为渡迷津之者，导师因引失路之人。凡关一切言诠，于圆宗所示，皆为未了。文字性离，即是解脱。迷一切诸法真实之性，向心外取法，而起文字见者，今还将文字对治，示其真实。若悟诸法本源，即不见有文字，及丝毫发现，方知一切诸法即心自性，则境智融通，色空俱泯。当此亲证圆明之际，入斯一法平等之时，又有何法是教而可离，何法是祖而可重？何法是

①"阔"，清藏本、《中华藏》本均作"润"。

顿而可取，何法是渐而可非？则知皆是识心横生分别。所以祖佛善巧，密布权门，广备教乘，方便逗会。才得见性，当下无心，乃药病俱消，教观咸息。如《楞伽经》偈云："诸天及梵乘，声闻缘觉乘，诸佛如来乘，我说此诸乘，乃至有心转，诸乘非究竟。若彼心灭尽，无乘及乘者，无有乘建立，我说为一乘。引导众生故，分别说诸乘。"故先德云：一翳在目，千华乱空；一妄在心，恒沙生灭。翳除华尽，妄灭证真；病差药除，冰融水在。神丹九转，点铁成金；至理一言，转①凡成圣。狂心不歇，歇即菩提，镜净心明，本来是佛。

问答章第二②

◎问：如上所标，已知大意，何用向下更广开释？

答：上根利智，宿习生知，才看题目"宗"之一字，已全入佛智海中，永断纤疑，顿明大旨。则一言无不略尽，摄之无有遗余。若直览至一百卷终，乃至恒沙义趣，龙宫宝藏，鹫岭金文，则殊说更无异途，舒之遍周法界。以前略后广，唯是一心；本卷末舒，皆同一际。终无异旨，有隔前宗。都谓迷情，妄兴取舍。唯见纸墨文字，嫌卷轴多；但执寂默无言，欣为省要。皆是迷心徇境，背觉合尘。不穷动静之本原，靡达一多之起处。偏生局见，唯惧多闻。如小乘之怖法空，似波旬之难众善。以不达诸法真实性故，随诸相转，堕落有无。

如《大涅槃经》云："若人闻说大涅槃一字一句，不作字相，不作句相，不作闻相，不作佛相，不作说相，如是义者，名无相相。"释曰：若云即文字无相，是常见；若云离文字无相，是断见。又若执有相相，亦是

① "转"，底本作"点"，按《中华藏》本校订。

② "问答章第二"，《中华藏》本位于第六十一卷。

常见；若执无相相，亦是断见。但亡即、离、断、常，四句、百非一切诸见，其旨自现。当亲现入宗镜之时，何文言、识智之能诠述乎？所以先德云："若觅经，了性真如无可听；若觅法，鸡足山间问迦叶。大士持衣在此山，无情不用求某①甲。"斯则岂可运见闻觉知之心，作文字句义之解？

若明宗达性之者，虽广披寻，尚不见一字之相，终不作言诠之解。以迷心作物者，生斯纸墨之见耳。故《信心铭》云："六尘不恶，还同正觉。智者无为，愚人自缚。"如斯达者，则六尘皆是真宗，万法无非妙理。何局于管见，而迷于大旨耶？岂知诸佛广大境界、菩萨作用之门？所以大海龙王置十千之问，释迦文佛开八万劳生之门；普慧菩萨申二百之疑，普贤大士答二千乐说之辩。如《华严经》普眼法门，假使有人以大海量墨，须弥聚笔，写于此普眼法门一品中一门，一门中一法，一法中一义，一义中一句，不得少分，何况能尽？又如《大涅槃经》中，佛言："我所觉了一切诸法，如因大地生草木等；为诸众生所宣说者，如手中叶。"只如已所说法，教溢龙宫，龙树菩萨暂看有一百洛叉。出在人间，于西天尚百分未及一；翻来东土，故不足言；岂况未所说法耶？斯乃无尽妙旨，非浅智所知；性起法门，何劣解能览？燕雀焉测鸿鹄之志，井蛙宁识沧海之渊？如狮子大哮吼，狸不能为；如香象所负担，驴不能胜。如毗沙门宝，贫不能等；如金翅鸟飞，乌不能及。唯依情而起见，但逐物而意移。或说有而不涉空，或言空而不该有；或谈略为多外之一，或立广为一外之多；或离默而执言，或离言而求默；或据事外之理，或著理外之事。殊不能悟此自在圆宗，演广非多，此是一中之多；标略非一，此是多中之一。谈空不断，斯乃即有之空；论有不常，斯乃即空之有。或有说亦得，此即默中说；或无说亦得，此即说中默。或理事相即亦得，此理是成事之理，此事是显理之事；或理理相即亦得，以一如无二如，真性常融会；或事事相即亦得，此全理之事，一一无碍。或理事不即亦得，以全事之理非事，所依非能依，不隐真谛故；以全理之事非理，能依非所依，不坏俗谛

① "某"，清藏本、《中华藏》本作"专"。

故。斯则存泯一际，隐显同时。如阐普眼之法门，皆是理中之义；似舒大千之经卷，非标心外之文。故经云“一法能生无量义”，非声闻缘觉之所知，不同但空孤调之诠、偏枯决定之见。

今此无尽妙旨，标一法而眷属随生；圆满性宗，举一门而诸门普会。非纯非杂，不一不多，如五味和其羹，杂彩成其绣，众宝成其藏，百药成其丸。边表融通，义味周足。搜微抉妙，尽《宗镜》中，依正混融，因果无碍，人法无二，初后同时。凡举一门，皆能圆摄无尽法界，非内非外，不一不多。舒之则涉入重重，卷之则真门寂寂。如《华严经》中，狮子座中、庄严具内，各出一佛世界尘数菩萨身云，此是依正、人法无碍。又如佛眉间出胜音等佛世界尘数菩萨，此是因果、初后无碍。乃至刹土微尘，各各具无边智德；毛孔身分，一一摄广大法门。何故如是奇异难思？乃一心融即故尔。

以要言之，但一切无边差别佛事，皆不离无相真心而有。如《华严经》颂云：“佛住甚深真法性，寂灭无相同虚空，而于第一实义中，示现种种所行事。所作利益众生事，皆依法性而得有，相与无相无差别，入于究竟皆无相。”又《摄大乘论》颂云：“即诸三摩地，大师说为心。由心彩画故，如所作事业。”故知凡圣所作，真俗缘生。此一念之心，刹那起时，即具三性、三无性六义。谓一念之心，是缘起法，是依他起；情计有实，即是遍计所执；体本空寂，即是圆成。即依三性说三无性，故六义具矣。若一念心起具斯六义，即具一切法矣，以一切真俗万法，不出三性、三无性故。

《法性论》云：“凡在起灭，皆非性也。起无起性故，虽起而不常；灭无灭性，虽灭而不断。如其有性，则陷于四见之网。”又云：“寻相以推性，见诸法之无性；寻性以求相，见诸法之无相。是以性相互推，悉皆无性。”是以若执有性，堕四见之邪林；若了性空，归一心之正道。故《华严经》云：“自深入无自性真实法，亦令他入无自性真实法，心得安隐。”以兹妙达，方入此宗，则物物冥真，言言契旨。若未亲省，不发圆机，言之则乖宗，默之又致失，岂可以四句而取、六情所知欤？但祖教并施，定慧双照，自利利他，则无过矣。

设有坚执己解，不信佛言，起自障心，绝他学路，今有十问，以定纪纲：还得了了见性，如昼观色，似文殊等不？还逢缘对境、见色闻声，举足下足、开眼合眼，悉得明宗，与道相应不？还览一代时教，及从上祖师言句，闻深不怖，皆得谛了无疑不？还因差别问难、种种征诘，能具四辩，尽决他疑不？还于一切时一切处，智照无滞，念念圆通，不见一法能为障碍，未曾一刹那中暂令间断不？还于一切逆顺好恶境界现前之时，不为间隔，尽识得破不？还于百法明门心境之内，一一得见微细体性根原起处，不为生死根尘之所惑乱不？还向四威仪中行住坐卧、钦承祗对、着衣吃饭、执作施为之时，一一辩得真实不？还闻说有佛无佛、有众生无众生，或赞或毁、或是或非，得一心不动不？还闻差别之智，皆能明达，性相俱通，理事无滞，无有一法不鉴其原，乃至千圣出世，得不疑不？

若实未得如是，切[①]不可起过头欺诳之心，生自许知足之意。直须广披至教，博问先知，彻祖佛自性之原，到绝学无疑之地。此时方可歇学，灰息游心。或自办，则禅观相应；或为他，则方便开示。设不能遍参法界、广究群经，但细看《宗镜》之中，自然得入。此是诸法之要，趣道之门。如守母以识子，得本而知末。提纲而孔孔皆正，牵衣而缕缕俱来。又如以狮子筋为琴弦，音声一奏，一切余弦悉皆断坏。此宗镜力，亦复如是。举之而万类沈光，显之而诸门泯迹。以此一则，则破千途，何须苦涉关津、别生歧路？所以志公歌云：“六贼和光同尘，无力大难推托。内发解空无相，大乘力能翻却。”唯在玄览得旨之时，可验斯文究竟真实。

① “切”,《中华藏》本作“功”，应误。

《宗镜录》卷二

◎夫诸佛境寂，众生界空，有何因缘而兴教迹？

答：一实谛中，虽无起尽；方便门内，有大因缘。故《法华经》偈云："诸法常无性，佛种从缘起。"以万法常无性，无不性空时，法尔能随缘，随缘不失性。且夫起教所由，因缘无量，古德略标，有其十种：一由法尔故，二愿力故，三机感故，四为本故，五显德故，六现位故，七开发故，八见闻故，九成行故，十得果故。今诸大菩萨所集《唯识论》等，大意有其二种：一为达万法之正宗，破二空之邪执；二为断烦恼、所知之障，证解脱、菩提之门。斯则自证法原本觉真地，不在文字句义敷扬。

今为后学慕道之人，方便纂集，又自有二意，用表本怀：一为好略之人撮其枢要，精通的旨，免览繁文；二为执总之人不明别理，微细开演，性相圆通。截二我[①]生死之根，蹑一味菩提之道。仰群经之大旨，直了自心；遵诸圣之微言，顿开觉藏。去彼依通之见，破其邪执之情。深信正宗，令知月不在指；回光返照，使见性不徇文。唯证相应，斯为本意。不可横生知解，没溺见河，于无得观中，怀趣向之意；就真空理上，兴取舍之心；率自胸襟，疑误[②]后学。须亲见性，方晓斯宗。

◎问：既虑执指徇文，又何烦集教？

答：为背己合尘、齐文作解者，恐封教滞情，故有此说。若随诠了旨、即教明心者，则有何取舍？所以藏法师云："自有众生，寻教得真，会理教无碍，常观理而不碍持教，恒诵习而不碍观空。则理教俱融，合成

① "我"，《中华藏》本作"种"。

② "误"，《中华藏》本作"悟"，应误。

一观，方为究竟传通耳。”斯乃教观一如，诠旨同原矣。

◎问：诸大经论，自成片段，科节伦序，句义分明。何假撮录广文，成其要略？

答：但以教海弘深，穷之罔知其际；义天高广，仰之不得其边。今则以管窥天，将螺酌海，如掬沧溟之涓滴，似撮太华之一尘。本为义广难周，情存厌怠，亦为不依一乘教之正理，唯徇不了义之因缘，罕穷横竖之门，莫知起尽之处，所以删繁简异，采妙探玄。虽文不足而大义全，缘不备而正理显。搜尽一乘之旨，抉开万法之原。为般若之玄枢，作菩提之要路。则资粮易办，速至大乘，证入无疑，免迂小径。所以马鸣菩萨造《起信论》云：“或有自无智力，因他广论而得解义；亦有自无智力，怖于广说，乐闻略论摄广大义而正修行。我今为彼最后人故，略摄如来最胜甚深无边之义，而造此论。”《瑜伽论》云：“有二缘，故说此论：一为如来无上法教久住世故，二为平等利益安乐诸有情故。又为如来甘露圣教已隐没者，忆念采集重开显故；未隐没者，问答决择倍兴盛故。又为摄益乐略言论勤修行者，采集众经广要法义，略分别故。”

今斯录者，虽无广大制造之功，微有一期述成之事。亦知钞录前后，文势不全，所冀直取要诠，且明宗旨。如从石辨玉，似披沙拣金。于群药中，但取阿陀之妙；向众宝内，唯探如意之珠。举一蔽诸，以本摄末，则一言无不略尽，殊说更无异途。亦望后贤，未垂嗤诮。所希断疑生信，但以见道为怀，非徇虚名以邀世誉。愿尽未来之际，遍穷法界之中，历劫逾生，常弘斯道。凡有心者，皆入此宗，去执除疑，见闻获益。承三宝力，加被护持。誓报佛恩，广济含识。虚空可尽，兹愿匪移；法界可穷，斯文不坠。

◎问：了义大乘，广略周备，解一义具圆通之见，闻一偈有成佛之功，何假述成，仍烦解释？

答：上上根人，一闻千悟，性相双辨，理事俱圆。若中下之徒，须假开演。庄严之道，赞饰之门，格量其功，不可为喻。所以《法华经》偈云：“譬如优昙华，一切皆爱乐，天人所希有，时时乃一出。闻法欢喜赞，乃至发一言，则为已供养，一切三世佛。是人甚希有，过于优昙华。”《般若颂》云：“般若无坏相，过一切言语，适无所依止，谁能赞其德？般若虽叵赞，我今能得赞，虽未脱死地，则为已得出。”又古圣云：“若菩萨造论者，名庄严经。如莲华未开，见虽生喜，不如已剖，香气芬馥；如金未用，见虽生喜，不如用之为庄严具。”故知弘教一念之善，能报十方诸佛之恩。论希有，则如华擅优昙之名；说光扬，则似金作庄严之具。

是以菩萨释大乘密旨，闻于未闻，能断深疑，成于圆信，法利何尽，功德无边。如《大般若经》云：“复次，憍尸迦！置赡部洲诸有情类，若四大洲诸有情类、若小千界诸有情类、若中千界诸有情类、若大千界诸有情类、若复十方各如殑伽沙等世界诸有情类，皆于无上正等菩提得不退转，同作是言：我今欣乐，速证无上正等菩提，济拔有情生死众苦，令得殊胜毕竟安乐。有善男子、善女人等，为成彼事，书深般若波罗蜜多，众宝庄严，供养恭敬，尊重赞叹，普施与彼，受持读诵，令善通利，如理思惟。于意云何，是善男子、善女人等，由此因缘，得福多不？天帝释言：甚多，世尊！甚多，善逝！尔时佛告天帝释言：若善男子、善女人等，书深般若波罗蜜多，众宝庄严，供养恭敬，尊重赞叹，于彼众中随施与一，受持读诵，令善通利，如理思惟，以无量门巧妙文义，广为解释，分别义趣，令其解了，教授教诫，令勤修学，是善男子、善女人等，所获福聚，甚多于前，无量无边，不可称数。”

《大涅槃经》云：“佛言：善男子！除一阐提，其余众生闻是经已，悉皆能作菩提因缘。法声光明入毛孔者，必定当得阿耨多罗三藐三菩提。何以故？若有人能供养恭敬无量诸佛，方乃得闻《大涅槃经》。薄福之人，则不得闻。”故知得闻《宗镜》所录一心实相常住法门，皆是曩结深因，曾亲佛会，甚为大事，非属小缘。若未闻熏，曷由值遇？

又《大涅槃经》云：“佛告迦叶菩萨：诸善男子、善女人，常当系心修此二字：佛是常住。迦叶！若有善男子、善女人修此二字，当知是人随我所行，至我至处。”是以信此法人，即凡即圣。修持契会，住佛所住之中；进止威仪，行佛所行之迹。

《释摩诃衍论》云：“第一显离疑信入功德门者，谓有众生闻此摩诃衍之甚深极妙广大法门已，即其心中亦不疑畏，亦不怯弱，亦不轻贱，亦不诽谤，发决定心，发坚固心，发尊重心，发爱信心。当知是人，真实佛子，不断法种，不断僧种，不断佛种，常恒相续，转转增长，尽于未来，亦为诸佛亲所授记，亦为一切无量菩萨之所护念。故如《论》云：‘若人闻是法已，不生怯弱，当知是人定绍佛种，必为诸佛之所授记。’第二比类对治示胜门者，谓若有人能善摄化三千大千世界中遍满众生，皆悉无余，令行十善；或有众生于一食顷，于此甚深法观察思量。若校量此二人功德，彼第一人所得功德甚极微少，譬如芥子碎作百分之量；此第二人所得功德甚极广大，譬如碎十方世界微尘数量。故如《论》云：‘假使有人能化三千大千世界满中众生，令行十善，不如有人于一食顷正思此法，过前功德不可为喻。’第三举受持功赞扬门者，谓若有人受持此论，观察义理，若一日、若一夜中间，所得功德无量无边，不可言说，不可思量。若假使十方三世一切诸佛、十方三世一切诸菩萨，以十方世界微尘数舌，各各皆悉于十方世界微尘数之量不可说劫，赞扬其人所有功德，亦不能尽。所以者何？法身真如之功德，等虚空界，无边际故。何况凡夫、二乘之人，能称叹之？一日一夜不多，中间受持人，尚所得功德不可思议，何况若二日、若三日、若四日，乃至百日中，受持读诵，思惟观察，不可思议、不可说中不可说。故如《论》云：‘复次若人受持此论，观察修行，若一日一夜，所有功德无量无边，不可得说。假令十方诸佛，各于无量无边阿僧祇劫叹其功德，亦不能尽。何以故？谓法性功德无有尽故，此人功德亦复如是，无有边际。’”

故知信此心宗，成摩诃衍。同三世诸佛之所证，义理何穷；等十方菩萨之所乘，功德无尽。偶斯玄化，庆幸逾深。顺佛旨而报佛恩，无先弘法；阐佛日而开佛眼，只在明心。此《宗镜》中，若得一句入神，历劫为种。况正言深奥，总一群经。此一乃无量中一，若染此法，即是圆顿之种，可谓甘露入顶、醍醐灌心，耀不二之慧灯，破情根之暗惑；注一味之智水，洗意地之妄尘。能令厚障深遮，若暴风之卷危叶；繁疑积滞，犹赫日之烁轻冰。犹如于诸王中为金轮之王，于诸照中为晨旭之照，于诸宝中为摩尼之宝，于诸华中为青莲之华，于诸谛中为真空之门，于诸法中为涅槃之宅。故《金刚三昧经》偈云："一味之法印，一乘之所成。"能于一切众生中，为首为师，为明为导。如《胜天王般若经》云："一切法中，心为上首。"《大智度论》云："三世诸佛，皆以诸法实相为师。"祖师云："一切明中，心明为上。"《法华经》偈云："第一之导师，得是无上法。"

又若未入《宗镜》，非唯不得见道，实乃理绝修行。即本立而道生，归根方究竟。如观本质，知画像而非真；若了藏性，见尘境而为妄。故经偈云："非不证真如，而能了诸行，犹如幻事等，似有而非真。"是以若得本，即得末，故《华严经》中海会菩萨，用法界微尘以为三昧。又〈出现品〉云："此法门，名为如来秘密之处，乃至名演说如来根本实性不思议究竟法。"故先德云："剖微尘之经卷，则念念果成；尽众生之愿门，则尘尘行满。"未悟宗镜，焉信斯文？若暂信之，功力悉等，不易所习，尽具法门，即塞即通，即邪即正。所以昔人云：遇斯教者，应须自庆。其犹溺巨海而遇芳舟，坠长空而乘灵鹤矣。

◎问：凡申弘教，开示化人，应须自行功圆，历位亲证，方酬本愿，开方便门，则所利非虚，不违正教。今之所录，有何证明？

答：此但唯集祖佛菩萨言教，故称曰录。设有问答解释，皆依古德大意，傍赞劝修，述成至教，岂敢辄称开示、妄有指陈？且夫祖佛正宗，则真唯识性，才有信处，皆可为人。若论修证之门，诸方皆云功未齐于诸圣。且教中所许，初心菩萨皆可比知，亦许约教而会，先以闻解信入，后以无思契同。若入信门，便登祖位。今集此《宗镜》，证验无边，应念皆通，寓目咸是。今且现约世间之事，于众生界中，第一比知，第二现知，第三约教而知。

第一比知者。且如即今有漏之身，夜皆有梦。梦中所见好恶境界，忧喜宛然，觉来床上安眠，何曾是实？并是梦中意识思想所为。则可比知，觉时所见之事，皆如梦中无实。夫过去、未来、现在三世境界，元是第八阿赖耶识亲相分，唯本识所变。若现在之境，是明了意识分别；若过去、未来之境，是独散暗意识思惟。梦觉之境虽殊，俱不出于意识，则唯心之旨，比况昭然。

第二现知者，即是对事分明，不待立况。且如现见青白物时，物本自虚，不言我青我白，皆是眼识见分自性任运分别，与同时明了意识，计度分别为青为白。以意辨为色，以言说为青，皆是意言自妄安置。且如六尘钝故，体不自立，名不自呼。一色既然，万法咸尔，皆无自性，悉是意言。故云："万法本闲，而人自闹。"是以若有心起时，万境皆有；若空心起处，万境皆空。则空不自空，因心故空；有不自有，因心故有。既非空非有，则唯识唯心。若无于心，万法安寄？又如过去之境，何曾是有？随念起处，忽然现前；若想不生，境终不现。此皆是众生日用，可以现知，不待功成，岂假修得？凡有心者，并可证知。故先德云："如大根人知唯识者，恒观自心意言为境。此初观时虽未成圣，分知意言，则是菩萨。"

第三约教而知者，经云："三界唯心，万法唯识。"此是所证本理、能诠正宗，广在下文，诚证非一。如《成实论》云："佛说内外中间之言，遂即入定。时有五百罗汉各释此言，佛出定后，同问世尊：'谁当佛意？'佛言：'并非我意。'又白佛言：'既不当佛意，将无得罪？'佛言：'虽非我意，各顺正理，堪为圣教，有福无罪。'"且如说小乘自证法门，尚顺正理，何况纯引一乘、唯谈佛旨乎！《六行法》云："诸大智人欲学道者，莫问大小，皆依理教。若见权教，虽是佛说，知非实语，即不依从。若见凡人说有理者，虽非佛语，亦即依行。以有智人学佛法者，善解如来教有权实，依佛实教宣说道理，则过凡愚谬执权者。"是以智人若有所说，人虽是凡，法则同佛。如瓶传水，泻置余瓶，瓶虽有异，所泻水一。是故凡夫结虽未尽，不妨有解，能说实义。但使解理，心数思量，此初观理，则异余凡。谓思人空，则是二乘；若观法空，则是菩萨。故《摄论》云：“初修观则是凡夫菩萨。”以此文证，初学观者，虽未断结，即是菩萨，以能解理同大圣故，说则合理，一一可依。《宝箧经》云：“犹如迦陵频伽鸟王卵中鸟子，其嘴未现，便出迦陵频伽妙声。佛法卵中诸菩萨等，未坏我见，未出三界，然能演出佛法妙音，谓空、无相、无作行音。迦陵频伽至孔雀群，终不鸣呼；还至迦陵频伽鸟中，乃须鸣呼。菩萨若至一切声闻、缘觉众中，终不演说不可思议诸佛之法；至菩萨众，尔乃演说。”以此文证，凡夫地中，过虽未尽，不妨深解，说有理者，皆可信受。但诸凡夫说有理者，皆是宿习，非今始学。若非宿习，今学至老，唯谓他语，自仍迷理。以迷理故，虽得多言，未解权实，说则乖理。若解理者，不拣尊幼，但求道不求事，依法不依人。

如阿湿婆恃，因舍利弗见之求法，即偈答言：“我年既幼稚，学日又初浅，岂能宣至真，广说如来义？”舍利弗言：“可略说其要。”便说偈言：“诸法因缘生，是法说因缘，是法因缘尽，大师如是说。”舍利弗一闻即获初果，转教目连，再说得道。以此证知，智人求法，唯重他德，不耻下就，不同凡愚我慢自高，虽知他胜，耻不肯学。凡夫无始不能入道，多皆由此不能求法。故诸愚人迷实教者，未能自悟，唯应访德。以迷理者，虽有世智，若无胜友，常迷道故。如《胜天王般若经》云：“如生盲人不能见色，如是烦恼盲诸众生，不能见法。如人有眼，无外光明，不能见色。行人如是，虽有智慧，无善知识，不能见法。”以此证知，人虽有智，未能自悟，要须良友。故《付法藏经》云：“善知识者，即是得道全分因缘。”佛自劝人，逐善知识，不合守愚，一生虚过。是故诸佛有遗旨，但令依法不依人，依义不依语。菩萨尚变身作畜生，为人说法，显此奇异，令闻者信受，皆令悟道，入平等法，岂令心生高下耶？故《华严演义》难云：“此旨微密，极位方知，何以凡情，辄窥大教？”释云：“依凭教理，圣教许故。《涅槃经》云：‘具缚凡夫，能知如来秘密之藏。’〈毗卢遮那品〉颂云：‘如因日光照，还见于日轮，以佛智慧光，见佛所行道。’即因佛教能了教也。”今《宗镜》中，始终引佛智慧之教光，显佛所行之道迹。若深信者，则是以众生之心光，见众生之行迹。若难云凡夫不合知者，斯乃邪见不信人耳。故《大集经》云：“若有人言我异佛异，当知是人即魔弟子。”又云：“了了见者，知一切法无二相也。”又云：“观诸法等，名之为佛。”所以学人问忠国师云：“如来说般若，即非般若，是名般若。既尽是非，云何是般若？”答：“能见非名者是般若。”问：“佛亦如是说。”答：“古今不异。得则千佛等心，万圣同辙。”

◎问：诸佛方便教门，皆依众生根起。根性不等，法乃尘沙。三十七品助道之门，五十二位修行之路，云何唯立一心，以为宗镜？

答：此一心法，理事圆备，是大悲父、般若母、法宝藏、万行原。以一切法界、十方诸佛、诸大菩萨、缘觉、声闻、一切众生皆同此心。诸佛已觉，众生不知。今为未知者，方便直指，以本具故不虚，以应得故非谬。故《华严经》颂云：“譬如世间人，闻有宝藏处，以其可得故，心生大欢喜。”宝藏处者，即众生心，才入信门，自然显现。方悟从来具足，岂假功成；始知本性无差，非因行得。可谓最灵之物、至道之原、绝妙之门、精实之义，为凡圣根本，作迷悟元由。如万物得地而发生，万行证理而成就。诸门竞入，众德攸归。作千圣趣道之基，为诸佛出世之眼。是以若了自心，顿成佛慧。可谓会百川为一湿，抟众尘为一丸，融环钏为一金，变酥酪为一味。如《华严经》颂云：“不能了自心，焉能知佛慧？”《阿差末经》云：“但正自心，不尚余学。”《禅要经》云：“内照开解，即大乘门。”见自心性，谓之曰照；众圣所游，谓之曰门。《入楞伽经》偈云：“心具于法藏，离无我见垢。世尊说诸行，内心所知法。”《月灯三昧经》偈云：“若有受持是一法，能顺菩萨正修行。因此一法功德故，速得成于无上道。”《胜鬘经》云：“世尊！我见摄受正法，有斯大力。如来以此为眼，为法根本，为引导法，为通达法。”释曰：所言正法者，即第一义心也。心外妄计，理外别求，皆堕边邪，迷于正见。所以得为如来正眼，摄尽十方之际，照穷法界之边，总归一心，是名摄受正法。

《起信论》云：“复次，真如自体相者，一切凡夫、声闻、缘觉、菩萨、诸佛，无有增减，非前际生，非后际灭，常恒究竟，从无始来，本性具足一切功德。谓大智慧光明义，遍照法界义，如实了知义，本性清净心义，常乐我净义，寂静不变自在义，如是等过恒沙数非同非异不思议佛法，无有断绝。依此义故，名如来藏，亦名法身。问：上说真如离一切相，云何今说具足一切功德相？答：虽实具有一切功德，然无差别相。彼一切法，皆同一味、一真，离分别相，无二性故。以依业识等生灭相，而立彼一切差别之相。此云何立？以一切法本来唯心，实无分别。以不觉故，分别心起，见有境界，名为无明；心性本净，无明不起，即于真如立大智慧光明义。若心生见境，则有不见之相；心性无见，则无不见，即于真如立遍照法界义。若心有动，则非真了知，非本性清净，非常乐我净，非寂静，是变异，不自在，由是具起过于恒沙虚妄杂染；以心性无动故，即立真实了知义，乃至过于恒沙清净功德相义。若心有起，见有余境可分别求，则于内法有所不足；以无边功德即一心自性，不见有余法而可更求，是故满足过于恒沙非一非异不可思议诸佛之法，无有断绝。故说真如名如来藏，亦复名为如来法身。”

然此一心，非同凡夫妄认缘虑能推之心，决定执在色身之内。今遍十方世界，皆是妙明真心。如〈入法界品〉云：“华藏世界海中，无问若山若河、大地虚空、草木丛林、尘毛等处，无不咸称[1]真法界，具无边德。”故先德云：“元亨利贞，乾之德也，始于一气；常乐我净，佛之德也，本乎一心。专一气而致柔，修一心而成道。心也者，冲虚粹妙，炳焕灵明；无去无来，冥通三际；非中非外，朗彻十方。不灭不生，岂四山之可害；离性离相，奚五色之能盲？处生死流，骊珠独耀于沧海；踞涅槃岸，桂轮孤朗于碧天。大矣哉！万法资始也。万法虚伪，缘会而生，生法本无，一切唯识。识如幻梦，但是一心。心寂而知，目之圆觉，弥满清净，中不容他，故德用无边，皆同一性。性起为相，境智历然；相得性融，身心廓尔。

① “称”，内府刻本作“一”，清藏本作“释”，现按《中华藏》本校订。

方之海印，越彼太虚。恢恢焉，晃晃焉，迥出思议之表也。”

又先德云：“如来藏者，即一心之异名。何谓一心？谓真妄、染净一切诸法无二之性，故名为一。此无二处，诸法中实，不同虚空，性自神解，故名为心。”是以若于外别求、从他妄学者，犹如钻冰觅火、压沙出油，以冰沙非油火之正因，欲求济用，徒劳功力。又若但修渐行，空住权乘，则似画无胶，如坯未锻，以坯画非坚牢之器，欲求究竟，无有是处。若能谛了自心，不妄外求者，如从木出火，从麻出油，不坏正因，速得成办；又如画得胶，如坯经火，堪成器用，事不唐捐，凡有施为，悉皆究竟。若未信入，取舍万端，随境生迷，为法所害。不观空以遣累，但取空而废善；不达有以兴慈，但著有而起罪。皆为不了空有一心，致兹得失。若入宗镜，才发心时，非唯行成，理即顿具，便同古佛，一际无差。如《大涅槃经》云：“拘尸那城有旃陀罗，名曰欢喜。佛记是人，由一发心，当于此界千佛数中，速成无上正真之道。”

《法华玄义》云：“心法者，前所明法，岂得异心？但众生法太广，佛法太高，于初学为难。然心、佛及众生，是三无别者，但自观己心则为易。《涅槃经》云：‘一切众生具足三定。上定者，谓佛性也。’能观心性，名为上定。上能兼下，即摄得众生法也。《华严经》云：‘游心法界如虚空，则知诸佛之境界。’法界即中也，虚空即空也，心、佛即假也，三种即佛境界也，是为观心，仍具佛法。又游心法界者，观根尘相对，一念心起，于十界中必属一界。若属一界，即具百界千法，于一念中悉皆备足。此心幻师，于一日夜，常造种种众生、种种五阴、种种国土，所谓地狱界假实国土，乃至佛界假实国土。行人当自选择，何道可从。又如虚空者，观心自生心，不须藉缘有心，心无生力[①]。心无生力，缘亦无生。心缘各无，合云何有？合尚叵得，离则不生。尚无一生，况有百界千法耶？

① “观心自生心，不须藉缘有心，心无生力”，所引原文《妙法莲华经玄义》卷第二作“观心自生心，不须藉缘。藉缘有心，心无生力。”

以心空故，从心所生一切皆空，此空亦空。若空非空，点空设假，假亦非假，无假无空，毕竟清净。”

岂止三观万行，乃至十方虚空，尚从心变，岂况空中所生物像？如《首楞严经》颂云：“空生大觉中，如海一沤发。”所以《华严疏》云：“空有二法，俱称真之理，则有与空皆性空也。”钞释云：“空有称真之理者，此空是外空，若以理空对外空，外空离法，是断灭空；理空即名为真空①。若以外空亦心现，亦由对色、灭色方显，则此断空从缘无性，即性空也。故十八空中明大者，谓十方空，即十方虚空，亦是性空矣。”

所以千圣付嘱，难遇机缘。若对上根，豁然可验。如寒山子诗云：“自古多少圣，语路苦叮咛。人根性不等，高下有利钝。真佛不肯信，置功枉受困。不如心净明，便是心王印。”先德云：欲知法要，心是十二部经之根本，入道要门。此心门者，三世之佛祖，唯此一事实，余二即非真。唯有一乘法，无二亦无三。一乘法者，一心是。但守一心，即心真如门，一切诸法无有缺少，一切法行不出自心。唯心自知，更无别心。心无形色，无根无住，无生无灭，亦无觉观可行。若有可观行者，即是受、想、行、识，非是本心，皆是有为功用。诸祖只是以心传心，达者印可，更无别法。如《华严经》中，文殊童子化五百童子发菩提心，唯一人善财童子达本心原，游一百一十城，问菩提万行，所学三昧门，皆如幻化而无实体。故知从心所生，皆同幻化。但直了真心，自然真实。如《唯识枢要》云：“依境、教、理、行、果，五唯识中，此论有义，但明境唯识，舍离心外取境，一切境不离心故；有义，但说教唯识，成论本教，释彼说故；有义，但取理唯识，成立本教所说之理，分别唯识性相故；有义，但取行唯识，明五位修唯识行故；有义，但取果唯识，求大果故，安乐解脱身、大牟尼名法故。乃至今释彼说，唯取教、理。说依教理，成彼性相，

① “理空即名为真空”，按所引原文《大方广佛华严经随疏演义钞》卷第二十作“理空即事，名为真空”。

性相即摄一切尽故，一切皆取，于理为胜。”是知[①]唯识之理，成佛正宗。但以理该罗，无法不是，故云万法唯识。述宗镜之正意，穷祖佛之本怀，唯以一法逗一机，更无别旨。故《法华经》云：“十方佛土中，唯有一乘法。”《大涅槃经》云：“狮子吼者，是决定说，一切众生悉有佛性。”又云：“众生亦尔，悉皆有心。凡有心者，悉皆当得阿耨多罗三藐三菩提。”

◎问：三界唯心、万法唯识者，此该万法，应别立真如为宗。

答：真如是识性，识既该万法，即是有为、无为诸法平等之性。故经云：“未曾有一法，而出于法性。”司马彪云：“性者，人之本也。”蔡邕云：“性者，心之本也。”故古师云：《唯识论》是十支中高建法幢支，何法而不收，何宗而不立？唯以简为义，识以了为义。离识之外，无别唯体。即识有遮心外之用，故名为唯。唯之名独，性相俱收。真如是识性，依他相分色等是识相，心所以识为主，皆不离识，故总名唯识。

◎又问：三界是有漏法，由属三界爱结所系，故名三界。其无为无漏法，不为三界爱结所系，即不名三界法。经何故但言三界唯心，即不摄无为无漏等法，此岂非唯识，而但言三界耶？

答：三界所治迷乱之法尚名唯识，无为无漏法，性是能治，体非迷乱，不说自成，故但言三界唯心也。又诸部总句，有为无为、染净诸法，皆心为本。萨婆多等云：无为由心故显，有为由心故起。由心起染净法，势用缘强故，说心为本。

◎问：立心为宗，具几功德之门，能起见闻之信？

答：真心自体，非言所诠。湛如无际之虚空，莹若圆明之净镜。毁赞不及，义理难通，以功德、过患二门，绝对待故。今依先德，约相分别

① “知”,《中华藏》本作“缘”。

心，略有五义：一远离所取差别之相，二解脱能取分别之执，三遍三际无所不等，四等虚空界无所不遍，五不堕有无一异等边，超心行处，过言语道。又此无住之心，双泯二谛，故无出俗入真之异。既无出入，不在空有，故经言："心处无在。"无在之处，唯是一心。一心之体，本来寂灭，不可以有无处所穷其幽迹，不可以识智诠量谈其妙体。唯有入者，只在心知。如捣万种而为香丸，爇一尘而具足众气；似入大海水中浴，掬微滴而已用百川。执砾而尽成真金，揽草而无非妙药。空器悉盈甘露之味，满室唯闻薝卜之香。众义同归，若太虚包含于万像；千途竞入，犹多影靡凝[①]于澄潭。若论一心性起功德，无尽无边，岂以有量之心，赞无为之德？任尽神力，未述一毫。以信入之人，悉皆现证，即凡即圣，感应非虚。坚信不移，法空之虚声自息；明诚可验，灵润之野焰俄停。岂假神通，心魔顿绝；匪凭他术，识火自消。除不肖人，焉明斯旨？

如昔人云：依智不依识者，谓识现行，随尘分别，眼色耳声，耽迷不觉。大圣示教，境是自心；下愚冰执，尘为识外。今人口诵其空，心未亡有，腾空不起，入火逾难，俱是心相封迷故尔。后得通达，随心转用，岂不同鸟之游空，自常如是；布之火浣，不足怪也。但群生识性不同，致令大圣随情别说。然据至道，但是自心，故经云："三界上下，法义唯心。"此就世界依报以明心。又云："如如与真际，涅槃及法界，种种意生身，我说为心量。"此据出世法体以明心。终穷至实，毕到斯原。随流感果，还宗了义。

◎问：一心为宗可称纲要者，教中何故广谈诸道，各立经宗？

答：种种诸法虽多，但是一心所作。于一圣道，立无量名。如一火因然，得草火、木火种种之号；犹一水就用，得或羹、或酒多多之名。此一心门，亦复如是，对小机而称小法，逗大量而号大乘。大小虽分，真性

① "凝"，《中华藏》本作"碍"。

无隔。若决定执佛说有多法，即谤法轮，成两舌之过。故经云："心不离道，道不离心。"

如《大涅槃经》云："尔时，世尊赞迦叶菩萨：善哉！善哉！善男子！汝今欲知菩萨大乘微妙经典所有秘密，故作是问。善男子！如是诸经，悉入道谛。善男子！如我先说，若有信道，如是信道，是信根本，是能佐助菩提之道。是故我说，无有错谬。善男子！如来善知无量方便，欲化众生，故作如是种种说法。善男子！譬如良医，识诸众生种种病原，随其所患，而为合药，并药所禁。唯水一种，不在禁例，或服姜水，或甘草水，或细辛水，或黑石蜜水，或阿摩勒水，或尼婆罗水，或钵昼罗水，或服冷水，或服热水，或蒲萄水，或安石榴水。善男子！如是良医善知众生所患种种，药虽多禁，水不在例。如来亦尔，善知方便，于一法相，随诸众生，分别广说种种名相。彼诸众生随所说受，受已修习，除断烦恼，如彼病人随良医教，所患得除。复次善男子！如有一人善解众语，在大众中，是诸大众热渴所逼，咸发声言：我欲饮水！我欲饮水！是人即时以清冷水，随其种类，说言是水，或言波尼，或言郁持，或言婆[①]利蓝，或言婆利，或言波耶，或言甘露，或言牛乳。以如是等无量水名，为大众说。善男子！如来亦尔，以一圣道，为诸声闻种种演说，从信根等，至八圣道。复次，善男子！譬如金师，以一种金，随意造作种种璎珞，所谓钳、锁、环、钏、钗、镏[②]、天冠、臂印。虽有如是差别不同，然不离金。善男子！如来亦尔，以一佛道，随诸众生种种分别，而为说之。或说一种，所谓诸佛一道无二；复说二种，所谓定、慧；复说三种，谓见、慧、智；复说四种，所谓见道、修道、无学道、佛道；乃至复说二十道，所谓十力、四无所畏、大慈大悲、念佛三昧、三正念处。善男子！是道一体，如来昔日为众生故，种种分别。复次，善男子！譬如一火，因所然故，得种种名，所

① "婆"，《中华藏》本作"娑"。

② "镏"，《中华藏》本作"铛"。

谓木火、草火、糠火、麸火、牛马粪火。善男子！佛道亦尔，一而无二，为众生故，种种分别。复次，善男子！譬如一识，分别说六，若至于眼，则名眼识，乃至意识，亦复如是。善男子！道亦如是，一而无二，如来为化诸众生故，种种分别。复次，善男子！譬如一色，眼所见者则名为色，耳所闻者则名为声，鼻所嗅者则名为香，舌所尝者则名为味，身所觉者则名为触。善男子！道亦如是，一而无二，如来为欲化众生故，种种分别。善男子！以是义故，以八圣道分，名道圣谛。善男子！是四圣谛，诸佛世尊次第说之，以是因缘，无量众生得度生死。”又云：“若言十善十恶可作不可作、善道恶道、白法黑法，凡夫谓二，智者了达其性无二。无二之性，即是实性。”

《陀罗尼经》云：“无有一切诸法，是名一字法门。”又经云：“佛言：三世诸佛所说之法，吾今四十九年不加一字。”故知此一心门，能成至道。若上根直入者，终不立余门。为中下未入者，则权分诸道。是以祖佛同指，贤圣冥归。虽名异而体同，乃缘分而性合。《般若》唯言无二，《法华》但说一乘，《净名》无非道场，《涅槃》咸归秘藏，天台专勤三观，江西举体全真，马祖即佛是心，荷泽直指知见。

又教有二种说：一显了说，二秘密说。显了说者，如《楞伽》《密严》等经，《起信》《唯识》等论。秘密说者，各据经宗，立其异号。如《维摩经》以不思议为宗，《金刚经》以无住为宗，《华严经》以法界为宗，《涅槃经》以佛性为宗。任立千途，皆是一心之别义。何者？以真心妙体，不在有无，智不能知，言不可及，非情识思量之境界，故号不思议；体虚相寂，绝待灵通，现法界而无生，超三世而绝迹，故号之无住；竖彻三际，横亘十方，无有界量，边表不可得，故称法界；为万物之根由，作群生之元始，在凡不减，处圣非增，灵觉昭然，常如其体，故曰佛性。乃至或名灵台妙性、宝藏神珠，悉是一心，随缘别称。经云：“三阿僧祇百千名号，皆是如来之异名。”只为不知诸佛方便，迷名著相，随解成差。但了斯宗，豁然空寂，有何名相可得披陈？如龙王一味之雨，随人天善恶之业，所雨不同，各见差别。《华严经》云：“譬如娑竭罗龙王，欲现龙王大自在力，饶益众生咸令欢喜，从四天下，乃至他化自在天处，及于地上，于一切处所雨不同。所谓于大海中雨清冷水，名为无断绝；于他化自在天雨箫笛等种种乐音，名为美妙；于化乐天雨大摩尼宝，名为放大光明；于兜率天雨大庄严具，名为垂髻；于夜摩天雨大妙华，名为种种庄严具；于三十三天雨众妙香，名为悦意；于四天王天雨天宝衣，名为覆盖；于龙王宫雨赤真珠，名为涌出光明；于阿修罗宫雨诸兵仗，名为降伏怨敌；于北郁单越雨种种华，名曰开敷，余三天下，悉亦如是，然各随其处，所雨不同。虽彼龙王其心平等，无有彼此，但以众生善根异故，雨有差别。”是以龙王一味之雨，随诸天感处不同；犹如诸佛一心法门，逐众生见时有别。

《宗镜录》卷三

◎夫教明一切万法，至理虚玄，非有无之证[①]，绝自他之性。若无一法自体，云何立宗？

答：若不立宗，学何归趣？若论自他有无，皆是众生识心分别，是对治门，从相待有。法身自体、中实理心，岂同幻有，不随幻无。《楞伽经》云：“佛言：大慧！譬如非牛马性，牛马性其实非有非无，彼非无自相。”古释云：马体上不得说牛性是有是无，然非无马自体。以譬法身上不得说阴界入性是有是无，然非无法身自相。此法空之理，超过有无，即法身之性。然有趣有向，智背天真；无得无归，情生断灭。但有之不用求，真规宛尔；无之自然足，妙旨焕然。则寂尔有归，恬然无间，顿超能所，不在有无，可谓真归，能通至道矣！

◎问：以心为宗，如何是宗通之相？

答：内证自心第一义理，住自觉地，入圣智门，以此相应，名宗通相。此是行时，非是解时。因解成行，行成解绝，则言说道断，心行处灭。如《楞伽经》云：“佛告大慧：宗通者，谓缘自得胜进相，远离言说文字妄想，趣无漏界自觉地自相，远离一切虚妄觉想，降伏一切外道众魔，缘自觉趣光明辉发，是名宗通相。”所以悟心成祖，先圣相传，故达摩大师云：“明佛心宗，寸无差悟，行解相应，名之曰祖。”又偈云：“亦不睹恶而生慊，亦不观善而勤措，亦不舍愚而近贤，亦不抛迷而就悟。达大道兮过量，通佛心兮出度，不与凡圣同躔，超然名之曰祖。”

---

① “证”,《中华藏》本作“诠”。

◎问：悟道明宗，如人饮水，冷暖自知，云何说其行相？

答：前已云：诸佛方便，不断今时，密布深慈，不令孤弃。已明达者，终不发言；只为因疑故问，因问故答。此是本师于楞伽会上，为十方诸大菩萨来求法者，亲说此二通：一宗通，二说通，宗通为菩萨，说通为童蒙。祖佛俯为初机童蒙，少垂开示，此约说通。只为从他觅法，随语生解，恐执方便为真实，迷于宗通，是以分开二通之义。宗通者，谓缘自得胜进相，远离言说文字妄想，乃至缘自觉趣光明辉发。若亲到自觉地，光明发时，得云如人饮水，冷暖自知，如群盲眼开，分明照境。验象真体，终不摸其尾牙；见乳正色，岂在谈其鹄雪？当此具眼人前，若更说示，则不得称知时、名为大法师。实见月人，终不观指；亲到家者，自息问程。唯证相应，不俟言说，终不执指为月，亦不离指见月。

如《大涅槃经》云："譬如有王，告一大臣：汝牵一象，以示盲者。尔时大臣受王敕已，多集众盲，以象示之，时彼众盲各以手触。大臣即还，而白王言：'臣已示竟。'尔时大王即唤众盲，各各问言：'汝见象耶？'众盲各言：'我已得见。'王言：'象为何类？'其触牙者，即言象形如芦菔根；其触耳者，言象如箕；其触头者，言象如石；其触鼻者，言象如杵；其触脚者，言象如木臼；其触脊者，言象如床；其触腹者，言象如瓮；其触尾者，言象如绳。善男子！如彼众盲，不说象体，亦非不说。若是众相悉非象者，离是之外更无别象。善男子！王喻如来应正遍知，臣喻《方等大涅槃经》，象喻佛性，盲喻一切无明众生。是诸众生闻佛说已，或作是言：'色是佛性。何以故？是色虽灭，次第相续，是故获得无上如来三十二相如来常色。如来色者，常不断故，是说色名为佛性。譬如真金，质虽迁变，色常不异，或时作钏、作盘，然其黄色初无改易。众生佛性亦复如是，质虽无常，而色是常，以是故说色为佛性。'乃至说受、想、行、识等为佛性。又有说言：'离阴有我，我是佛性。'如彼盲人各各说象，虽不得实，非不说象。说佛性者，亦复如是，非即六法，不离六法。善男子！是故我说众生佛性，非色不离色，乃至非我不离我。善男子！有诸外道虽说有我，而实无我。众生我者，即是五阴，离阴之外更无别我。善男子！譬如茎、叶、须、台，合为莲华，离是之外更无别华。”

又佛言：“善男子！是诸外道痴如小儿，无慧方便，不能了达常与无常、苦与乐、净不净、我无我、寿命非寿命、众生非众生、实非实、有非有。于佛法中取少许分，虚妄计有常乐我净，而实不知常乐我净。如生盲人不识乳色，便问他言：‘乳色何似？’他人答言：‘色白如贝。’盲人复问：‘是乳色者，如贝鞠耶？’答言：‘不也。’复问：‘贝色为何似耶？’答言：‘犹稻米粖。’盲人复问：‘乳色柔软，如稻米粖耶？稻米粖者，复何所似？’答言：‘犹如雨雪。’盲人复言：‘彼稻米粖冷如雪耶？雪复何似？’答言：‘犹如白鹄。’是生盲人虽闻如是四种譬喻，终不能得识乳真色。是诸外道亦复如是，终不能识常乐我净。善男子！以是义故，我佛法中有真实谛，非于外道。”夫真实谛者，宗镜所归。未闻悟时、不信解者，所有说法及自修行，皆成生灭折伏之门，不入无生究竟之道。

如《庵提遮女经》云：“尔时文殊师利又问曰：‘颇有明知生而不生相，为生所留者不？’答曰：‘有。虽自明见，其力未充，而为生所留者是也。’又问曰：‘颇有无知不识生性，而毕竟不为生所留者不？’答曰：‘无。所以者何？若不见生性，虽因调伏，少得安处，其不安之相，常为对治。若能见生性者，虽在不安之处，而安相常现前。若不如是知者，虽有种种胜辩、谈说甚深典籍，而即是生灭心，说彼实相密要之言。如盲辩色，因他语故，说得青黄赤白黑，而不能自见色之正相。今不能见诸法者，亦复如是。但今为生所生、为死所死者，而有所说者，乃于其人即无生死之义耶？若为常无常所系者，亦复如是。当知，大德！空者亦不自得空，故说有空义也。’”故知能了万法无生之性，是为得道。

《大般若经》云：“佛言：善现！以一切法空无所有，皆不自在，虚诳不坚，故一切法无生无起，无知无见。复次，善现！一切法性，无所依止，无所系属，由此因缘，无生无起，无知无见。”《华严经》云：“如实法印，印诸业门，得法无生，住佛所住[①]，观无生性，印诸境界，诸佛护念发心回向，与诸法性相应回向。入无作法，成就所作方便。”是以不了唯心之旨，未入宗镜之人，向无生中起贪痴之垢，于真空内著境界之缘，以为对治，成其轮转。若能返照，心境俱寂。

如《诸法无行经》云：“若菩萨见贪欲际即是真际，见嗔恚际即是真际，见愚痴际即是真际，则能毕灭业障之罪。乃至凡夫愚人不知诸法毕竟灭相故，自见其身，亦见他人，以是见故，便起身口意业。乃至不见佛、不见法、不见僧，是则不见一切法。若不见一切法，于诸法中则不生疑；不生疑故，则不受一切法；不受一切法故，则自寂灭。”

《不思议佛境界经》云：“尔时，世尊复语文殊师利菩萨言：‘童子！汝能了知如来所住平等法不？’文殊师利菩萨言：‘世尊！我已了知。’佛言：‘童子！何者是如来所住平等法？’文殊师利菩萨言：‘世尊！一切凡夫起贪嗔痴处，是如来所住平等法。’佛言：‘童子！云何一切凡夫起贪嗔痴处，是如来所住平等法？’文殊师利菩萨言：‘世尊！一切凡夫于空、无相、无愿法中起贪嗔痴，是故一切凡夫起贪嗔痴处，即是如来所住平等法。’佛言：‘童子！空岂是有法，而言于中有贪嗔痴？’文殊师利菩萨言：‘世尊！空是有，是故贪嗔痴亦是有。’佛言：‘童子！空云何有？贪嗔痴复云何有？’文殊师利菩萨言：‘世尊！空以言说故有，贪嗔痴亦以言说故有。如佛说：比丘有，无生无起，无作无为，非诸行法。此无生无起、无作无为、非诸行法，非不有。若不有者，则于生起、作为、诸行之法，应无出离。以有，故言出离耳。此亦如是，若无有空，则于贪嗔痴无有出离。以有，故说离贪等诸烦恼耳。’”

《中观论》偈云：“从法不生法，亦不生非法。从非法不生，法及于非法。”直释偈意，法即是有，如色心等；非法是无，如兔角等。若从法

① “住”，内府刻本、清藏本作“在”，现按《中华藏》本及实叉难陀译《大方广佛华严经》卷第二十四校订。

生法，如母生子；法生非法，如人生石女儿。从非法生法，如兔角生人；从非法生非法者，如龟毛生兔角。故《般若假名论》云：“复有念言：‘若如来但证无所得者，佛法即一，非是无边。’是故经言：‘如来说一切法皆是佛法。’佛法谓何？即无所得，未曾一法有可得性，是故一切无非佛法。云何一切皆无所得？经云：‘一切法者，即非一切法。’云何非耶？无生性故。若无生即无性，云何名一切法？于无性中，假言说故。一切法无有性者，即是众生如来藏性。”

庞居士偈云：“劫火燃天天不热，岚风吹动不闻声，百川竞注海不溢，五岳名山不见形。澄清静虑无踪迹，千途尽总入无生。”故知诸法从意成形，千途因心有像。一念澄寂，万境旷然。元同不二之门，尽入无生之旨。所以傅大士《行路难》云：“君不见，诸法但假空施设，寂静无门为法门。一切法中心为主，余今不复得心原。究捡心原既不得，当知诸法并无根。”

又无生有二，如《通心论》云：“一法性无生。妙理言法，至虚言性，本来自尔，名曰无生。二缘起无生。夫境由心现，故不从他生；心籍境起，故不自生；心境各异，故不共生；相因而有，故不无因生。”亦云：“一理无生，圆成实性，本不生故；二事无生，缘生之相，即无生故。”

《止观》云：“若释《金刚经》，即转无生意，度入不住门中，种种不住，不住色布施，不住声香等布施。虽诸法不住，以无住法住般若中，即是入空；以无住法住世谛，即是入假；以无住法住实相，即是入中。此无住慧，即是金刚三昧，能破磐石沙砾，彻至本际，又如释迦牟尼入大寂定金刚三昧。天亲、无著《论》，开善广解，讵出无生、无住之意？若得此意，千经万论，豁矣无疑。此是学观之初章，思议之根本，释异之妙慧，入道之指归。纲骨旷大，事理具足，一解千从，法门自在。”

故知一切诸法，皆从无生性空而有。有而非有，不离俗而常真；非有而有，不离真而恒俗。则幻有立而无生显，空有历然；两相泯而双事存，真俗宛尔。斯则无生而无不生，不住二边矣。如古德颂云：“无生终不住，万像徒流布。若作无生解，还被无生固。”

◎问：以心为宗，理须究竟。约有情界，真妄似分，不可雷同，有滥圆觉。如金鍮共爇，真伪俄分；沙米同炊，生熟有异。未审以何心为宗？

答：诚如所问，须细识心。此妙难知，唯佛能辨。只为三乘慕道，见有差殊，错指妄心，以为真实。认妄贼而为真子，劫尽家珍；收鱼目以作骊珠，空迷智眼。遂使愚痴之子，陷有狱之重关；邪倒之人，溺见河之骇浪。戏炽焰于朽宅，忘苦忘疲；卧大梦于长宵，迷心迷性。皆为执斯缘虑，作自己身；遗此真心，认他声色。斯则出俗外道、在家凡夫之所失也。乃至三乘慕道，法学禅宗，亦迷此心，执佛方便。致使教开八网，乘对四机。越一念而远骤三祇，功虚大劫；离宝所而久淹化垒，迹困长衢。斯即权机小果，乃至禅宗不得意者之所失也。

所以《首楞严经》云：“佛告阿难：一切众生从无始来，种种颠倒，业种自然，如恶叉聚。诸修行人不能得成无上菩提，乃至别成声闻、缘觉，及成外道诸天魔王及魔眷属，皆由不知二种根本，错乱修习。犹如煮沙，欲成嘉馔，纵经尘劫，终不能得。云何二种？阿难！一者无始生死根本，则汝今者与诸众生用攀缘心为自性者。二者无始菩提涅槃元清净体，则汝今者识精元明，能生诸缘，缘所遗者。由诸众生遗此本明，虽终日行而不自觉，枉入诸趣。”释曰：此二种根本，即真妄二心。一者无始生死根本者，即根本无明。此是妄心，最初迷一法界，不觉忽起而有其念。忽起即是无始，如睛劳华现，睡熟梦生，本无元起之由，非有定生之处，皆自妄念，非他外缘。从此成微细业识，则起转识，转作能心，后起现识，现外境界。一切众生同用此业、转、现等三识，起内外攀缘，为心自性，因此生死相续，以为根本。二者无始菩提涅槃元清净体者，此即真心，亦云自性清净心，亦云清净本觉。以无起无生，自体不动，不为生死所染，不为涅槃所净，目为清净。此清净体，是八识之精元，本自圆明。以随染不觉不守性故，如虚谷任响，随缘发声。此亦如然，能生诸法，则立见相二分，心境互生，但随染净之缘，遗此圆常之性，如水随风，作诸波浪。

由此众生失本逐末，一向沉沦，都不觉知，枉受妄苦。虽受妄苦，真乐恒存，任涉升沉，本觉不动，如水作波，不失湿性。唯知变心作境，以悟为迷。从迷积迷，空历尘沙之劫；因梦生梦，永昏长夜之中。故经云："当知一切众生从无始来生死相续，皆由不知常住真心、性净明体。用诸妄想，此想不真，故有轮转。"以不了不动真心，而随轮回妄识。此识无体，不离真心，元于无相真原，转作有情妄想。如风起澄潭之浪，浪虽动而常居不动之源；似翳生空界之华，华虽现而匪离虚空之性。翳消空净，浪息潭清，唯一真心，周遍法界。又此心不从前际生，不居中际住，不向后际灭，升降不动，性相一如。则从上禀受，以此真心为宗。离此修行，尽萦魔罥；别有所得，悉陷邪林。是以能动深慈，倍生怜愍。故二祖求此妄心不得，初祖于是传衣。阿难执此妄心，如来所以呵斥。

如经云："佛告阿难：'汝今欲知奢摩他路，愿出生死，今复问汝。'即时如来举金色臂，屈五轮指，语阿难言：'汝今见不？'阿难言：'见。'佛言：'汝何所见？'阿难言：'我见如来举臂屈指为光明拳，耀我心目。'佛言：'汝将谁见？'阿难言：'我与大众同将眼见。'佛告阿难：'汝今答我：如来屈指为光明拳，耀汝心目。汝目可见，以何为心，当我拳耀？'阿难言：'如来现今征心所在，而我以心推穷寻逐，即能推者，我将为心。'佛言：'咄！阿难！此非汝心。'阿难矍然避座，合掌起立白佛：'此非我心，当名何等？'佛告阿难：'此是前尘虚妄相想，惑汝真性。由汝无始至于今生，认贼为子，失汝元常，故受轮转。'阿难白佛言：'世尊！我佛宠弟，心爱佛故，令我出家。我心何独供养如来？乃至遍历恒沙国土，承事诸佛及善知识，发大勇猛，行诸一切难行法事，皆用此心。纵令谤法，永退善根，亦因此心。若此发明不是心者，我乃无心，同诸土木。离此觉知，更无所有，云何如来说此非心？我实惊怖，兼此大众无不疑惑。唯垂大悲，开示未悟。'尔时世尊开示阿难及诸大众，欲令心入无生法忍，于狮子座，摩阿难顶而告之言：'如来常说，诸法所生，唯心所现。一切因果、世界微尘，因心成体。阿难！若诸世界一切所有，其中乃至草叶缕结，诘其根元，咸有体性；纵令虚空，亦有名貌。何况清净妙净明心、性一切心，而自无体？若汝执吝分别觉观所了知性必为心者，此心即应离诸一切色香味触诸尘事业，别有全性。如汝今者承听我法，此则因声而有分别。纵灭一切见闻觉知，内守幽闲，犹为法尘分别影事。我非敕汝执为非心，但汝于心微细揣摩，若离前尘有分别性，即真汝心；若分别性离尘无体，斯则前尘分别影事。尘非常住，若变灭时，此心则同龟毛兔角，则汝法身同于断灭，其谁修证无生法忍？'"古释云：能推者，即是妄心，皆有缘虑之用，亦得名心，然不是真心。妄心是真心上之影像，故云："汝身汝心，皆是妙明真精妙心中所现物。"若执此影像为真，影像灭时，此心即断，故云"若执缘尘，即同断灭。"以妄心揽尘成体，如镜中之像、水上之泡。迷水执波，波宁心灭；迷镜执像，像灭心亡。心若灭时，即成断见。若知湿性不坏，镜体常明，则波浪本空，影像元寂。故知诸佛境智遍界遍空，凡夫身心如影如像。若执末为本，以妄为真，生死现时，方验不实。故古圣云："见矿不识金，入炉始知错。"

◎问：真妄二心，各以何义名心？以何为体？以何为相？

答：真心以灵知寂照为心，不空无住为体，实相为相。妄心以六尘缘影为心，无性为体，攀缘思虑为相。此缘虑觉了能知之妄心，而无自体，但是前尘，随境有无。境来即生，境去即灭。因境而起，全境是心；又因心照境，全心是境，各无自性，唯是因缘。故《法句经》云："焰光无水，但阳气耳。阴中无色，但缘气耳。"以热时炎气，因日光烁，远看似水，但从想生，唯阳气耳。此虚妄色心，亦复如是，以自业为因，父母外尘为缘，和合似现色心，唯缘气耳。故《圆觉经》云："妄认六尘缘影为自心相[1]。"

故知此能推之心，若无因缘，即不生起，但从缘生。缘生之法，皆

① "相"，《中华藏》本作"性"。

是无常，如镜里之形，无体而全因外境；似水中之月，不实而虚现空轮。认此为真，愚之甚矣！所以庆喜执而无据，七处茫然；二祖了而不生，一言契道。则二祖求此缘虑不安之心不得，即知真心遍一切处，悟此为宗，遂乃最初绍于祖位。阿难因如来推破妄心，乃至于五阴、六入、十二处、十八界、七大性，一一微细穷诘，彻底唯空，皆无自性，既非因缘自他和合而有，又非自然无因而生，悉是意言识想分别，因兹豁悟妙明真心，广大含容遍一切处。即与大众俱达此心，同声赞佛，故经云："尔时，阿难及诸大众，蒙佛如来微妙开示，身心荡然，得无挂碍。是诸大众各各自知心遍十方，见十方空，如观手中所持叶物。一切世间诸所有物，皆即菩提妙明元心，心精遍圆，含裹十方。反观父母所生之身，犹彼十方虚空之中吹一微尘，若存若亡；如湛巨海流一浮沤，起灭无从。了然自知，获本妙心，常住不灭。礼佛合掌，得未曾有，于如来前，说偈赞佛：妙湛总持不动尊，首楞严王世希有，消我亿劫颠倒想，不历僧祇获法身。"即同初祖直指人心，见性成佛。

◎问：真心行相，有何证文？

答：《持世经》云："菩萨观心，心中无心相。是心从本以来，不生不起，性常清净；客尘烦恼染，故有分别。心不知心，亦不见心。何以故？是心空，性自空故，根本无所有；是心无有一定法，定法不可得故；是心无法若合若散，是心前后际不可得；是心无形，无能见者，心不自见，不知自性。乃至是人尔时不分别是心是非心，但善知心无生相，通达是心无生性。何以故？心无决定性，亦无决定相。乃至不得心垢相，不得心净相，但知是心常清净相。"

《大般若经》云："于一切法虽无所取，而能成办一切事业。"释曰：若了自心，无事不办。或妄取前境界，却成内自不足。所以《金刚三昧经》云："菩萨观本性相，谓自满足，千思万虑不益道理，徒为动乱，失本心王。"《论》释云："无量功德即是一心，一心为主，故名心王。生灭动乱，违此心王，不得还归，故言失也。"又心者，统摄诸法，一切最胜，无一法而不摄；王者，统御四海，八表朝宗，无一民而不臣。故《如幻三昧经》云："不求诸法，是名己身。"《进趣大乘方便经》云："真如实观者，思惟心性无生无灭，不住见闻觉知，永离一切分别之想。"

◎问：心能作佛，心作众生。以了真心故成佛，以执妄心故成众生。若成佛，皆具圆通五眼、无漏五阴。故经云："灭无常色，获得常色。"又云："妙色湛然常安住。"又云："善能分别诸法相。"云何说真心不住见闻觉知、永离一切分别之想？

答：若是妄心见闻，须假因缘能所生起，如云眼具九缘生等。若无色空和合之缘，见性无由得发；五根亦然，皆仗缘起。斯则缘会而生，缘散而灭，无自主宰，毕竟性空。如《楞伽经》偈云："心为工技儿，意如和技者，五识为伴侣，妄想观技众。"如歌舞立技之人，随他拍转。拍缓则步缓，拍急则步急。五根亦如是，但随意转，如云："身非念轮，随念而转。"何者？意地若生，身轮动作；意地若息，根境寂然。

真心则不尔，常照常现，铁围不能匿其辉；遍界遍空，穹苍不能覆其体。非纯非杂，万法不能隐其真；无住无依，尘劳不能易其性。岂假前尘发耀、对境生知？自然寂照灵知，湛然无际。故《首楞严经》云："佛告阿难：如是六根，由彼觉明，有明明觉，失彼精了，黏妄发光。是以汝今离暗离明，无有见体；离动离静，元无听质；无通无塞，嗅性不生；非变非恬，尝无所出；不离不合，觉触本无；无灭无生，了知安寄？汝但不循动静、合离、恬变、通塞、生灭、暗明如是十二诸有为相，随拔一根，脱黏内伏，伏归元真，发本明耀，耀性发明，诸余五黏应拔圆脱，不由前尘所起知见。明不循根，寄根明发，由是六根互相为用。阿难！汝岂不知，今此会中，阿那律陀无目而见；跋难陀龙无耳而听；殑伽神女非鼻闻香；骄梵钵提异舌知味；舜若多神无身有触，如来光中映令暂现，既为风质，其体元无；诸灭尽定得寂声闻，如此会中摩诃迦叶，久灭意根，圆明了知，不因心念。阿难！今汝诸根若圆拔已，内莹发光，如是浮尘及器世间诸变化相，如汤消冰，应念化成无上知觉。阿难！如彼世人聚见于眼，若令急合，暗相现前，六根黯然，头足相类。彼人以手循体外绕，彼虽不见，头足一辨，知觉是同。缘见因明，暗成无见。不明自发，则诸暗相永不能昏。根尘既消，云何觉明不成圆妙？”释曰：如彼世人聚见于眼者，此先明世见，非眼莫观，若令急合，则无所见，与耳等五根相似。彼人以手循体外绕，虽不假眼而亦自知，此况真见不藉外境。缘见因明、暗成无见者，此牒世间眼见，须仗明暗因缘，根尘和合，方成于见、无见。不明自发者，此正明真见之时，见性非眼，既不属眼，又何假明暗根尘所发？则不明之明、无见之见，自然寂照灵知，何曾间断？且世间明暗虚幻出没之相，又焉能覆盖乎！是以明不能明、暗不能暗也，故云“则诸暗相永不能昏”。真性天然，岂非圆妙？所以学人问先德云：“如何是大悲千手眼？”答云：“如人夜里摸得枕子。”

◎问：妄心行相，有何证文？

答：《胜天王般若波罗蜜经》云：“佛言：菩萨行般若波罗蜜，念心作是思惟：此心无常而谓常住，于苦谓乐，无我谓我，不净谓净；数动不住，速疾转易；结使根本，诸恶趣门；烦恼因缘，坏灭善道；是不可信，贪嗔痴主。一切法中，心为上首，若善知心，悉解众法。种种世间皆由心造，心不自见；若善若恶，悉由心起。心性回转，如旋火轮，易转如马，能烧如火，暴起如水。作如是观，于念不动，不随心行，令心随已。若能伏心，则伏众法。”

《大涅槃经》云：“佛言：善男子！心若常者，亦复不能分别诸色，所谓青黄赤白紫色。善男子！心若常者，诸忆念法，不应忘失。善男子！心若常者，凡所读诵，不应增长。复次善男子！心若常者，不应说言已作、今作、当作。若有已作、今作、当作，当知是心必定无常。善男子！心若常者，则无怨亲、非怨非亲。心若常者，则不应言我物他物、若死若生。心若常者，虽有所作，不应增长。善男子！以是义故，当知心性各各别异故，当知无常。”又云：“云何现喻？如经中说：众生心性犹如猕猴，猕猴之性舍一取一，众生心性亦复如是，取著色声香味触法，无暂住时。是名现喻。”可验即今众生之心，如猿猴之处高树，上下不停；犹弥泥之泛迅流，出入无碍；似幻士之游众会，名相皆虚；若技儿之出戏场，本末非实。

所以《正法念处经》云：“又彼比丘，次复观察心之猿猴，如见猿猴。如彼猿猴，躁扰不停，种种树枝华果林等，山谷岩窟回曲之处，行不障碍。心之猿猴亦复如是。五道差别，如种种林；地狱、畜生、饿鬼诸道，犹如彼树；众生无量，如种种枝；爱如华叶；分别色声诸香味等，以为众果。行三界山，身则如窟；行不障碍，是心猿猴。此心猿猴，常行地狱、饿鬼、畜生、生死之地。又彼比丘，依禅观察心之技儿，如见技儿。如彼技儿，取诸乐器，於戏场地，作种种戏。心之技儿亦复如是，种种业化，以为衣服；戏场地者，谓五道地；种种装饰，种种因缘，种种乐器者，谓自境界；技儿戏者，生死戏也。心为技儿，种种戏者，无始无终长生死也。又彼比丘，依禅观察心弥泥鱼，如见弥泥。如弥泥鱼，在于河中，若诸河水急速乱波，深而流疾，难可得行，能漂无量种种树木，势力暴疾不可遮障，山涧河水峻速急恶，彼弥泥鱼能入能出、能行能住。心之弥泥亦复如是，于欲界河急疾波乱，能出能入、能行能住。”

《大智度论》云：“如佛说：凡夫人或时知身无常，而不能知心无常。若凡夫人言身有常犹差，以心为常是大惑。何以故？身住或十岁、二十岁，是心日日过去，生灭各异，念念不停，欲生异生，欲灭异灭，如幻事，实相不可得。如是无量因缘，故知心无常，是名心念处。行者思惟：是心属谁？谁使是心？观已，不见有主；一切法因缘和合，故不自在；不自在故无自性；无自性故无我。若无我，谁当使是心？”

《止观》云：“起一念虑知之心，随善恶而生十道：一若其心念念专贪嗔痴，摄之不还，拔之不出，日增月甚，起上品十恶如五扇提罗者，此发地狱之心，行火涂道。二若其心念念欲多眷属，如海吞流，如火焚薪，起中品十恶如调达诱众者，此发畜生心，行血涂道。三若其心念念欲得名闻、四远八方称扬钦咏，内无实德，虚比贤圣，起下品十恶如摩犍提者，此发鬼心，行刀涂道。四若其心念念常欲胜彼，不耐下人，轻他珍己，如鸱高飞下视，而外扬仁义礼智信，起下品善心，行阿修罗道。五若其心念念欣世间乐，安其臭身，悦其痴心，此起中品善心，行于人道。六若其心念念知三恶苦多，人间苦乐相间，天上纯乐。为天上乐，折伏粗恶。此上品善心，行于天道。七若其心念念欲大威势，身口意才有所作，一切弭从。此发欲界主心，行魔罗道。八若其心念念欲得利智辩聪，高才勇哲，鉴达六合，十方颙颙。此发世智心，行尼乾道。九若其心念念五尘六欲外乐盖微，三禅之乐犹如石泉，其乐内重。此发梵心，行色无色道。十若其心念念知善恶轮环，凡夫耽湎，贤圣所诃。破恶由净慧，净慧由净禅，净禅由净戒，尚此三法，如饥如渴。此发无漏心，行二乘道。此上十心，或先起非心，或先起是心，或是非并起，譬象、鱼、风，并浊池水。象譬诸非，自外而起；鱼譬内观羸弱，为二边所动；风譬内外合杂，秽浊混和。前九种心是生死，如蚕自缚；后一种心是涅槃，如獐独跳，虽得自脱，未具佛法，俱非，故双简。"

明知三界无别理，但是妄心生。为八倒之根株，作四流之源穴。疾如掣电，猛若狂风。瞥起尘劳，速甚瀑川之水；欻生五欲，急过旋火之轮。是以结构四魔，驱驰十使。沈二死之河底，投八苦之焰中。醉迷衣里之珠，徒经艰险；斗没额中之宝，空自悲嗟。皆因妄心，迷此真觉；终无别失，有出斯文。

如上依教所说，真妄二心，约义似分，归宗匪别。何者？真心约理体，妄心据相用。今以理恒是心，不得心相；心恒是理，不动心相。如水即波，不得波相；波即是水，不坏波相。是以动静无际，性相一原。当凡心而是[1]佛心，观世谛而成真谛。所以《华严经》云："菩萨摩诃萨观一切法皆以心为自性，如是而住。"若摄境为心，是世俗胜义；心之自性即是真如，是胜义胜义。如是而住，以无所得而为方便，双照真俗，无住住故。

① "是"，《中华藏》本作"见"。

二、永明智觉禅师唯心诀[1]

详夫心者，非真妄有无之所辨，岂文言句义之能述乎？然众圣歌咏，往哲诠量，非不洞明，为物故耳。是以千途异说，随顺机宜，无不指归一法而已。故《般若》唯言无二，《法华》但说一乘，《思益》平等如如，《华严》纯真法界，《圆觉》建立一切，《楞严》含裹十方，《大集》染净融通，《宝积》根尘泯合，《涅槃》咸安秘藏，《净名》无非道场。统摄包含，事无不尽；笼罗该括，理无不归。是以一法千名，应缘立号。不可滞方便之说，迷随事之名，谓众生非真，诸佛是实。若悟一法，万法圆通，尘劫凝滞当下冰消，无边妙义一时通尽。深彻法源之底，洞探诸佛之机。不动微毫之功，匪移丝发之步，优游沙界，遍历道场，何佛刹而不登，何法会而不涉？无一相而非实相，无一因而非圆因。恒沙如来焕若目前，十方佛法皎然掌内。高低岳渎，共转根本法轮；大小鳞毛，普现色身三昧。处一座而十方俱现，演一音而沙界齐闻。谈玄显妙而不坏凡伦，千变万化而未离真际。与三世佛一时成道，共十类生同日涅槃。击法鼓于魔宫，震法雷于邪域。履逆而自顺，处刚而自柔，临高而不危，在满而不溢。可谓端居绝学之地，深履无为之源，入众妙之玄门，游一实之境界。无一法本有，无一法始成。泯中边，绝前后，印同异，一去来。万境齐观，一际平等。明知三宝常现，我土不烧，梵音恒闻，慧光常照。此大寂三昧、金刚定门，今古咸然，圣凡齐等。如一滴之水，与渤澥之润性无差；若芥孔之空，等太虚之容纳非别。信之者功超远劫，明之者只在刹那。

---

① 以《嘉兴藏》本（新文丰版正藏第9册，经号151）为底本，《大正藏》本（第48册，经号2018）为校本。

此一际之法门，真无方之大道。聚一尘而非合，散众刹而非分。和光而不群，同尘而不染，超出而不离，冥合而无归。养育凡圣，而无质像可观；兴建法界，而无名字可立。依荫草木，笼罩古今。遍界遍空，穹苍不能覆其体；常照常现，铁围不能匿其辉。无住无依，尘劳不能易其性；非纯非杂，万法不能隐其真。阒尔无声，而群音揭地；荡然无相，而众像参天。相入而物境千差，相即而森罗一味。不从事而失体，非共非分；不守性而任缘，亦同亦别。是以即性之相，故无妨建立；即理之事，故不翳真常。以空之有故，岂碍繁兴；以静之动故，何亏湛寂？言一则大小相入，言异则高下俱平。言有则理体寂然，言无则事用不废。虽起而常灭，世相含虚；虽寂而恒生，法界出现。任动而常住，万化不移；任隐而恒兴，一体随应。无假而幻相和合，无实而真性湛然。无成而异质交辉，无坏而诸缘互绝。境虽现而无现性，智虽照而无照功。寂用非差，能所一际。状同净镜，万像而不能逃形；性若澄空，众相而不能离体。为常住藏，作变通门。湛尔坚凝，恒随物化；纷然起作，不动真如。男身没、女身彰，东方入、西方起。当存而正泯，在卷而恒舒；普注而不迁，俱遍而无在。举一尘，列无边刹土；指一念，树无尽古今。居一相而非升，即净随染；骤五趣而不坠，处浊恒清。外望无盈余，内窥无积聚。触目而不见，满耳而不闻；盈怀而无知，遍量而非觉。本成而非故，今现而非新。不磨而自明，弗莹而自净。可谓妙体常住，灵光靡沈；至德遐周，神性独立。众妙群灵而普会，为万法之王；三乘五性而冥归，作千圣之母。独尊独贵，无比无俦。实大道源，是真法要。玄踪不定，任物性以方圆；妙应无从，逐机情而隐显。是以本生末而末表本，体用互兴；真成俗而俗立真，凡圣交映。此显彼而彼分此，主伴齐参；生成佛而佛度生，因果相彻。境无自性而他成自，心无自性而自成他。理不成就而一即多，事不成就而多即一。相虽虚而恒冥一体，性虽实而常在万缘。虽显露而难以情求，任超绝而无妨大用。纵横幻境，在一性而融真；寂灭灵空，寄森罗而显相。谛智相发，染净更熏。随有力无力，而出没无恒；逐缘成缘散，而卷舒不定。相摄则纤尘不现，相资则万境俱生。来如水月之顿呈，去若幻云之忽散。动寂无碍，涉入虚融。互夺互存，灵通莫测。不出不在，妙性无方。智海滔滔，包纳而无遗纤芥；灵珠璨璨，照临而不显微毫。若真金随异器以分形，千差不碍；如湛水腾群波而显相，一体无亏。俱是俱非，亦邪亦正。不有而示有，杳若梦存；无成而似成，倏如幻住。依空源而起尽，法法无知；随化海以兴亡，缘缘绝待。是以五岳穹崇而不峻，四溟浩渺而不深。三毒四倒而非凡，八解六通而非圣。悉住真如寂灭之地，尽入无生不二之门。施为大解脱中，重重无尽；显现不思议内，浩浩难穷。岂可立其始终、定其方域，何必崇真斥妄、厌异欣同？欲坏幻化之身，拟断阳焰之识，不知念念释迦出世，步步弥勒下生。分别现文殊之心，动止运普贤之行。门门而皆开甘露，味味而纯是醍醐。不出菩提之林，长处莲华之藏。晃晃而无尘不透，昭昭而溢目腾光。岂劳妙辩之敷扬，谁待神通之显示？动止常遇，明暗不离。非古盛而今衰，岂愚亡而智现？语默常合，终始冥通。初祖岂用西来，七佛何尝出世？是以心空则天地虚寂，心有则国土峥嵘。念起则山岳动摇，念默则江河宁谧。机峻而言言了义，志彻而念念虚玄。器广而法法周圆，量大而尘尘无际。意地清而世界净，心水浊而境像昏。举一全该，坦然平等。宛尔具足，唯在正观。

万法本只由人，真如自含众德。无念而殊功悉备，无作而妙行皆圆。不运而成，灵智法尔；无求自得，妙性天真。方知理智圆融，大道无外。绝一尘而独立，何众相以攒然？是则声处全闻，见外无法。岂玄黄之所惑，匪音响之能沦。如沧海之味混百川，犹须弥之色吞群鸟。无一名不播如来之号，无一物不阐遮那之形。岩树庭莎，各梃无边之妙相；猿吟鸟噪，皆谈不二之圆音。痴爱成解脱真源，贪瞋运菩提大用。妄想兴而涅槃现，尘劳起而佛道成。从体施为，报化而未尝不寂；随缘显现，法身而无处不周。实教法之所归，圣贤之禀受；群生之实际，万物之根由；正化之大纲，出世之本意；三乘之正辙，入道之要津；般若之灵源，涅槃之窟宅。

盖以妙理玄邈，大旨希夷。狂慧而徒自劳神，痴禅而但能守缚。实谓言思路绝，分别意穷，识智翛然，神清可鉴，空有双豁，根尘洞开。如窥净天，似临皎日，无一法门而不现，无一至理而不明。岂动神情，春池而稳探真宝；匪劳心力，赤水而自获玄珠。观沙界于目前，指大千于身际；收群生于掌握，纳万汇于胸襟。不施一功，成就楞严之大定；不披一字，遍览普眼之真经。四句之义顿融，百非之路杳绝。竖彻三际，横亘十方。为一总持，号大自在。神光赫赫，威德巍巍。尼乾魄消，波旬胆碎。烦恼贼飒然隳坏，生死军豁尔飘飏。爱河廓清，慢山崩倒。逍遥物外，无得无求。憺泊虚怀，旷然绝累。虚空让其高广，日月惭其光明。然后则权实双游，悲智齐运，拯世若幻，度生同空。涉有而不乖无，履真而不碍俗。若乾坤之覆载，犹日月之相须。示圣现凡，出生入死。持实相印，建大法幢。作一种之光明，为万途之津济。能令寒灰再焰，焦种重荣。永为苦海之迅航，常作迷途之明导。任运遮照，随智卷舒。虽无知而万法圆通，虽无见而一切明现。但契斯旨，体本自然，如群萌值春，万物得地，十身顿现，四智郁兴。犹如意幢，若大宝聚，法财丰溢，利物何穷！故号功德之林，乃称无尽之藏。岂有朝曦而不照、夜炬而不明者哉！何得以限量心，起分齐见，局太虚之阔狭，定法界之边疆。遂令分别之情，不越众尘之境。向真如境上，鼓动心机；于寂灭海中，奔腾识浪。于管中存见，向壁罅偷光。立能所之知，起胜劣之解。齐文定旨，逐语分宗。蟭螟岂继于鹏程，萤照那齐于日曜？岂能一毛孔内纳十方之虚空、一刹那中现亿佛之世界、一一身而遍一切刹、一一刹而含无边身？乘高广之大车，展大千之经卷，升灯王之法座，餐香积之嘉馐，披迦叶之上衣，入释迦之正室。促多生于顷刻，掷世界于他方。腹吸风轮，口吹劫火。变丘陵为宝刹，移净土于秽邦。一毫中放无尽之光明，一言内演难思之教海。此乃群生之常分，与众圣而同俦。无一法而不然，但有心而皆尔。非假变通之力，不从修证之因。德量如然，尘毛悉具。一香一味，同栖灭尽定门；蠢动蜎飞，不昧灵知寂照。何得遗山认培，弃海存沤，劣志卑心，而自鄙屈。翻乃持神珠而乞丐，守金藏以贫穷。辜负己灵，埋没家宝。或舍离而保持偏正，或绝分而甘处尘劳。或认妄而谬附邪宗，或执权而劳修渐行。或认位高，推于极圣；或积德望，满于三祇。不知全体现前，犹希妙悟；岂觉从来具足，仍待功成。

不入圆常，终成轮转。只为昧于性德，罔辨真宗。舍觉循尘，弃本就末。挂有无之魔罥，投一异之邪林。宰割真空，分罗法性；依尘生灭，随境有无；执断迷常，骤缘遗性；谬兴知解，错倒修行。或和神养气而保自然，或苦质摧形而为至道。或执无著而桩立前境，或求静虑而伏捺妄心。或刬情灭法以凝空，或附影缘尘而抱相。或丧灵源之真照，或殒佛法之正因。或绝识凝神，受报于无情之地；或澄心泯色，住果于八难之天。或著有而守乾城，或拨无而同兔角。或绝见而居暗室，或立照而存所知。或认有觉是真佛之形，或效无知同木石之类。或执妄同究竟之果，如即泥是瓶；或忘缘趣解脱之门，似拨波求水。或外骋而妄兴梦事，或内守而端居抱愚。或宗一而物象同如，或见异而各立法界。或守愚痴，无分别而为大道；或尚空见，排善恶而作真修。或解不思议性作顽空，或体真善妙色为实有。或沈机绝想，同有漏之天；或觉观思惟，堕情量之域。或不穷妄性，作冥初之解；或昧于幻体，立空无之宗。或认影而为真，或执妄而求实。或认见闻性为活物，或指幻化境作无情。或起意而乖寂知，或断念而亏佛用。或迷性功德，而起色心之见；或据毕竟空，而生断灭之心。或执大理而顿弃庄严，或迷渐说而一向造作。或据体离缘而坚我执，或亡泯一切而守己愚。或定人法自尔而堕无因，或执境智和合而生共见。或执心境混杂，乱能所之法；或著分别真俗，缚智障之愚。或守一如不变而堕常，或定四相所迁而沉断。或执无修而祛圣位，或言有证而背天真。或耽依正而随世轮回，或厌生死而丧真解脱。或迷真空而崇因著果，或昧实际而欣佛厌魔。或著随宜所说而守语为真，或失音声实相而离言求默。或宗教乘而毁自性之定，或弘禅观而斥了义之诠[①]。或斗奇特而但顾出身，俄沈识海；或作净洁而推求玄密，返堕阴城。或起殊胜知解而剜肉为疮，或住本性清净而执药成病。或寻文探义而饮客水，或守静居闲而坐法尘。或起有得心，谈无相大乘；或运图度想，探物外玄旨。或废说，起绝言之见；或

① “诠”，底本作“铨”，现按《宗镜录》卷第四十六校订。

存诠，招执指之讥。或认动用而处生灭根源，或专记忆而住识想边际。或安排，失圆觉之性；或纵任，亏入道之门。或起身心精进而滞有为，或守任真无事而沈慧缚。或专系念勤思，而失于正受；或效无碍自在，而放舍修行。或随结使而恃本性空，或执缠盖而妄加除断。或保重而生法爱，或轻慢而毁佛因。或进求而乖本心，或退堕而成放逸。或语证相违而亏实地，或体用各据而乖佛乘。或守寂而住空，失大悲之性；或泯缘而厌假，违法尔之门。或著我见而昧人空，或迷现量而坚法执。或解不兼信而滋邪见，或信不兼解而长无明。或云人是而法非，或称境深而智浅。或取而迷法性，或舍而乖即真。或离而违因，或即而忘果。或非而谤实，或是而毁权。或恶无明而背不动智门，或憎异境而坏法性三昧。或据同理而起增上慢，或贬别相而破方便门。或是菩提而谤正法轮，或非众生而毁真佛体。或著本智而非权慧，或迷正宗而执化门。或滞理溺无为之坑，或执事投虚幻之网。或绝边泯迹，违双照之门；或保正存中，失方便之意。或定慧偏习，焦烂道芽；或行愿孤兴，沉埋佛种。或作无作行，修有为菩提；或著无著心，学相似般若。或趣净相而迷垢实性，或住正位而失俗[①]本空。或立无相观而障翳真如，或起了知心而违背法性。或守真诠而生语见，服甘露而早终；或敦圆理而起著心，饮醍醐而成毒。

已上略标一百二十种邪宗见解，并是迷宗背旨，失湛乖真，捏目生花，迷头认影。若敲冰而索火，类缘木以求鱼。畏影逃空，扪风捉电。苦非甘种，沙岂饭因？皆不能以法性融通、一旨和会。尽迷方便，悉溺见河。障于本心，不入中道。匍匐升沉之路，缠绵取舍之怀。于无心中强欲断除，向无事内刚求舍离。将法空为恚爱之境，返真智作想碍之情。长随八倒之风，难出四边之网。竟不知理即生死，恒与道冥；妄本菩提，从来合觉。明常住暗，水不离冰；灵智常存，妙用无尽。何乃遏想念而求湛

① “俗”，底本作作“自”，现按《大正藏》载延宝八年刊宗教大学藏本及《宗镜录》卷第四十六校订。

寂，断烦恼而证真如？妄作妄修，自难自易。

且灵觉之性，本非秘密；如来之藏，实不覆藏。故知圆常之理不亏，信解之机难具。如针锋上无边身菩萨，似藕丝悬须弥卢之山，唯叹希奇，罔知所措。如水母土蜂之类，犹蚨蛛屈步之徒。历劫他求，终朝取相，不自暂省，返照回光，货鬻衣珠，承绍家业。但争空花之起灭，定认眚影之是非。去淳朴而专尚浮华，丧根源而唯寻枝派。可谓遗金拾砾，掷宝持薪。是以众圣惊嗟，达人悲叹。都谓不到实地，未达本心。妄识浮沉，缘心巧伪。遍计所执，现似外尘，人机绳蛇，横生空见。不知万法无体，一切无名；从意现形，因言立号；意随想起，言逐念兴；想念俱虚，本末非有。是以三界无物，万有俱空，邪正同伦，善恶齐旨。全抛大义，莫返初源。于无心中妄立异同，就一体内强分离合。自他才立，逆顺随生。起斗争之端，结惑业之始。织是非之致网，锁憎爱之樊笼。观镜像分妍丑之心，聆谷响兴喜怒之色。责化人之心行，保幻物之坚牢。汲焰水而欲满漏卮，折空花而拟栽顽石。能所双寂，事理俱空。既造惑因，不无幻果。欲知妙理，唯在观心。恒沙之业，一念而能消；千年之暗，一灯而能破。自然不立名相，解惑寂然。岂有一物当情，万境作对？取舍俱丧，是非顿融；众翳咸消，豁然清净。无非不思议解脱，尽是大寂灭道场。视听俱忘，身心无寄；随缘养性，逐处消时。犹纵浪之虚舟，若凌空之逸翮。纵横放旷，任迹郊廛。普劝诸后贤，但遵斯一路。闻而不信，尚结佛种之因；学而未成，犹益人天之福。此乃群经具载，诸佛同宣。非率尔以致辞，请收凝而玄鉴。

永明智觉禅师唯心诀（终）

三、心　赋[①]

《心赋》序[②]

钱惟治[③]

粤戒、定、慧，强名务三之学；释、道、儒，总摄归一之理。不达则壁立万仞，或悟则洞开一门。故有一宿而通，故有累劫而惑。虽□[④]色无二，乃睹相有差。生民以来，非无达士；能恢宏道键、领袖法门者，非师而谁！新著《心赋》，撮尽元枢，乃指引一心，坦然明白。命予小序，因得抽毫，所谓持火爝而引天光耳。

---

① 《心赋》现存版本都是与其注释合在一起，称为《心赋注》、《永明心赋注》或《注心赋》。而据宋文冲重校编集的《慧日永明寺智觉禅师自行录》记载，永明大师著有“《心赋》一道，七千五百字。”宋元照重校订的《永明智觉禅师方丈实录》记载，永明大师“尝制《心赋》，总七千五百言，并自注释，镂版印施。”《敕建净慈寺志》卷二八还载有钱惟治所作的《心赋序》。现据清《乾隆藏》第141册《永明心赋注》(经号1593）恢复永明大师《心赋》原貌，以《嘉兴藏》新文丰版续藏第20册所载《注心赋》(经号92)、日本《卍新纂续藏经》第63册所载《心赋注》(经号1231）为校本。

② 此据《敕建净慈寺志》卷二八，收于《中国佛寺史志汇刊》第一辑第十九册。

③ 吴越忠懿王钱俶第三子。

④ 此处缺一字。

《心赋》卷一

妙圆正修智觉永明寿禅师 述[①]

觉王同禀，祖胤亲传。大开真俗之本，独标天地之先。常为诸佛之师，能含众妙；恒作群贤之母，可谓幽玄[②]。

灵性有殊[③]，该通匪一。千途尽向于彼生，万象皆从于此出。事廓恒沙，理标精实。吞沧溟于毛孔，唯是自因；卷法界于尘中，匪求他术。

任机启号，应物成名。大士修之而行立，觉帝体之而圆成，声闻证之为四谛，支佛悟之名缘生。天女之华无著，海慧之水澄清。执谬解而外道门开，边邪网密；役妄念而凡途业起，生死波横。

括古搜今，深含独占。五乘道炼出于冲襟，十法界孕成于初念。虚声顿息，法空之正信旋生；猛焰俄消，灵润之真诚立验。

升沉表用，体具灵知。惺惺不昧，了了何亏？湛尔而无依无住，萧然而非合非离。一字宝王，演出难思之法海；群生慈父，训成莫测之宗师。

任性卷舒，随缘出没。挺一真之元始，总万有之纲骨。十二因缘之大树，产自玄根；五千教典之圆诠，终归理窟。

孤标寂寂，独立堂堂。若华中之灵瑞，犹照内之神光。截琼枝而寸寸是宝，析栴檀而片片皆香。克从凡夫之身，便登觉位；类在白衣之地，直坐龙床。

听而不闻，观之莫见。常在而莫更推寻，本莹而何劳熏炼？三界之门

---

① 《嘉兴藏》本作“杭州慧日永明寺智觉禅师延寿述”，《卍续藏》本作“宋杭州慧日永明寺智觉禅师延寿述”。以下各卷例同。

② “玄”，清《乾隆藏》本作“元”，避讳字。以下均同，不一一标出。

③ “殊”，《卍续藏》本作“珠”，应误。

无体，谷里传声；六尘之境本空，镜中写面。

寂寞虚冲，无事不融。弥勒阁而普现，摩耶腹而无穷。文殊宝冠之内，净名方丈之中。芥子针锋而不窄，近尘远刹而全通。靡减靡增，绵绵而常凝妙体；非成非坏，续续而不坠玄风。

大业机关，金轮种族，如频伽鸟而韵压群音，犹好坚树而高升众木。一翳初起，缤纷而华影骈空；瞥念才兴，纵横而森罗满目。

道绝浮言，至妙难论。出生死而无别路，登涅槃而唯一门。须臾而即俗归真，莫俦兹旨；顷刻而从凡入圣，难报斯恩。

群籍共推，罕逾深理。吞蛇得病而皆是疑生，悬沙止饥而悉从思起。乃至笋拔寒林，鱼跳冰沚；酒变河中，箭穿石里。非麴糵之所成，岂功力之能恃？无纤尘而不因识变，道理昭然；非一种而罔赖心成，言思绝矣。

动静之境，皆我缘持，如云驶而月运，似舟行而岸移。鱼母忆而鱼子长，蜂王起而蜂众随。印前后而无差，诸贤共仰；揩初终而不谬，千圣同推。

是以朕迹才生，皆从此建。快马见鞭而鹫子先知，香象回旋而龙女亲献。得果而荣枯已定，尽合前因；举念而苦乐随生，悉谐初愿。

美恶无体，因念所持；声响冥合，形影相随。本性希奇，莫可思议。似服伽陀之药，如餐真乳之糜。同如意树，雨无尽之宝；类水清珠，澄众浊之池。

升第一义天，正会大仙之日；登普光明殿，当朝法界之时。冥真寂照，含虚吐耀。罔象兮获明珠，希夷兮宗法要。恩覆群生而无得，不作不为；光含万象而绝思，忘知忘照。

如是则尘成佛国，念契圆音。但显金色之世界，唯闻薝卜之园林。莫比商人之宝，宁齐樵客之金？厌异忻同而情自隔，舍此取彼而理恒任。绳上生蛇而惊悸，杌中见鬼而沉吟。痴猿捉月而费力，渴鹿逐焰而虚寻。饮狂药而情随转日，食蒗荡而眼布华针。皆自想生，万品而始终常寂；尽因念起，一真而境界恒深。

法内规模，人间轨则。愿无不从，信无不克。见万像于掌中，收十方于座侧。感现而唯徇吾心，美恶而咸归我识。手出金毛师子，皆籍善根；

城变七宝华池，尽承慈力。

卷舒不定，隐显千端。或阒尔无迹，或烂然可观。处繁而不乱，履险而常安。醍醐之海泓深，横吞众派；法性之山挺出，高落群峦。

理体融通，芳名震烈。瞻时而别相难穷，入处而一门深彻。服善见王之药饵，众病咸消；奏狮子筋之琴弦，群音顿绝。

尔乃明逾皎日，德越太清；随机起用，顺物无生。非异非同，盈刹而坦然平现；不大不小，遍空而法尔圆成。

神灵之台，秘密之府。病遇良医，民逢圣主。以本摄末，驾智海之津梁；举一蔽诸，辟玄关之规矩。

匡时龟镜，为物权衡。相夺则境智互泯，相资则彼我俱生。无明树上而觉华顿发，八苦海内而一味恒清。全体现前，岂用更思于妙悟；本来具足，何须苦待于功成。

显异标奇，精明究竟。如舒杲日之光，似布勾芒之令。三毒四倒而非凡，八解六通而非圣。至宝居怀兮终不他求，灵珠在握兮应须自庆。愍同体兮起无缘，溢法财兮资慧命。履得一之旨，豁尔消疑；入不二之门，廓然无诤。

大理齐平，不亏不盈；道性如是，无送无迎。千浔海底而孤峻，万仞峰头而坦平。竹祖摇风而自长，桐孙向日而潜荣。数朵之青山长在，一片之闲云忽生。意地顿空，如兔角之铦利；解心全息，犹焰水之澄清。

大建法幢，深提宝印。居下恒高，处违常顺。握王库刀之真形，抚修罗琴之正韵。得趣而幽途大辟，胡用多求；了一而万事齐休，但生深信。

自在无碍，超古绝伦。荆棘变为行树，枭獍啼成[①]梵轮。似毛端之头，含于宝月；如琉璃之内，现出金身。

若畅斯宗，发明妙慧。剔摩诃衍之骨髓，摘优昙华之根蒂。任聚须弥之笔，未写纤毫；纵饶乐说之门，难敷一偈。

---

①　“成”,《卍续藏》本作“或”。

印同异，泯中边，等来去，绝偏圆。水朝东而星拱北，谷孕风而海纳川。寂尔无声，众响群音而吼地；荡然无相，奇形异状而参天。

约理而分，称真而说。蜜齐海内之甜，火均天下之热。当正位之发扬，因法性之施设。弗从事而失体，非一非多；不守己而任缘，亦同亦别。

本迹双举，权实俱存。言中而尽提纲要，指下而全见根源。如一金分众器之形，不变随缘之道；犹千波含湿性之理，随缘不变之门。

若达斯宗，无在不在。入圣体而靡高，居凡身而弗改。即狭而广，毫端遍于十方；以短摄长，刹那包于劫海。

一叶落时天下秋，一尘起处厚地收。向空门而及第，于禅苑而封侯。敌生死军之甲胄，战烦恼阵之戈矛。得大总持，可作超尘之本；具王三昧，堪为入道之由。

学问宗师，菩提榜样；功德丛林，真如库藏。纵横幻境，在一性而融虚；寂灭灵空，寄千门而显相。

妙迹无等，寰中最亲。小器出无边之嘉馔，仰空雨莫测之殊珍。仙人执手之时，动经尘劫；童子登楼之日，倏见前因。

成现而虽圆至道，弘阐而全在当人。殊功警世，大用通神。乐蕴奇音，指妙而宫商应节；心怀觉性，智巧而动用冥真。

十力功高，上贤能践。日月潜光，山川回转。摧慢峰兮涸爱河，拆疑城兮截魔罥。明之而法法在我，巨岳可移；昧之而事事随他，纤毫莫辩。

法无难易，转变由人。促多生于一念，化寒谷为芳春。秉大炬而烛幽关，炳然见旨；驾迅航而渡深济，倏尔登真。

生如来家之要，行菩萨道之因。万别千差，靡出虚空之性；尊高卑下，难逃平等之津。

剪惑裁疑，标真显正，使佛法之穹崇，致宗门之昌盛。类秋江万影而交罗，状寒室千灯而互映。若鸟戛汉以翱翔，似鱼沉渊而游泳。啼笑而佛慧分明，行坐而觉源清净。妙解而唯应我是，列祖襟喉；通心而莫更余思，群贤性命。

《心赋》卷二

妙圆正修智觉永明寿禅师 述

逆顺同归，行住不离。雨宝而摩尼绝意，演教而天鼓无私。重重而理事相须，恒体恒用；一一而有空齐现，常寂常知。

迎之弗前，随之不后。匿纤芥而非无，展十方而曷有？旋转陀罗之内，常当大士之心；嚬呻三昧之中，不堕二乘之手。

一理当锋，万境皆融。囊括智源之底，冠擎法海之宗。如睹镜中，现千重之影像；犹窥牖隙，见无际之虚空。

万汇虽分，还归一总。渤澥之润同滥觞，十方之空齐芥孔。其犹今古之日，照无异明；仍侔过现之风，鼓无二动。

履实际地，冲涅槃天。掘众生之干土，涌善逝之智泉。声闻之焦芽蕊绽，华王之极果功圆。如得返魂之香，枯荄再发；似服还丹之药，寒焰重燃。

了达无疑，何劳科判。驾牛车而立至祇林，乘慈舟而坐升彼岸。千年暗室而破在一灯，无始樊笼而唯凭妙观。临法国土，无小境而不降；静佛边疆，岂一尘而作乱！

超情绝解，对此无言。旨冥真极，道契玄源。二谛推而莫知，理中第一；三际求而罔得，法内称尊。

觉树根株，教门头首。安详作象王之行，决定成狮子之吼。欲荐默传之法，合在言前；将陈秘密之门，宁思机后。

圆宗焰火，手触应难。驱四句于虚无之外，殄百非于寂寞之间。如那罗箭之功，势穿铁鼓；似金刚锤之力，拟碎邪山。

成七辩才，具四无畏。人中日用之韬钤，世上时机之经纬。若森罗之吐孕，总摄地轮；犹万物之发生，皆含一气。

玄邈甚深，力自堪任。月渚烟林而常谈妙旨，云台宝网而尽演圆音。

餐香积之厨，真堪入律；听风柯之响，密可传心。

莫尚他宗，须遵此令。出世之大事功终，入禅之本参学竟。直言不谬，指南之车辙非虚；的示无疑，鸡犀之枕纹常正。

绝待英灵，一念齐成。转变天地，撼动神明。孰见不喜，谁闻弗惊？普现心光，标人间之万号；遍该识性，犹帝释之千名。

妙觉非遥，当人不远。随法性而云散晴空，任智用而华开媚苑。攀觉树而不荣，陷铁围而非损。冒境而朝宗悟旨，诸佛果源；拶目而得意通真[①]，群生理本。

祖佛不道，父母非亲。知三有异我而明佛性，会万物为己而成圣人。一两真金，胜氎花千斤之价值；半株檀树，改伊兰四十之由旬。

上上真机，滔滔法海。堕无明而不可𤔡，纵神力而焉能改？设戴角披毛之者，本性非殊；任形消骨散之人，至灵常在。

等觉不迁，随物周旋。为出世真慈之父，作归宗所敬之天。一雨无私，群木而自分甘苦；太虚绝量，众器而各现方圆。

既在正观，须当神听。扣寂寂之玄门，蹑如如之道径。若玻璃随物而现色，于自体而匪亡；犹金刚对日而分形，逐前尘而不定。

菩提窟宅，解脱丛林。澹泊而慧眼何见，杳霭而大智难寻。五岳峥嵘而不峻，四溟浩渺而非深。轮王坐妙宝床时，方能入定；菩萨戴法性冠处，始得明心。

滞念才通，幽襟顿适。成现而可以坐参，周遍而徒烦游历。达无不是，统法界以为家；用而靡虚，将大地为标的。

至道无隔，唯理堪亲。抉目而金鎞快利，霔[②]顶而甘露光新。寂默无言，因居士而荐旨；虚空绝相，化阇王而悟真。

慧日晶明，信心调直。被大乘衣而坐正觉床，饮菩提浆而餐禅悦食。

---

① “通真”，《卍续藏》本作“真真”。

② “霔”，《卍续藏》本作“霪”。

善财知见，举目而皆入法门；华藏山河，立相而无非具德。

群蒙尽正，一概齐平。迹分尘界而不浊，性合真空而靡清。体凝一味而匪缩，用周万物而非盈。似天中意树之林，常随天转；若人间心想之处，还逐人成。

贫济骊珠，幽冥玉烛。如来宝眼而自绝纤毫，金沙大河而更无回曲。若海中之咸味，物物圆通；犹色里之胶青，门门具足。

孤高独步，莹彻摅情。意根净而宝坊净，心地平而世界平。若拂雾以披天，神襟顿爽；似拨云而见日，法眼恒清。

一道逍遥，群心仰慕。保证而犹玉玺之真文，包藏而若琼林之宝库。久行方了，具遍吉之明宗；初学易亲，成慈氏之入路。

正念才发，狐疑自惺。匪五目之可鉴，岂二耳之能听？非有而非空，故称卓绝；不出而不在，实谓通灵。

尘思俱逃，烦机顿洗。迥超万行之先，深彻法源之底。月光大士，变清水于自心；空藏高人，现太虚于本体。

甄明畅志，悟入怡神。若旱天而遍霈甘泽，犹萎草而顿遇阳春。翠羽红鳞，普现色身之三昧；霞峰雾沚，同转根本之法轮。

智朗昏衢，梦惊长夜。贫室之金藏全开，焰宅之牛车尽驾。纷然起作，冥冥而弗改真如；豁尔虚凝，历历而常随物化。

大象无形，洪音绝声。三光匿曜，河岳齐平。向九居六合之中，随作色空明暗之体；于七大四微之内，分为色香味触之名。

德御神州，威灵法宇。通智海之宏津，立吾宗之正主。违情难信，如藕丝悬须弥之山；入悟能谈，似一手接四天之雨。

居混沌之始，出恍惚之间。法雷震四生之幽蛰，慧日烛三界之重关。不世之珍，抱玄门而寂寂；非常之道，任法性以闲闲。

发觉根苗，胤灵筋骨。若谷神之安静，似幻云之出没。事因理显，犹金乌照万里之程；用就体施，如玉兔摄千江之月。

非相非名，孤寂幽清。一言无不略尽，殊说更非异盈。吞苦雾而浸邪峰，须澄性海；降四魔而夷六贼，应固心城。

广演玄风，长施法利。诸圣不改其仪，万邪莫回其致。十军三惑，消影响于幻场；智刃慧刀，利锋芒于实地。

一言合理，天下同归。体标奇而显妙，用含虚而洞微。可谓镇敌国之宝珠，千金罕易；挺惊人之法将，万古传辉。

动而无为，寂而常照。立佛道之垣墙，树修行之大要。画出山河国土，意笔纵横；分开赤白青黄，心灯照耀。

性自神解，不同虚空。或垂本以显迹，或居边而即中。犹狮子就人之机，理标径直；如王索一锤之器，言下全通。

慧海关防，灵园苗裔。遍滋广摄而不拣高低，竖彻横该而混同粗细。作一种之光辉，为万途之津济。暗鬼没于明灯，毛轮消于厚翳。确乎不拔，高超变易之门；湛尔唯坚，永出轮回之际。

妙极众象，理统诸方。如积海而含万水，犹聚日而放千光。文圃义围，言将发而词丧；清神静思，意欲缘而虑亡。

处众不群，居尊匪独。阐大道之基坰，布教海之漩澓。了辩乳之真机，达观象之明目。蹑萨云路兮非近非远，诣清凉池兮不迟不速。出一语兮海竭山崩，提妙旨兮天翻地覆。举圆宗兮敷至理，法界横关；括众义兮掩群诠，禅门啮镞。

念念而灵山出世，步步而兜率下生。娑婆现华藏之海，园林为王舍之城。见闻觉知，运普贤无尽之行；周旋俯仰，具文殊本智之名。

从实分权，因别显总。掷大千于方外，吸海水于毛孔。妙位初成之际，天雨四华；无明欲破之时，地摇六动。

理事无碍，本末同歧。横吞五乘之粹，圆舒八藏之奇。从心而出心，犹兰生兰叶；因意而发意，似檀孕檀枝。

不空之空，非有之有。如外无智而可知，智外无如而可守。帝网而重重交映，非一非多；芥瓶而历历分明，不前不后。

《心赋》卷三

妙圆正修智觉永明寿禅师 述

忘心而照，无念而知。若瑞草生于嘉运，如林华结于盛时。顿息疑情，现额珠于明镜；全澄乱想，获真宝于春池。

体广用深，文丰理诣。攀觉树以分枝，受轮王之解髻。初终交彻，即凡心而见佛心；理事该罗，当世谛而明真谛。

龙宫诠奥，海藏抽奇。空里披文之际，尘中剖卷之时。觉华枝秀，忍草苗垂。临太华之犹低，机前鹏翥；比毗岚之未速，言外鹰驰。

身泛禅河，手开玄钥。执石为珍，揽草成药。传智焰兮胡假世灯，受佛职兮宁齐天爵。贸内珠而自省，不探骊龙；受密印而明知，靡求干鹊。

迷时徒昧，谛处非难。念想而如山不动，襟怀而似海常安。实际无差，与三世佛而一时成道；真空平等，共十类生而同日涅槃。

心若不分，法终无咎。是之而六荫七情，非之而二头三手。从因缘而生起，不同兔角之无；向正法而施为，岂类乾城之有？

德业无尽，至理难论。恒一恒异，常泯常存。说证说知，背天真而永沈有海；无照无悟，失圆修而常锁空门。

大体焉分，随机自别。万派而岂有殊源，千车而终无异辙。不隐不显，四聪而莫认真归；无性无形，妙辩而难穷实说。

冥心合道，意解难明。了达而尚非于智，参详而岂在于情？化人舞而幻士歌，谁当断送；木马奔而泥牛斗，孰定输赢？

故知唯识唯心，无二无别。一旨而已绝诠量，万法而但空施设。虚生虚灭，唯情想而成持；似义似名，但意言而分别。

于一圆湛，析出根尘，外抟地水而成境，内聚风火而为身。持种之门，作生死之元始；总报之主，为涅槃之正因。

标实慧宗，成真性轨。具体而有法皆宗，绝待而无尘可比。高高法座，非声闻矬短之能升；赫赫日轮，岂外道婴儿之所视？

无偏无党，至极至尊。总千歧而得旨，搜一切而归根。眼底放光，照破十方之刹土；意根演教，碾开一代之法门。

触目相应，盈怀周匝。清白混同，水乳无杂。理从事变，存泯而尽逐缘分；事得理融，一多而常随性合。

意网弥布，心轮遍生。与群徒而作体，向万物以安名。初居圆成现量之中，浮尘未起；后落明了意根之地，外状潜呈。

原夫业识之宗，何成教训；能所不分，是非焉运？因依转相之内，倏起见心；俄关现识之间，忽陈相分。

光消积噎，影射重昏。彻古而真源不散，该今而妙用常存。八万四千之教乘，苗抽性地；三十七品之道树，果秀灵根。

出迷之津，履玄之始。义似华开，行同云起。当覆一篑之日，山耸千寻；元行初步之时，程通万里。

真俗无碍，其道在中。非即非离，常泯常通。应用恒沙，求之而奚穷秘迹；含容百巧，窥之而靡炫殊功。

易辩邪途，难探正穴。听之者无得无闻，演之者非示非说。妙峰耸于性地，仰之弥高；法水涌于真源，酌而何竭？

包空而遍，匝界而周。是以大忘天下，方能万事无求。火灾欲坏之时，一吹顿灭；世界将成之际，举念全收。

乘急戒圆，因成果满。该括有空，交参主伴。十玄门之资摄，无尽无穷；六相义之融通，不常不断。

鹫山正脉，鹿苑鸿基。真风长扇，慧范恒施。隐显无际而晦明相并，念劫融通而延促同时。微妙之境幽深，非从像设；太玄之乡绵邈，莫可心知。

卓尔不群，湛然纯一。天成神授而挺生，万德千珍而共出。众义咸归于此宗，百华同成于一蜜。独超紫微之表，教海宏枢；细开虚寂之闲，禅扃正律。

唯自不动，于彼云云。道在心而不在事，法由我而不由君。真性与缘起同寿，不思议而可思议；有量共无量平运，居见闻而非见闻。

物外祥云，法中闲气。奇绝而异代殊珍，广大而宗徒富贵。得初而即得后，犹圆珠无间隔之方；了一而便了余，似海滴总江河之味。

一法才彻，万汇皆通。直论入道之处，靡离净意之中。诸佛不证真门，悟时无得；异生弗沈死海，迷处全空。

幽旨罕穷，浅根难信。情见不到而理深，智解莫明而机峻。业果隳于净地，苦海收波；罪华籍于慈风，刀山落刃。

旨不可见，义不可寻。理短而甘鞭尸吼石，请说而愿捧足倾心。广长舌之敷扬，暂披而即能熏种；五实语之剖析，一览而须纳千金。

举止施为，现大神变。理不偏而事不孤，行常顺而道常遍。即多用之一体，同时顿具而非分；于一体之多门，前后交罗而齐现。

美恶无体，唯想任持；声响冥合，形影相随。胎狱华池，受报而自分优劣；琼林棘树，禀生而各具荣衰。

明断由人，斯言可听。运意而须契正宗，举步而莫行他径。如急湍之水，逐南北而分流；似蚅蠖之身，食青黄而不定。

如来之藏，万德之林，湛然无际，曷用推寻？木母变色之时，生于孝意；金像舒光之日，起自诚心。

引喻何穷，证明非一。理理而悉具圆常，事事而皆谈真实。似幻师观技而无著，了是心生；如调马见影而弗惊，知从身出。

诸尘不隔，此旨堪遵；变化莫测，绵密难论。如善财不出道场，遍历百城之法；犹海幢常冥寂定，广开佛事之门。

最上之宗，第一之说。大悟而岂假他求，内证而应须自决。似冰含水，融通而岂有等伦；如金与环，展转而更无差别。

《心赋》卷四

妙圆正修智觉永明寿禅师 述

若空孕色，犹蓝出青。马鸣因兹而制论，释迦由此而弘经。外道打髑髅之时，察吉凶之往事；相者占人面之际，辨贵贱之殊形。

大体平分，玄基高峙。十心九识之宗，三细六粗之旨。根身国土，因本识而先生；妍丑高低，从分别而潜起。

矗然端直，靡历光阴。德用之道恢廓，善巧之门甚深。金地酥河，匪出化源之意；人波鬼火，宁离业识之心？

迹现多门，光韬实地。不用天眼而十方洞明，岂运神通而千界飞至。未离兜率，双林而已般涅槃；不起树王，六欲而早升忉利。

坚贞难并，泡沫非同。立绝相之相，运无功之功。慈敕分明，始因四念之处；教文审的，终归三点之中。

性非造作，理实镕融。明之而心何曾动，昧之而路自迷东。任竭海移山，未是无为之力；纵蹑虚履水，皆为有漏之通。

辨玉须真，探珠宜静。但向境外而求心，焉知圆光而在眚？捏目之处，飞三有之虚华；迷头之时，认六尘之幻影。

顺法界性，合真如心。智必资理而成照，理不待发而自深。意绝思惟，鉴彻十方之际；佛不说法，闻通无尽之音。

莫摘枝苗，须搜祖祢。豁尔而无明顿开，湛然而情尘自洗。恶从心起，如铁孕垢而自毁铁形；善逐情生，犹珠现光而还照珠体。

鹄林大意，须归准凭。形端影直，风静波澄。辨伪识真，如试金之美石；除昏鉴物，犹照世之明灯。

事绝纤毫，本无称谓。因用之而不穷，从赞之而成贵。义天行布，重重之星象璨然；法海圆融，浩浩之波澜一味。

根尘泯合，能所双销。了了而如同眼见，一一而尽是心标。照烛森罗，随念而未曾暂歇；飞穿石壁，举意而顷克非遥。

绝观通人，破尘上将。作智海之健舟，为法筵之极唱。如虻附翔鸾之尾，迥登丹汉之程；犹声入画角之中，出透重霄之上。

言言合道，法法随根。对大心之高士，谈普眼之法门。厚地金刚，穿之而始终不坏；雪山正味，流之而今古恒存。

一际无差，随缘自结。旷代无减，十方咸说。如天宝器，任福而饭色不同；似一无为，随证而三乘有别。

万法万形，皆逐心成。孤光一照，众虑俱清。如瓶贮醍醐，随诸器而不等；犹水分江海，逐流处而得名。

直了无疑，襟怀自豁。非劣解情当，乃上根机夺。犹如庭雀，焉攀鸿鹄之心；还似井蛙，岂测沧溟之阔？

群经之府，众义之都。写西来之的意，脱出世之真模。或徇他求，如钻冰而觅火；但归己解，犹向乳以生酥。

正业常新，恒居本位。统一心之高广，烛微言之周备。了宗之际，殒十方之虚空；忏罪之时，翻无边之大地。

一华开而海内春，一理现而法界真。如二乘之蒙佛记，似穷子之付家珍。水未入海之时，不成咸味；境若归心之日，方可言均。

梦宅虚无，化源寂灭。破疑情而藤蛇并融，廓智地而形名双绝。心外求悟，望石女而儿生；意上起思，邀空华而果结。

本非有作，性自无为。智者莫能运其意，像者何以状其仪？言语道亡，是得路指归之日；心行处灭，当放身舍命之时。

执迹多端，穷源孤迈。非世匠之所成，岂劫火之能坏？白毫光里，出莫测之身云；无生盖中，现大千之世界。

释门挺价，法苑垂箴。无声之乐寂寂，真如之海沉沉。应量出生，如龙王之降雨差别；循业发现，犹人间之随福浅深。

既达心宗，应当莹饰。炼善行以扶持，澄法水而润泽。照世行慈而不谬，先洞三明；观根授道而无差，须凭十力。

杜源大士，立志高强。或剥皮出髓而誓思缮写，或投岩赴火而志愿传扬。身烛千灯，沥恳而唯求半偈；足翘七日，倾心而为赞华王。

更有念法勤苦，只希一言。悬悬而顿忘寝食，颙颙而不避寒暄。遍界南求，行菩萨之大道；忘身东请，为般若之真源。

冲邃幽奇，举文难述。任身座与肉灯，用海墨而山笔。药王烧手，报莫大之深恩；普明刎头，求难思之妙术。

能祛冰执，可定行藏。证自觉之圣智，入本住之道场。步步而到泥彻底，箭箭而破的穿杨。齐襟而唯思举领，整网而只要提纲。浴沧溟而已用诸河之水，爇一尘而皆含众味之香。如忉利杂林，靡作差殊之见；犹须弥南面，纯舒金色之光。

乍似醉醒，如同梦起。外道授咒于天中，妇人求男于林里。无为无事，全当实相之门；唯寂唯深，顿悟法空之旨。

百氏冥归，万古难移。据前尘之无体，唯自法之施为。若乐工之弄木偶，如戏场之出技儿。纵浅纵深，靡出一心之际；任延任促，但当唯识之时。

大矣圆诠，奇哉正辙！六神通而焉可变，四辩才而莫能说。攀枝而直到根株，寻水而已穷源穴。传印而尽继曹溪，得记而俱成摩竭。可谓履道之通衢，悟宗之真诀！

四、心赋注[①]

《永明心赋注》卷一[②]

妙圆正修智觉永明寿禅师 述[③]

觉王同禀，

《楞伽经》“佛语心为宗，无门为法门。”又经颂云：“如世有良医，以妙药救病。诸佛亦如是，为物说唯心。”

问：佛语心为宗，无门为法门。既称心赋，便是标宗，何假广用文言、仍繁注解？且凡论宗旨，唯逗顿机，如日出照高山，驶马见鞭影。所以丹霞和尚云：“相逢不擎出，举意便知有。”《首楞严经》云：“圆明了知，不因心念。”扬眉动目，早是周遮，如先德颂云：“便是犹倍句，动目即差违。若问曹溪旨，不更待扬眉。”

答：今为乐佛乘人，实未荐者，假以词句，助显真心，虽挂文言，妙旨斯在。俯收中下，尽罩群机，但任当人，各资己利。百川虽润，何妨

---

① 《心赋注》，又称为《永明心赋注》，或《注心赋》，是永明大师或其弟子对其所作《心赋》的注释。现据清《乾隆藏》第141册《永明心赋注》（No.1593）为底本，以《嘉兴藏》新文丰版续藏第20册所载《注心赋》（No.92）、日本《卍新纂续藏经》第63册所载《心赋注》（No.1231）为校本。

② 《嘉兴藏》本作“注心赋卷第一”，《卍续藏》本作“心赋注卷第一”。以下各卷例同。

③ 《嘉兴藏》本作“杭州慧日永明寺智觉禅师延寿述”，《卍续藏》本作“宋杭州慧日永明寺智觉禅师延寿述”。以下各卷例同。

大海广含；五岳自高，不碍太阳普照。根机莫等，乐欲匪同，于四门入处虽殊，在一真见时无别。如获鸟者罗之一目，不可以一目为罗；治国者功在一人，不可以一人为国。如《内德论》云：“夫一水无以和羹，一木无以建室；一衣不称众体，一药不疗殊疾；一彩无以为文绣，一声无以谐琴瑟；一言无以劝众善，一戒无以防多失。”何得怪渐顿之异，令法门之专一。故云：“如为一人，众多亦然；如为众多，一人亦然。”岂同劣解凡情而生局见？我此无碍广大法门，如虚空非相，不拒诸相发挥；似法性无身，匪碍诸身顿现。所以藏法师云：“自有众生寻教得真，会理无碍，常观理而不碍持教，恒诵习而不碍观空。则理教俱融，合成一观，方为究竟博通耳。”斯乃教观一如、诠旨同原矣。

祖胤亲传。

此土初祖达磨大师云：“以心传心，不立文字。”又云：“直指人心，见性成佛。”亦云：“默传心印，代代相承，迄至今日。”

大开真俗之本，

如《大乘起信论》云：“有摩诃衍，能发起一切众生大乘信根。”所言摩诃衍者，此云大乘。又大乘者，是众生心，心体周遍，故名为大；心能运载，故名为乘。立心真如门、心生灭门。论云：“摩诃衍者，总说有二种：一者法，二者义。所言法者，谓众生心，是心则摄一切世间出世间法。依于此心，显示摩诃衍义。何以故？是心真如相，即示摩诃衍体故。是心生灭因缘相，能示摩诃衍自体相用故。所言义者，则有三种：一者体大，谓一切法真如平等不增减故；二者相大，谓如来藏具足无漏性功德故；三者用大，能生一切世间出世间善因果故，一切诸佛本所乘故，一切菩萨皆乘此法到如来地故。”是知一心，是诸佛本所乘，菩萨因乘此心法，皆到如来地故。离此一心外，别无殊胜，故今赋咏，志在于此。藏法师云：“真俗双泯，二谛恒存；空有两亡，一味常现。”所以《华严疏》云：“真俗虽相即，而各不坏其相。谓即有之空，方是真空；即空之有，方为妙有；空有不二，两相历然。如波即水而恒动，俗即真而俗相立；如水即波而恒湿，真即俗而真体存。”已上皆况心之体用，非一非异。又云：“不坏生灭门说真如门，不隐真如门说生灭门，良以二门唯一心故。”所以十方诸佛常依二谛说法。若不得俗谛，不得第一义谛，以俗谛无有自体，即第一义谛故。

独标天地之先。

《傅大士颂》云：“有物先天地，无形本寂寥，能为万象主，不逐四时凋。”《老子》云：“有物浑成，先天地生。寂兮寥兮，独立而不改，周行而不殆，可以为天下母。吾不知其名，字之曰道，强之曰大。”《宝藏论》云：“空可空，非真空；色可色，非真色。真色无形，真空无名。无名，名之父；无色，色之母。作万法之根源，为天地之太祖。上施玄象，下列冥庭。元气含于大象，大象隐于无形。为识物之灵，灵中有神，神中有身，无为变化，各禀乎自然。”

常为诸佛之师，能含众妙；

诸佛以法为师。《起信论》云：“所言法者，众生心是。”又知之一字，众妙之门。《禅源集》云：“夫言心者是心之名，言知者是心之体。能含众妙者，一心杳冥之内，众妙存焉。清净法界，杳杳冥冥，以为能含；恒沙妙德，微妙相大，以为所含。相依乎性，性无不包，故称为含。”又云：“妄念本寂，尘境本空。空寂之心，灵知不昧。即此空寂之知，是前达磨所传清净心也。任迷任悟，心本自知，不籍缘生，不因境起。迷时烦恼，知非烦恼。悟时神变，知非神变。然由迷此知，即起我相。若了此知，刹那成佛。”故《心要笺》云：“心法本乎无住。无住心体，灵知不昧。”

又况如一摩尼珠，一灵心也；唯圆明净，空寂知也。都无一切差别色相，以体明故，对外物时，能现一切差别色相。色相自有差别，明珠不曾变易。且如珠现黑时，但云黑等是珠，如洪州马大师云：“起心动念，弹指瞬目，所作所为，皆是佛性。”此是即妄明真。或拟离黑觅珠，如北宗秀大师云：“众生本有觉性，如镜有明性。烦恼覆之不见，如镜有尘暗。妄念尽则心明，昏尘灭则镜朗。”此是离妄明真。或云明黑都无者，如牛头融大师云：“诸法如梦，本来无事。心境本寂，非今始空。宜丧己忘情，情忘即绝。”此是真妄俱无。初一皆真，次一皆妄，后一皆无，皆是未见珠也。如荷泽和尚，于空无相处，指示知见，了了常知，不昧心性。见珠黑之时，但见珠体明白，不观黑色及青黄等杂色。既不即黑，亦不离黑，亦不黑白俱拂。了了见心性之时，不即不离，无住无著，非一非异，不取不舍。

又真心本体，有二种用：一者自性本有，二者随缘应用。犹如铜镜，铜之质是自性体，铜之明是自性用，明所现影是随缘用。影即对缘方现，现有千差。明即光明，明唯一味。以喻心常寂是自性体，心常知是自性用。今洪州指示能语言分别等，但是随缘用，阙自性用也。又显教有比量显、现量显。洪州云：“心不可指示，但以能语言等验之，知有佛性”，是比量显也。荷泽直云：“心体能知，知即是心”，不约知以显心，是现量显。洪州阙此。又不变是体，随缘是用。

又荷泽所宗空寂知者，空寂即是无相。以神解之性，虽无形相，而灵知不昧，故云寂知，亦云寂照，亦云无相之智，亦云无知之知。如《肇论》云：“《放光般若》云：‘般若无所有相，无生灭相。’《道行般若》云：‘般若无所知，无所见。’此辩智照之用，而曰无相无知者，何耶？果有无相之知、不知之照，明矣！何者？夫有所知，则有所不知。以圣心无知，故无所不知。不知之知，乃曰一切知。故经云：‘圣心无知，无所不知。’信矣！”空寂即是无相，即是无知。论云“无所不知”，又云“乃曰一切知者”，此知即是真知，为一切众生自心之体，真性灵知，湛然恒照，亦云无念之知。若有念而知，凡夫境界，故云“知觉乃众生”；若无念无知，二乘境界；若无念而知，诸佛境界。空寂即是无念，亦云无住之知。若有所住，如人入暗，则无所见；若无所住，如日月光明照，见种种色。《华严锦冠》云：“含众妙而有余者，谓一切事皆不改本相，不离本位，法法皆能为大为小、为一为多、为主为伴，即此即彼、即隐即显、即延即促，互相摄入，重重无尽，如帝网天珠。以要言之，随一一事，念念皆具十玄之义，同时具足，无有前后。如海一滴，即具百川，滴滴皆尔，故名为妙。”

恒作群贤之母，可谓幽玄[①]。

夫般若者，是诸佛之母，故《净名经》颂云：“智度菩萨母，能生一切导师。”所言般若者，即一切众生自心灵知之性耳。如《宝藏论》云：“夫天地之内，宇宙之间，中有一宝，秘在形山。识物灵照，内外空然。寂寞难见，其谓玄玄。巧出于紫微之表，用在于虚无之间。端化不动，独而无双。声出妙响，色吐华容。穷睹无所，寄号空空。唯[②]留其声，不见其形。唯留其功，不见其容。幽显朗照，物理虚通。森罗宝印，万象真宗。其为也形，其寂也冥，本净非莹，法尔圆成。光超日月，德越太清。万物无作，一切无名。能转变天地，自在纵横。恒沙妙用，混沌而成。谁闻不喜，谁闻不惊？如何以无价之宝，隐于阴入之坑？哀哉哀哉，其谓自轻；悲哉悲哉，晦何由明？其宝也，焕焕煌煌，朗照十方，阒寂无物，圆应堂堂。应声应色，应阴应阳。奇特无根，妙用常存。瞬目不见，侧耳不闻。其本也冥，其化也形，其为也圣，其用也灵，可谓大道之真精！其精甚灵，万有之因，凝然常住，与道同伦。故经云：‘随其心净，则佛土净。’任用森罗，其名曰圣。”

又若证此一心，则解一切法门。如《止观》云：譬如良医，有一秘方，总摄诸方；阿伽陀药，功兼诸药。如食乳糜，更无所须；一切具足，如如意珠。乃至此一心，是大中大、上中上、圆中圆、满中满、实中实、真中真、了义中了义、玄中玄、妙中妙、不可思议中不可思议。若能如此

---

① “玄”，清《乾隆藏》本作“元”，避讳字。以下均同，不一一标出。

② “唯”，《卍续藏》本作“谁”，应误。

简非显是，体权实而发心者，是一切诸佛种。譬如金刚，从金性生；佛菩提心，从大悲起。是诸行先，如服阿婆罗药，先用清水。诸行中最，如诸根中，命根为最，佛正法正行中，此心为最。如太子生，具王仪相，大臣恭敬，有大声名。如迦陵频伽鸟，壳中鸣声已胜诸鸟。此菩提心有大势力，如狮子筋弦，如狮子乳，如金刚锤，如那罗延箭；具足众宝，能除贫苦，如如意珠；虽小懈怠，小失威仪，犹胜二乘功德。举要言之，此心即具一切菩萨功德，能成三世无上正觉。

灵性有殊[①]，该通匪一。

此一心灵台之性，最灵最妙，作万法之王，为群有之体，竖彻三世，横亘十方。《大智度论》云："在有情数中为佛性，在无情数中为法性。"所以《华严经》颂云："法性遍在一切处，一切众生及国土，三世悉在无有余，亦无形相而可得。"如《肇论·离微体净品》云："夫性离微者，则非取非舍，非修非学；非本无今有，非本有今无。乃至一法不生，一法不灭。非三界所摄，非六趣所变，非愚智所改，非真妄所转。平等普遍，一切圆满，总为一大法界幻化灵宅。迷之者历劫浪修，悟之者当体凝寂。"

千途尽向于彼生，万象皆从于此出。

《净名经》云："一切法以无住为本。"无住者，一切众生第八识心，此心无住无本，故云从无住本立一切法。如《华严经》云："不离于心，所见清净。"又云："不离于心无处所。"是知心生一切法，如地出水，如谷孕风，如石生云，如木出火。是知离心无法，离法无心。如长者《论》云："若直说第八种子识为如来藏者，即业种恒真，生怖难信。"以法如是之力，何一含识而不具神通？承本觉性之功，岂一刹尘而

① "殊"，《卍续藏》本作"珠"，应误。

靡含道迹？故《华严经》云“法如是力”者，本合如然；又云“佛神力”者，应真曰神。所以古德云：“自力与佛力无别，自智与佛智无差。”又云：“一身即以法界为量，自他之境都亡。法界即自身遍周，能所之情见绝。”如大海之渧，渧渧之中皆得大海；比众生之心，心心皆含佛智。

事廓恒沙，理标精实。吞沧溟于毛孔，唯是自因；卷法界于尘中，匪求他术。

《首楞严经》云：“众生迷闷，背觉合尘，故发尘劳，有世间相。我以妙明不生不灭合如来藏，而如来藏唯妙觉明，圆照法界。是故于中，一为无量、无量为一，小中现大、大中现小，不动道场现十方界，身含十方无尽虚空。于一毛端现宝王刹，坐微尘里转大法轮。”是知背境观心，自然大明相含，不为物转，亦如芥纳须弥等。《百门义海》云：“且如见山高广，是自心现作大；今见尘小时，亦是自心现作小。今由见尘，全以见山高之心，而今现尘也，是故即小容大。如云万象如须弥，净心如芥子，故云森罗及万象，一法之所印。即是万法一心，一心万法，故称毛吞巨海，芥纳须弥，非干神通变化之力。真心具德，法性如是。”如《华严记》云：“如经‘一毛端中一切世界差别性’者，谓一毛端性即是一切世界差别性，今一切世界即事，随其法性即一毛端，以性即毛端、诸界即性故。”

任机启号，应物成名。

一切法本无名，但是心为名，故《般若经》云：“六尘钝故，不自名，不自立，皆是因心立名。”故云万法本闲，而人自闹。又云三阿僧祇名字，皆是心之异号。如天台《净名疏》云：“一法异名者，诸经异名，说真性实相，或言一实谛，或言自性清净心，或言如来藏，或言如如，或言实际，或言实相般若，或言一乘，或言即是首楞严，或言法性，或言法身，或言中道，或言毕竟空，或言正因佛性、性净涅槃，如是等种种异名，此皆是实相之异称。故《大智论》偈言：‘般若是一法，佛说种种名，随诸众生类，为之立异字。’《大涅槃经》云：‘如天帝释有千种名，解脱亦尔，多诸名字。’又云‘佛性者有五种名’，故皆是赴机利物，为立异名也，而法体是一，未曾有异。如帝释千名，名虽不同，终是目于天主。岂有闻异名故，而言非实相理？如人供养帝释、毁憍尸迦，供养憍尸迦、毁于帝释，如此供养，未必得福。末代执法者亦尔，或信赖耶自性清净心，而毁毕竟空；或信毕竟空无所有，毁赖耶识自性清净心；或言《般若》明实相，《法华》明一乘，皆非佛性。此之求福，岂不虑祸？若知名异体一，则随喜之善，遍于法界，何所诤乎？”

又诸经内，逗缘称机，更有多名，随处安立。以广大义边，目之为海；以圆明理显，称之曰珠；以万法所宗，号之曰王；以能生一切，名之曰母。但是无义之真义，多亦不多；无心之真心，一亦不一。故《华严私记》云：“取决断义，以智言之；取能生长，以地言之；取其高显，以山言之；取其深广，以海言之；取其圆净，以珠言之。”此上约有名，尚乃无数，更有无名，岂可测量？如《大法炬陀罗尼经》云：“佛告诸菩萨：汝等勿谓天定天也，人定人也，饿鬼定饿鬼也。乃至如一事有种种名，如一人有种种名，如一天乃至饿鬼畜生有种种名，亦复如是。亦有多饿鬼全无名字，于一弹指顷，转变身体作种种形。如是众生于一时间现无量色身，云何可得呼其名也？若饿鬼等，有生处名字、受食名字，及寿命名字。若地狱众生，无有名字、生处者，则其形亦无定。彼中恶业因缘未尽，故于一念中种种变身。”释曰：如地狱中，一日一夜之中万生万死，岂可名其名字耶？又无间狱中，一一身无间各各尽遍八万四千由旬，地狱之量不相障碍。是知业果不可思议，非独圣果。如云“清净妙法身，湛然应一切”，今时人将谓诸佛法身能分、能遍，不信众生亦一身无量身。以众生业果不可思议故，是以经云：“佛界不可思议，众生界亦不可思议。”

大士修之而行立，

菩萨所行十波罗蜜、四摄、万行，皆从真慈悲心起，故《金刚三昧经》云：“空心不动，具足六波罗蜜。”又《般若经》云“一心具足万行十波罗蜜”者，檀因心舍，经云：“无可与者，名为布施，是名真施。”若心外有法，即名住相布施，如人入暗，即无所见。戒因心持，经云：“戒性如虚空，持者为迷倒。”自性之律岂执事相、妄分持犯耶？忍因心受，经云：“云何菩萨能行忍辱？佛言：见心相念念灭。”岂可将心对治前境为忍受耶？进因心作，经云：“若能心不起，精进无有涯。”宁著有为、妄兴劳虑耶？禅因心发，经云：“能观心性，名为上定。”岂避喧杂而守静尘耶？般若从心起，经云：“不求诸法性相因缘，是名正慧。”宁外徇文言、强生知解耶？方便从心生，经云：“菩萨以无所得而为方便。”则心外无法，方能行菩萨之道。力从心运，四大之力皆不如心，心无形故力最无上。神通变化入不思议，心之力也。愿从心布，一切意愿尽从心生，一切行门皆从愿起。智从心达，如来灵智是众生心，此心念念具足十波罗蜜，乃至八万四千法门，皆从心出。如众生心中有体大，今日修行引出法身；心中有相大，今日修行引出报身；心中有用大，今日修行引出化身。故知三身四智，皆自心中出，心外更无一事一法而能建立。如《还源观》云：“一体起二用：一者海印森罗常住用。海印者，真如本觉也。妄尽心澄，万象齐现。犹如大海，因风起浪，若风止息，海水澄清，无像而不现，故云森罗及万象，一法之所印。一法者，所谓一心，是心则摄一切世间出世间法，则是一法界大总相法门。体唯是一，依妄念而有差别。若离妄念，唯一真如，故云海印三昧。二者法界圆明自在用，是华严三昧也。谓广修万行，称理成德，普同法界而证菩提。良以非真流之行无以契真，何有饰真之行不从真起？此则真该妄末，行无不修；妄彻真源，相无不寂。”

觉帝体之而圆成。

诸佛了一切法，皆是真心圆成实性。众生迷于自心，但是遍计所执性，情有理无。如《还源观》云：“良以法无分剂，起必同时。真理不碍万差，显应无非一际。用即波腾海沸，全真体以运行；体即镜净水澄，举随缘而会寂。若曦光之流彩，无心而朗十方；如明镜之端形，不动而呈万象。”

声闻证之为四谛，

声闻不了自心，但见人空，证作苦谛、集谛、灭谛、道谛。生灭四谛，为灰断之果，不达一心圆教无作四谛，具广大神通。所以舍利弗于法华会中得见心性，亲受佛记，后方忏悔云："同共一法中，而不得此事。"

支佛悟之名缘生。

辟支佛但于自心境内，见因缘性离，证十二因缘法门，亦成灰断之果，皆不能一心圆具十法界之体用。

天女之华无著，

《净名经》中，天女散华，于菩萨身上即无著，于声闻身上即华著身。大凡一切菩萨施为，皆是自心作用，以心无著故，华亦无著。是以声闻执为心外之华，妄起厌离，云不如法，乃随拂随生。故知万法随自心生、随自心灭。

海慧之水澄清。

《大集经》中，海慧菩萨初来之时，不见四众，尽见为水，以法外无法故。

执谬解而外道门开，边邪网密；

西天九十六种外道，皆不达自心，唯苦其身，行投岩赴火无益苦行。但心外见法，理外别求，皆是外道，尽成邪见，如密网自围，不能得出三界。

役妄念而凡途业起，生死波横。

一切诸业皆从有心起，无心即无业。故经颂云："诸法不牢固，但立在于念。善解见空者，一切无想念。"又云："一念中有九十刹那，一刹那中有九百生灭。”故知生死即念，念即生死，所以经颂云：“有念即生死，无念即泥洹。”

括古搜今，深含独占。

此一心法，诸教同诠，无不指归传通于此。如《大乘本生心地观经·观心品》云：“尔时文殊师利菩萨摩诃萨白佛言：世尊！如佛所说，告妙德等五百长者，我为汝等敷演心地微妙法门。我今为是启问如来：云何为心？云何为地？乃至薄伽梵告诸佛母无垢大圣文殊师利菩萨摩诃萨言：大善男子！此法名为十方如来最胜秘密心地法门，此法名为一切凡夫入如来地顿悟法门，此法名为一切菩萨趣大菩提真实正路，此法名为三世诸佛自受法乐微妙宝宫，此法名为一切饶益有情无尽宝藏。此法能引诸菩萨众到色究竟自在智处，此法能引诣菩提树后身菩萨真实导师。此法能雨世出世财，如摩尼宝满众生愿。此法能生十方三世一切诸佛功德本原，此法能消一切众生诸恶业果，此法能与一切众生所求愿印。此法能度一切众生生死险难，此法能息一切众生苦海波浪，此法能救苦恼众生而作急难，此法能竭一切众生老病死海。此法善能出生诸佛因缘种子，此法能与生死长夜为大智炬，此法能破四魔兵众而作甲胄。此法即是正勇猛军战胜旌旗，此法即是一切诸佛无上法轮，此法即是最胜法幢，此法即是击大法鼓，此法即是吹大法螺，此法即是大狮子王，此法即是大狮子吼。此法犹如国大圣王，善能正法[①]，若顺王化获大安乐，若违王化寻被诛灭。善男子！三界之中以心为主，能观心者究竟解脱，不能观者究竟沉沦。众生之心犹如大地，五谷五果从大地生，如是心法，生世出世善恶五趣、有学无学、独觉、菩萨及于如来。以是因缘，三界唯心，心名为地。一切凡夫，亲近善友，闻心地法，如理观察，如说修行，自利教他，赞励庆慰。如是之人，能断二障，速圆众行，疾得阿耨多罗三藐三菩提。”

---

① “正法”，通行本《大乘本生心地观经》中作“正治”。

五乘道炼出于冲襟，

五乘者，一持五戒，得人乘；二行十善，得天乘；三修四谛，得声闻乘；四悟十二因缘法，得缘觉乘；五具六度行，得菩萨乘。此五乘法，皆从一念善心熏炼而出。

十法界孕成于初念。

十法界者，一天法界，修十善业；二人法界，持五戒业；三修罗法界，行骄慢业；四地狱法界，造十恶业；五饿鬼法界，造悭贪业；六畜生法界，造愚痴业；七声闻法界，证四谛法；八缘觉法界，悟十二因缘法；九菩萨法界，行六度门；十佛法界，行平等一乘法。已上凡圣共成十法界，升降虽殊，皆从最初一念发起，尔后念念相续成事。善因乐果，恶因苦果，前后相酬，未曾遗失。故经云："心能天堂，心能地狱。"

且约地狱界，《法华》中十如唯心，上九界亦然。如《观音玄义》云：地狱界具十如，性、相、体、力、作、因、缘、果、报、本末究竟等。

一如是地狱性者，性名不改。如竹中有火性，若其无者，不应从竹求火，从地求水，从扇求风。心有地狱界性，亦复如是。

二地狱相者，揽而可别，名之为相。善观心者，即识地狱之相，如善相师，占相无谬。

三地狱体者，以心为体，心觉苦乐，故以当体。譬如钗铛环钏之殊，终以银为体质。六道之色虽异，只是约心，故心为体也。

四地狱力者，运御名力。缘刀山，入火聚，皆是其心力也。

五地狱作者，发动曰作。既能有力，即有所作，或作善作恶，皆是心作也。

六地狱因者，业是心因也。

七地狱缘者，缘者假藉为缘也，如贪爱润业，即因缘会合也。

八地狱果者，习果也。如地狱人前世多淫，生地狱中，还约多淫，见可爱境，即往亲附。如见美女，近前抱之，即是铜柱，名习果也。

九地狱报者，报者果也。昔有淫罪，今堕地狱，受烧炙之苦；昔行淫罪，名为欲火，后受其报，即受火车铁床之苦；初后相等，报应无善，名为报果也。

十本末者。地狱本者，性德法也。地狱末者，修德法也。究竟等者，览修德即等有性德，览性德即具有修德，初后相在，故言等也。

余九法界亦然。虽逐界行相各别，都不出一心。如性、相、体、力、作、因、缘、果、报、本末等，十界十如，皆从心体而起。先因心造作善恶等业因缘，后受凡圣苦乐等果报。初后是心，本末皆等，故云本末究竟等。

虚声顿息，法空之正信旋生；

《高僧传》云：法空禅师初栖兰若，每至中宵，庵外常有清声所召，屡呼空禅。及至开关，又无踪迹。后乃悟云：乃是自心境界。尔后其声永绝。

猛焰俄消，灵润之真诚立验。

《高僧传》云：释灵润，常[①]与四僧共游山谷，忽遇野火四合，三僧迸走，其灵润独不动，乃曰："心外无火，火是自心。为火可逃，焉能免火？"言讫，火至身自敛。

升沉表用，体具灵知。

此知是一切众生心体，不同虚空，性自神解，亦不作意，任运而知。《禅源集》云："此言知者，不是证知。意说真性不同木石，故云知也。非如缘境分别之识，非如照体了达之智，直是真如之性自然常知。"又不同虚空者，灵然觉知，觉知即神解义，阴阳不测谓之神，解即是智，智即是知，知即一心也。故祖师云："空寂体上，自有本智能知。于一切染净法中，有真实之体，了然鉴觉，目之为心。如是无漏无明种种业幻，皆同真如性相。盖为真如随缘成于一切，一切不离真如，以理融之，唯是一

① "常"，疑为"尝"。

味。此是通相，相即无相。若约别显，染净施为造作，即是真心不守自性，随缘之相用。隐显不定，升降一差。”

惺惺不昧，了了何亏？湛尔而无依无住，

一切法依虚空，虚空无所依；一切法依真智，真智无所依。

萧然而非合非离。

祖师偈云：“汝言与心亲，父母非可比。汝行与道合，诸佛心即是。外求有相佛，与汝不相似。欲识汝本心，非合亦非离。”

一字宝王，演出难思之法海；

心为一字中王。经云：“一句能训诲八万四千之国邑。”又一切法中，心最为胜。万象含于一字，千训备于一言。如云：依境、教、理、行、果五唯识中，一明境唯识，舍离心外无境，一切境不离心故；二教唯识，成论本教，释彼唯识说故；三理唯识，成立本教所说之理，分别唯识性相义故；四行唯识，明五位修唯识行故；五果唯识，求大果，亦证唯识性故。

群生慈父，训成莫测之宗师。

《净名经》颂云：“方便以为父。”一切诸圣，皆从一心方便门入，得成祖佛，为人天之师。故《华严经》云：“以少方便，疾得菩提。”以即心是故，所以疾证。又《般若经》云：“以无所得为方便。”心外无法，岂有得耶？是以菩萨亲证自心，方能入世间幻化之网，自利利他，无有断绝。是知十方如来，皆悟心成佛，故《华严经》颂曰：“若人欲了知，三世一切佛，应观法界性，一切唯心造。”是以经中所说西方阿弥陀等诸佛，皆是释迦。如古释云：“以理推之，结成正义，皆我本师海印顿现。且《法华》分身有多净土，如来何不指己净土，而令别往弥陀、妙喜？思之。故知贤首、弥陀等佛，皆本师矣，复何怪哉！言贤首者，即

〈寿量品〉中，过百万阿僧祇刹，最后胜莲华世界之如来也。经中偈云：‘或见莲华胜妙刹，贤首如来住其中。’若此不是叹本师者，说他如来在他国土，为何用耶？且如总持教中，亦说三十七尊，皆遮那一佛所现。谓毗卢遮那如来，内心证自受用，成于五智。从四智流出四方四如来，谓大圆镜智，流出东方阿閦如来；平等性智，流出南方宝生如来；妙观察智，流出西方无量寿如来；成所作智，流出北方不空成就如来。法界清净智，即自当毗卢遮那如来。言三十七者，五方如来，各有四大菩萨在于左右，复成二十。谓中方毗卢遮那如来四大菩萨者，一金刚波罗蜜菩萨，二宝波罗蜜菩萨，三法波罗蜜菩萨，四羯磨波罗蜜菩萨。东方阿閦如来四菩萨者，一金刚萨埵菩萨，二金刚王菩萨，三金刚爱菩萨，四金刚善哉菩萨。南方宝生如来四菩萨者，一金刚宝菩萨，二金刚威光菩萨，三金刚幢菩萨，四金刚笑菩萨。西方无量寿如来，亦名观自在王如来，四菩萨者，一金刚法菩萨，二金刚剑菩萨，三金刚因菩萨，四金刚利菩萨。北方不空成就如来四菩萨者，一金刚业菩萨，二金刚法菩萨，三金刚药叉菩萨，四金刚拳菩萨。已具二十五，及四摄、八供养，故成三十七。言四摄者，即钩、索、锁、铃；八供养者，即烧、散、灯、涂、华、鬘、歌、舞，皆上有金刚，下有菩萨。然此三十七尊，各有种子，皆是本师智用流出，与今经中海印顿现大意同也。问：‘若依此义，岂不违于平等意趣？平等意趣云定[①]即我者，依于平等意趣而说，非即我身。如何皆说为本师耶？’答中[②]：‘平等之定[③]，乃是一义。唯识尚说一切众生中有属多佛，多佛共化以为一佛。佛能示现以为多身，十方如来一一皆尔。今正一佛能为多身，依此而赞本师。’”又本师者，即我心耳。我摄归自心，无法不备，岂止佛耶？

---

① “定”，所引原文《大方广佛华严经随疏演义钞》卷第九十中作“言”。

② “中”，疑为衍字。

③ “定”，所引原文《大方广佛华严经随疏演义钞》卷第九十中作“言”。

任性卷舒，随缘出没。挺一真之元始，总万有之纲骨。

原始该终，唯一心道，大教至理，皆同所诠。如《华严经》云："佛子！诸菩萨初住地时，应善观察，随其所有一切法门，随其所有甚深智慧，随所修因，随所得果，随其境界，随其力用，随其示现，随其分别，随其所得，悉善观察。知一切法皆是自心，而无所著。如是知已，入菩萨地，能善安住。"

十二因缘之大树，产自玄根；

此十二因缘法，皆从众生心中建立。云何称树？若众生界中，即以无明为根，爱水溉注，抽名色芽，开有漏华，结生死果，生住异灭四相常迁，无有断绝。若诸圣界中，发正觉芽，开万行华，成菩提果，尽未来际供佛利生，无有休息。并从一心十二因缘大树生起，故云十二因缘即是佛性。

又一心十二因缘者，如眼见色时，心不了，名无明；心于色生爱恶，名行；是中心意，名识；色共识行，即名色；眼与色等六处生贪，名六入；色与眼作对，名触；心见色时领纳，名受；心于色缠绵不断，名爱；心想像色相，名取；念色心起，名有；一念心生，名生；一念心灭，名灭。如《华严经》云："三界所有，唯是一心。如来于此分别演说十二有支，皆依一心，如是而立。"又颂云："了达三界依心有，十二因缘亦复然。生死皆由心所作，心若灭者生死尽。"

五千教典之圆诠，终归理窟。

诸佛案一切众生心，宣说诸法。《华严经》颂云："诸佛不说法，佛于何有说？但随其自心，为说如是法。"如《普贤行愿疏》云："指其源也，情尘有经，智海无外；妄惑非取，重玄不空。四句之火莫焚，万法之门皆入。冥二际而不一，动千变而非多。事理交彻而两亡，性相融通而无尽。若秦镜之互照，犹帝珠之相含，重重交光，历历齐现。故得圆至功于顷刻，见佛境于尘毛。诸佛心内众生，新新作佛；众生心中诸佛，念念证真。"

孤标寂寂，独立堂堂。若华中之灵瑞，

此华三千年一现，当佛出世，表说圆教一心法门时，难闻难遇。

犹照内之神光。

于众光中，神光为最。祖师云："众明之中，心明为上。"

截琼枝而寸寸是宝，析栴檀而片片皆香。

此明法法是心，尘尘合道。

克从凡夫之身，便登觉位；类在白衣之地，直坐龙床。

若信入华严一心无尽宗趣，长者《论》云："如将宝位，直授凡庸。似夜梦千秋，觉已随灭。"《华严疏》云："顿教之人一念不生即是佛者，即一切众生心，本是佛体，妄念起故为众生。一念妄心不生，何为不得名佛？"故《华严经》颂云："法性本空寂，无取亦无见。性空即是佛，不可得思量。"又颂云："法性如虚空，诸佛于中住。"又《般若经》云："以本性空为佛眼。"若论性空，皆是凡圣之体。只为不觉，忽起妄念，随境流转，所以云法身流转五道，号曰众生。设一念起时亦是佛，以妄念无体，不出性空故，但要直下信解圆明，不在更思量推度也。《华严疏》云："众生心中佛，为佛心中众生说法。此明众生称性普周，而佛不坏相在众生心内。又佛心称性普周，而众生不坏相在佛心内。喻如水乳和同一处，而互为能和所和。且约说听解释，以能和为说，所和为听。且将水喻于佛，乳喻众生。应言乳中之水，和水中之乳；水中之乳，受乳中之水。虽一味，能所宛然；虽能所宛然，而互相在，相遍相摄。"

听而不闻，观之莫见。

法身无像，真听无声。

常在而莫更推寻，本莹而何劳熏炼？三界之门无体，谷里传声；

《首楞严经》云："三界之法，捏所成故。"是知无体，犹如谷响，皆是我声。长者《论》云："一切法如谷响，以表万法唯心故。"《华严经》云："一念之间悉包法界。"又云："一念三世毕无余。"又云："一念现于无尽相。"

六尘之境本空，镜中写面。

六尘之境皆从妄念而生，如人照镜，自见其面，非有别影。

寂寞虚冲，无事不融。弥勒阁而普现，

《华严经》云：善财童子入弥勒阁时，见其楼阁广博无量，同于虚空，阿僧祇宝以为其地，乃至见弥勒菩萨初发心、行菩萨道、八相成佛，三生之事耳。

摩耶腹而无穷。

《华严经》云：摩耶夫人腹中，悉现三千大千世界一切形像。其百亿阎浮提内，各有都邑，各有园林，名号不同，皆有摩耶夫人于中止住，天众围绕，为显现菩萨将生不可思议神变之相。又广大如法界，究竟若虚空，是处胎义。

文殊宝冠之内，

《文殊般泥洹经》云：文殊身如紫金山等。其文殊冠，毗楞伽宝之所严饰，有五百种色。一一色中，日月星辰、诸天龙宫、世间众生，所希有事，皆于中现。

净名方丈之中。

《净名经》云：东方度三十六恒河沙国，有世界名须弥相，其佛号须弥灯王，今现在。彼佛身长八万四千由旬。其狮子座高八万四千由旬，严饰第一。于是长者维摩诘现神通力，即时彼佛遣三万二千狮子座，高广严净，来入维摩诘室。乃至其室广博，悉包容三万二千狮子座，无所妨碍。

芥子针锋而不窄，

《净名经》云：以须弥之高广，纳芥子中，而不迫窄。《涅槃经》云：于针锋上，立无边身菩萨等。

近尘远刹而全通。

《华严经》颂云："一一微尘中，能证一切法。如是无所碍，周行十方国。"又云："于一微尘中，一切国土旷然安住。"古德云："一切不思议事，于一切处悉能普现，其唯一毗卢清净法身之应用耳。此法身者，即是心也。心是法家之身，所以言若能谛观心不二，方见毗卢清净身。一念起恶，法身亦随现；一念起善，法身亦随现；名为处处互现。乃至色处现、空处现，自在无碍。更莫远推诸佛，唯一念空心是。"《华严疏》云："犹如海印顿现，经云一念现故，谓无前后，如印顿成。又常现，非如明镜有现不现时。又非现现，如明镜对至方现，以不待对，是故常现，该三际故。"已上俱是一真心寂照普现之义耳。

靡减靡增，绵绵而常凝妙体；非成非坏，续续而不坠玄风。

亘古垂今，通凡彻圣，更无异法，唯是一心。得时不增，失时不减；升时不成，坠时不坏。如《华严锦冠》云："《大方广佛华严经》者，大者即是心体，心体无边，故名为大。方是心相，心具德相之法，故名为方。广是心用，心有称体之用，故名为广。佛是心果，心解脱处，名之为佛。华是心因，心所行行，喻之以华。严是心之功用，心能善巧严饰，目之为严。经是心教，心起名言，诠显于此，故名为经。斯即大等七字，并不离心。然心之一字，非体非用，非因非果，非义非教，虽非一切，能为一切。何以故？谓一法界心是体。"若能依此悟解，念念即是华严法界，念念即是毗卢法身。如《华严经》云："若与如是观行相应，于诸法中不生二解，一切佛法疾得现前，初发心时即成正觉，得阿耨多罗三藐三菩提。"

大业机关，金轮种族。

释迦佛是金轮王之种。一钵和尚歌云："万代金轮圣王子，只这真如灵觉是。"所以祖代相传，但示即心是佛。才生信解，即绍祖位矣。

如频伽鸟而韵压群音，

频伽鸟未出壳时，于壳中发声，已胜众鸟之音。此况一切生死最初际底下凡夫，未脱烦恼壳，便能识心，我当作佛，已超过一切声闻、辟支佛上。

犹好坚树而高升众木。

西天有好坚树，出土便高百尺，超过群木之上。此况圆教之人，知心即具法界，圆解圆修，出过二乘藏通别教修行之人，若论功程，日劫相倍。

一翳初起，缤纷而华影骈空；瞥念才兴，纵横而森罗满目。

《首楞严经》云："由汝无始心性狂乱，知见妄发，发妄不息，劳见发尘。如劳目睛，则有狂华，于湛精明无因乱起。一切世间山河大地、生死涅槃，皆即狂劳颠倒华相。"是知万法因想而生，随念而至。故《璎珞经》云："佛言：我从本来，不得一法。究竟定意，如今始知，所谓无念。若得无念者，观一切法悉皆无形，因此得成无上正真之道。"又如《起信论》云："是故三界虚伪，唯心所作，离心即无六尘境界。此义云何？以一切法，皆从心起，妄念而生。一切分别，即分别自心。心不见心，无相可得。当知世间一切境界，皆依众生无明妄念而得住持。是故一切法，如镜中像，无体可得，唯心虚妄，以心生则种种法生，心灭则种种法灭故。”又云：“一切境界，唯心妄动。心若不动，则一切境相灭，唯一真心遍一切处。”是知心外见有境界，皆自妄念情想而生。故云：情生智隔，想变体殊。情生智隔者，失正智而成妄想故。想变体殊者，迷真如以成名相故。《还源观》云：“真空滞于心首，恒为缘虑之场。实际居在目前，翻成名相之境。”《唯识枢要》云：“起自心相有二：一者影像相，万法是心之影像；二者所执相，诸境无体，随执而生，因自心生，还与心为相。”

道绝浮言，至妙难论。出生死而无别路，登涅槃而唯一门。

《华严经》云：“一切无碍人，一道出生死。”《首楞严经》云：“十方薄伽梵，一路涅槃门。”此二教，唯宗一心法而求出离。是以既了一心而出，亦不住生死涅槃。谓大悲故常处生死，谓大智故常处涅槃，是俱住义；二大悲故不住涅槃，大智故不住生死，即二俱不住。又一明俱不住者，有二义故，不住生死：一见生死过患故不可住，二由见生死本空故无可住，上二皆约智故不住；有二义故，不住涅槃：一见涅槃本自有故不住，二由不异生死故不可住。

须臾而即俗归真，莫俦兹旨；顷刻而从凡入圣，难报斯恩。

禅宗门下，从上已来，但了即心是佛，便入祖位，即坐道场。但信之，凡圣不隔一念；若不信，天地悬殊。如经颂云：“诸佛从心得解脱，心者清净名无垢，五道鲜洁不受染，有解此者成大道。”直饶未信自心是佛，虽沦五道，心性常净，染不能染，故云五道鲜洁不受染。以众生法身，即诸佛法身，不增不减，虽随流返流，其性不改。是以随流作众生时不灭，返流成佛时不增。以一切众生垢深障重，设遇善友开发，亦不信受，唯逐情生，不见自性。故先德云：“妄情牵引何年了，辜负灵台一点光。”

群籍共推，罕逾深理。吞蛇得病而皆是疑生，

《晋书·乐广传》：广有亲客，久隔阔不复来。广问其故，答曰：

“前在座，蒙赐酒。见杯中有蛇，意甚恶之，既饮而疾。”于时河南厅署，壁上有角弓，上画作蛇。广意杯中蛇，即角影也。复置酒前处，客见如初，豁然意解，沉疴顿愈。

悬沙止饥而悉从思起。

如律中〈四食章〉云：思食者。如饥馑之岁，小儿从母求食，啼而不止。母遂悬沙囊，诳云此是饭。儿七日谛视其囊，特为是食。其母七日后，解下示之。其儿见是沙，绝望，因此命终。方验生老病死，皆是自心；地水火风，终无别体。

乃至笋拔寒林，

孟宗父病，冬中索笋。宗遂抱竹而泣，笋乃随生。

鱼跳冰沚；

晋王祥至孝，早丧所亲。后母朱氏喜食生鱼，时寒，祥乃解衣冰上。冰忽自释，双鲤跃出。时人以为孝感。

酒变河中，

越王单醪投河，三军告醉。

箭穿石里。

李广少失父，问母：“父安在？”母云：“汝父早被虎所伤。”广遂携弓捉虎，至山向晚，见石似虎，挽弓射之没羽。近前观看，乃知是石。

非麴蘖之所成，岂功力之能恃。

上四事，皆从孝心及平等心所感。

无纤尘而不因识变，道理昭然；

此八识心有四分：一见分，二相分，三自证分，四证自证分。《华严记》云："如契经说：'一切唯有觉，所觉义皆无。能觉所觉分，各自然而转。'释曰：此即《华严经》，上半明无外境；下半明有见相二分，各各自从因缘所生，名自然而转。下结正义。

论云：'达无离识所缘境者，则所变相分是所缘，见分名自行相。相见所依自体名事，即自证分。'释曰：此中虽是立二分家，义已有三，故次论云：'若无自证分，此者应不自忆心所法。如不曾更境，必不能忆故。'释曰：此明有自证分。意云：相离于见，无别自体，但二功能，故应别有一所依体。若无自证，应不自忆心心所法，如不曾更境，必不能忆。谓如见分不更相分之境，则不能忆；要曾更之，方能忆之。若无自证，已灭心所，则不能忆，以曾不为自证缘故，则如见分不曾更忆。今能忆之，明先有自证已曾缘故，如于见分忆曾更境故。

次下立三分，论云：'然心心所一一生时，以理推征，各有三分，所量、能量、量果别故，相见必有所依体故。'释曰：所量是相分，能量是见分，量果是自证分，自证分与相见为所依故。论：'如《集量论》伽陀中说：似境相所量，能取相自证。即能量及果，此三体无别。'释曰：所量如绢，能量如人，量果如解数智。果是何义？成满因义。言无别体者，唯一识故，则离心无境。

次立四分，论云：'又心心所，若细分别，应有四分。见分、相分、自证分如前，第四证自证分。若无此者，谁证第三？心分别[1]既同，应皆证故。'释曰：见分是心分，说有自证分。[2]'自证分应无有果，诸能量者皆

---

① "别"字，《成唯识论》卷二、《大方广佛华严经随疏演义钞》卷第三十三中均无此字，疑为衍文。

② 按所引原文《大方广佛华严经随疏演义钞》卷第三十三，此下还有一句："自证是心分，应有第四证。"

有果故。’释曰：见分是能量，须有[1]；自证量见分，说有第四果。恐被救云，却用见分为第三果，故次论云：‘不应见分是第三果，见分或则非量摄故。因此见分不证第三，证自体者必现量故。’释曰：意明见分通于三量。三量者，谓现量、比量、非量。即明见缘相时，或量非量。不可非量法，为现量果。或见缘相，是于比量；及缘自证，复是现量。故自证是心体，得与比量、非量而为果。见分非心体，不得与自证而为其量果，故不得见分证于第三，证自体者必现量故。第三、四分既是现量，故得相证，无无穷过矣。意云：若以见分为能量，但用三分亦得足矣。若以见分为所量，必须第四为量果。

若通作喻者，绢如所量，尺如能量；智所量果，是自证分。若尺[2]为所使，智为能使，何物用智？即是于人，如证自证分。人能用智，智能使人，故能更证。亦如明镜，镜像为相分，镜明为见分，镜面如自证分，镜背如证自证分。面依于背，背复依面，故得互证。亦可以铜为证自证分，镜依于铜，铜依于镜。”

非一种而罔赖心成，言思绝矣！

心识变者，如《密严经》颂云：“汝等诸佛子，云何不见闻，藏识体清净，众或[3]所依止。或具三十二，佛相及轮王，或为种种形，世间皆悉见。譬如净空月，众星所环绕，诸识阿赖耶，如是身中住。譬如欲天主，侍卫游宝宫；江海等诸神，水中而自在。藏识处于世，当知亦复然，如地生众物，是心多所现。譬如日天子，赫奕乘宝宫，旋绕须弥山，周流照天下，诸天世人等，见之而礼敬。藏识佛地中，其相亦如是。十地行众行，

---

① “须有”，按所引原文《大方广佛华严经随疏演义钞》卷第三十三，应为“须有自证果”，此处缺三个字。

② “尺”，三本均作“人”，现按所引原文《大方广佛华严经随疏演义钞》卷第三十三校订。

③ “或”，通行本《大乘密严经》中作“身”。

显发大乘法，普与众生乐，常赞于如来。在于菩萨身，是即名菩萨。佛与诸菩萨，皆是赖耶名。佛及诸佛子，已受当受记，广大阿赖耶，而成于正觉。密严诸定者，与妙定相应，能于阿赖耶，明了而观见。佛及辟支佛，声闻诸异道，见理无怯人，所观皆此识。种种诸识境，皆从心所变，瓶衣等众物，如是性皆无。悉依阿赖耶，众生迷惑见，以诸习气故，所取能取转。此性非如幻、阳焰及毛轮，非生非不生，非空亦非有。譬如长短等，离一即皆无。智者观幻事，此皆唯幻术，未曾有一物，与幻而同起。幻焰毛轮等，在在诸物相，此皆心变异，无体亦无名。世中迷惑人，其心不自在，妄说有能幻，幻成种种名[①]，去来皆非实。如铁因磁石，所向而转移。藏识亦如是，随于分别转，一切诸世间，无处不周遍。如日摩尼宝，无思及分别，此识遍诸处，见之谓流转。不死亦不生，本非流转法。定者勤观察，生死犹如梦。是时即转依，说名为解脱。此即是诸佛，最上之教理。审量一切法，如秤如明镜。”若以此一心为一切法之定量者，如秤称物，斤两无差；似镜照像，妍丑皆现。

又心成者，古释一心有四：一纥利陀耶，此云肉团心，身中五藏心也，如《黄庭经》所明。二缘虑心，此是八识，俱能缘虑自分境故。色是眼识境；根身、种子、器世界，阿赖耶识之境；各缘一分，故云自分。三质多耶，此云集起心，唯第八识，积集种子，生起现行。四干栗陀耶，此云坚实心，亦云贞实心，此是真心也。故祖佛法中，皆以心为印，楷定万法故。若能决定信入，请各收疑。离此别无奇特，故云言思绝矣。

动静之境，皆我缘持。如云驶而月运，似舟行而岸移。

《圆觉经》云：“佛言：善男子！一切世界，始终生灭，前后有无，聚散起止，念念相续，循环往复，种种取舍，皆是轮回。未出轮回而辩圆觉，彼圆觉性即同流转，若免轮回，无有是处。譬如动目能摇湛水，又如

① “名”，通行本《大乘密严经》中作“物”。

定眼犹回转火；云驶月运，舟行岸移，亦复如是。善男子！诸旋未息，彼物先住尚不可得；何况轮转生死垢心曾未清净，观佛圆觉而不旋复？”

“譬如动目能摇湛水”者，古释云：以眼劳观水，见水有动；眼若不瞬，池水则不摇。妄见若除，亦无草木成坏之相。若举眼见色，由有色阴；举身受苦乐，由有受阴；举心即乱，由有想阴；举眼见生灭，由有行阴；精明湛不摇处，即识阴。又若以遍身针刺俱知，不带分别，则是识阴；若次第分别，则余识阴。故知一念才起，五阴俱生；微识未亡，六尘不灭。若唯识之义灯常照，妄何由生？一心之智镜恒明，旨终不昧。

“又如定眼犹回转火”者，如定目看旋火轮之时，眼亦回转。前因眼动而水动，即是因心动而境动。后因火动而眼动，即是因境动而心动。故知心即是境，境即是心，能所虽分，一体常现。故《华严疏》云：“往复无际，动静一源。”

云驶月运、舟行岸移者，亦复如是。故知真心不动，妄念成差。如《起信论》云：“复次显示从生灭门即入真如门，所谓推求五阴，色之与心，六尘境界，毕竟无念。以心无形相，十方求之终不可得。如人迷故，谓东为西，方实不转。众生亦尔，无明迷故，谓心为念，心实不动。若能观察知心无念，即得随顺入真如门故。”

鱼母忆而鱼子长，

如鱼散子，鱼母不忆持，其子即烂坏；鱼母若忆，子即生长。如独影境，过去等诸法，心若不缘，境不现前。一切诸法皆是心缘识变，若无心，即无法。

蜂王起而蜂众随。

《大智度论》云：“诸法入佛心中，唯一寂灭三昧门，摄无量三昧。如牵衣一角，举衣皆得；亦如得蜜蜂王，余蜂尽摄。”心王若起，从心所有善恶等法，悉皆随起，况如王出，百司尽随。

印前后而无差，诸贤共仰；揩初终而不谬，千圣同推。

如王宝印，其文顿现，无前后际，又印定天下。如佛法中，若无心印，不成佛法。是知前亦是心，后亦是心，古亦是心，今亦是心，故云："非古盛而今衰，匪愚亡而智现。"又云："万法不出一心矣。"《华严经》颂云："众生心行无有量，能令平等入一心，以智慧门悉开悟，于所修行不退转。"又云："如是一切人中主，随其所有诸境界，于一念中皆了悟，而亦不舍菩提行。"又云："诸佛随宜所作业，无量无边等法界，智者能以一方便，一切了知无不尽。"

是以朕迹才生，皆从此建。快马见鞭而鹙子先知，

经云：外道问佛："不问有语、不问无言时，如何？"佛默然而坐。外道赞曰："快哉！瞿昙！开我迷云，令我得入。"礼拜而出。后阿难问佛："外道得何道理而称赞之？"佛言："如快马见鞭影，疾入正道。"

鹙子先知者，舍利弗亦名鹙子，于法华会上，初周法说，最先领解，前得授记。

香象回旋而龙女亲献。

象王回旋者，文殊师利于觉城东畔，如象王回顾示四众，最初善财童子得入。法华会上龙女献珠，此是实报畜生女，以不得人身，是戒缓；得悟大乘心宗，是乘急。如《净名经》云："一念知一切法是道场，成就一切智故。"又《处胎经》云："释梵女皆不受身、不舍身，皆现身成佛。"又偈云："法性如大海，不说有是非。凡愚贤圣人，平等无高下。唯在心垢灭，取证如返掌。"

得果而荣枯已定，尽合前因；举念而苦乐随生，悉谐初愿。

唯识变定，丰俭由心，饮啄有分，追身受报，未曾遗失。不唯人间报应随心，一切出世功德，皆在初心圆满。如《华严演义记》云："初发心时，得如来一身无量身，则法身开显，得究竟智慧；得一切智慧光明，则般若开显；以心离妄取，寂照双流，故解脱开显。故此心中无德不摄，因该果海，并在初心。从初发心时便成正觉，即〈梵行品〉。又言初后圆融者，以初是即后之初，后是即初之后。以缘起法，离初无后，离后无初，故举初摄后。若约法性融通，一切因果不离心性，契同心性，无德不收，以一切法随所依住，皆于初心顿圆满故。如〈梵行品〉云：'若诸菩萨能与如是观行相应，于诸法中不生二解，一切佛法疾得现前。初发心时，即得阿耨多罗三藐三菩提。知一切法即心自性，成就慧身，不由他悟。'"

《十善业道经》云："尔时世尊告龙王言：一切众生心想异故，造业亦异，由是故有诸趣轮转。龙王！汝见此会及大海中形色种类各别不耶？如是一切靡不由心造。乃至又观此诸大菩萨妙色严净，一切皆由修集善业福德而生。又诸天龙八部众等大威势者，亦因善业福德所生。今大海中所有众生，形色粗鄙，或大或小，皆由自心种种想念，作身语意诸不善业，是故随业各自受报。"是知境随业识转，是故说唯心。不净之财变为脓血，非分之宝化作毒蛇。如昔有娼姬，舍钱造普光王寺，主者不受，遂令埋[1]于寺东北上。迩后寻掘，悉变为血。近[2]亦有屠羊之人，聚钱于竹筒之内，死后，母开之，亦成赤血。如古德云："众生世界海，依住形相，苦乐净秽，皆是众生自业果报之所庄严，不从他有。诸佛菩萨世界海，皆依大愿力、自体清净法性力、大慈悲智力、不思议变化力，之所成就。"故知染净缘起，不出自心；世界果成，更无别体。如经颂云："或从心海生，随心所解住，如幻无处所，一切是分别。"又颂云："始从一念终成劫，悉依众生心想生。一切刹海劫无边，以一方便皆清净。"

又唯识变定，报应无差。千驷一瓢，各任其分；朱门华户，尽逐其缘。随善恶现行之心，感丰俭等流之境。如《前定录》云：韩晋公在中书，因召一吏，不时而至。公怒，将挞之。吏曰："某有所属，不得遽

① "埋",《卍续藏》本作"理"，应误。

② "近",《卍续藏》本作"所"，应误。

至，乞宥其罪。”晋公曰：“宰相之吏，更属何人？”吏曰：“某不幸，兼属阴司。”晋公以为不诚，怒曰：“既属阴司，有何所绾？”吏曰：“某主三品已上食料。”晋公曰：“若然，某明日当以何食？”吏曰：“此非细事，不可显之，请疏于纸，过后为验。”乃如之，而系其吏。明旦，遽有诏命。既对，适遇大官进食，有糕糜一器，上以一半赐晋公。食之美，又以赐之。既而腹胀，归私第，召医者视之，曰：“食物所拥，宜服少橘皮汤，至夜可啖浆水粥，明日愈。”思前夕吏言，召之，视其书，则皆如其说。公固复问：“人间之食，皆有籍也？”答曰：“三品已上，日支；五品已上而有权位者，旬支；凡六品者，季支；其有不食禄者，岁支。”

又云：京兆府赵郡李敏求，应进士，入就礼部试不利。太和九年秋，旅居宣平里，日晚拥膝愁坐，忽如沉醉。俄而精魂去身，约行六七十里，至一城门之外，有数百千人，忽有一人出拜之。敏求曰：“何人也？”答曰：“某李岸也。”敏求曰：“汝前年随吾旅游，卒于泾州，何得在此？”对曰：“某自离二十二郎后，事柳十八郎，职甚雄盛。二十二郎既至此，亦须一见。”遂于稠人中引入通见。入门，两廊多有衣冠，或有愁立者，或白衣者，或简板者，或有将通状者，其服率多黪紫，或绿色。既至厅，柳揖坐，与之言曰：“公何为到此，得非为他物所诱乎？某力及，公宜速去，非久驻之所也。”敏求具如此答，柳命吏送出。将去，恳求知将来之事。柳曰：“人生在世，一食一宿，无不前定。所不欲人知，虑君子不进德修业，小人惰于农耳。君固欲见，亦不难尔。”乃命一吏，引敏求至东院，约有屋一百余间，从地至屋，书架满文簿，签帖一一可观。吏取一卷，出三行，第一行云：太和二年罢举；第二行云：其年得伊宰宅钱二十万；其第三行云：受官于张平子。余不复见。敏求既醒，具书于标帙之间。明年，客游西京，过时不赴举。明年，遂娶韦氏。韦氏之外祖伊宰，将鬻别第，召敏求而售之。敏求因访所亲，得价钱二百万，伊宰乃以二十万贶敏求。既而当用之券头，以四万为货。时敏求与万年尉户曹善，因请之九十，君用所资，伊亦贶焉，累为二十四万。明年以荫调授河北县，有张平子墓，时说者失其县名，以俟知者。

美恶无体，因念所持。

一切万法，因第八识之所持。一切好恶，是第六意识分别之所起。

声响冥合，形影相随。

心直事直，心邪法邪。一一法但随心开合，更无别旨。或正杀误杀，实报虚报，丝毫匪滥，晷刻不移。既自心口所为，还自心口所受。如《自镜录》云：昔月氏国城西有大山，是离越辟支佛住处。去此不远，有人失牛，寻到此山。值此辟支燃火染衣，宿业力故，当于尔时，钵变为牛头，法衣变为牛皮，染汁变为血，染滓变为肉，柴变为骨。其迹既尔，遂为牛主执入狱中。弟子推觅，莫知所在，从是荏苒经十二年。后遇因缘，知在狱中，便向王说："我师在狱，愿王放赦。"王问狱典："有僧否？"典曰："无僧。"白王："愿唤狱中沙门者出，我师自出。"狱典寻唤，辟支佛即出。此辟支佛在狱既久，发长衣坏，沙门形灭。诸弟子等礼而问曰："师何在此？"师于尔时答以上事。弟子复问："宿世造何因，今令致此？"师答曰："吾于昔时谤他人偷牛，致使如此耳。"

故经云："假使百千劫，所作业不亡。因缘会遇时，果报还自受。"

本性希奇，莫可思议。似服伽陀之药，如餐真乳之糜。

经云："阿伽陀药，功兼诸药，能治一切病。"又经云："如食乳糜，更无所须。"况了心之人，一切悉皆具足。

同如意树，雨无尽之宝；

此如意树，随一切众生心所念，悉皆雨宝。心亦如是，随念出生万法，无有穷尽。

类水清珠，澄众浊之池。

大水清珠，能清浊水；如悟一心，能破一切尘劳境界。

升第一义天，正会大仙之日；登普光明殿，当朝法界之时。

教中有第一义天，故号佛为天中天，又号佛为大仙。普光明殿者，《华严经》中，佛登普光明殿，说《华严经》。《华严经》以法界为宗，如法华经云："以禅定智慧力，得法国土，王于三界。"

又普光明智者，若说等觉、说妙觉是约位。普光明智不属因果，该通因果，其由自觉圣智超绝因果故。七卷《楞伽》，妙觉位外，更立自觉圣智之位。亦犹佛性，有因有果，有因因，有果果。以因取之，是因佛性；以果取之，是果佛性；然则佛性非因非果。普光明智亦复如是，体绝因果，为因果依，果方究竟，故云如来普光明智。

冥真寂照，含虚吐耀。

《肇论》云："玄道在乎妙悟，妙悟在乎即真。即真则有无齐观，有无齐观则彼己莫二。所以天地与我同根，万物与我一体。同我则非复有无，异我则乖于会通。所以不出不在，而道存乎其中。"又云："至人虚心冥照，理无不统。怀六合于胸中，而灵鉴有余；镜万有于方寸，而其神常虚。"

罔象兮获明珠，

黄帝于赤水求玄珠，有臣离娄，百步能观毫末，求之不得，乃罔象而得之。罔象，即无心也。故《弄珠吟》云：罔象无心却得珠，能见能闻是虚伪。

希夷兮宗法要。

眼不见谓之希，耳不闻谓之夷，故云无心道现。又真心无形，非见闻觉知之所能解。

恩覆群生而无得，不作不为；

《肇论》云："夫圣人功高二仪而不仁，明逾日月而弥昏。"注云：是以圣人不仁，以百姓为刍狗。天地不仁。以万物为刍狗。刍狗者，无吠守之功也。不仁者，施恩不望报；弥昏者，照而无照也，即无心矣。

光含万象而绝思，忘知忘照。

《永嘉集》云："若以知知寂，此非无缘知；如手执如意，非无如意手。若以自知知，亦非无缘知；如手自作拳，非是不拳手。亦不知知寂，亦不自知知，不可为无知，以性了然故，不同于木石。如手不执物，亦不自作拳，不可为无手，以手安然故，不同于兔角。"斯为禅宗之妙，故今用之，而复小异。以彼但显无缘真智以为真道，若夺之者，但显本心，不随妄心，未有智慧照了心原。故云直须能所平等，等不失照，为无知之知，此知知于空寂无生如来藏性，方为妙耳。

如是则尘成佛国、念契圆音。

《心要笺》云："心心作佛，无一心而非佛心。处处道成，无一尘而非佛国。"又《唯心诀》云："岩树庭莎，各挺无边之妙相；猿吟鸟噪，皆谈不二之圆音。"又佛以一音演说法，众生随类各得解。犹如满月唯一圆形，随器差别而现多影。谓多即是一，若多不即一，则非一音；一复即多，若一不即多，即非圆音矣。

但显金色之世界，

《华严经》云："一切处文殊师利，从金色世界来。"金色者，即一切众生自心白净之色。文殊者，即信自心无依住性妙慧解脱，是自文殊。若人若法，皆是自心所表之法。如《法华经》云："入如来室者，即众生大慈悲心是"，岂可入于有相屋宅乎？所以牛头第一祖融大师、天台智者大师，所释佛经，皆作观心之释，如是即深契祖佛之本怀矣。

唯闻薝卜之园林。

如《净名经》云：方丈之内，唯谈大乘一心之旨。故云：唯闻薝卜之香，不嗅余香三乘之气。

莫比商人之宝，

任商人採宝，设获骊珠，皆是世珍，徒劳功力。如《管子》云："利之所在，虽千仞之山，无所不上；深源之下，无所不入。商人通贾，倍道兼行，夜以续日，千里不远，利在前也；渔人入海，海水百仞，冲波逆流，宿夜不出，利在水也。"此乃世间勤苦求利之耳。如或坚求志道，晓夕忘疲，不向外求，虚襟澄虑，密室静坐，端拱宁神，利在心也。如利之所在，求无不获，况道之在心，信无不得矣！故知训格之言，不得暂舍，可以镂于骨、书于绅、染于神、熏于识。所以楚庄轻千乘之国，而重申叔一言；范献贱万亩之田，以贵舟人片说。此乃成家立国，尚轻珍重言；况称扬心地法门，诸佛秘密，言下契无生，闻之成大道，宁容轻慢乎！

宁齐樵客之金。

如采樵人，负薪而归，路逢黄金，即弃薪拾金，价逾万倍。况舍伪归真，不依权渐不了义教，直入一心实教之门，则所学功程，日劫相倍。如《孤寂吟》云："不迷须有不迷心，看时浅浅用时深。此个真珠若采得，岂同樵客负黄金？黄金烹炼转为新，此珠含光未示人。了则毛端吞巨海，始知大地一微尘。"一滴一尘，并举喻一心包含广大矣。岂比人间之宝，此乃出世之珍，标万化之原，统一真之本，随缘应用，犹如意珠；对物现形，若大圆镜。是以能包万象，是大法藏；出生无尽，是无尽藏；妙慧无穷，是大智藏；法法恒如，是如来藏。本性无形，是净法身；体合真空，是虚空身；相好虚玄，是妙色身；妙辩无穷，是智慧身；隐显无碍，是应化身；万行庄严，是功德身。念念无滞，是入解脱法门；心心寥廓，是入空寂法门；六根自在，是入无碍法门；一念不生，是入无相法门。又此中旨趣，若相资，则唯广唯大，演之无际；若相夺，则唯微唯细，究之无踪。斯乃离有无而不坏有无，标一异而非一异，则四边之火莫能烧，百非之垢焉能染？但随缘显现，如空谷响。故《大涅槃经》云：“譬如一人多有所能，若其走时，则名走者；若收刈时，复名刈者；若作饮食，名作食者；若治材木，则名工匠；锻金银时，言金银师。如是一人有多名字，法亦如是，其实是一，而有多名。”故知约用分多，体恒冥一。庐山远大师云：“唯一知心，随用分多，非全心外别有诸数。譬如一金作种种器，非是金外别有器体。”

厌异忻同而情自隔，

《摩诃衍释论》云：“厌异舍别，唯一真如。”譬如有人避影畏空，终不得离。任九十六种外道，常合圆宗；纵八万四千尘劳，恒当正位，以各不离心故。

舍此取彼而理恒任。

任背觉合尘，遗心骤境，且一心真如之理，未尝移易。如《释摩诃衍论》云：“一心真如体大，通于五人，平等平等，无差别故。云何名为五种假人？一者凡夫，二者声闻，三者缘觉，四者菩萨，五者如来，是名为五。如是五人，名自是五，真自唯一。所以者何？真如自体，无有增减，亦无大小，亦无有无，亦无中边，亦无去来。从本已来，一自成一，同自作同，厌异舍别，唯一真如。是故《诸法真如一相三昧契经》中作如是说：‘譬如金刚作五趣像，五人平等亦复如是，于诸人中无有增减。’”故《起信论》云：“心真如者，即是一法界大总相法门体，所谓心性不生不灭相，一切诸法皆由妄念而有差别，若离妄念，则无一切境界差别之相。”

绳上生蛇而惊悸，

论颂云："白日看绳绳是麻，夜里看绳绳是蛇。麻上生绳犹是妄，岂堪绳上更生蛇？"此况迷心作境之人，如绳上生蛇。若麻上生绳，是依他起性。若绳上生蛇，是遍计所执性，无名无体，情有理无。例观万境，亦复如是，悉落周遍计度之心。

杌中见鬼而沉吟。

如夜看杌，疑为是鬼，虽无真实，而起怖心。亦如梦中所见，以万法体虚成事。此亦喻迷心作境，自起怖心。若了一心，无境作对，自然忻厌不生。

痴猿捉月而费力，渴鹿逐焰而虚寻。

并喻心外取法，无有得理。故《证道歌》云："不离当处常湛然，觅即知君不可见。"《宝藏论》云："察察精勤，徒兴梦虑。遑遑外觅，转失玄路。"

饮狂药而情随转日，食莨菪而眼布华针。

《大涅槃经》云："如人醉时，见有转日。"此况妄心才动，幻境旋生。又经云："如人服莨菪子，眼见针华。"并况不达一心，妄生境界。

皆自想生，万品而始终常寂；尽因念起，一真而境界恒深。

经云：一切国土，皆想持之。若无想，即无法。又一切境界，随念而至。若无念，诸境不生。如《还源观》云："摄境归心真空观者，谓三界所有法，唯是一心，心外更无一法可得，故曰归心。谓一切分别，但由自心，曾无心外境能与心为缘。何以故？由心不起，外境本空。论云：由依唯识故，境本无体，真空义成故。以尘无有故，本识即不生。"

法内规模，人间轨则。

此一心法门，可谓尽善尽美。何者？体含虚寂，不能赞其美；理绝见闻，不能书其过。降兹已下，皆堕[①]形名，则难逃毁赞矣。如昔人云：夫大道混然无形，寂尔无声，视之不见，听之不闻，非可以影响知，不得以毁誉称也。降此以往，则事不双美，名不并盛矣。虽天地之大，三光之明、圣贤之智，犹未免于毁誉也。故天有拆之象，地有裂之形；日月有谪蚀之变，五星有勃彗之妖；尧有不慈之诽，舜有谪父之谤；汤主有放君之称，武王有弑主之讥；齐桓有贪淫之目，晋文有不臣之声；伊尹有诬君之迹，管仲有僭上之名。以夫二仪七曜之灵，不能无亏弥；尧舜汤武之圣也，不能免嫌谤；桓文伊管之贤也，不能遗纤过。由此观之，宇宙庸流，奚能得免怨谤而无悔吝也。若以心智通灵，成无为之化，则万累不能干矣！

又真俗二谛，并从心起，第八识心是持种依，真如心是迷悟依。如《华严记》云："依生灭八识辩二所由，显法相但是心境依持，而即如来藏辩其二所以。于中先总，后以会缘入实下，别示二相，即以《起信》真如、生灭二门为二义耳。存坏不二，唯一缘起，结归《华严》会缘入实。言二门无碍、唯是一心者，结归《起信》依一心法立二种门，故须具足二义，方名具分唯识。问：'《唯识》第九，亦说其所转依有其二种：一持种依，谓第八识；二迷悟依，谓即真如。何以说言：然依生灭八识，唯有心境依持？'答：'彼虽说迷悟依，非即心境依持，以真如不变，不随于心变万境故，但是所迷耳。后还净时，非是摄相即真如故，但是所悟耳。今乃心境依持，即是真妄非有二体，故说一。约义不同，分成两义，说二门别。故论云：然此二门，皆各总摄一切法，以此二门不相离故。'"

愿无不从，信无不克。见万像于掌中，收十方于座侧。

《华严策林》云："全色为眼，恒见色而无缘"者，色是所缘之境，

① "堕"，清《乾隆藏》本作"随"，现按《嘉兴藏》本、《卍续藏》本校订。

眼是能缘之根，今即是眼，故无缘也。言“全眼为色，恒称见而非我”者，眼是我能见，今全为色，正见之时，即非我也。“非我离于情想，无缘绝于贪求。收万像于目前，全十方于眼际。是以缘义无尽，随见见而不穷；物性叵思，应法法而难准。法普即眼普，义通乃见通。体之自隐隐，照之遂重重。然后穷十方于眼际，镜空有而皎明；收万像以成身，显事理而通彻。”

感现而唯徇吾心，美恶而咸归我识。

此明具分唯识者，以不生灭与生灭和合，非一非异，名阿赖耶识，即是具分，以具有生灭、不生灭故。不生灭即如来藏，即通真心也。若不全依真心，事不依理，故唯约生灭，便非具分。有云影外有质为半头唯识、质影俱影为具分者，此乃唯识宗中之具分耳。

又三界唯心，万法唯识。唯心法总有四义：一是事，随境分别，见闻觉知；二是法，论体唯是生灭法数。此二义，论俗故有，约真故无。三是理，穷之空寂；四是实，论其本性，唯是真实如来藏法。又如《进趣大乘方便经》云：“佛言：一实境界者，谓众生心体，从本已来，不生不灭。乃至一切众生心、一切二乘心、一切菩萨心、一切诸佛心，皆同不生不灭，真如相故。乃至尽于十方虚空一切世界，求心形状，无一区分而可得者。但以众生无明痴暗熏习因缘，现妄境界，令生念著。所谓此心不能自知，妄自谓有，起觉知想，计我我所，而实无有觉知之相，以此妄心毕竟无体，不可见故。若无觉知能分别者，则无十方三世一切境界差别之相，以一切法皆不能自有，恒依妄心分别故有。所谓一切境界，各各不自念为有，知此为自，知彼为他。是故一切法不能自有，则无别异。唯依妄心，不了不知内自无故，为[①]有前外所知境界，妄生种种法想，谓有谓无，谓好谓恶，谓是谓非，谓得谓失，乃至生于无量无边法想。当如是知一切诸

① “为”,《占察善恶业报经》(即《进趣大乘方便经》) 卷下作“谓”。

法，皆从妄想生，依妄心为本。然此妄心无自相故，亦依境界而有，所谓缘念觉知前境界故，说名为心。又此妄心与前境界，虽俱相依，起无前后，而此妄心能为一切境界原主。所以者何？谓依妄心不了法界一相故，说心有无明。依无明力因故现妄境界，亦依无明灭故一切境界灭。非依一切境界自不了故，说境界有无明；亦非依境界故，生于无明，以一切诸佛于一切境界不生无明故；又复不依境界灭故，无明心灭，以一切境界从本已来，体性自灭，未曾有故。因如此义，是故但说一切诸法依心为本。当知一切诸法悉名为心，以义体不异，为心所摄故。又一切诸法从心所起，与心作相，和合而有，共生共灭，同无有住。以一切境界但随心所缘，念念相续故，而得住持，暂时而有。”

手出金毛师子，皆籍善根；城变七宝华池，尽承慈力。

《大涅槃经》云：“阿阇世王欲害如来，放护财狂醉之象。佛即舒手示之，即于五指出五狮子。是象见已，投地敬礼。佛言：我于尔时手五指头实无狮子，乃是修慈善根力故，令彼见如斯事。”又云：“南天竺国有一大城，名首波罗。城中有一长者，名曰卢至，为众导首。佛欲至彼城邑，化度彼人。彼众尼乾，闻佛欲至，遂破坏林泉，坚闭城壁，各严器仗，防护固守，设彼来者，莫令得前。佛言：我于尔时至彼城已，不见一切树木丛林，唯见诸人庄严器仗当壁自守。见是事已，寻生怜愍，慈心向之，所有树木还生如本，河池泉井清净盈满，如清净池生众杂华，变其城壁为绀琉璃。我于尔时实不化作种种树木、清净华池，当知皆是慈善根力，能令彼见如是事。”故知凡有一切苦乐境界，仗佛力为增上缘，但是自心感现。例见目前实境，悉是想生，心外实无一法，但从识变耳。

卷舒不定，隐显千端。或阒尔无迹，或烂然可观。处繁而不乱，履险而常安。

心境诸法，互夺互资，相泯相入。若相资相入，则性相俱存，烂然可见。若互夺互泯，则理事俱空，阒尔无迹。以万法从心，随缘建立。以无性从缘故有，以从缘无性故空。如《宝印重玄序》云："蕴大千之经卷，不出情尘；布极净之身云，常居秽土。会寂灭于因缘之际，得圆常于生死之轮。理事双现而两亡，性相共成而互夺。一真湛尔而非寂，万化纷然而匪繁。顿虚诸相而不空，遍兴多事而非有。不得一法而密传心要，不演一字而恒转圆音。一体遍多，犹朗月而影分千水；多身入一，若明镜而光写万形。"

醍醐之海泓深，横吞众派；法性之山挺出，高落群峦。

《法华经》云："譬如一切川流江河，诸水之中，海为第一。此《法华经》亦复如是，于诸如来所说经中最为深大。"又云："及十宝山众山之中，须弥山为第一，此《法华经》亦复如是，于诸经中最为其上。"此经是醍醐之教，为第一心宗，故经云："十方诸国土，唯有一乘法。"

理体融通，芳名震烈。瞻时而别相难穷，入处而一门深彻。

若以事相观，随差别而迷旨；若以一心照，随平等而归根。所以《首楞严经》云："但于一门深入，则六知根一时清净。"又云："入一无妄。"李长者《论》云："一入全真。"如新丰和尚悟道颂云："向前物物上求通，只为从前不悟宗。如今悟了浑无事，方知万法本来空。"

服善见王之药饵，众病咸消；奏狮子筋之琴弦，群音顿绝。

善见王药，能治众病。心之妙药亦复如是，能治诸法。故偈云："一丸疗万病，不假药方多。"又云："以狮子筋为琴弦，其音一奏，群音断绝。"况说一心，能收万法。

尔乃明逾皎日，德越太清；随机起用，顺物无生。

问：初心学人悟入此宗，信解圆通，有何胜力？

答：若正解圆明，决定信入，有超劫之功，获顿成之力。虽在生死，常入涅槃；恒处尘劳，长居净刹。现具肉眼，而开慧眼之光明；匪易凡心，便同佛心之知见。则烦恼尘劳，不待断而自灭；菩提妙果，弗假修而自圆。乃至等冤亲、和诤论、齐凡圣、泯自他、一去来、印同异、融延促、混中边，世出世间不可称不可量不可说不可说之力，莫能过者。亦名佛力，亦名般若力，亦名大乘力，亦名法力，亦名无住力。所以先德释云："无住力持者，则大劫不离一念。"又云："色平等是佛力。"色既平等，则唯心义成。故知观心之门，理无过者，最尊最贵，绝妙绝伦，刹那成佛之功，顿截苦轮之力。《大涅槃经》云："譬如药树，名曰药王，于诸药中最为殊胜，能灭诸病。树不作念，若取枝叶及皮身等。虽不作念，能愈诸病。涅槃亦尔。"是以若于一心有圆信圆修，乃至见闻随喜、一念发心者，无不除八万尘劳三障二死之病。《大品经》云："如摩尼珠，所在住处，一切非人不得其便。以珠著身，暗中得明，热时得凉，寒时得温；若在水中，随物现色。"即况识此自心如意灵珠，圆信坚固，一切时处不为无明尘劳非人之所侵害，则处繁不乱，履险恒安，高而不危，满而不溢。

非异非同，盈刹而坦然平现；不大不小，遍空而法尔圆成。

此一心法，是大真理，不假有缘生，亦非无缘生。以法体故，为万法之性，遍一切处，随人所感，应现无尽。异而非异，同而非同；大而非大，小而非小。如《华严经》颂云："一一微尘中，能证一切法。一切众生心，普在三世中。如来于一念，一切悉明达。"

神灵之台，秘密之府。

此一心法，是神解之性，能通灵通圣，故曰灵台；又万法之指归，千途之通体，故云秘府。

病遇良医，民逢圣主。

《法华经》云："如商人得主，如子得母，如渡得船，如病得医，如暗得灯，如贫得宝，如民得王，如贾客得海。”此况人间所遇。若于佛法中，直了心人，可以永脱尘劳，长居圣地，治烦恼之重病，成无上之法王，校量得失，天地悬殊矣。

以本摄末，驾智海之津梁；

一心为本，诸法为末。欲渡生死海，应以心智而度之。

举一蔽诸，辟玄关之规矩。

举一心法，摄尽无余。此一心[①]门，能建立凡圣境界，摄生化门，六度万行无不具足。如《还源观》云：“从一心体，出生二用、三遍、四德、五止、六观。一体者，即自性清净圆明体，即通为十定之体。言二用者，一海印森罗常住用，即海印三昧；二法界圆明自在用，即华严三昧。言三遍者，一者一尘普周法界遍，二一尘出生无尽遍，三一尘含容空有遍，此三并是因陀罗网三昧门。言四德者，一随缘妙用无方德，二威仪住持有则德，三柔和质直摄生德，四普代众生受苦德。言五止者，一照法清虚离缘止，二观人寂泊绝欲止，三性起繁兴法尔止，四定[②]光显现无念止，五事理玄通非相止。言六观者，一摄境归心真空观，二从心现境妙有观，三心境秘密圆融观，四智身影现众缘观，五多身入一镜像观，六主伴互现帝网观。上之止观，并是寂用无涯三昧门也。”

匡时龟镜，为物权衡。

此一心法，能考古推今，穷凡达圣。如秤知轻重，似镜鉴妍媸。但了一心，无不知诸法根源巨细矣。

① “心”,《卍续藏》本作“法”。

② “定”,《卍续藏》本作“锭”，应误。

相夺则境智互泯，相资则彼我俱生。

以境夺智则智泯，以智夺境则境亡。以彼资我则我立，以我资彼则彼生。

无明树上而觉华顿发，八苦海内而一味恒清。

经云："烦恼大海[①]中，有圆满如来，宣说实相常住之理。本觉实性中，有无明众生，起无量无边烦恼之波。"论云："唯真不立，单妄不成。真妄相成，方能建立。如水因风而起波，风水不相舍离故。"

全体现前，岂用更思于妙悟；本来具足，何须苦待于功成？

诸佛将众生心为佛，众生将佛心为众生，一体无差，但隔迷悟。以即心是佛故，虽分三身之异，终无别体，故云：法身相好，一际无差。又古德云：新佛旧成，曾无二体。以报身就法身，如出模之像，像本旧成，故无二体。新成旧佛，法报似分，以法身就报身，如金成像，金像似分，以有未成像金故，今成像竟，似分于二。诸佛如已成像之金，众生如未成像之金。成与未成，似分前后，则金体始终，更无别异。

显异标奇，精明究竟。如舒杲日之光，似布勾芒之令。

此一心法，如日照天下，无法而不明；犹春遍寰中，无物而不发。

三毒四倒而非凡，八解六通而非圣。

在凡非凡，处圣非圣，以但是自心故，终无别理。《宝藏论》云：如实际中，无毫厘凡圣可得。

---

① "海"，《卍续藏》本作"悔"，应误。

至宝居怀兮终不他求，灵珠在握兮应须自庆。

《肇论》云："圣远乎哉，体之即神。"何者？为众生自心，皆是般若，但能体悟至理，即心是佛，即今日灵觉之真性，即是般若圣智也。此明真智，斯乃悟理之圣，非神通果证也。又所云般若圣智者，若正智即观照般若，如如即实相般若。此正智如如，即是圆成实性，圆成实性即是如来藏心，如来藏心即是众生灵觉之性，众生灵觉之性即是般若真智。

愍同体兮起无缘，

菩萨观一切众生同一体性，愍彼不达，而行大悲。无缘者，即无缘慈，如石吸铁，任运吸取一切众生，而无度想。

溢法财兮资慧命。

法财者有七：一闻，二信，三戒，四定，五进，六舍，七惭愧。慧命者，即自心无尽真如之性。此七种法财，乃至恒沙智德，皆是心所有法，悟入之者，资益无穷。

履得一之旨，豁尔消疑；

天得一以清，地得一以宁，人得一而道成。经云："若得一，万邪灭矣。"又云："若得一，万事毕。"若了一真心，何理而不圆、何事而不毕也！如古德问云："所言心性是一者，何得众生界见有种种？"答："以真如心性是一，随缘生灭而成种种。又第八识正是所熏心体，含多种子，熏成种种，即是真如随缘义。"

又心性是一者，古释有二义：一者妄心之性，成心之性，以性相不同故；真心之性，真心即性故。二者通成，谓此二性别明二藏，前之二性皆具二藏，但为妄覆名如来藏，直语藏体即自性心故。此自性清净真心，不与妄合，名为空藏；具恒沙德，名不空藏。前明即离，此明空有，故重出也。言皆平等无二者，上二即离不同，由心之性故不即，由心即性故不离，不即不离，为心之性；后二即空之实为不空，即实之空为空藏，空有不二，为心之性。然空有无二之性，即是不即不离之性，故但云一也。

入不二之门，廓然无诤。

心外有法，即见有二，便有对治，即乃成诤。若了境即心，能所冥一，即无诤矣。既不涉能所，即非情无情，但直论见性之门，匪落是非之道。是以能所不同，不可执一；心境一味，不可称异。若以性从缘，则情非情异，为性亦殊；若泯缘从性，则非觉不觉；若二性互融，则无非觉悟。《华严经》云："真如无少分非觉悟者"，则真如遍一切有情无情之处，若无少分非觉悟者，岂无情[①]非佛性乎？又经意但除执瓦砾无情之见，非除佛性，则性无不在，量出虚空，宁可除乎？又古德云：觉性是理，觉了属事。如无情中，但有觉性，而无觉了。如木中但有火性，亦无火照。今言性者，但据理本，谁论枝末？又觉智缘虑名情，自性不改名性。愚人迷性生情，故境智不一；智者了情成性，故物我无二。

大理齐平，不亏不盈；道性如是，无送无迎。千浔海底而孤峻，万仞峰头而坦平。

傅大士《行路易》云：须弥芥子父，芥子须弥爷。山海坦然平，敲冰来煮茶。

竹祖摇风而自长，桐孙向日而潜荣。数朵之青山长在，一片之闲云忽生。

丹霞和尚《忘己吟》云："青山不用白云朝，白云不用青山管。云常在山山在云，青山自闲云自缓。"皆比一心之道性，智境闲闲。

---

① "情"，清藏本作"性"，《卍续藏》本作"情"，现按之校订。

意地顿空，如兔角之铦利；解心全息，犹焰水之澄清。

新丰和尚颂云：井底㶟尘生，高山起波浪。石女生得儿，龟毛长数丈。若欲学菩提，应须看此样。

大建法幢，深提宝印。居下恒高，处违常顺。

此一心法门，是高建法幢，又是祖佛之心印，乃平等门，为一际地。高下自相倾，顺逆自违诤，若入真智，必无差别。如《华严经》云："智入三世，悉皆平等。"此明俗体本真，故云平等。以六相该之，即总而全别，即别而全总；即同而俱异，即异而恒同；即成而俱坏，即坏而俱成。

握王库刀之真形，抚修罗琴之正韵。

《涅槃经》中，况众生佛性，昧者不见，如王库中有真宝刀，群臣无能识者。又经云："阿修罗王琴，不抚而韵。"此况众生心，恒转根本法轮，未尝间断，如《华严经》云："刹说众生说，三世一时说。"

得趣而幽途大辟，胡用多求；了一而万事齐休，但生深信。

《信心铭》云："一即一切，一切即一，若能如是，何虑不毕？"《华严经》颂云："种种变化无量身，一切世界微尘等，欲悉了达从心起，菩萨以此初发心。"

自在无碍，超古绝伦。荆棘变为行树，枭獍啼成[①]梵轮。

《高僧传》云：释智通云："若夫寻近大乘修正观者，察微尘之本际，识一念之初原，便可荆棘播无常之音，枭獍说甚深之法。十方净土未必过此矣。"凡言唯心净土者，则一净一切净，可谓即尘劳而成佛国也。

---

① "成",《卍续藏》本作"或"，应误。

似毛端之头含于宝月，

庞居士偈云：毛头含宝月，彻底见真源。

如琉璃之内现出金身。

《法华经》偈云：如净琉璃中，内现真金像。

若畅斯宗，发明妙慧，剔摩诃衍之骨髓，摘优昙华之根蒂。

摩诃衍，即大乘心；优昙华，是灵瑞华；表说心时，难遇难解。

任聚须弥之笔，未写纤毫；纵饶乐说之门，难敷一偈。

《华严经》云：聚须弥山为笔，未写《普眼经》之一句一偈。

印同异，泯中边，等来去，绝偏圆。

以自心之体，非同异中边之见，如太虚空，更无异相。故经云："菩萨知一切法即心自性，成就慧身，不由他悟。"又《起信论》云："复次真如自体相者，一切凡夫、声闻、缘觉、菩萨、佛，无有增减，非前际生，非后际灭，毕竟常恒。无始已来，本性具足一切功德，所谓自体有大智慧光明义，遍照法界义，真实识知义，自性清净心义，常乐我净义，清凉不变自在义。"

水朝东而星拱北，

水朝东者，《尚书》云："江汉朝宗于海。"宗者，尊也，有似于朝。如心为万法宗，未有一法而不归心者。星拱北者，《论语》云："子曰：为政以德，譬如北辰，居其所而众星拱之。"为政以德者，无为之德也。犹北辰之不移，而众星拱之；如一心不动，众行归之。

谷孕风而海纳川。

斯皆法尔如是，道性自然。如《宝藏论》云："谷风无绝，泉水无竭。"亦比道性无有间绝，则道不离心，心不离道。故先德云："至妙灵通，目之曰道。"又《楞严经》云："汝之心灵，一切明了"，岂非真道耶？

寂尔无声，众响群音而吼地；荡然无相，奇形异状而参天。

即相无相，无相即相，以是一心之境界故。如《华严经》中，境界重重，佛身无尽，互相彻入，能同能别，全异全同，净秽国土无障无碍，不论有情无情之异，皆为一心真智之境界。

约理而分，称真而说。蜜齐海内之甜，火均天下之热。

一蜜甜，遍天下之蜜皆甜；一火热，尽寰中之火皆热。此况若此一法是心，则世出世间一切诸法皆即是心矣。

当正位之发扬，因法性之施设。

此《心赋》者，有二观：一唯心识观，二真如实观。先观唯心，次入真如。《楞伽经》云"自觉圣智"者，令觉自心耳。《摄论》云："通达唯是意言分别，无有实法"，即为入唯识方便；不取外相，即入唯心。《占察经》云："一唯心识观，二真如实观。"唯心观浅，真如观深，能入法性，法性即真如异名。如《起信论》云："心若驰散，即当摄来，令住正念。其正念者，当知唯心，无外境界。"此即唯心识观。次云："即复此心，亦无自相，念念不可得。"此即真如实观。若了唯心，成唯心识观；若了无性，成真如实观。心境两亡，则成无分别智。

弗从事而失体，非一非多；不守己而任缘，亦同亦别。

如前云正位发扬者，未曾有一法出心之正位，如《法华经》云："是法住法位，世间相常住。”又前云法性施设者，《般若经》云：“未曾有一法，而出于法性。”真如一心，不守自性，随事建立，故云亦同亦别。虽随事建立，不失自体，故云非一非多。

本迹双举，权实俱存。

《肇论》云：“非本无以垂末，非末无以显本。本迹虽殊，不思议一也。”心即是本，法即是末。

言中而尽提纲要，指下而全见根源。

万法虽殊，一言而无不该尽；千月不等，一指而各见根源。如《锦冠》云：“一一事中，皆具如是无尽之德。如海一滴，即具百川。又一一事，不坏本相，不离本位，而圆融即入。”谓欲言相用，即同体寂；欲谓之寂，相用纷然。故《华严疏序》云：“超言思而迥出。”匪但超言思，抑亦出于超言思，超与不超俱出。《华严经》云：“虽复不依言语道，亦复不著无言说。”但即言亡言，即思忘思，以契超出之旨。

如一金分众器之形，不变随缘之道；犹千波含湿性之理，随缘不变之门。

金是不变，器是随缘；波是随缘，湿是不变。则一心门，具随缘不变二义。如《演义记》云：“由随缘即不变故，夺差别令体空，则末寂也；由体空[①]差别故，夺不变令随缘，故本寂也。以全本为末，故本便隐；全末为本，故末便亡也。是则真如随缘成众生时，未曾失于真体，故令众生非众生也；众生体空即法身时，未曾无众生，故令法身非法身也。故二双绝。二既互绝，则真妄平等，无可异也。”

---

① “空”字下，所引原文《大方广佛华严经随疏演义钞》卷第七十五中有一“即”字。

若达斯宗，无在不在。

《净名经》云："佛说一切法，皆无在无不在。"约理实而隐，云无在；约相虚而现，云无不在。斯即一心隐显，无碍自在也。

入圣体而靡高，居凡身而弗改。即狭而广，毫端遍于十方；以短摄长，刹那包于劫海。

先德云："尘含法界，无亏大小；念包九世，延促同时。"即是一心开合，以彰殊胜。如朝菌之类、夕死之徒，岂等大椿之岁耶？此是世间人物延促之情见耳。如《华严经》明毗目仙人执善财手，时经多劫，处历无边，故不可以长短思也。若显超胜，一生顿圆；若约甚深，多劫莫究。延促不可定执，贵在入玄，即权机浅学，罔测津涯矣。如《华严经》颂云："始从一念终成劫，悉依众生心想生。一切刹海劫无边，以一方便皆清净。"释曰：一方便者，即是自心。延促由心定量，若了一心，长短之劫自尽，故云皆清净。《华严经》颂云："有数无数一切劫，菩萨了知即一念，于此善入菩提行，常勤修习不退转。"

一叶落时天下秋，一尘起处厚地收。向空门而及第，

庞居士偈云：十方同聚会，个个学无为。此是选佛场，心空及第归。

于禅苑而封侯。

世间以成功立德以为封侯，出世悟心得记以为封候。

敌生死军之甲胄，战烦恼阵之戈矛。

《唯识疏》云：心外有法，生死轮回；心外无法，生死永绝。

得大总持，可作超尘之本；

心是总持都院，无法不收。

具王三昧，堪为入道之由。

能观心性，名为上定。此心是真如三昧，一切三昧之根本，故心为三昧之王，名王三昧。是以悟心成道，万行俱成。夫若了即心是佛者，自然谦下。何以故？信自心故，知一切众生皆有心，悉即是佛故。既不自骄倨，亦不轻慢他，以知一心平等故。经云："柔和之行，以顺法界。"谦下是忍辱之本。《周易》云："谦，亨，君子有终。《彖》曰：谦，亨。天道下济而光明，地道卑而上行。天道亏盈而益谦，地道变盈而流谦，鬼神害盈而福谦，人道恶盈而好谦。"是以于自于他，不赞不毁。若自赞，非大人之相，是炫惑人；若自毁，是妖谄之人；若毁他，是谗贼之人；若赞他，是谄谀之人。是以傅大士云："见好见恶但低头，有底因缘得成病。"故知得地万物皆生，得理万行皆成。唯心之理，不可忘也，迄至成佛，无有增减。

学问宗师，菩提榜样；功德丛林，真如库藏。

一切众生第八识心，名含藏识，亦名宅识。如《华严经》云："菩萨摩诃萨知善巧说法、示现涅槃，为度众生所有方便，一切皆是心想建立，非是颠倒，亦非虚诳。何以故？菩萨了知一切诸法，三世平等，如如不动，实际无住。不见有一众生已受化、今受化、当受化，亦自了知无所修行，无有少法若生若灭而可得者，而依于一切法，令所愿不空。是为第九如实住。"

纵横幻境，在一性而融虚；寂灭灵空，寄千门而显相。

一性是万法之性，千门是万法之相。性相分二，融之归一。如《涅槃经》云："佛性者名第一义空，第一义空名为智慧。"此二不二，以为佛性。然第一义空是佛性[①]；名为智慧，即佛性相。第一义空不在智慧，但名

① "佛性"，所引原文《大方广佛华严经随疏演义钞》卷第三十七中作"佛性性"。

法性；由在智慧，故名佛性。以性从相，则唯众生得有佛性，有智慧故；墙壁瓦砾无有智慧，故无佛性。若以相从性，第一义空无所不在，则墙壁等皆是第一义空，如何非性？故经云："知一切法即心自性"，论云："以色性即智性故，色体无形说名智身；以智性即色故，说名法身，遍一切处。"其体本均，今分性相，故分二义。

妙迹无等，寰中最亲。

天下最亲，莫过心也，以一切法从心所生，离心则无一法。所以《华严经》云：以从波罗蜜所生一切宝盖，于一切佛境界清净解所生一切华帐，无生法忍所生一切衣，入金刚法无碍心所生一切铃网，解一切法如幻心所生一切坚固香，周遍一切佛境界如来座心所生一切佛众宝妙座，供养佛不懈心所生一切宝幢，解诸法如梦欢喜心所生佛所住一切宝宫殿，无著善根所生一切宝莲华云等。

小器出无边之嘉馔，

《华严经》云："有具足优婆夷，得菩萨无尽福德藏解脱门，能于小器中，随诸众生种种欲乐，出生种种美味饮食，悉令充满。以此小器，能于天中充足天食，乃至人中充足人食，诸佛声闻罗汉及遍鬼趣等。乃至云：善男子！且待须臾，汝当自见。说是语时，善财则见无量众生从四门入，皆是优婆夷本愿所请。既来集已，敷座令坐，随其所须，给施饮食，悉皆充足。"于小器中者，即是心器。心为无尽藏，随念出生一切世出世间珍宝法门，有何穷尽？

仰空雨莫测之殊珍。

《华严经》中，明智居士云："我得随意出生福德藏解脱门，凡有所须，悉满其愿，所谓衣服璎珞、象马车乘、华香幢盖、饮食汤药等。"乃至尔时居士知会众普集，须臾系念，仰视虚空，如其所须，悉从空下，一切众会普皆满足。然后为说种种法，所谓为得美食而充足者，与说种种集福德行等。释曰：空中雨物者，一是居士心中出，故云随意出生，又云须臾系念；二是所化众生自心感现，机应冥合，非一非异，成就斯事。仰视虚空者，即是法空中现，故《法句经》云："菩萨于毕竟空中，炽然建立。"

仙人执手之时，动经尘劫；

如《华严经》中，毗目仙人执善财手，即时善财自见其身往十方十佛刹微尘数世界中，到十佛刹微尘数诸佛所，见彼佛刹及其众会，诸佛相好种种庄严。乃至经百千亿不可说不可说佛刹微尘数劫，乃至时彼仙人放善财手，善财童子即自见身还在本处。是知不动本位之地，身遍十方；未离一念之中，时经尘劫。古释云：善财随事差别，皆入法界。若圆融门，才举一门，即融诸门。然以理融事，令事如理；以理显事[①]，令理如事。故云理非无分，谓理即事，事既有分，理亦有分。不尔，真理不即事故。理既如事，随举一法，即一法界；若举多法，即多法界。如善财亲证，暂时执手，便经多劫，明一切时圆融；后入楼阁，普见无边，明一切处圆融。是以善财一生能办多劫之行者，既善友力，瞬息之间，或有佛所见经不可说不可说佛刹微尘数劫修行，何得一生不经多劫？仙人之力长短自在故。如世王质遇仙之棋，令斧柯烂，三岁尚谓食顷。既然以长为短，亦能以短为长，如周穆随于幻人，虽经多年，实唯瞬息。故结云：不应以长短之时、广狭之处，定其旨也。

童子登楼之日，倏见前因。

善财童子登弥勒楼阁，见弥勒三生之事。

成现而虽圆至道，弘阐而全在当人。

人能弘道，非道弘人。十方三世诸佛，皆是了心成佛。心即是法，

① "以理显事"，所引原文《大方广佛华严经随疏演义钞》卷第八十三中作"以事显理"。

法即是心，所以由人信故，乃能弘之。又人即是法，法即是人，离人无有法，离法无有人。故云“此法先佛已说，后佛随顺，不加一字。”故云“佛以法为师。”如燕公张悦问水南善知识云：“法在前耶？佛在前耶？”答云：“法在前，诸佛所师，所谓法故。”便被难云：“若尔，最初成佛，前无佛说，何由悟法？”答云：“自然而悟。如月令中，獭乃祭天，岂有人教。”燕公大伏也。

殊功警世，大用通神。乐蕴奇音，指妙而宫商应节；心怀觉性，智巧而动用冥真。

《首楞严经》云：“譬如琴瑟、箜篌、琵琶，虽有妙音，若无妙指，终不能发。汝与众生亦复如是，宝觉真心各各圆满。如我按指，海印发光；汝暂举心，尘劳先起。”是知指不妙故，五音不成；智不巧故，一心不现。如藏教是拙度，通教是巧度。又但了诸法实相，不须勤苦而修，是名巧度。

十力功高，上贤能践。日月潜光，山川回转。

庞居士偈云：“劫火燃天天不热，岚风吹动不闻声。百川竞注海不[1]溢，五岳名山不见形。澄清静虑无踪迹，千途尽总入无生。”故知无有一法不入一心无生之旨。

摧慢峰兮涸爱河，拆疑城兮截魔罥。

若了一心，悟法空理，则入平等际，住实相门，乃能倒慢山、拔爱箭、裂疑网、突魔围。何者？以达魔界即佛界，归一实心故。如论有喻云：“譬如蝇能缘一切物，唯不能缘火焰，缘火焰即为烧故。魔亦如是，

① “不”,《卍续藏》本作“之”，应误。

能缘一切法，唯不能缘诸法实相。若入实相，魔即实相，何所惑耶？”故论云：“魔界如、佛界如，一如无二如，皆法界印。岂以法界印，更坏法界印？”又论云：“魔[1]见解般若菩萨，如捕鱼人见一大鱼入深大水，钩网所不及，则绝望忧愁，以离六十二见网故。”

明之而法法在我，巨岳可移；昧之而事事随他，纤毫莫辩。

《还源观》云：“明者德隆于即日，昧者望绝于多生。”又李长者《论》云：“迷之者历劫浪修，悟之者当体凝寂。”皆是一心迷悟，致兹得失。

法无难易，转变由人。

迷时人逐法，悟了法由人。迷时执心为境，被境所转；悟时了境即心，一切由我。

促多生于一念，化寒谷为芳春。

一念证真，功超累劫，如寒谷遇春，萌芽顿发。故《华严论》云：“不如一念缘起无生，超彼三乘权学等见。”如《华严策林》“问云：成功立德，三教修同。如何此经赞无功用？答：缘修积行，即说立功；造极体真，须忘功用。无功即功，流未来际；无用之用，用周十方。无功之功，曰真功矣。如乘舟入海，顿息篙桡，而举帆随风，万里非远。功用行息，是止篙桡；无相智圆，即锦帆高举。无依无住，既无功用，则处[2]法流，长游智海。”

---

① “魔”，三本均作“绝”，现按《大智度论》卷第八十、《大方广佛华严经随疏演义钞》卷第四十三校订。

② “处”，所引原文《大华严经略策》中作“永处”。

秉大炬而烛幽关，炳然见旨；驾迅航而渡深济，倏尔登真。

若直了一心，菩提易办，如登车立届于遐方，似乘船坐至于千里。

生如来家之要，

若心外行法，是生世俗家。若了心即佛，是生如来家。此一心法，诸佛本宗，语默卷舒，常顺一真之道；治生产业，不违实相之门。运用施为，念念而未离法界；行住坐卧，步步而常在其中。若不信之人，对面千里。如寒山子诗云："可贵天然物，独一无伴侣。促之在方寸，延之一切处。汝若不信受，相逢不相遇。"如明达之者，寓目关怀，悉能先觉。若未遇之子，可以事知，举动施为，未尝间断。如蔡顺字君仲，顺少孤，养母，常出求薪。有客卒至，母望顺不还，乃啮其指。顺即心动，弃薪驰归，跪问其故。母曰："有急客来，吾啮指以悟汝耳。"又唐裴敬彝，父为陈王典所杀。敬彝时在城，忽自觉流涕不食，谓人曰："我大人凡有痛处，吾即不安。今日心痛，手足皆废，事在不测。"遂乃归觐，父果已死。又唐张志安，居乡闾称孝，差为里尹，在县，忽称母疾急。县令问，志安曰："母有疾，志安亦病。志安适患心痛，是以知母有疾。"令因之差人核[①]之，果如所说。寻奏高表门闾，拜为散骑常侍。

行菩萨道之因。

《法华经》云："若未闻《法华经》者，当知是人未善行菩萨道。若有得闻是经典者，乃能善行菩萨之道。"又菩萨所修万行，皆是不空如来藏真心不变性起功德，如《起信论》云："复次真如依言说分别，有二种义。云何为二？一者如实空，以能究竟显实故。二者如实不空，以有自体，具足无漏性功德故。"《华严记》云："自性清净心，不与妄合，则名为空；性具万德，即名不空。若离妄心，实无可空，则显空藏因妄而

① "核"，《嘉兴藏》本、《卍续藏》本作"覆"。

显。不空藏，要由翻染，方显不空。如本有檀德，今为悭贪；本有尸德，今随五欲；本有寂定，今为乱想；本有大智，今为愚痴。是则悭藏于施，乃至愚藏于慧。故论云：'以知法性无悭贪故，随顺修行檀波罗蜜'等，万行例然。故本有真实识知义，云'若心有动，非真识知'，明妄心之动，藏其真如。是以即妄之空，藏不空之万德。故经云：'知妄本自真，见佛则清净。'以能究竟显实，故名为空。故知空藏，能藏不空。能藏既空，则显不空藏之本来具矣。"

"又普贤行，游入十方，略有十门。一入世界，法界缘起，于[①]即入故。二入众生界，生界佛界无二体故。三供养，一一供具皆称真故。四明请法，穷法界智，无时不请诸佛，无时不雨法故。五大智摄生，了生迷倒，而无众生，不碍化故。六明现通，十方尘刹互入重重，震动现相而无息故。七常寂定，未曾一念有起动故。八广出生，念念毛孔出现诸境无穷尽故。九者说法，念念常雨无边法雨，雨一切故。十明总说，上之九义，举一全收，无前后故。"

万别千差，靡出虚空之性；尊高卑下，难逃平等之津。

一切法性即是众生心性，众生心性即是虚空性。问：真妄相乖，其犹水火，云何此二得交彻耶？答：真妄二法，同一心故，而得交彻。若演若达多，狂故失头；却复本心，头不曾失。设尔狂时，头亦不失。狂情才歇，歇即菩提，性净明心，不从人得。如迷真执妄，迷情才悟，即复真心；设正迷时，真亦不失。

剪惑裁疑，标真显正，使佛法之穹崇，致宗门之昌盛。类秋江万影而交罗，

经明十喻中，一如影喻，一喻体虚无实，二喻有用能荫覆义。故《华

① "于"，所引原文《大方广佛华严经随疏演义钞》卷第九十中作"互"。

严记》云："如明净物，得日光曜，于屋壁上有光影现，如来应机现身亦尔。谓日[1]喻如来，身树等质以喻众生。日无异体，质有万差。树侧影邪，形端影正。影不现于日内，但有[2]质边，弄影多端，随心万品。"

状寒室千灯而互映。

一室千灯，光光涉入。一心万境，万境一心，如光无碍。

若鸟戛汉以翱翔，似鱼沉渊而游泳。

《入楞伽经》云："若一切唯心，世间何处住？去来依何法？云何见地中？如鸟虚空中，依止[3]风而去，不住不观察，于地上而去。如是诸众生，依分别心动，自心中来去，如空中飞鸟。见是资生器，佛说心如是。"故知举足下足，不离自心。如鸟若离空，何以骞翥？鱼若离水，岂得浮沉？故祖师弥遮迦，问祖师婆须蜜曰："何方而来？复往何许？"答曰："从自心来，复往无处。"

啼笑而佛慧分明，行坐而觉源清净。

长者《论》云："不乖当念，蕴功即佛，都无时分迁转之相，应真自性，常转法轮。"又云："纤尘不隔于十方，毛孔讵妨于刹海？"又云："三世一念，古今咸即。过去未来无尽之劫，同时无碍，一念成正觉时也。""三贤菩萨念念入法流水中，任运至佛。初水后水，一性水故；因佛果佛，一性佛故。于其中间无初中后，不隔念故，依本法故。无念可隔，因果便终。一念相应一念佛，不论相好及与神通，相好神通从此正觉中得。若证正觉，即不著诸相，但以觉道相应故，神通相好不求自至。"

---

① "日"，《卍续藏》本作"曰"，应误。

② "有"，所引原文《大方广佛华严经随疏演义钞》卷第二十中作"在"。

③ "止"，三本均作"心"，现按《入楞伽经》卷第十校订。

又云："明众生世间即法界故，众生性即不思议故，众生分别即如来智故。又如来根本智是众生分别心，契同无二故，法界自在。"

妙解而唯应我是，列祖襟喉；

此《心赋》者，但说真心，不言妄识，以真心妄心各有性相。且真心以灵知寂照为心，不空无住为体，实相为相。妄心以六尘缘影为心，无性为体，攀缘思虑为相。此缘虑觉了能知之妄心，而无自体，但是前尘，随境有无，境来即生，境去即灭。因境而起，全境是心，又因心照境，全心是境，各无自性，唯是因缘。故《法句经》云："焰光无水，但阳气耳；阴中无色，但缘气耳。"以热时炎气，因日光烁，远看似水，但从想生，唯阳气耳。此虚妄色心亦复如是，以自业为因，父母外尘为缘，和合似现色心，唯缘气耳。故《圆觉经》云："妄认六尘缘影为自心性。"故知此能推之心，若无因缘，即不生起，但从缘生。缘生之法，皆是无常。如镜里之形，无体而全因外境；似水中之月，不实而虚现空轮。认此为真，愚之甚矣。所以庆喜执而无据，七处茫然；二祖了而不生，一言契道。则二祖求此缘虑不安之心不得，即知真心遍一切处，悟此为宗，遂乃最初绍于祖位。阿难因如来推破妄心，乃至于五阴、六入、十二处、十八界、七大性，一一微细穷诘，彻底唯空，皆无自性，既非因缘自他和合而有，又非自然无因而生，悉是意言识想分别，因兹豁悟妙明真心，广大含容，遍一切处，即与大众俱达此心，同声赞佛云："妙湛总持不动尊，首楞严王世希有，消我亿劫颠倒想，不历僧祇获法身。"即同初祖直指人心见性成佛。此一真心，则列祖之襟喉也。

通心而莫更余思，群贤性命。

如《不增不减经》云："甚深义者，即第一义谛；第一义谛者，即众生界；众生界者，即如来藏；如来藏者，即法身。"释曰：夫心者，为诸法总持之门，作万有真实之性，故称第一义谛；杂杂心念，故号众生。是心之界，即众生界；从真如性起，名曰如来；无所缺减，乃目为藏；能积聚恒沙功德，故名法身。是以《仁王经》云：“最初一念，具足八万四千波罗蜜。”诸身分中，命根为上；诸法门中，心为其上。

《永明心赋注》卷二

妙圆正修智觉永明寿禅师 述

逆顺同归，行住不离。雨宝而摩尼绝意，演教而天鼓无私。

摩尼、天鼓，皆无功用，无私成事，并况真心寂用无滞也。如《还源观》云："定光显现无念观者，谓一乘教中，白净宝网，万字轮王之宝珠。此珠体性明彻，十方齐照，无私成事，念者皆从；虽现奇功，心无念虑。若人入此大妙止观门中，无思念虑，任运成事，如彼宝珠，远近齐照，分明显现，廓彻虚空。"如《华严经》云："时天鼓中出声告言：诸天子，菩萨摩诃萨非此命终而生彼间，但以神通，随诸众生心之所宜，令其得见。诸天子，如我今者非眼所见，而能出声。"如《普贤行愿序》云："圆音非扣而长演，果海离念而心传。万行忘照而齐修，渐顿无碍而双入。"

重重而理事相须，恒体恒用；一一而有空齐现，常寂常知。

理因心成，事从理显；体冥于理，用兴于事。即体之用体不失，即用之体用不亡，故云恒体恒用。又有从心作，空从心现。空故常寂，有故常知。即寂而知，知不失寂；即知而寂，寂不失知，故云常寂常知。所以云：有为法从心生，无为法从心现。

迎之弗前，随之不后。匿纤芥而非无，展十方而曷有？旋转陀罗之内，常当大士之心；

《法华经》云：尔时受持读诵《法华经》者，得见我身，甚大欢喜，转复精进。以见我故，即得三昧，名为旋陀罗尼、百千万亿旋陀罗尼。此

《法华经》是为一大事因缘出现于世，直于众生心中开佛知见。佛知见者，即是一切众生真心。若持此经，即大心菩萨，故云常当大士之心。

颦呻三昧之中，不堕二乘之手。

狮子颦呻三昧者，此明如来以即用之体，无非法界；即体之用，缘起万差；其理事皆无障碍，名狮子颦呻。如《华严经》云：尔时世尊知诸菩萨心之所念，大悲为首，入狮子颦呻三昧。时逝多林菩萨大众悉见一切尽法界虚空界一切佛刹，乃至或入佛所住三昧无差别大神变，即顿证逝多林中。而诸声闻等不知不见，如聋如盲。

一理当锋，万境皆融。囊括智源之底，冠擎法海之宗。

谛了一心，无事不达，无理不通，该古括今，收无不尽。如《宝藏论》中〈本际虚玄品〉云：“经云：‘佛性平等，广大难量，凡圣不二，一切圆满。咸备草木，周遍蝼蚁。乃至微尘毛发，莫不含一而有。’故云能了知一，万事毕也。是以一切众生皆乘一而生，故为一乘。若迷故则异，觉故则一，故云前念是凡，后念即圣，又云一念知一切法也。是以一即一切，一切即一。故知以一知法，功成万像。故经云：‘一切若有心即迷，一切若无心即遍十方。’故真一万差，万差真一。譬如海涌千波，千波即海，一切皆无有异也。夫言一者，对彼异情；情既非异，一亦非一。非一不一，假号真一。夫言一者，非名字所统也，是以一非见一；若有所见，则有二也，不得名为真一也。”

如睹镜中，现千重之影像；犹窥牖隙，见无际之虚空。

此并况一心具斯大用，如见波谙海，见土知山。

万汇虽分，还归一总。

此一心法，舒遍法界，卷入一尘，则《心赋》指归，至万法源底，一切智慧之本，无边行愿之宗。不达斯文，无路成佛，出必由户，斯之谓欤！诸大乘诠，证明非一，皆云：镜一心之玄极，囊万法之根由。如《华严经》云：“菩萨知一切法皆是自心。”又云：“解了世间皆如变化，明达众生唯是一法。”又颂云：“有数无数一切劫，菩萨了知即一念，于此善入菩提行，常勤修习不退转。”又颂云：“诸佛随宜所作业，无量无边等法界，智者能以一方便，一切了知无不尽。”

渤澥之润同滥觞，十方之空齐芥孔。

湿性与空性，俱无大小；尽况平等真心，无有胜劣。

其犹今古之日，照无异明；仍侔过现之风，鼓无二动。

日光无私，动性不二，皆表真心之德也。

履实际地，冲涅槃天。掘众生之干土，涌善逝之智泉。

《法华经》云：譬如有人渴乏须水，于彼高原穿凿求之，犹见干土，知水尚远。施功不已，转见湿土，遂渐至泥，其心决定知水必近。众生如干土，声闻如湿土，菩萨如泥，诸佛如水。

声闻之焦芽蕊绽，

《净名经》云：“二乘如焦芽败种，不能发无上道心。”后于法华会中，深入一乘，得受真记，重发圆信之芽，结菩提之果。

华王之极果功圆。

众生之心，是诸佛果源，故《华严疏》云：“十方诸佛证众生之体，用众生之用。”又经云：“十方诸佛于一小众生心念中，念念成正觉、转法轮，而众生不觉不知。”

如得返魂之香，枯荄再发；似服还丹之药，寒焰重燃。

如返魂之香，力善起死尸；犹还丹之药，功能换凡骨。况一心之功力，处凡身而成圣体，即生死而入涅槃，亦如枯树生华、寒灰发焰矣。如声闻于法华会上，见如来性，得受佛记，则如焦谷生芽、盲聋视听、死尸再起、寒焰重燃。

了达无疑，何劳科判。驾牛车而立至祇林，乘慈舟而坐升彼岸。

但信自心，他疑顿断，故《信心铭》云："狐疑净尽，正信调直。"又若信心，即不信一切法，如古德云："谓自心智信，还信自心，的非心外别有能信之者。"又信若不信自心，不名正信。心即体也，此则体信不二，故《起信论》云："自信己心，知心妄动，修远离法。"是知所说一切理智等事，并不离心，是故我等悉皆有分。

千年暗室而破在一灯，无始樊笼而唯凭妙观。

千年暗室，一灯能破；无始结业，实观能消。实观者即是正观，正观者即是观心。故云：若自观者，名为正观；若他观者，名为邪观。

临法国土，无小境而不降；静佛边疆，岂一尘而作乱？

《华严经》云："三界唯心、三世唯心"，则岂有一境一尘而相违背？又如《华严经》颂云："觉悟法王真实法，于中无著亦无缚。如是自在心无碍，未曾见有一法起。"

超情绝解，对此无言。旨冥真极，道契玄源。

夫直了一心，非真非妄，不即不离。何者？真妄无性，常契一源，岂有二心，而互相即？以性源无染，妄不可得，如幻[①]刀不能斫石，苦[②]雾不能染空，为不了一心之人，所以说即。如台教问云："无明即法性，无复无明，与谁相即？"答："为不识冰人，指水是冰。指水是冰，但有名字，宁复有二物相即耶？"是知时节有异，融结随缘；湿性常在，未曾变动。乃至即凡即圣，亦复如是，凡圣但名，一体无异。故先德释《华严经》云："一世界尽法界亦如是者，知一眼如，一切眼如皆然。举譬如一人身有手足，一切人皆有手足。"是知不了此一心，皆成二见。若凡夫执着此心，造轮回业。二乘厌弃此心，求灰断果。又凡夫无眼，将菩提智照，成烦恼火烧；如大富盲儿，坐宝藏中，举动挂碍，为宝所伤。二乘将如来四德秘藏，为无常五阴，谓是贼虎龙蛇，怕怖驰走。缚脱虽殊，取舍俱失。若谛了通达之者，不起不灭，无得无生。了此妄心念念无体，从何起执？念念自离，不须断灭。尚不得一，何况二乎？故知诸法顺如证圆成，而情无理有；群情违旨执遍计，而情有理无。顺常在违，一道而何曾失体；情不乖理，千途而未暂分歧。洞之而情理绝名，了之而顺违无地。是以法法尽合无言之道，念念皆归无得之宗，天真自然，非干造作。

二谛推而莫知，理中第一；三际求而罔得，法内称尊。

此一心法，非俗不离俗，非真不离真。又虽非真非俗，而能真能俗。即不可以俗谛求、真谛取，故云二谛推而莫知。又此一心，非过去法，不住前际；非未来法，不住后际；非现在法，不住中际；故云三际求而罔得。若不信心，万行虚设。故《大智度论》云："若不知诸法无差别相，至于三归、五戒亦不成就，为不了诸行根本故，不知诸法体性故，不明诸境真实故。"是以先德云："菩萨初悟一切法自性平等。云何平等？入于诸法真实性故。谓真实性中，无差别相，无种种相，无无量相，万法

① "幻"，三本均作"勾"，现按《宗镜录》卷第十六校订。

② "苦"，三本均作"若"，现按《宗镜录》卷第十六校订。

一如，何有不等？此真实性依何立？故复次明证无依法，所谓不依于色、不依于空。若万法依空，空无所依。今万法依真，真无所依，即无依印法门。故舍离世间，世间即有种种差别。斯则性尚①不立，何况于相？亦不依空立色，亦不依色立空，亦无异无不异，无即无不即。斯见即绝，强名内证。”所以《华严》颂云：“设于念念中，供养无量佛，未知真实法，不名为供养。”又颂云：“虽尽未来际，遍游诸佛刹，不求此妙法，终不成菩提。”又颂云：“设于无数劫，财宝施于佛，不知佛实相，此亦不名施。”故知六度万行，若不直了一心，无一行门而得成就。

觉树根株，教门头首。

此一心法，诸佛成道之本，菩萨悟入之初。如《大集经》云：“佛告贤护：我念往昔有佛世尊，号须波日。时有一人行值旷野，饥渴困苦，遂即睡眠。梦中具得诸种上妙美食，食之既饱，无复饥虚。从是寤已，还复饥渴。是人因此即自思惟：如是诸法，皆空无实，犹梦所见，本自非真。如是观时，悟无生忍，得不退转于阿耨多罗三藐三菩提。”又如人以宝倚琉璃上，影现其中。亦如比丘观骨，起种种光，此无持来者，无有是骨，是意作耳。又《大方等大集经》云：“复次，贤护！譬如比丘修不净观，见新死尸形色始变，或青或黄，或黑或赤，乃至观骨离散。而彼骨散，无所从来，亦无所去，唯心所作，还见自心。”又如镜中像，不外来，不中生，以镜净故，自见其形。行人色清净，所见者清净，欲见佛即见佛，见即问，问即报，闻经大欢喜，自念佛从何所来？我亦无所至，我所念即见。心作佛，心自见；心见佛，心是佛，心是我。心不自知心，心不自见心。心有想为痴，心无想是泥洹。是法无可示者，皆念所为；设有其念，亦了无所有空耳。是名佛印。

---

① “尚”，三本均作“常”，现按《大方广佛华严经随疏演义钞》卷第八十八、《宗镜录》卷第一百校订。

安详作象王之行，决定成狮之吼。

象王行威仪安详，表普贤之行。狮子吼者，狮子吼有四义：一百兽脑裂，喻菩萨说法，百法俱破；二香象降伏，喻菩萨说法，天魔降伏；三飞鸟堕落，喻外道邪见堕落；四水族潜藏，喻烦恼潜藏。又《涅槃经》云：“狮子吼者决定说，一切众生有佛性。”又云：“但有心者，皆得成佛。”又云：“有所得，野干鸣；无所得，狮子吼。”以心外无法，即无所得。

欲荐默传之法，合在言前；将陈秘密之门，宁思机后。

达磨西来，默传心印，唯默知之一字。若机缘不逗，终不显扬。直候亲承，尔乃印可。此是自证法门，如人饮水，冷暖自知，不可言说。又悟落第二头，机前无教，教后无实矣。

圆宗焰火，手触应难。

论云：般若波罗蜜，犹如大火聚，四面不可触，触即烧手。若说有、说无、说亦有亦无、说非有非无四句，乃至复四句、具足四句，及绝言等，皆谤般若。如触火四边，皆烧着手，故云离四句、绝百非。若得四悉檀意，了之如清凉池，四门可入，皆总得道。

驱四句于虚无之外，殄百非于寂寞之间。

堕落四句，皆成边见；若见一法，尽处百非。若能顿了心宗，见网自然迥出，随处得道，举念皆宗，故云一色一香，无非中道。

《华严经》云：“远离二边，契于中道。”古释云：二边有四：一染净，约惑；二缚脱，通惑业[①]；三有无，通事理；四一异，约心境。

---

① 原作“一染净；二约惑缚脱，通惑业”，现据《大方广佛华严经随疏演义钞》卷第八十、《宗镜录》卷第四十六校订。

何以有此？谓成菩提，既离细念，妄惑尽已，显现法身，智慧纯净。若为是见，未免是边。故经云："若有见正觉，解脱离诸漏，不著一切世，此非证道眼。"今了于惑，体性本空，后无所净，故离二边。又染净交彻，故无住着，是曰离边。

缚脱者，谓昔常被惑业系缚，流转无穷；今得菩提，释然解脱。若谓此见，即是住边。菩萨智了，本自无缚，于何有解？无缚无解则无著，故得离耳。

有无通事理者，若昔谓或有，今了或空；二谓以空，今知妙有[①]。又真乐本有，失而不知；妄苦本空，得而不觉，今日始知。若如是知，并未离边。又烦恼业苦，本有今无；菩提佛身，本无今有等，皆三世有法。菩提之性不属三世故，三世有无皆是边摄。真智契理，绝于三世，故离有无之二边等。

一异有二：一者心境不了则二，契合则一，亦成于边。二者生佛有异，今了一性，亦名为边。今正觉了此中有无无二，无二亦复无。大智善见者，如理安住，故离此边。而言昔[②]者，谓断常、来去、生灭、依正，虽是二法，皆摄为边。又二与不二，亦名为边。今一契菩提，一切都寂，故云远离。

如那罗箭之功，势穿铁鼓；

那罗延箭，能穿铁鼓。

似金刚锤之力，拟碎邪山。

金刚之锤，能碎金山。

---

① "昔谓或有，今了或空；二谓以空，今知妙有"，《大方广佛华严经随疏演义钞》卷第八十、《宗镜录》卷第四十六中均作"昔谓惑有，今了惑空；昔谓心空，今知妙有"。

② "昔"，《大方广佛华严经随疏演义钞》卷第八十中作"等"。

成七辩才，

有七辩才者：一捷疾辩，卒答不思；二利辩，音声清巧；三无尽辩，问答无穷；四无断辩，流注相续；五随应辩，对机授药；六第一义辩，善说实相；七世间最上辩，超出群类。已上七辩，皆从心慧而发。

具四无畏。

四无畏者：一一切智无畏，二漏尽无畏，三说障道无畏，四说尽苦道无畏。《华严经》颂云："一中解无量，无量中解一，了彼互生起，当成无所畏。"即是了心成佛，心外无法对待，故一切处无畏。

人中日用之韬钤，世上时机之经纬。

众生日用而不知，如鱼在水不见水，鸟处空不见空，人在道不识道。

若森罗之吐孕，总摄地轮；

一切万物，从大地而生；一切万法，从心地而出。

犹万物之发生，皆含一气。

《易·钩命诀》云：天地未分之前，谓之一气。于中则有太易、太初、太始、太素、太极，为五运也，运即是运数。谓时改易，初取易义也；元气始散，谓之太初；气形之端，谓之太始；形变有质，谓之太素；质形已具，谓之[①]。转变五气，故称五运，皆是天道已分也。

玄邈甚深，力自堪任。

一切众生皆自有真心之力，如《起信论》云：从本已来，性自满足一

① "谓之"下，《大方广佛华严经随疏演义钞》卷第十六、《辩正论》卷第一、《甄正论》卷上、《圆觉经大疏释义钞》卷第一中均有"太极"两字。

切功德，所谓自体有大智慧光明义故等也。

月渚烟林而常谈妙旨，云台宝网而尽演圆音。

《华严经》云：“大光明网云台中，而说颂言：佛无等等如尽空，十方无量胜功德，人间最胜世中上，释狮子法加于彼。”又云：“一切供养具云中，自然出音而说颂曰：神通力用不可量，愿随众生心乐说。”又云：“佛光明中，于一切菩萨众会之前，而说颂言：神通自在无边量，一念皆令得解脱。”长者《论》：“问曰：大众何不以言自问，因何默念致疑？何不自以言赞劝请，云何供具云出音请佛？答曰：明佛得法界心，与一切众生同心故。以心不异故，知彼心疑。供具说颂者，明一切法总法界体也。法界不思议，一切法不思议故，明圣众心境无二故。凡夫迷法界，自见心境有二，故颠倒生也。”

餐香积之厨，真堪入律；

《净名经》云：“香积世界，彼国菩萨闻香入律，即获一切功德藏三昧。”若从香入法界者，自身即是香众世界，自心即是香积如来，无量功德一心圆满。悟入此者，何假外求？香界既然，十八界亦尔，尽是栖神之地，皆为得道之场。

听风柯之响，密可传心。

《阿弥陀经》云：“水鸟树林，皆悉念佛、念法、念僧。”是知境是即心之境，心是即境之心，能所似分，一体无异。若能见境识心，便是密传之旨，终无一法与人。

莫尚他宗，须遵此令。出世之大事功终，入禅之本参学竟。

释迦出世，为一大事因缘，开众生心中佛之知见。达磨西来，唯以心传心。今但悟一心，自觉觉他，已谐本愿。如高僧释昙遂，每言三界虚妄，但是一心，追求外境，未悟难息。又高僧解脱和尚，依《华严》作佛光观，于清宵月夜，光中忽见化佛说偈云：“诸佛秘密甚深法，旷劫修行今乃得，若人开明此法门，一切诸佛皆随喜。”解脱和尚乃礼拜问云：“此法门如何开示于人？”化佛遂隐身不现，空中偈答云：“方便智为灯，照见心境界。欲知真实法，一切无所见。”

直言不谬，指南之车辙非虚；

若以心示人，皆归正法，不落邪见；如指南之车，皆归正道。

的示无疑，鸡犀之枕纹常正。

有骇鸡犀枕，四面观之，其形常正。正法观心之人，一切皆正。如云：邪人观正法，正法亦随邪；正人观邪法，邪法亦随正。有学人问新丰价和尚：“如何是佛法大意？”答云：“大似骇鸡犀。”

绝待英灵，一念齐成。转变天地，撼动神明。孰见不喜，谁闻弗惊？普现心光，标人间之万号；

万法无体，因心得名。乃至观于他心，微细可鉴，皆是以心知心，似分能所。四祖云：“一切神通作用，皆是自心。”所以经云：“诸佛于不二法中，现大神变。”

《华严记》云：释他心通者。“摄境从心不坏境”者，即示心境有无。护法云：“若得本质，恐坏唯心。”既不坏境，得之何妨？坏有何失？以无心于万物，万物未尝无，此得在于神静，失在于物虚，谓物实有故。若唯心坏境，则得在于境空，失在于心有。故以境由心变，故说唯心所变不无，何必须坏？若以缘生无性，则心境两亡，故云借心以遣境而心亡，非独存心矣。

二云“能所两亡不独存故”者，上不坏境，且遣惧质之病。今遣空有之理，故心境并许存亡。心境相籍故空，相依缘生故有，有即存也，空即亡也。空有交彻，存亡两全。

“第一义唯心非一非异”者，正出具分唯心之理。虽有唯心之义，尚通生灭唯心；虽两亡不羁，而未言心境相摄。今明具分唯识[①]故，故云第一义唯心。同第一义故非异，不坏能所故非一。非一故有能所，缘他义成矣；非异故能所平等，唯心义成矣。云“正缘他时即是自故”者，结成得于本质，无心外过，以即自故，不失唯识。

“是以即佛心之众生心”下，第二正示法性他心之相。此有两对语，前对明所缘，后对明能缘。今初，言“即佛心之众生心”者，此明所缘众生心即是佛心，此明不异。次云“非即众生心之佛心”者，此句明众生心与佛心非即。非即故[②]有所缘，非异故不坏唯心义。言“为所缘”者，结成所缘，简非能缘也。次下辩能缘云“以即众生心之佛心”者，此句明能缘佛心即是众生心，明非异。次云“非即佛心之众生心”者，此明佛心与众生心有非一义。非一故为能缘，非异故不坏唯识之义。言“为能缘”者，结成能缘，简非所缘也。

更以喻况：如水和乳，乳为所和，喻众生心是所缘；水为能和，喻佛心为能缘。以此二和合，如似一味；鹅王唼之，乳尽水存，则知非一。然此水名即乳之水，此乳名即水之乳，二虽相似，而有不一之义，故应喻之。以即水之乳，非即乳之水，为所和；以即乳之水，非即水之乳，为能和。义可知矣。

遍该识性，犹帝释之千名。

天帝释有千种名，一名帝释，二名憍尸迦等。如云菩提、涅槃、真如、解脱、玄珠、灵性等，皆是心之别称。

---

① “明具分唯识”，原作“分明具唯识”，现据《大方广佛华严经随疏演义钞》卷第七十四、《宗镜录》卷第六十四校订。

② “故”，《卍续藏》本作“于”，应误。

妙觉非遥，当人不远。

心证菩提，即心而已。离心无佛，离佛无心。了了识心，惺惺见佛。如《大集经》云："复次，贤护！如人盛壮，容貌端严，欲观己形美恶好丑，即便取器盛彼清油，或时净水，或取水精，或执明镜。用是四物观己面像，善恶妍丑显现分明。贤护！于意云何？彼所见像，于此油、水、水精、明镜四处现时，是为先有耶？贤护答言：不也。曰：是岂本无耶？答言：不也。曰：是为在内耶？答言：不也。曰：是岂在外耶？答言：不也，世尊！唯彼油、水、水精、镜，诸物清朗，无浊无滓，其形在前，彼像随现。而彼现像，不从四物出，亦非余处来，非自然有，非人造作。当知彼像无所从来，亦无所去，无生无灭，无有住所。时彼贤护如是答已，佛言：贤护！如是，如是。如汝所说，诸物清净，彼色明朗，影像自现，不用多功。菩萨亦尔，一心善思，见诸如来。见已即住，住已问义，解释欢喜，即复思惟：今此佛者从何所来？而我是身复从何出？观彼如来，竟无来处，及以去处。我身亦尔，本无出趣，岂有转还？彼复应作如是思惟：今此三界唯自心有。何以故？随彼心念，还自见心。今我从心见佛，我心作佛，我心是佛，我心是如来，我心是我身，我心见佛。心不知心，心不见心。心有想念则成生死，心无想念即是涅槃。诸法不真，思想缘起。所思既寂，能想亦空。贤护当知，诸菩萨等因此三昧证大菩提。"

随法性而云散晴空，任智用而华开媚苑。

长者《论》云：随法性则万法俱寂，随智用则万法俱生。不离一真，化仪[1]百变。

---

① "仪"下，《卍续藏》本衍一"仪"字。

攀觉树而不荣，陷铁围而非损。冒境而朝宗悟旨，诸佛果源；拶目而得意通真[①]，群生理本。

真俗之法，邪正之门，皆是一心以为根本。如《安心法门》云：“迷时人逐法，解时法逐人。解则识摄色，迷则色摄识。但有心分别计校自心现量者，悉皆是梦。若识心寂灭无一动念处，是名正觉。问云：何自心现？答：见一切法有，有自不有，自心计作有。见一切法无，无自不无，自心计作无。又若人造一切罪，自见己[②]之法王，即得解脱。若从事上得解者气力壮，从事中见法者即处处不失念，从文字解者气力弱，即事即法者深。纵汝种种运为，跳踉癫蹶，悉不出法界，亦不入法界。若以界入界，即是痴人。凡有所施为，终不出法界心。何以故？心体是法界故。”

又非独群生理本，亦是山河大地之本，人我众生之本。如宗密禅师《原人论》，明穷人之本原。如儒宗命由于天，关于时运；道教生于元气；小乘教我为其本；权教但说空为本。儒道二教原人之本，人畜等类皆是虚无天道生成养育，谓道法自然，生于元气，元气生天地，天地生万物，故愚智皆禀于天，由于时命；故死后却归天地，复其虚无。若佛权教说，如《中观论》云：“未曾有一法，不从因缘生。是故一切法，无不是空者。”若约此原身，心境皆空，身原是空，空即是本者。若心境皆无，知无者谁？又若都无实法，依何现诸虚妄？且现见世间虚妄之物，未有不依实法而能起者。如无湿性不变之水，何有假相虚妄之波？若无净明不变之镜，何有青黄长短之影？故知空教，但破执情，如《法鼓经》云：“一切空经，是有余说。”有余者，余义未了也。《大品经》云空是大乘之初门，未是究竟之说。

---

① “通真”，《卍续藏》本作“真真”。

② “己”，原作“已”，现按《少室六门·第四安心法门》、《宗镜录》卷第九十七校订。

今依性教佛了义经说，直显真源，一切有情皆有本觉真心，无始已来常住清净，昭昭不昧，了了能知，亦名佛性，亦名如来藏。从无始际，妄想翳之，不自觉知，但认凡质，故耽着结业，受生死苦。大觉愍之，说一切皆空，又开示灵觉真心清净，全同诸佛。故《华严经》云："佛子！无一众生而不具有如来智慧，但以妄想执着而不证得。若离妄想，一切智、自然智、无碍智即得现前。"便举一尘含大千经卷之喻，尘况众生，经况佛智。次后又云："尔时如来普观法界一切众生，而作是言：奇哉！奇哉！此诸众生，云何具有如来智慧，迷惑不见？我当教以圣道，令其永离妄想，自于身中得见如来广大智慧，与佛无异。"评曰：我等多劫，未遇真宗，不解反自原身，但执虚妄之相，甘认凡下，或畜或人。今约至教原之，方觉本来是佛。故须行依佛行，心契佛心，反本还源，断除凡习，损之又损，以至无为，自然应用恒沙，名之曰佛。当知迷悟同一真心，大哉妙门，原人至此。

今会通本末者，且真心之性，虽为身本，生起盖有因由。但缘前宗未了，所以破之。今将本末会通，乃至儒道亦是。何者？总不出一心故。谓初唯是一心真灵之性，不生不灭。众生迷睡，不自觉知，由隐覆故，名如来藏。依如来藏，故有生灭心相，所谓不生灭真心，与生灭妄想和合，非一非异，名为阿赖耶识。此识有觉、不觉二义。依不觉故，最初动念，名为业相。又不觉此念本无故，转成能见之识，及所见境界相现。又不觉此境从自心妄现，执为定有，名为法执。执此等故，遂见自他之殊，便成我执。执我相故，违顺情生，憎爱业起。随善恶业，运于中阴，入母胎中，禀气受质，此会儒道说以气为本。气则顿具四大，渐成诸根；心则顿具四蕴，渐成诸识。十月满足，生来名人。即我等身心是也。然所禀之气，展转推本，即混一之元气也。所起之心，展转穷源，即真一之灵心也。究实言之，心外的无别法，元气亦从心之所变，属前转识所见之境，是阿赖耶相分所摄。从初一念业相，分为心境之二。心既从细至粗，展转妄计，乃至造业，成六粗之相，受苦无穷。境亦从微至著，展转变起，乃至天地，成住坏空，周而复始。又业既成熟，即从父母禀受二气，与业识和合，成就人身。据此则心识所变之境，乃成二分：一分却与心识和合成人；一分不与心合，即是天地山河国邑。三才中唯人灵者，由与心神合也。佛说内四大与外四大不同，正是此也。但能反照心源，灵性显现，无法不达，名法、报身。自然应现无穷，名化身佛。

是知若了一心，三身顿现，故《般若吟》云："悟则三身佛，迷疑万卷经。"即知三教皆一真心，为原人之本。

祖佛不道，父母非亲。

第八祖佛陀难提，问佛驮密多曰："父母非我亲，谁为最亲者？诸佛非我道，谁为最道者？"偈答云："汝言与心亲，父母非可比。汝行与道合，诸佛心即是。外求有相佛，与汝不相似。欲识汝本心，非合亦非离。"

知三有异我而明佛性，

《大涅槃经》云：迦叶菩萨问二十五有，有我不？答曰：有我，即佛性，此是真我，具八大自在义，即是常乐我净四德涅槃，非外道凡夫所执之我。如《华严记》云：佛性之体，体非因果。因中取之名为因性，果中取之名为果性，非是佛性分成因果。如瓶取空是瓶中空，世界取空是世界中空，空无有异。故言众生智慧是佛性因，菩提涅槃是佛性果，非是佛性分成因果。故结示云："然则佛性非因非果。"

若以无障碍法界为宗，则法性即佛性，知一切法即心自性。若以心性为佛性者，无法非心性，则不隔内外，而体非内外。内外属相，性不同相，何有内外？然迷一性而变成外，外既唯心，何有非佛？所变无实，故说墙壁言无佛性；以性该相，无非性矣。如烟因火，烟即是火，而烟郁火；依性起相，相翳于性。如即水成波，波即是水。境因心变，境不异心，心若有性，境宁非有？况心与境，皆即真性，真性不二，心境岂乖？

若以性从相，不妨内外境而例于心令[①]有觉知，修行作佛，即是邪见外道之法。故须常照，不即不离，不一不异，无所惑矣。故云“则非内非外，随物迷悟，强说升沉。”

又《华严策林》“问：众生与佛，迷悟不同，众生则六道循环，佛则万德圆满。如何有即众生即佛二互相收？混乱因缘，全乖法界。答：夫真元莫二，妙旨常均。特由迷悟不同，遂有众生与佛。迷真起妄，假号众生；体妄即真，故称为佛。妄则全迷真理，离[②]真无迷；悟即迷本是真，非是新有。迷因横起，若执东为西；悟解理生，如东本不易。就相假称生佛，约体故得相收。不见此源，迷由未醒；了斯玄妙，成佛须臾。经云：‘法界众生界，究竟无差别。一切悉了知，此是如来境。’如来才成正觉，普见众生已成正觉；众生向佛心中，自受其苦。冀希玄之士，无舍妄以求真。”

会万物为己而成圣人。

肇法师云：“会万物为自己者，其唯圣人乎！”又云：“圣远乎哉？体之即神。道远乎哉？触事而真。”夫云圣人者，圣即正也。了心悟道，即是正人；迷心背道，即是邪人。邪正由心，净秽在我。

一两真金，胜氎花千斤之价值；

高僧释道世云：“勤勇忏悔者，虽知依理，须知心妄动。若真悟心远离前境者，如经云：‘譬如氎花千斤，不如真金一两’，喻能观心胜，即灭罪强。”又《华严策》问：“二障尘沙尚非所喻，阿僧祇劫未得断名，十地圣人分分渐损，如何一断一切断耶？既越常规，难以取信。”答：

---

① “令”，三本均作“今”，现按《大方广佛华严经随疏演义钞》卷第三十七、《宗镜录》卷第八十、《止观义例纂要》卷第三校订。

② “离”，三本均作“虽”，现按所引原文《大华严经略策》校订。

“惑本无从，迷真忽起。迷而不返，澜漫无涯。若纤云布空，其来无所，须臾弥满，六合黯然。长风忽来，倏尔云尽，千里无点，万像历然。方便风生，照惑无性，本空显现，众德本圆。八万尘劳皆波罗蜜，恒沙惑障并是真源。眼翳未除，空华乱起。但净法眼，何惑不除？滞执坚牢，居然多劫。”

半株檀树，改伊兰四十之由旬。

经云：“一株檀树，能改四十由旬之伊兰林。”况一真心法，能破一切染法。如台教立无生一法，为破一切法遍。

上上真机，滔滔法海。堕无明而不可黰，纵神力而焉能改？

此一心法，是普眼门，唯对上机，方能信入。沦五趣而不坠，登一相而非升，以是不变易之法故。

设戴角披毛之者，本性非殊；任形消骨散之人，至灵常在。

如《般若吟》云：“百骸虽溃散，一物镇长灵。”又《首楞严经》云：“纵汝形销，命光迁谢，此性云何为汝销灭？”

等觉不迁，随物周旋。

经云：“不动等觉而建立诸法，不坏假名而谈实相。”若等觉之心即不动，以染净之觉随缘而作诸法。亦不坏诸法而谈实相，以诸法无体不可坏，若坏即失诸法本空故。

为出世真慈之父，作归宗所敬之天。

如《宗镜录》中，立真心为宗，祖佛同证。即不立众生缘虑妄心，此心无体，诸经所破。然此妄心无体即真，故不用破。以众生执实，故须破之。

《宗镜录》云：心有二种，一随染缘所起妄心，而无自体，但是前尘，逐境有无，随尘生灭，唯破此心。虽法可破，而无所破，以无性故。《百论·破情品》云：“譬如愚人见热时焰，妄生水想，逐之疲劳。智者告言：此非水也。为断彼想，不为破水。如是诸法自性空，众生取相故着。为破是颠倒故言破，实无所破。”二常住真心，无有变异，即立此心以为宗镜。《识论》云：“心有二种：一相应心，谓无常妄识虚妄分别，与烦恼结使[1]相应；二不相应心，所谓常住第一义谛，古今一相，自性清净心。”今言破者是相应心，不相应心立为宗本。

一雨无私，群木而自分甘苦；太虚绝量，众器而各现方圆。

《法华经》明三草二木，一雨而受润不同。《楞严经》明方现方空、圆现圆空，若除器方圆，则空无所在。

既在正观，须当神听。

上士神听，中士心听，下士耳听。神听入玄，能契心性。

扣寂寂之玄门，蹑如如之道径。若玻璃随物而现色，于自体而匪亡；

如玻璃珠，虽现外色青黄赤白，不失珠体。

犹金刚对日而分形，逐前尘而不定。

如金刚珠，于日中而色不定。此皆表心随缘不变，不变随缘；虽不守自性，亦不失自性。不守性是随缘，不失性是不变。

菩提窟宅，解脱丛林。澹泊而慧眼何见，杳霭而大智难寻。五岳峥嵘而不峻，四溟浩渺而非深。

一心高广，横竖难量，山未为高，海未为深。又遍界盈空，无法可现，山非是山，海非是海，以唯心故。如《华严经》颂云：“了知非一二，非染亦非净，亦复无杂乱，皆从自想起。”

① “使”，《卍续藏》本作“便”，应误。

轮王坐妙宝床时，方能入定；

轮王坐妙宝床时，入四禅而心离五欲。

菩萨戴法性冠处，始得明心。

菩萨著法性冠处，见一切法悉现在心。

滞念才通，幽襟顿适。成现而可以坐参，周遍而徒烦游历。

此一心成现法门，不用一点身心之力，坦然明白。先德云："沙门採宝，不动神情，其宝自现。"又云："虚明自照，不劳心力。"又云："不离当处常湛然，觅即知君不可见。"如《瑜伽仪轨释》云："夫欲顿入三业，修习毗卢遮那法身观，《瑜伽仪轨》释如来法身观者，先观[①]发起普贤菩萨微妙行愿，复应以三密加持身心，则能入文殊师利大智慧海。然修行最初，于空闲处，摄念安心，闭目端身结跏趺坐，运心普缘无边刹海，谛观三世一切如来，遍于一一佛菩萨前，殷勤恭敬礼拜旋绕。又以种种供具云海，奉献如是等一切圣众。广大供养已，复应观自心，心本不生，自性成就，光明遍照，犹如虚空。复应深起悲念，哀愍众生不悟自心，轮回诸趣。我当普化拔济，令其开悟，尽无有余。复应观察自心、诸众生心及诸佛心，本无有异，平等一相。成大菩提心，莹彻清净，廓然周遍，圆明皎洁，成大月轮，量等虚空，无有边际。"

达无不是，统法界以为家；

心为法界之家，亦为涅槃之宅。如《法集经》云："能知一切唯是一心，名为心自在；于其掌中出诸珍宝，亦以虚空而为库藏，名为物自在；一切身口意业以智为本，名智自在。"又云："观世音白佛言：菩萨若受

① "观"，在所引原文《大方广佛花严经入法界品顿证毘卢遮那法身字轮瑜伽仪轨》中作"应"。

持一法，一切诸佛法自然如在掌中。何者是一法？所谓大悲。”释曰：此是同体大悲。此悲性遍一切众生界，故能一雨普润，兰艾齐荣；一念咸收，邪正俱济。《宝云经》云：“一切诸法，心为上首。若知于心，则能得知一切诸法。”《大灌顶经》云：“禅思比丘无他想念，唯守一法，然后见真。”释曰：一法为宗，诸尘无寄，他缘自绝，妙性显然。志当归一，而何智不明？寻流得源，而何疑不释？撮要之旨，斯莫大焉。

又如世尊最后垂示，〈应尽还原品〉三告之文，经云：“尔时世尊如是逆顺入诸禅已，普告大众：我以甚深般若，遍观三界一切六道，诸山大海大地含生，如是三界根本性离，毕竟寂灭，同虚空相，无名无识，永断诸有，本来平等，无高下想，无见、无闻、无觉、无知，不可系缚，不可解脱，无众生、无寿命，不生、不起，不尽、不灭，非世间非非世间。涅槃生死皆不可得，二际平等，等诸法故。闲居静住，无所施为，究竟安置，必不可得。从无住法，法性施为，断一切相，一无所有。法相如是，其知是者，名出世人；是事不知，名生死始。汝等大众，应断无明，灭生死始。

又复告大众：我以摩诃般若，遍观三界有情无情，一切人法悉皆究竟，无系缚者，无解脱者，无主无依，不可摄持。不出三界，不入诸有。本来清净，无垢无烦恼，与虚空等，不平等、非不平等，尽诸动念，思想心息，如是法相，名大涅槃。真见此法，名为解脱；凡夫不知，名曰无明。

作是语已，复入超禅，从初禅出，乃至入灭尽定；从灭尽定出，乃至入初禅。如是逆顺入超禅已，复告大众：我以佛眼遍观三界一切诸法，无明本际性本解脱，于十方求了不能得；根本无故，所因枝叶皆悉解脱。无明解脱故，乃至老死皆得解脱。以是因缘，我今安住常寂灭光，名大涅槃。”

如上真实慈父广大悲心不可思议三告之文，或有遇斯教者，可以析骨为笔、剥皮为纸、刺血为墨，而书写之，不可顷刻暂忘，刹那失照。

用而靡虚，将大地为标的。

如与大地为的，所射无不中者；如观心人，所见无不是心，终无一尘有隔。如《入楞伽经》偈云：“无地及诸谛，无国土及化，佛辟支声闻，唯是心分别。人体及五阴，诸缘及微尘，胜人自在作，唯是心分别。心遍一切处，一切处皆心，以心不善观，心性无诸相。”

至道无隔，唯理堪亲。

若洞达一心，能通万汇，如牖隙之内，观无际之空；似径尺镜中，见千里之影。

抉目而金錍快利，

《大涅槃经》云：初一说，名一指示；中间重说，名二指示；经末复说，名三指示。下合中末[①]，未见佛性，并如于盲。《华严疏》释，以三谛为指，指为旨趣，义甚分明。一时横观，皆观三谛；竖亘十地，亦证三谛。第一指者，即示俗谛，言凡是有心定当作佛，皆有佛性。二者示真谛为第二指，云佛性者名第一义空。三示中道为三指，经云：“佛性即是无上菩提道种子”故，非有如虚空，非无如兔角。故知三谛，喻于三指。

霔[②]顶而甘露光新。

顿悟一心之时，如醍醐入心、甘露霔顶。

寂默无言，因居士而荐旨；

文殊问维摩居士：“如何是真入不二法门？”居士默然。斯乃显一心不二之妙旨。

虚空绝相，化阇王而悟真。

文殊菩萨化阿阇世王，王以袈裟亲自挂文殊身上，而不见文殊身；及

① “末”字，按所引原文《大方广佛华严经随疏演义钞》卷第二十一，疑为衍字。

② “霔”，《卍续藏》本作“霪”。

挂大众，亦不见身；返挂自身，亦不见身及衣；但见虚空相，因兹悟道。

慧日晶明，信心调直。被大乘衣而坐正觉床，饮菩提浆而餐禅悦食。

《大涅槃经》云：“汝等虽染衣出家，未披如来大乘法衣。”《法华经》云：“如来座者，一切法空是。”夫出家人，识心达本，故号沙门，举足下足，乃至著僧伽梨，念念皆与摩诃衍相应，饮正法味，餐涅槃食，所以阿难为不了心宗，忏悔云：“我身虽出家，心不入道。”如黄檗和尚云：“达磨西来，唯传一心法，直下指一切众生心，本来是佛，不假修行，但令识取自心，见自本性，莫别求法。云何识自心？即如今言语者是汝心。若不言语，又不作用，心体犹如虚空相似，实无相貌，亦无方所，亦不一向是无，只是有而不见。”又云：“但悟一心，更无少法可得。此即真佛，佛与众生一心，更无有异，不如言下自认取本法。此法即心，心外无法；此心即法，法外无心。”又仰山和尚云：“顿悟自心无相，犹若虚空；寄根发明，即本心具恒沙妙用；无别所持，无别安立，即本地，即本土。”

善财知见，举目而皆入法门；华藏山河，立相而无非具德。

善财童子登山入阁，皆证法门，以真心遍一切处故，随处发明，咸得见道。所以《还源观》云：“华藏海内，其中莫问若山若河，皆具如来智德。”

群蒙尽正，一概齐平。迹分尘界而不浊，性合真空而靡清；体凝一味而匪缩，用周万物而非盈。

此一心法，湛然不动。虽随事开合，任物卷舒，其体未曾增减。设对机说法，广略开遮，不可执方便之言，迷于宗旨。如《华严经》颂云：“言词所说法，小智妄分别，是故生障碍，不了于自心。不能了自心，云何知正道？彼由颠倒慧，增长一切恶。”

似天中意树之林，常随天转；

天中有如意树，常随诸天意转。

若人间心想之处，还逐人成。

一切境界，因想而生，故经云："一切国土，唯想持之。"《华严经》颂云："一切诸国土，想网之所现。幻网方便故，一念悉能入。"又论云："离人无有法，离法无有人。"

贫济骊珠，幽冥玉烛。如来宝眼而自绝纤毫，

佛眼无外，岂立纤毫？

金沙大河而更无回曲。

金沙大河，直入大海，以表正见直入心海。

若海中之咸味，物物圆通；犹色里之胶青，门门具足。

如傅大士《心王铭》云："无形无相，有大神力，能灭千灾，成就万德。体性虽空，能施法则。观之无形，呼之有声。为大法将，持戒传经。水中盐味，色里胶青，决定是有，不见其形。心王亦尔，身内居停，面门出入，应物随情，自在无碍，所作皆成。"色里胶青者，书云："青出于蓝而青于蓝，冰结于水而寒于水。"又一切法中皆有安乐性，则是色总持门。如《大般若经》云：一切法趣色，色尚不可得，云何当有趣非趣？如是具历诸法皆然。般若意，似当诸法之性，不异色性，故皆趣色；色不可得，当法性空，既无所趣，安有能趣？若智者意，一切法趣色，假观；色尚不可得，空观；云何当有趣非趣，即中道观。今但要初句，以取色性为诸法依，以性普收，故皆趣色，则一色中具一切法，是事事无碍之义，故随一法皆收法界故。

孤高独步，莹彻摅情。意根净而宝坊净，

《净名经》云："心净即佛土净。"又云："心净故众生净，心垢故众生垢。"如一切垢净世界，及台教四土，只是一自性清净心。此心若净，一切佛土皆悉净也。如镜明则照远，铃响则声高。是以《华严经》颂云："佛刹无分别，无憎无有爱。但随众生心，如是见有殊。"又《摄论》云："一切净土，是诸佛及菩萨唯识智为体。"即《金刚般若论》云："智习唯识通，如是取净土。"若《佛地论》，以佛自在无漏心为体，非离佛净心外，别有实等净心色也。又云：色等即是佛净心所感，离佛自心之外，别无能感。如是假实之色，皆不离佛净心。即此净心，能显假实之色，故经云："青色青光、黄色黄光"等是也。

心地平而世界平。

《首楞严经》云："毗舍如来摩持地菩萨顶言：当平心地，则世界地一切皆平。"

若拂雾以披天，神襟顿爽；似拨云而见日，法眼恒清。

悟心之时，顿消积滞，如弥勒成道偈云："久欲度众生，欲拔无由脱。今日证菩提，豁然无所有。"

一道逍遥，群心仰慕。保证而犹玉玺之真文，

一切万法，皆为心之所印，如王宝印，无前后际。故《法句经》云："森罗及万象，一法之所印。"云何一法中，而见有种种矣。

包藏而若琼林之宝库。

第八识包含，犹如库藏，含藏十法界种子，无法不足。

久行方了，具遍吉之明宗；

遍吉是普贤菩萨，《首楞严经》颂云："心闻洞十方，生于大因力，初心不能入，云何获圆通？"

初学易亲，成慈氏之入路。

《首楞严经》云："弥勒菩萨云：得成无上妙圆识心三昧，乃至尽如来国土净秽有无，皆是我心变化所现。我了如是唯心识故，识性流出无量如来。"

正念才发，狐疑自惺。匪五目之可鉴，岂二耳之能听?

五眼者，肉眼、天眼、慧眼、法眼、佛眼。佛言："我以五眼尚不见，云何无目凡夫而称见乎。"二耳者，一凡耳，二天耳。道书云：上士神听，中士心听，下士耳听。

非有而非空，故称卓绝；不出而不在，实谓通灵。

《首楞严经》云："汝之心灵一切明了"，是知性自神解，寂照泠然。如灵辩和尚云："夫一心不思议，妙义无定相，应时而用，不可定执。经云：'一切贤圣，皆以无为法而有差别。'用有差别，随处得名，究竟不离自心。此心能坏一切，能成一切，故云一切法皆是佛法。心作天，心作人，心作鬼神，畜生地狱，皆心所为。好恶皆由心，要生亦得，要不生亦得，即是无碍义。只今一切施为，行住坐卧，即是心相。心相无相，故名实相。体无变动，亦名如来，如者不变不异也。无中现有，有中现无，亦名神变，亦曰神通。总是一心之用，随处差别即多义。一中解无量，无量中解一，了彼互生起，当成无所畏。又东方入正定，西方从定出。若了心外无法，一切唯心，即无一法当情，无有好恶是非，即不怖生死，一分处皆是[①]，故云当成无所畏。无所畏即佛，佛具四无畏也。”

尘思俱逃，烦机顿洗。

未悟道时，多兴妄虑；才了心日，想念不生。故经云：“识停闲静，想灭无为。”又《首楞严经》云：“想相为尘，识情为垢，二俱远离，则汝法眼应时清明，云何不成无上知觉？”又大乘理观，不念诸佛，即是念觉。故昔人云：“真如无念，非念法能阶；实相无生，岂生心能至？无念念者，则念真如。无生生者，生乎实相。”故《起信》云：“若知虽念无有能念所念，是名随顺。若离于念，名为得入。”《净名》云：“常求无念实相智慧。”故《般若》云：“若念一切法，不念般若波罗蜜；不念一切法，则念般若波罗蜜。”

迥超万行之先，深彻法源之底。月光大士，变清水于自心；

《首楞严经》云：“月光童子初习水定，弟子窥牖观室，唯见清水，取一瓦砾投于水内，出定之后顿觉心痛。”故知定果色，皆是定中意识所变。

空藏高人，现太虚于本体。

《首楞严经》云：“虚空藏菩萨云：我得无边身，尔时手执四大宝珠，照明十方微尘佛刹，化成虚空。又于自心现大圆镜，内放十种微妙宝光，流灌十方尽虚空际。”

甄明畅志，悟入怡神。若旱天而遍霔甘泽，犹萎草而顿遇阳春。

《涅槃经》云：“纯陀白佛言：世尊！唯愿世尊霔甘露雨，洒我心

---

① “皆是”下，《宗镜录》卷第九十八中有“解脱”二字。

田。”又如大地，得遇春雨，草木发。故云：万物得地而生，万行得理而成。所以《般若经》云：一心具足万行。

翠羽红鳞，普现色身之三昧；霞峰雾沚，同转根本之法轮。

一切声是佛声，一切色是佛色。又山河大地，一一皆宗。

智朗昏衢，梦惊长夜。

《识论》云：一切众生以第七识为长夜，如梦时不知是梦，觉时方悟；如迷时不了自心是佛，悟时方知。故经云：“佛者觉也。”如睡梦觉，如莲华开。

贫室之金藏全开，

《大涅槃经》云：如贫女人，舍内多真金之藏，家人大小无有知者。时有异人，善知方便，乃至即于其家，掘出真金之藏。女人见已，心生欢喜，生奇特想。众生佛性亦复如是，若遇善友开发，明见佛性，心开意解，生大欢喜。

焰宅之牛车尽驾。

《法华经》明等赐一大车而出火宅。若了一切处唯是一心实相之旨，即是出宅义。

纷然起作，冥冥而弗改真如；豁尔虚凝，历历而常随物化。

《肇论》云：“旋岚偃岳而常静，江河竞注而不流，野马飘鼓而不动，日月历天而不周。”此四不迁，即万物皆不迁矣。则离动而无静，离静而无动，以一心动静，岂有离也？

大象无形，洪音绝声。三光匿曜，河岳齐平。

《肇论》云："大象隐于无形，大音匿于希声。"此一心光，横吞万象，更无纤毫于中发现。故《傅大士颂》曰："须弥芥子父，芥子须弥爷。山海坦然平，敲冰来煮茶。"故知万法尽入不二法门，一际平等，更不俟夷岳盈壑、续凫截鹤，然后方平。

向九居六合之中，随作色空明暗之体；

六合者，四维上下。九居者，一欲界天，二初禅天，三二禅天，四三禅天，五四禅天，六空处天，七识处天，八无所有处天，九非想非非想天。广则二十五有、四十二居处，并是有情受生居住之处。此皆因情想结成生死之身，业系二十五有之处，悉从心出。所以《楞伽经》云："三界上下法，我说皆是心。"又云："心遍一切处，一切处遍心。"《法华经》云："三方及四维，上下亦复尔。"如《首楞严经》云："妙觉明心，先非水火。乃至汝以空明，则有空现；地水火风各各发明，则各各现。若俱发明，则有俱现。"故知万法但心为体，循业发现，所见不同，随自想念而生差别。故云如来藏随为色空，周遍法界。是以离自真心，更无一法，所有境界，皆是心光。

于七大四微之内，分为色香味触之名。

七大者，一地大，二水大，三火大，四风大，五空大，六见大，七识大。如《首楞严经》云："汝元不知如来藏中，性色真空，性空真色，清净本然，周遍法界。"乃至推七大皆无自性、他性、共性、无因性，所以佛告阿难："若汝识性生于见中，如无明暗及与色空，四种必无，元无汝见。见性尚无，从何发识？若汝识性生于相中，不从见生。既不见明，亦不见暗，明暗一瞩，即无色空。彼相尚无，识从何发？若生于空，非相非见。非见无辨，自不能知明暗色空；非相灭缘，见闻觉知无处安立。处此二非，空则同无，有非同物，纵发汝识，欲何分别？若无所因突然而出，何不日中别识明月？汝更细详，微细详审。见托汝睛，相推前境，可状成有，不相成无，如是识缘因何所出？识动见澄，非和非合，闻听觉知亦复如是，不应识缘无从自出。若此识心本无所从，当知了别见闻觉知，圆满湛然，性非从所，兼彼虚空地水火风，均名七大，性真圆融，皆如来藏，本无生灭。阿难！汝心粗浮，不悟见闻发明了知，本如来藏。汝应观此六处识心，为同为异？为空为有？为非异同？为非空有？汝元不知，如来藏中，性识明知，觉明真识，妙觉湛然，周遍法界，含吐十虚，宁有方所？循业发现。世间无知，惑为因缘及自然性，皆是识心分别计度，但有言说，都无实义。”又本是一真心，分成六和合。如眼见之为色，耳闻之为声，鼻嗅之为香，舌尝之为味，身受之为触，意知之为法。又祖师云："处胎曰身，出世为人，在眼曰见，在耳曰闻，在鼻曰嗅香，在舌曰谈论，在手曰执捉，在脚曰运奔。变现俱该法界，收摄不出微尘。识者唤作佛性，不识者唤作精魄。”故云：一色一香，无非中道。

德御神州，威灵法宇。通智海之宏津，立吾宗之正主。

心为万法之宗，宗者，尊也，主也。如《楞伽经》中，佛语心为宗，无门为法门。《不退转法轮经》云："善知一切众生无相，悉同法界，非见非不见。何以故？法界即是一切众生心界，是名信行。”南岳思大和尚云："若学者先须通心。心若得通，一切法一时尽通。”

违情难信，如藕丝悬须弥之山；

《涅槃经》云："佛言：'若有人能以藕丝悬须弥山，可思议不？''不也，世尊！'佛言：'菩萨能以一念称量生死[①]。'"有不可思议理，而但仰信而已，不能一念即如来藏，故非圆意。

① 按《大般涅槃经》卷第十六、《法华玄义释签》卷第七、《宗镜录》卷第十九，此下应有"（是故复名）不可思议"一句。

入悟能谈，似一手接四天之雨。

如《佛藏经》云：无名相中，假名相说，皆是如来不思议力。譬如有人，嚼须弥山，飞行虚空，石筏渡海；负四天下及须弥山，蚊脚为梯，登至梵宫；劫尽烧时，一唾劫火即灭，一吹世界即成；以藕丝悬须弥山，手接四天下雨。如来所说一切诸法，无相无为，无生无灭，令人信解，甚为难有，甚为希有。又经云："奇哉！世尊！于无异法中，而说诸法异。"故云说法是大神变。无中说有，有中说无，岂非神变耶？

居混沌之始，出恍惚之间。

混沌之始者，以不知无始无明，最初一念不觉而起第八藏识，一半不执受，为无情世间山河大地等；一半有执受，为有情世间众生五阴身等，皆从一心所造。不达此理者，此间《周礼》，或称混沌；西天外道，或说冥初。《老子》云："杳杳冥冥，其中有精；恍恍惚惚，其中有物。"

法雷震四生之幽蛰，慧日烛三界之重关。

此一心宗，当悟之时，如迅雷震于长空，似千日照于旷野。能令堕业系之人，出三界之牢狱；溺生死之者，脱六趣之樊笼。

不世之珍，抱玄门而寂寂；非常之道，任法性以闲闲。

不世之珍者，以此心宝，非世之珍。非常之道者，此一心大道，非常情之所解。

发觉根苗，胤灵筋骨。

因心悟道，发心之初，即坐道场，便登祖位。

若谷神之安静，似幻云之出没。

《肇论》云："法身无像，应物以形。般若无知，对缘而照。万机烦赴而不挠其神，千难殊对而不干其虑。动若行云，止犹谷神。岂有心于彼此，情系于动静者乎？”注云：法身无形，能现众像。圣智无知，能照万机。无心应物，虽慜而不挠其神；有难皆通，虽通而不干其虑。无心而动，动若行云，心无定方，犹谷神之不死，绝彼此动静之心也。

老聃曰：“谷神不死，是谓玄牝。玄牝之门，是谓天地之根。”注云：谷者，养也。人能养，神则不死，神即五藏之神也。若五藏尽伤，则五神去矣。“是谓玄牝”者，注云：玄者，天也。牝者，地也。主出入于鼻，与天通，故鼻为玄也。主出入于口，与地通，故口为牝也。“玄牝之门是谓天地之根”者，根者，元也。言鼻口之门，是乃通天地之元气。

事因理显，犹金乌照万里之程；

《华严疏》云：理随事变，一多缘起之无边；事得理融，千差涉入而无碍。

用就体施，如玉兔摄千江之月。

《证道歌》云：一月普现一切水，一切水月一月摄；一法遍含一切法，我性常与如来合。

非相非名，孤寂幽清。一言无不略尽，殊说更非异盈。

一言者，约略说，约理说。殊说者，约广说，约事说。故不动一心而演诸义，不坏诸义而显一心。即卷常舒，如来于一言语中，演说无边契经海。即舒常卷，一切法门无尽海，同会一法道场中。如草木四微，从地而生，还归地灭；犹波浪鼓动，依水而起，还复水源。如法从心生，还归心灭。故经云：“当处生，当处灭。”又《华严经》颂云：“佛智通达净无碍，一念普知三世法，皆从心识因缘起，生灭无常无自性。”所以《清凉疏》云：《华严经》者，统唯一真法界，谓总该万有，即是一心也。

吞苦雾而浸邪峰，须澄性海；

性海泓澄，湛然明净。当悟心之时，能尽苦源，顿消邪见。故《般若心经》云："行深般若之时，照见五蕴皆空，度一切苦厄。"

降四魔而夷六贼，应固心城。

四魔者，一天魔，二阴魔，三死魔，四烦恼魔。《首楞严经》云："六为贼媒，自劫家宝。"

心城者，《华严经·入法界品》中，宝眼主城神为善财言："应守护心城，谓毕竟断除悭嫉谄诳；应清凉心城，谓思唯一切诸法实性；应增长心城，谓成办一切助道之法；应严饰心城，谓造立诸禅解脱宫殿；应照耀心城，谓普入一切诸佛道场，听受般若波罗蜜法；应增益心城，谓普摄一切佛方便道；应坚固心城，谓恒勤修习普贤行愿；应防护心城，谓常专御捍恶友魔军；应廓彻心城，谓开引一切诸佛智光明；应善补心城，谓听受一切佛所说法；应扶助心城，谓深信一切佛功德海。"释曰：夫城者，能防外寇，护国安人，坚密牢强即无众患。况心城须护，密守关津，无令外缘六尘魔贼所侵，内结烦恼奸臣所乱。防非禁恶，常施莹净之功；立德运慈，广备庄严之事。遂得四门无滞，一道常通，力敌大千，威临法界。可以抚提弱丧，摄化无遗；伏外降魔，永固真基者矣。

广演玄风，长施法利。

沙门唯以弘教说法，能报佛恩。《首楞严经》颂云："将此深心奉尘刹，是则名为报佛恩。"又《证道歌》云："默时说，说时默，大施门开无拥塞。"

诸圣不改其仪，

此一心法，是古今千圣不易之道。

万邪莫回其致。

邪不干正，天魔不能坏，外道不能乱。故云：天魔外道皆法印，魔界即佛界，外道经书皆是佛说。既同轮并驾，焉能坏乎？

十军三惑，消影响于幻场；

十军者，佛偈云："欲是汝初军，忧愁为第二，饥渴第三军，渴爱为第四，第五睡眠军，怖畏为第六，疑为第七军，含毒为第八；第九利养军，著虚狂名闻；第十军自高，轻慢出家人。诸天世间人，无能破之者。我以智慧力，摧伏汝军众。汝虽不欲放，到汝不到处。"是知战魔军者，即是自心魔。终无心外境，能与心为缘，但是自心生，还以心为相。三惑者，一见思惑，二尘沙惑，三无明惑。若直了心者，不唯十军三惑，乃至八万四千尘劳门，悉皆殒灭。故偈云"到汝不到处"。

消影响于幻场者，如《宝积经》云："尔时世尊告幻师言：一切众生及诸资具皆是幻化，谓由于业之所幻故。诸比丘众亦是幻化，谓由于法之所幻故。我身亦幻，智所幻故。三千大千一切世界亦皆是幻，一切众生共所幻故。凡所有法无非是幻，因缘和合之所幻故。"但了一心，诸幻自息。故《宝藏论》云："一切皆幻，其幻不实。知幻是幻，守真抱一。"

智刃慧刀，利锋芒于实地。

以智慧剑，杀烦恼贼。

一言合理，天下同归。

一言契理，天下知音。故云：名无翼而长飞，道无根而永固。

体标奇而显妙，用含虚而洞微。可谓镇敌国之宝珠，千金罕易；挺惊人之法将，万古传辉。

敌国之宝珠者，此心或为无价之宝，或在轮王顶上，或处贫子衣中。

龙女亲献而成佛刹那，善友求之而利济无尽。

惊人之法将者，说心地法门之时，天魔胆落，外道魂惊。如舍利弗智慧第一，为释迦右面弟子，称为法将。

动而无为，寂而常照。立佛道之垣墙，树修行之大要。

大约修行，不出定慧一心。真如妙性，寂然名止，寂而常照名观，非能所观而分二法。

画出山河国土，意笔纵横；分开赤白青黄，心灯照耀。

《华严经》颂云："心如工画师，能画诸世间，五阴悉从生，无法而不造。"心光照耀者，《大般若经》云："若幽冥世界，及于一一世界中间日月等光所不照处，为作光明，应学般若。"般若者即心智之光。《华严论》云：〈光明觉品〉者，为令信心，自以自心光明觉照一切世间、无尽世界，总佛境界，自亦同等，以心随光，一一照之。

性自神解，不同虚空。或垂本以显迹，或居边而即中。犹狮子就人之机，理标径直；

痴狗逐块，狮子就人。此喻上机闻法，直了心宗，不随问答，逐语生解。

如王索一锤之器，言下全通。

王索宝器，须是一锤便成；第二、第三锤成，皆不中进。此喻一言之下，便契无生，不须再问，落于阴界。

慧海关防，灵园苗裔。遍滋广摄而不拣高低，竖彻横该而混同粗细。

一心广备，不择上中下机。以是一际平等法门，故竖彻三际，横亘十方，览而不遗，收无不尽。粗处粗现，细处细现，粗细随缘，法体恒寂，唯心之旨，常无变易。

作一种之光辉，为万途之津济。

《大庄严经论》说求唯识人，颂云："能取及所取，此二唯心光。贪光及信光，二光无二体。"释曰：求唯识人，应知能取所取，此之二种，唯是心光。如是贪等烦恼光，及信等善法光，如是二光，亦无染净二法。何以故？不离心光别有贪等、信等染净法故。二光亦无相。偈曰："种种心光起，如是种种相。光体非体故，不得彼法实。"释曰：种种心光，即是种种事相，或异时起，或同时起。异时起者，谓贪光、瞋光等。同时起者，谓信光、进光等。光体非体等者，如是染位心数、净位心数，唯有光相，而无光体，是故世尊不说彼为真实之法。

暗鬼没于明灯，

如人暗中疑鬼，以烛照之，豁然疑解。况心外见法，了心即无境。

毛轮消于厚翳。

如人目有翳，空中见毛轮；况不识心人，妄见心外之境。如《密严经》颂云："幻事毛轮等，在在诸物相，此皆心变异，无体亦无名。"

确乎不拔，高超变易之门；

万法不迁，一心常住，但当见性，自断狐疑。余曾亲推，似见斯旨。如《宗镜》中引《不迁论》云：旋岚偃岳而常静，江河竞注而不流，野马飘鼓而不动，日月历天而不周。疏云：前风非后风，故偃岳而常静；前水非后水，故竞注而不流；前气非后气，故飘鼓而不动；前日非后日，故历天而不周。钞云：然自体念念不同，则初一念起时，非第二念时；乃至最后吹著山时，非初起时；则无前念风体，定从彼来，吹其山也。且山从初动时，以至倒卧地时，其山自体念念不同。则初一念动时，非第二念动时；乃至最后着地时，非初动时。则无初动山体，定从彼来，至著地时。

斯皆风不至山，岳不著地，虽旋岚偃岳，未曾动也。以此四物，世为迁动，然虽则倒岳、历天，皆不相知，各不相到，念念自住，各各不迁。

且如世间称大，莫过[1]四大；四大中动，莫越风轮。以性推之，本实不动。如《义海》云："鉴动寂者，为尘随风飘飏是动，寂然不起是静。而今静时由动不灭，即全以动成静也；今动时由静不灭，即全以静成动也。由全体相成，是故动时正静，静时正动。亦如风本不动，能动诸物。若先有动，则失自体，不复更动。"今观此风周遍法界，湛然不动，寂尔无形，推此动由，皆从缘起。且如密室之中，若云有风，风何不动？若云无风，遇缘即起。或遍法界拂，则满法界生。故知风大不动，动属诸缘。若于外十方虚空中，设不因人拂，或自起时，亦是龙蜃鬼神所作，以鬼神属阴，至晚则风多故。乃至劫初、劫末成坏之风，并因众生业感。世间无有一法不从缘生，缘会则生，缘散则灭。若执自然生者，只合常生，何得紧缦不定、动静无恒？故知悉从缘起。又推诸缘和合成事，各各不有，和合亦无，缘缘之中俱无自性，但是心动。反推自心，心亦不动，以心无形故，起处不可得，即知皆从真性起。真性即不起，方见心性遍四大性，体合真空，性无动静。以因相彰动，因动对静；动相既无，静尘亦灭。故《首楞严经》云"性风真空，性空真风"，即斯旨矣。

湛尔唯坚，永出轮回之际。

此心前际不生，中际不住，后际不灭。故《法华经》云："是法住法位，世间相常住。"世间相者，即众生五阴心，离五阴无世间。何者？无情世间，即众生心变；既从心变，一一随心，常住真如之法位。

妙极众象，理统诸方。如积海而含万水，犹聚日而放千光。

此一点灵台自性光明，遍照法界，无法不收。故《首楞严经》云：

① "过"，《卍续藏》本作"遇"，应误。

“诸法所生，唯心所现。”现处即心，更无别体。如《圆觉疏序》云：“夫血气之属必有知，凡有知者必同体。所谓真净明妙，虚彻灵通，卓然而独存者也。众生之本原，故曰心地；诸佛之所得，故曰菩提；交彻融摄，故曰法界；寂静常乐，故曰涅槃；不浊不漏，故曰清净；不妄不变，故曰真如；离过绝非，故曰佛性；护善遮恶，故曰总持；隐覆含摄，故曰如来藏；超越玄秘，故曰密严国；统众德而大备，铄群昏而独照，故曰圆觉；其实皆一心也。背之则凡，顺之则圣。迷之则生死始，悟之则轮回息。亲而求之，则止观定慧；推而广之，则六度万行。引而为智，然后为正智；依而为因，然后为正因；其实皆一法也。终日圆觉而未尝圆觉者，凡夫也；欲证圆觉而未极圆觉者，菩萨也；住持圆觉而具足圆觉者，如来也。离圆觉无六道，舍圆觉无三乘，非圆觉无如来，泯圆觉无真法，其实皆一道也。三世诸佛之所证，盖证此也；如来为大事出现，盖为此事也；三藏十二部一切修多罗，盖诠此也。”释曰：心之一法，名为普法。欲照此心，应须普眼虚鉴，寂照灵知，非偏小而可穷，以圆满而能觉，故曰圆觉，此约能证也。真如妙性，寂灭无为，具足周遍，无有缺减，故曰圆觉，此约所证也。能所冥合，唯是一心。此一心能为一切万法之性，又能现三乘六道之相。摄相归性，曾无异辙，则世间出世间升降虽殊，凡有种种施为莫不皆为此也。离此则上无三宝一乘，下无四生九有。

文圃义围，言将发而词丧；清神静思，意欲缘而虑亡。

言将发而词丧者，《首楞严经》云：“用世语言，入佛知见，如将手掌捉摩虚空，徒益自劳，虚空云何随汝执捉？”

意欲缘而虑亡者，《般若经》云：“如蚨蛛虫，处处能泊，而不能泊火焰之上；如意根遍缘一切境，而不能缘般若，以心智路绝故。”

处众不群，居尊匪独。

志公和尚歌云：处众不见喧哗，独自亦无寂寞。

阐大道之基坰，布教海之漩澓。了辩乳之真机，

《大涅槃经》云：“如盲问乳，不知乳之正色。”如无己眼，随他问答，不达自心。若上上机人，一闻千悟，获大总持。

达观象之明目。

《大涅槃经》明众盲摸象，各说异端，不见象之真体。亦况错会般若之人，依通见解，说相似般若。九十六种外道，及三乘学者、禅宗不得旨人，并是不见象之真体。唯直下见心性之人，如昼见色，分明无惑。具己眼者，可相应矣。

蹑萨云路兮非近非远，诣清凉池兮不迟不速。

萨云路者，即众生心，了之即是，非论近远。清凉池者，即一心圆明，无尘垢热恼，故云清凉。《智论》云：“有目无足，不到清凉池；有足无目，亦不到清凉池。目足更资，方能得到。”顿悟自心为目，如说修行为足。故须理事齐运，定慧双修，方入一心之智海也。

出一语兮海竭山崩，提妙旨兮天翻地覆。举圆宗兮敷至理，法界横关；括众义兮掩群诠，禅门啮镞。

宗门中有啮镞句，不通问答。

念念而灵山出世，步步而兜率下生。

《华严论》云：“一念相应一念佛。”《大集经》云：“贪瞋痴出，即是佛出。”又《如来藏经》云：“我以佛眼观一切众生贪欲恚痴诸烦恼中，有如来智、如来眼，如来结加趺坐，俨然不动。善男子！一切众生虽在诸趣，烦恼身中有如来藏，常无染污，德相备足，如我无异。”及经颂云：“我今解了如来性，如来今在我身中，我与如来无差别，如来即是我真如。”

又成佛之义，随门不同。古释有四：一约性，即一真法界；二约相，即无尽事法；三性相交彻，显此二门不即不离；四以性融相，德用重重。

初约体门者，问：体是佛不？答：是约无碍，应成四句：一是佛，法性身无所不至故，经云“性空即是佛”故。二非佛，绝能所觉为其性，平等真法界，非佛非众生故。三亦佛亦非佛，以法性无自性故。四双非，性与无性双泯绝故。经云：“无中无有二，无二亦复无，三世一切空，是则诸佛见。”

二就相门有二：一情，二非情，真心随缘变能所故。然此二门，各皆染净，谓无明熏真如，成染缘起；真如熏无明，成净缘起。染成万类，净至成佛。以修净缘断彼染缘，方得成佛。依此二义，则生佛不同。于净缘中，复有因有果，有纯有杂。若约纯门，随一菩萨尽未来际唯修一行，一一皆然；若约杂门，万行齐修，尽未来际。若约因门，尽未来际常是菩萨；若约果门，尽未来际常是如来。经云：“为众生故，念念新新成等正觉。”若双辩门，尽未来际修因得果。若约双非，尽未来际非因非果，便同真性。

今正约以性融相，一成一切成，成与不成、情与无情无二性故，法界无限故，佛体普周故，色空无二故，法无定性故，十身圆融故，缘起相由故，生界无尽故，因果周遍故，远离断常故，万法虚融故，故说一成一切成也。非谓无情亦有觉性，同情成佛。若许成佛，此成则能修因，无情变情，情变无情，便同邪见。

又此众生乃是像上之模[①]者，以见自成，即见他成。如云自心念念常有佛成正觉，此有三意：一云同一无性故得现成者，谓既无二性，佛证一性得成佛故，生随一性皆成佛矣。二云妄性本虚、生元是佛者，生自有妄，见生非佛；佛了妄虚，生何非佛？三真性叵得、非今始成者，若有可得，今得成佛；证性叵得，佛非始成，佛本是佛。佛之本佛，何异生佛？是故

① “模”，三本均作“摸”，现按所引原文《大方广佛华严经随疏演义钞》卷第八十校订。

一成一切皆成。亦可说言：若一不成，一切不成，同一性故。今是成佛门故，故一切皆成佛也。

娑婆现华藏之海，

《还源观》云："是以大智圆明，睹纤尘而观性海；真源朗现，一尘之处现全身。"万法显必同时，一际理无前后。《华严记》云："华藏净缘熟，娑婆为华藏；娑婆染缘熟，华藏现娑婆。"此皆转名不转体，但随心现，如《法华经》三变净土，只变心耳。又云："华藏世界海者，以无尽大愿风轮，持大悲水，生无边行华。以法性虚空，能容万境，重叠无碍。于其水上生一大莲华，周法空界，名种种蕊香幢，明根本智，起差别智，行差别行，名蕊[①]。"如经颂云："譬如心王宝，随心现众色。众生心净故，得见清净刹。"又云："譬如众缋像，画师之所作。如是一切刹，心画师所成。"又云："无量诸刹种，随众生心起。"又云："一一心念中，出生无量刹。"

园林为王舍之城。见闻觉知，运普贤无尽之行；周旋俯仰，具文殊本智之名。

先德云：文殊即是众生现行分别心，普贤即是众生尘劳业惑行。又普贤身同虚空性，一切众生以为生死；是以能对现色身，以同是虚空性故。又云：六根三业，并是文殊。实相体周，万象森罗，无非般若，何有一处非文殊、普贤耶？

从实分权，

从一乘实，分出三乘权；从三乘权，会归一乘实。即是从心而开三，从心而合一。又即一而三相不同，即三而一体无别。

---

① "蕊"，所引原文《大方广佛新华严经合论》卷第二十一中作"蕊香幢"。

因别显总。掷大千于方外，吸海水于毛孔。

因别显总者，以用彰体，因境识心。非总无以出别，非别无以显总。如《净名经》云："掷娑婆于界外，移妙喜于此方"者，是明即近即远，即秽即净，不出一心矣。又云海水入毛孔者，台教云：识得海水真性，即是毛孔真性，故云海水入毛孔。又云芥纳须弥者，一切众生无明心即是佛心，是名须弥入芥。设有无边不可思议神变之事，皆同此释。《华严记》云："佛智平等如虚空，则众生之界，皆是如来智中之物。二者智能包纳，犹是智类，今毛孔顿现，则细巨顿收，良以色性融无碍故。以性融相，为本真心之力也。"

妙位初成之际，天雨四华；无明欲破之时，地摇六动。

天雨四华者，台教云：表菩萨四位：一十住位，二十行位，三十回向位，四十地位。华是柔软义，亦表于行，亦表于善根，菩萨以行入位，故天雨华。然皆是心华，《般若经》云："此非天华，亦非意树华，乃是无生华。"

地摇六动者，是破无明，动六根之坚执；执从心生，亦是动于心地。

理事无碍，

理能成事，事能显理，有理事无碍，有事事无碍。《华严记》云："周遍含容观中，有事事无碍者。菩萨虽复看事，即是观理。然说此事为不即理者，以事虚无体，而不坏相。"所以观众生，见诸佛；观生死，见涅槃。以全理之事，恒常显现，是以事既全理，故不即理。若也即理，是不全矣。如金铸十法界像，一一像全体是金，不可更言即金也。

本末同歧。

因本示末，末还归本。如心无自性，因境而生；境无自性，因心而现；能所互成，一体无异。如《百门义海》云："若以尘唯心现，则外尘都绝；若以心全现尘，则内心都泯。泯者泯其体外之见，存者存其全理之事。即泯常存，即存常泯。”

横吞五乘之粹，

五乘者，一人乘，二天乘，三声闻乘，四缘觉乘，五菩萨乘。持五戒，得人乘；持十善，得天乘；修四谛法，得声闻乘；修十二因缘法，得缘觉乘；修六度行，得菩萨乘。乃至三乘、四乘、一乘，皆从一心而出，所以《楞伽经》颂云：“诸天及人乘，声闻缘觉乘，诸佛如来乘，我说此诸乘，乃至有心转，诸乘非究竟。若彼心灭尽，无乘及乘者。”故知三乘、五性，皆自心生。若无于心，既无能乘之人，亦无所乘之法，故云无乘及乘者也。

圆舒八藏之奇。

八藏者，一渐教，二顿教，三不定教，四秘密教，五藏教，六通教，七别教，八圆教。如经云：十二分教，于真如法界流出，以心为体，演出无穷。何者？若心空，演出声闻藏；若心假，演出菩萨藏；若心中，演出佛藏。

从心而出心，犹兰生兰叶；因意而发意，似檀孕檀枝。

境从心变，变是自心。从心现心，更无异物。如《宝积经》偈云：“如钻木出火，要假众缘力。若缘不和合，火终不得生。是不悦意声，毕竟无所有。知声性空故，瞋亦不复生。瞋不在于声，亦不身中住，因缘和合起，离缘终[①]不生。如因乳等缘，和合生酥酪；瞋自性无起，因于粗恶事。愚者不能了，热恼自烧燃。应当如是知，究竟无所有。瞋性本寂静，

① “终”，三本均作“缘”，现按《大宝积经》卷第二十九、《宗镜录》卷第八十一校订。

但有于假名。瞋恚即实际，以依真如起。了知如法界，是名瞋三昧。”又偈云：“是大夜叉身，从于自心起。是中无有实，妄生于恐怖。亦无有怖心，而生于怖畏。观法非实故，无相无所得。空无寂静处，现此夜叉身。如是知虚妄，是夜叉三昧。”且夜叉一身，于外相分甚为粗恶，令人怖畏；瞋之门，是根本烦恼，最能烦乱。此内外二法，尚成三昧，举一例诸，可为一心龟镜，则若境若心，皆成正受。如《华严经》偈云：“禅定持心常一缘，智慧了境同三昧。”

不空之空，非有之有。

心空则无性而空，空而不空；心有则无性而有，有而不有。不有之有，有显一如；不空之空，空成万德。可谓摧万有于性空，荡一无于毕竟矣。则张心无心外之境，张境无境外之心。若互夺两亡，心境俱泯；若相资并立，心境宛然。又二而不二，心境冥一；不二而二，心境历然。又心外无境故难入，境外无心故甚深。

如外无智而可知，智外无如而可守。

《华严经》云：“智外无如为智所入，如外无智能证于如。”智即是如，如即是智。法界寂然曰如，寂而常照曰智，岂离寂外别有智耶？若智外有如，智则收法不尽；若如外有智，真如则不遍智中。举一全收，不容相并。如经云：“无有少法与法同住”，则显法性无容并真。二既不存，一亦奚立？如斯断证，唯实教宗。又如是所证，智是能证，能所冥合，心境一如。

帝网而重重交映，非一非多；

此是十玄门中，第七因陀罗网境界门。如天帝殿，珠网覆上，一明珠内，万象俱现，诸珠尽然。又互相现影，影复现影，重重无尽，故千光万色。虽重重交映，而历历区分。亦如两镜互照，重重涉入，传辉相写，递出无穷。此况一心真如无尽之性，流出万法，影现法界，无尽无穷。

芥瓶而历历分明，不前不后。

《华严疏》云："炳然齐现，犹彼芥瓶，即十玄门中，第三微细相容安立门。一能含多，即曰相容；一多不杂，故云安立。炳者，明也。一者是所含[1]微细，如琉璃瓶盛多芥子，炳然齐现，不相妨碍，非前非后。"此况一心能含万法，性相历然。

① "含"，三本均作"合"，现按《大方广佛华严经随疏演义钞》卷第二校订。

《永明心赋注》卷三

妙圆正修智觉永明寿禅师 述

忘心而照，无念而知。若瑞草生于嘉运，如林华结于盛时。

忘心而照者，《宝藏论》云：“唯道无根，灵固常存；唯道无体，微妙恒真；唯道无事，古今同贵；唯道无心，万物圆备。”

无念而知者，众生有念而知，声闻无念无知，菩萨无念而知。如书云：天何言哉！四时行焉。春生夏长，应不失时。

顿息疑情，现额珠于明镜；

《大涅槃经》云：“王家有力士，眉间有金刚珠，因斗而没。后有良医执镜以照其额，珠陷入肤中，分明显现。”此况一切众生身中佛性，无智照之力，隐而不现。后遇善友，得悟心镜，了了见性，亦复如是。

余曾集《心镜录》一百卷，以心为镜，洞彻十方。一法相宗，以第八识为镜。二法性宗，以如来藏性为镜。如《楞伽经》云：“譬如明镜，现众色像。现识处现，亦复如是。”言如来藏为镜者，《起信论》云：“复次觉体相者，有四种大义，与虚空等，犹如净镜。云何为四？一者如实空镜，远离一切境界相，无法可现，非觉照义故。二者因熏习镜，谓如实不空，一切世间境界悉于中现，不出不入，不失不坏，常住一心，以一切法即真实性故。又一切染法所不能染，智体不动，具足无漏熏众生故。三者法出离镜，谓不空法，出烦恼碍，离和合相，纯净明故。四者缘熏习镜，谓依法出离故，遍照众生之心，令修善根，随念示现故。”释曰：四镜之名者，一空镜，谓离一切外物之体；二不空镜，谓体不无，能现万像故；

三净镜，谓已磨治，离尘垢故；四受用镜，谓置之高堂，须者受用。四中前二自性净，后二离垢净；又初二就因隐时说，后二就果显时说；又前二约空不空为二，后二约体用为二；又前二体，后二相。

全澄乱想，获真宝于春池。

《大涅槃经》云：如人游春池，失琉璃宝，争竞入水，取瓦砾而归。有一智人，安徐入水，乃获真宝。故云：探珠宜静浪，动水取应难。定水澄清，心珠自现。又《庄严经论》说，有人见雹谓是琉璃，收之瓶内，皆悉成水。后见真琉璃，亦谓为雹，弃而不取。世人皆是不应取而取，应取而不取也。不应取而取者，如但随外境，不向内观；应取而不取者，如不信自心，反求他学。

体广用深，

如龙以一滴水，可浸陵谷；人以一烬火，可夷阿房；皆是现前唯心所变，日用而不知者，自称眇劣，不逮圣人，一何悲哉！志公和尚偈云：法性量同太虚，众生发心自小。

文丰理诣。攀觉树以分枝，受轮王之解髻。

《法华经》云："譬如强力转轮圣王，兵战有功，赏赐诸物。如有勇健能为难事，王解髻中明珠赐之。"能战心魔，心珠自现，故融大师云：若能强战有功勋，髻中明珠终不惜。

初终交彻，即凡心而见佛心；理事该罗，当世谛而明真谛。

即凡心而见佛心者，如《华严经》颂云："若以威德色种族，而见人中调御师，是为病眼颠倒见，彼不能知最胜法。"又颂云："假使百千劫，常见于如来，不依真实义，而观救世者，是人取诸相，增长痴惑网，系缚生死狱，盲冥不见佛。"云何不见佛？一为不识自心，二为不明隐显。何者？众生之因隐于本觉，诸佛之果显于法身。因隐之本觉，是果显之法身。果能成因，则佛之众生。果显之法身，是因隐之本觉。因能办果，则众生之佛。故云凡圣交彻，理事相含矣。

又《华严演义》云：谓真该妄末，妄彻真源，如波与湿，无有不湿之波，无有不波之湿。其真妄所以交彻者，不离一心故；妄揽真成，无别妄故；真随事显，无别真故；真妄名异，无二体故；真外有妄，理不遍故；妄外有真，事无依故。若约涅槃生死说者，生死即涅槃，妄彻真也，如波彻水源；涅槃即生死，真彻妄也，如水穷波末。故《中论》云："生死实际，即涅槃际；涅槃实际，即生死际。"如是二际者，无毫厘差别，即是交彻也。生死涅槃际既尔，乃至心境、能所、染净、自他，一切万法，皆同一际。一际者，即无际也，实际也。一切诸法皆与[①]实际为定量，今古凡圣不可易也。所以云：道俗之不夷、二际之不泯，菩萨之忧也。又一切法皆如，岂妄外有真？又真如遍一切处，岂真外有妄？是知真妄常交彻，亦不坏真妄之相。则该妄之真，真非真而湛寂；彻真之妄，妄非妄而云兴。故云当世谛而明真谛也。

龙宫诠奥，海藏抽奇。空里披文之际，

《宝性论》云："有一智人，恐如来教法将灭，遂仰书一藏经文于空中，莫有知者。"况心中具一切法门，此约空门显心。

尘中剖卷之时。

《华严经》云："一微尘中有大千经卷，有一明眼人，破尘出经卷。"亦况众生情尘中，具无量教法，此约有门显心。如台教云：破尘出卷者，恒沙法门，一心中晓。

---

① "与"，按《大般若波羅蜜多經》卷第三百四十二、五百七十四、《宗镜录》卷第四十、九十九、《心赋注》卷第四，似应为"以"或"用"。

觉华枝秀，忍草苗垂。临太华之犹低，机前鹏翥；

大鹏翼翥九万九千里，岂黄雀能及乎？此况直了自心圆信成就，岂小机劣解而能逮乎？机前者，本心成现，意在言前，不涉迷悟，不待问答。经云：“圆明了知，不因心念。”又祖师云：“虚明自照，不劳心力。”

比毗岚之未速，言外鹰驰。

目击道存，不待言说。如《法华经》云“其疾如风”，又云“疾走往捉”，又云“乘此宝乘直至道场”等，皆喻识心见道疾矣。祖师云：“即心是者疾，发心行者迟也。”

身泛禅河，手开玄钥。执石为珍，

阿那律执瓦砾皆变珠珍，又如福德人捉石成金。如了妄心无体，即是真心，达烦恼性空，成菩提大道。如执毒成药，变石为金矣。

揽草成药。

耆婆揽草无非是药，达士见境无非是心。

传智焰兮胡假世灯，

经云：“有光能照法界”，岂须冥处燃灯？以智慧光破愚痴暗。此心灯者，亦云无尽灯，有何尽耶？

受佛职兮宁齐天爵。

十地菩萨示受佛职位，如来十号是佛职。不读《华严经》，焉知佛富贵？此一真心，可谓富贵，可谓尊极，故云无等等。

天爵者，即仁义也。

贸内珠而自省，不探骊龙；

《法华经》云："譬如有人至亲友家，醉酒而卧。是时亲友官事当行，以无价宝珠系其衣里，其人醉卧都不觉知。乃至亲友会遇见之，示以宝珠：汝今可以此宝贸易所须，常可如意。"故剑南和尚歌云："自从识得此明珠，释梵轮王俱不要。"

受密印而明知，靡求干鹊。

佛佛授手，祖祖相传，皆默传心印。又《华严经》说海印三昧印，即是喻香海澄停，湛然不动，四天下中色身形像，皆于其中而有印文，如印印物。亦犹澄波万顷，晴天无云，列宿星月，朗然齐现，无来无去，非有非无，不一不异。当知如来智海亦复如是，识浪不生，至明至静，无心顿现；一切众生心念根本，并在智中，如海含像。如经颂云："如海普现众生身，以此说名为大海。菩提普印诸心行，是故正觉名无量。"

靡求干鹊者，书云："张颢因睹堕鹊，视众人争取之，乃化为石。锤破，其文有印云：张颢忠孝侯印。后颢乃仕晋封侯。"此是世间行忠孝获斯符印，岂同祖佛所传心印耶？

迷时徒昧，谛处非难。念想而如山不动，襟怀而似海常安。

迷时心外见境，寓目生情，取舍万端，无时暂暇。若知心是境，见无心外法，逢缘自寂，身心坦然。

实际无差，与三世佛而一时成道；真空平等，共十类生而同日涅槃。

如台教云：如过去有佛，号住无住，发愿使己国众生同日同时成佛、即日涅槃。又贤劫前有佛号平等，亦愿己国及十方众生亦同日成佛、即日灭度。故《净名经》云："观一切众生即菩提相，不复更得。一切众生即涅槃相，不复更灭。"《华严经》云："如来初成正觉时，于自身中见一切众生已成佛竟，已涅槃竟，皆同一性，所谓无性。"以无性故，悉皆平等。随染缘时成众生亦无性，随净缘时成佛亦无性，以皆从缘生故。无性理同，故云实际无差。

真空平等者，经中颂云："未达境唯心，起种种分别。达境唯心已，分别则不生。既达境唯心，便舍外尘相，从此息分别，悟平等真空。"

问：如上所说，一切众生已成佛竟，已涅槃竟，则何用诸佛出世？

答：为劣解众生，母胎出现；上上根人，诸佛不出不没。又为一切众生不知如是事故，诸佛出世说此实法。如《净名》云："说众生空，是真实慈。"又约化门，说成佛度众生之义。即化辩真，亦非二见。如有难云："诸佛有誓愿，度尽一切众生，方成正觉。如今众生未度，何得先成，有违本愿？"如古师云："如实义者，诸佛皆有悲智二门。以大悲故，穷未来际无成佛时，故菩萨阐提不成佛也。以大智故，念念速成。又欲化尽诸众生界，自须速成，方能广化，不惧违昔度尽诚言。又了众生之本如故，化而无化。是则常成亦常不成，亦常化生而无化，悲智自在，何局执耶？"

心若不分，法终无咎。是之而六荫七情，非之而二头三手。

于一心真境之上，说是说非，皆是情生意解，无有实义。故《信心铭》云："才有是非，纷然失心。"如《大集经》云："如第五大、如第七情、如十九界，无出无入，无生无灭，无有造作，无心意识，乃名无过。"

从因缘而生起，

三教所宗，儒则宗于五常，道宗自然，佛宗因缘。然《老子》虽云"道生一，一生二，二生三，三生万物"，似有因缘，而非正因缘。言道生一者，道即虚无自然，故彼又云"人法地，地法天，天法道，道法自然。"谓虚通曰道，即自然而然。是虽有因缘，亦成自然之义耳。佛法虽有无师智、自然智，而是常住真理，要假缘显，则亦因缘矣。故教说三世修因契果，非无善因恶因。故《楞伽经》"大慧白佛：'佛说常不思议。’‘彼诸外道亦有常不思议，以无因故。我说常不思议有因，因于内证，岂得同耶？’”是则真常，亦因缘显。《净名》云：“说法不有亦不无，以因缘故诸法生。”《法华》云：“诸佛两足尊，知法常无性，佛种从缘起，是故说一乘。”经云：“一切诸法，因缘为本。”《中论》云：“未曾有一法，不从因缘生，是故一切法，无不是空者。”则真空中道，亦因缘矣。若尔，《涅槃》十六云：“我观诸行悉皆无常。云何知耶？以因缘故，若一切法从缘生者，则知无常。是诸外道无有一法不从缘生，是故无常”，则外道有因缘矣。释曰：此明外道在因缘内，执于缘相以为常住，是故破之言无常耳。今明教诠因缘妙理，具常无常，岂得同耶？况复宗者从多分说，所以因缘是所宗尚，不应致疑。

不同兔角之无；向正法而施为，岂类乾城之有？

真空是不空之空，空该有表；妙有是不有之有，有彻真源。一切正法从因缘而生，是依他起性，不同兔角断灭之无。乾闼婆城日光暂现，是众生遍计性所执之有。夫有无难解，多落断常，如《华严记》云：一者或说妄空真有，如《涅槃经》云：“空者所谓生死，不空者所谓大般涅槃。”二者妄有真空，真空即是性，俗有即是相。三者俱空，相待无性故。四者俱有，性相不坏故；于谛常自二，于解常自一故。

德业无尽，至理难论。恒一恒异，常泯常存。

此一心法，是无尽之藏，大法之源。若悟入之人，功齐妙觉，不可以一异断常情见之解矣。

说证说知，背天真而永沈有海；无照无悟，失圆修而常锁空门。

若于真心执有修有证，违背天真之佛故；若执无修无照，又失圆修。李长者《论》云：“策修而至无修，方知万法无修。”又云：“忻寂不当，放逸还非”，以有作者故。所以若执有滞空，皆不达自心一色一香中道之旨。如《华严疏》云：“事理双修，依本智而求佛智者。若执禅者，则依本智性，无作无修，镜常自明，不拂不莹；若执法者，须起事行，当求如来依他胜缘，以成已德；并为偏执。故辩双行：若言依本智者，约理无偏，智性本具足故；若言而求佛智者，约事无所求中，吾故求之，所以心镜本自久翳尘劳，恒沙性德并埋烦恼，是故须随顺法性，修证波罗蜜，以助显故，诸佛已证、我未证故。又理不碍事，不妙理故[①]；事不碍理，求即无求故。若此之修，修即无修，为真修矣。”

大体焉分，随机自别。万派而岂有殊源，千车而终无异辙。

心为万法根源，如《六妙门》云：“此为大根人善识法要，不由次第，悬照诸法之原，所谓众生心也。一切法由心而起，若能反观心性，不得心原，即知万法皆无根本。”

不隐不显，四聪而莫认真归；

四聪而莫认真归者，《绝观论》云：“夫道者，若言一人得之，道即不遍；若言众人得之，道即有穷。若言各各有之，道即有数；若言总共有之，方便即空。若言修行得之，造作非真；若言本来有之，万行虚设。何以故？非限量之所分别故。”

无性无形，

无性无形者，《华严经》云：“一切空无性，妄心分别有。”又云：“以佛眼观见一切众生，已成佛竟，已涅槃竟，皆同一性，所谓无性。”乃至大悲之体，故得起悲。二由众生不知无性，佛证无性，故化令得知。如《净名》云：“说众生空，是真实慈。”

---

① “不妙理故”，所引原文《大方广佛华严经随疏演义钞》卷第一、《宗镜录》卷第三十三中作“不妨求故”。

妙辩而难穷实说。

《肇论》云："释迦掩室于摩竭，净名杜口于毗耶，须菩提唱无说而显道，释梵绝听而雨华。此则理为神御，口以之默，岂曰无辩？辩而不能言也。"

冥心合道，意解难明。了达而尚非于智，参详而岂在于情?

此一心法门，是诸佛秘藏，不可以智知，不可以识识，唯应亲省，莫能知之。故祖师传法偈云："认得心性时，可说不思议。了了无所得，得时不说知。"如《般若无知论》云：直言以真谛之所征，求般若之智，即般若之智非是有知。何者？为真谛之缘，唯是中道第一义空无相之理。所知之缘既是无相，能知之智安得有知耶？故不然也。

惑人皆缘色生识者，当对色时，率尔眼识、同时意识刹那起时见色，此色即是第八识中相分依他，似有境之色。此色当现时，未有一切相。由此色境为缘，引生第二念寻求心。此寻求心即是第六意识，故云缘色生识。

是名见色者，由有寻求心生故，即此寻求心，缘本色境不着，便即变影而缘，即变出一切森罗万像之相。遂于此影像相上，起其现量之心，不了本空，执为实有，取色分剂，计从外来，故云是识见色。此即惑境有相、惑智有知也。

反此，真智即不缘者，此明悟人不缘色生识也。何者？由其悟之人，达其诸法本体皆空，犹如幻梦，无有真实，但从自识所变，毕竟无前境界可得。故《起信》云："一切诸法唯依妄念而有差别，若离心念，即无一切境界之相。是故一切诸法，从本已来，离言说相，离名字相，离心缘相，毕竟平等，无有变异，不可破坏，唯是一心，故名为真如。以一切言说假名无实，但随妄念，不可得故。"当知万法唯是自心现量见，妄计为有。若能心无妄念，了法本空，即无一切境界之相，何有于色可缘？既无有色可缘，即不缘色生识，故即无取相。无色可缘，故即无有相。既无有相之惑境，即是无相之真境。既无取相之惑智，即是无知之真智。此乃真境无相、真智无知。为斯义故，以缘求智，智即非知也。

化人舞而幻士歌，谁当断送；木马奔而泥牛斗，孰定输赢？

有学人问新丰价和尚："得何道理，便住此山？"答曰："见两泥牛斗入海，直至如今无消息。"木马泥牛，此非心识思量之境界。

故知，唯识唯心，无二无别。

《般若经》云："一切智智清净，乃至一切法清净，无二无二分，无别无断故。"是知诸法与心，全同非分同，体用无别，相连不断，似分能所，彻底无差。

一旨而已绝诠量，

万法浩然，皆宗无相。举一例诸，言思顿绝。

万法而但空施设。

诸法无体，但空生空灭。设标名立体，皆是众生想成。故经云："若知一切国土皆想持之，如是得名初发心菩萨。"何者？悟心为入道之始。又融大师云："扰扰万物空生死。"如先德云："安立水月道场，修习空华万行，降伏镜像魔军，成就梦中佛事。"

虚生虚灭，唯情想而成持；

《首楞严经》云："想相为尘，识情为垢。二俱远离，则汝法眼应时清明，云何不成无上[1]知觉？"是知一切生死，皆从情想而生。情想若无，心道自现。故经云："识停闲静，想灭无为。"

---

① "上"，清《乾隆藏》本作"土"，现按《卍续藏》本校订。

似义似名，但意言而分别。

如《金刚三昧经》云："佛言：善不善法，从心化生。一切境界，意言分别。制之一处，众缘断灭。何以故？一本不起，三用无施，住于如理，六道门杜。"又《摄论》云："从愿乐位，乃至究竟位，若欲入唯识观修加[①]行，缘何境界？缘意言分别为境，离此无别外境。何以故？此意言分别，似文字言说及义显现，唯有意言分别，无别有名言。菩萨能通达名无所有，则离外尘邪执。又此义依名言，唯意言分别。前以遣名，此下依名遣义。义者即六识所缘境，离名无别此境。名言既唯意分别，故义亦无别体。菩萨通达无所有，亦离外尘邪执。又此名义自性差别，唯假说为量。前已遣名义，名义既无，自性及差别云何可立？若离假说，无别名义自性及名义差别。由证见此二法不可得故，名为通达。"又《六行集》引《识论》云："凡夫从本来，意言分别有二种：一似名，二似义，名义摄一切法皆尽。此名义俱是意言分别所作，离此无别余法。"

以此文证，故知凡夫妄见境界，或名或义，皆是当时意言分别。如食浪荡，妄见针火。据彼妄情，意谓是实，不知妄见，谓有外火。据实唯是意作火解，火则唯是意言分别。谓有火名，名是意言；谓有火事，事是意言。众生妄见自身他身地水火风等，皆亦似彼。虽复就实唯识无外，据凡妄情，谓有能所。如古德云：谓色等五尘界是现量境，五识亲证，都无尘相。如来藏中顿现身器无尘相，六七妄想谓有我法。想所现相，是分别变。分别变相，但可为境，而无实用。如日发焰，带微尘而共红，非实红也；如水澄清，含轻云而俱绿，非实绿也。如观知画像而非真，若了藏性，了尘境而为妄。故经云："非不证真如，而能了诸行皆如幻事等，似有而非真。"

① "加"，三本均作"如"，现按世亲《摄大乘论释》卷第七、《宗镜录》卷第八十六校订。

于一圆湛，析出根尘，外抟地水而成境，内聚风火而为身。

《首楞严经》云：“元于一精明，分成六和合。”内外四大合成其身。众生第八藏识相分之中，半为外器，不执受故；半为内身，执为自性生觉受故。如来藏识何缘如此？法如是故，行业引故。如云“想澄成国土，知觉乃众生。”《楞严经钞》云：“且妄见心动故外感风轮，由爱心发故外感水轮，由坚执心故外感地轮，由研求憆心故外感火轮。由四大故起六根，起六根故见六尘。故知三界离有情心更无别体。若了无明根本一念妄心无体，则知从心所生三界毕竟无有。”

持种之门，

第八识，亦名本识，一切有为法种子所依止；亦名宅识，一切种子之所栖处；亦名藏识，一切种子隐伏之处。

作生死之元始；

《显扬论》云：“阿赖耶识者，谓先世所作增上业烦恼为缘，无始时来戏论熏习为因，所生一切种子异熟为体。此识能执受了别色根，根所依处及戏论熏习。于一切时，一类生死不可了知。”

总报之主，

第八识为一切众生总报之主。此识相及境不可分别[1]，一体无异。此识能生一切烦恼业果报事。又总报业者，如受戒招得人身，是总报业。由于因中有瞋、有忍等，于人总报中而有妍丑，名别报业。

① “别”，三本均作“报”，现按真谛译《转识论》、元晓《起信论疏》上卷等校订。

为涅槃之正因。

《阿毗达经》颂云："无始时来界，一切法等依，由此有诸趣，及涅槃证得[①]。"

标实慧宗，

《法华经》云："于众生心中开佛知见。"古释云：佛知见者，即众生真心，此心亦名实慧，亦名佛慧。

成真性轨。

台教于一心说三轨：一真性轨，二观照轨，三资成轨，即是一心三德。以真性轨为一乘体，即是法身；观照轨为般若，只点真性寂而常照，名为报身；以资成轨为解脱，只点真性法界含藏无量众善，名为应身。

具体而有法皆宗，

真心为湛然常住不空之体，与万法为宗。故《首楞严经》云："诸法所生，唯心所现。"

绝待而无尘可比。

神性独立，绝待无比。

高高法座，非声闻矬短之能升；

《净名经》云："须弥灯王狮子座，高八万四千由旬。入居士室，诸新发意菩萨及大弟子，皆不能升。"况悟一乘圆教，非浅根所解。

---

① "得"，《卍续藏》本作"传"，应误。

赫赫日轮，岂外道婴儿之所视?

经云："如朝日初生，七日婴儿若视，即失眼光。"况外道无目，不能见如来智日，失正见之光。

无偏无党，至极至尊。总千歧而得旨，搜一切而归根。

《绝观论》云："云何为宗？答：心为宗。云何为本？答：心为本。云何为体？云何为用？答：虚空为法体，森罗为法用。"如《顿教五位门》云："第一识心者，语是心，见是心，闻是心，觉是心，知是心，此是第一悟。一一能知，如许多心皆是一心，一心能遍一切处。第二知身，同无情身，不知痛痒好恶，一切皆是心，不干身事。心能作人，心能作畜，心能作鱼，心能作鸟。第三破四大身，身即是空，空即是无生。空无内外中间，离一切相。第四破五阴，色阴若有，四阴不虚；色阴若无，四阴何有？第五见性成佛，湛然常住。"

眼底放光，照破十方之刹土；

《法华经》云："放一净光，照无量国。"心光普照，宁有边耶？

意根演教，碾开一代之法门。

如来一代时教，并按众生心说，离心更无一字可说。故《金刚经》云："无法可说，是名说法。"

触目相应，盈怀周匝。清白混同，水乳无杂。理从事变，存泯而尽逐缘分；事得理融，一多而常随性合。意网弥布，心轮遍生。

意网弥布者，一切诸法从意生形，则知意如密网，一切众生不能出故。如经颂云："诸法不牢固，但立在于念。善解见空者，一切无想念。"若了法空，意地亦寂，则妄心幻境既虚，一道真心自现。

心轮遍生者，上座[①]部师立九心轮：一有分，二能引发，三见，四等寻求，五等观彻，六安立，七势用，八返缘，九有分。然实但有八心，以周匝而言，总说有九，故成九心轮。一且如初受生时，未能分别，心但任运缘于境转，名有分。二心若有境至，心欲缘时，便生警觉，名能引发。三其心觉已，于此境上转，见照属彼。四既见彼已，便等寻求其善恶。五既察彼已，遂等观彻。六识其善恶，而安立心，起语分别，语其善恶。七随其善恶，便有动作，势用心生。八动作既兴，善恶而废，遂更返缘前所作事。九既返缘已，退归有分。任运缘故，名为九心，方成轮义。

与群徒而作体，向万物以安名。初居圆成现量之中，浮尘未起；

前五转识及第八识，俱在现量。现量者，得法自性，不带名言，无筹度心，是圆成语，不作外解，不落比非之量。媚慈又论[②]云："五识现量，总无二种颠倒，犹如明镜现众色相。第七染识，有想倒、见倒。第六意识，具有三倒：取我法相，名为想倒；于想爱乐，复名心倒；于想计著建立，名见倒。"

后落明了意根之地，外状潜呈。

眼识与同时明了意识缘时，起分别心，作外量解，便成比量，则心外见法。

原夫业识之宗，何成教训；能所不分，是非焉运？

三细识中，第一业识，未分能所，智解不生。如《起信论》云：第一业识，以最微细作诸识本故。如是业识，见相未分。然诸菩萨知心妄动，

① "座",《卍续藏》本作"尘"，应误。

② "媚慈又论"，按所引原文《大方广佛华严经随疏演义钞》卷第四十七，应为"慈氏论"。

无前境界，了一切法唯是识量，舍前外执，顺业识义，说[1]名业识。

心不见心、无相可得者，是明诸法非有之义。又《楞伽经》偈云："身资生住持，若如梦中生，应有二种心，而心无二相。如刀不自割，如指不自触，如心不自见，其事亦如是。"若如梦中所见诸事是实有者，即有能见所见二相，而其梦中实无二法。三界诸心皆如此梦，离心之外无可分别，故言一切分别，即分别自心。而就自心不能自见，如刀指等，故言心不见心。既无他可见，亦不能自见，所见无故，能见不成。能所二相皆无所得，故言无相可得。

因依转相之内，倏起见心；

于此第二转识中，初起见分。

俄关现识之间，忽陈相分。

至第三现识，便立相分，如境现像。诸师所明一心法中，总有四分义：一相分，二见分，三自证分，四证自证分。

相分有四：一实相名相，体即真如，是真实相故。二境相名相，为能与根心而为境故。三相状名相，此唯有为法有相状故，通影及质，唯是识之所变。四义相名相，即能诠下所诠义相分是。于上四种相中，唯取后三相而为相分相。又相分有二：一识所顿变，即是本质；二识等缘境，唯变影缘，不得本质。

二见分者，《唯识论》云："于自所缘有了别用。"此见分有五类：一证见名见，即三根本智见分是。二照烛名见，此通根心，俱有照烛义故。三能缘名见，即通内三分，俱能缘故。四念解名见，以念解所诠义故。五推度名见，即比量心，推度一切境故。于此五种见中，除五色根及内二分，余皆见分所摄。

---

① "说"，清《乾隆藏》本作"设"，现按《卍续藏》本校订。

三自证分，为能亲证自见分缘相分不谬，能作证故。

四证自证分，谓能亲证第三自证分缘见分不谬故，从所证处得名。

此四分义，总以镜喻。镜如自证分，镜明如见分，镜像如相分，镜后弝如证自证分。故云四分成心。

光消积曀，影射重昏。

今所悟者顿豁自心，方省其所知境各从心现者，如翳目见明珠有纇；今净眼观，莹净无瑕。美恶唯自见殊，珠体本末如一。当悟之时，如开藏取宝，剖蚌得珠，光发襟怀，影含法界。

彻古而真源不散，该今而妙用常存。八万四千之教乘，苗抽性地；三十七品之道树，果秀灵根。

三十七品法者，四念处、四正勤、四神足、五根、五力、七觉支、八正道，此是一切菩萨助道之法，一一修习并从心起。何者？夫身、受、心、法，俱无自性，了不可得，即四念处。观善不善法，从心化生，即四正勤。心性灵通，隐显自在，即四神足。信心坚固，湛若虚空，即五根、五力。觉心不起，即七觉支。直了心性，邪正不干，即八正道。不唯三十七品助道之法，尘沙佛法悉从心起。如《入楞伽经》偈云："尔时佛神力，复化作山城。所有诸众等，皆悉见自身，入化楞伽中。如来神力作，亦同彼楞伽，诸山及园林，宝庄严亦尔。一一山中佛，皆有大慧问，如来悉为说，内身所证法。出百千妙声，说此经法已，佛及诸佛子，一切隐不现。罗婆那夜叉，忽然见自身，在己本宫殿，更不见余物，而作是思惟：向见者谁作？说法者为谁？是谁而听闻？我所见何法，而有此等事？彼诸佛国土，及诸如来身，如此诸妙事，今皆何处去？为是梦所忆？为是幻所作？为是实城邑？为乾闼婆城？为是翳妄见？为是阳焰起？为梦石女生？为我见火轮？为见火轮烟？我所见云何？复自深思惟：诸法体如是，唯自心境界，内心能证知。而诸凡夫等，无明所覆障，虚妄心分别，而不能觉知。能见及所见，一切不可得。说者及所说，如是等亦无。佛法真实体，非有亦非无。法相恒如是，唯自心分别。”

出迷之津，履玄之始。

因心而迷，因心而悟；因心而生，因心而灭；如因地而倒，因地而起。不唯迷悟之始，自行化他，须明此旨。如古德云：“求大乘者，所疑有二：夫大乘法体，为一为多？如其是一，即无异法。无异法故，无诸众生，菩萨为谁发弘誓愿？若是多法，即非一体。非一体故，物我各别，如何得起同体大悲？由是疑惑，不能发心。今为遣此二疑，立一心法者，遣彼初疑，明大乘法唯有一心，一心之外更无别法。但有无明，迷自一心，起诸波浪，流转六道。虽起六道之浪，不出一心之海。良由一心动作六道，故得发弘誓之愿；六道不出一心，故能起同体大悲。如是依于一心，能遣二疑，得发大心，具足佛道。”

义似华开，行同云起。

一心无尽之义，如华开锦上；一心真如之行，犹云起长空。如《华严锦冠》云：“法界功德大悲云者，法喻双举也。然大悲十义，故同于云：一从法性起，如云起于空。二感应而生，如龙吟云起。三性相体离，如云无心。四充法界，如云满空。五用无尽，如云不竭。六能密祐，如云高覆。七动地警物，如云震雷。八放光明，如云发电。若以三昧为雷，智慧为电亦得。九普宣大法，如云注雨。十用罢即寂，如云无依。具此十义，故喻于云。”

当覆一篑之日，山耸千寻；元行初步之时，程通万里。

百尺之山，起于累土；千里之程，起于初步；合抱之树，生于毫末；滔滔之水，起于滥觞。如一念心生，若善若恶，善则远期佛果，恶则永劫沉沦。应须护于初念。

真俗无碍，其道在中；非即非离，常泯常通。应用恒沙，求之而奚穷秘迹；含容百巧，窥之而靡炫殊功。

《维摩经》云："夫求法者，应无所求。"以足迹不可寻。又一心具足，若向外求，即内不足也。此一心妙道，是无功之功，非有为所作，故不可夸炫其功矣。

易辨邪途，难探正穴。听之者无得无闻，演之者非示非说。

诸佛无有色声功德，唯有如如及如如智独存。凡有见闻，皆是众生自心影像。则说唯心说，听唯心听，离心之外，何处有法？古德云："如来演出八辩洪音，闻者托起自心所现。如依状貌，变起毫端，本质已无，影像如在。群贤结集，自随见闻，依所闻见结集自语。良以离自心原，无有外境，离境亦无内心可得。诸传法者非授与他，但为胜缘，令自得法。自解未起，无以悟他。自解不从他来，他解宁非自起？是故结集及传授者，皆得影像，不得本质，无有自心得他境故。是知结集，乃是自心所变之经；至传授者，传授自心所变之法。得影非质，思而可知。若能常善分别自心所现，能知一切外性非性，此人知见可与佛同，所说之法与佛无异，悟入自觉信[①]智乐故。"

妙峰耸于性地，仰之弥高；

《华严经》云："善财南行，向胜乐国，登妙峰山，参德云比丘。"妙峰者，心为绝待之妙，高显如山，故称妙峰。德云语善财言："我住自在心念佛门，知随自心所有欲乐，一切诸佛现其像故。"

① "信",《宗镜录》卷第二十九中作"圣"。

法水涌于真源，酌而何竭？

此一心常住之法，用而无尽，体不可穷，一得永得，尽未来际。

包空而遍，匝界而周。是以大忘天下，方能万事无求。火灾欲坏之时，一吹顿灭；

《般若经》云："三千大千世界劫火洞然时，菩萨能与一气，欲令顿灭，应学般若。"

世界将成之际，举念全收。

问：三界初因，四生元始，莫穷本末，罔辩根由。庄、老指之为自然，周、孔名之为浑沌。最初起处，如何指南？

答：欲知有情身土真实，端由无先我心，更无余法。谓心法刹那自类相续，无始时界，展转流来，不断不常，凭缘[①]凭对，非气非禀，唯识唯心。《肇论钞》云：《老子》云："无名天地始，有名万物母。"若佛教意，则以如来藏性转变为识藏，从识藏变出根身器世间一切种子。推其化本，即以如来藏性，为物始也。无生无始，物之性也。生始不能动于性，即法性也。南齐沈约《均圣论》云："然则有此天地以来，犹一念也。"

融大师问云："三界四生，以何为道本？以何为法用？"答："虚空为道本，森罗为法用。"问："于中谁为造作者？"答："此中实无造作者，法界性自然生。"可谓总持之门，万法之都矣。光未发处，尚无其名。念欲生时，似分其影。初因强觉，渐起了知。见相才分，心境顿现。《首楞严经》云："皆是觉明明了知性，因了发相，从妄见生。山河大地诸有为相，次第迁流，因此虚妄，终而复始。"释曰：此皆最初因迷一法界故，不觉念起。念起即是动相，动相即是第一业识，未分能所，乃觉明

---

① "缘"，《卍续藏》本作"绿"，应误。

之咎也。从此变作能缘，流成了相，即明了知性，为第二见分转识。后因见分而生相分，即因了发相，为第三相分现识。能所才分，尽成虚妄。何者？见分生于翳眼，相分现于幻形。于是密对根尘，坚生情执。从此隔开真性，分出湛圆。于内执受知觉，作有识之身；于外离执想澄，成无情之土。遂使镜中之形影灭而又生，梦里之山河终而复始。但以本源性海，不从能所而生，湛尔圆明，照而常寂。只为众生违性不了，背本圆明，执有所明，成于妄见。因明立所观之境，因所起能观之心。能所相生，心境对待，随缘失性，莫反初原，不觉不知，以历尘劫。

所以《首楞严经》云："佛言：'富楼那！如汝所言：清净本然，云何忽生山河大地？汝常不闻如来宣说，性觉妙明，本觉明妙。'富楼那言：'唯然，世尊！我常闻佛宣说斯义。'佛言：'汝称觉明，为复性明，称名为觉？为觉不明，称为明觉？'富楼那言：'若此不明，名为觉者，则无所明。'佛言：'若无所明，则无明觉。有所非觉，无所非明，无明又非觉湛明性。性觉必明，妄为明觉。觉非所明，因明立所。所既妄立，生汝妄能。无同异中，炽然成异。异彼所异，因异立同。同异发明，因此复立无同无异。如是扰乱，相待生劳，劳久发尘，自相浑浊，由是引起尘劳烦恼，起为世界，静成虚空。虚空为同，世界为异。彼无同异，真有为法。觉明空昧，相待成摇，故有风轮执持世界。因空生摇，坚明立碍，彼金宝者明觉立坚，故有金轮保持国土。坚觉宝成，摇明风出，风金相摩，故有火光为变化性。宝明生润，火光上蒸，故有水轮含十方界。火腾水降，交发立坚，湿为巨海，干为洲潭。以是义故，彼大海中，火光常起；彼洲潭中，江河常注。水势劣火，结为高山，是故山石，击则成焰，融则成水。土势劣水，抽为草木，是故林薮，遇烧成土，因绞成水。交妄发生，递相为种，以是因缘，世界相续。'"

释曰：此二觉义，幽旨难明，若欲指陈，须分皂白。大约经论。有二种觉：一性觉，二本觉。有二种般若：一本觉般若，二始觉般若。有二种心：一自性清净心，二离垢清净心。有二种真如：一在缠真如，二出缠真如。此八种名，随义分异，体即常同。今一切众生，只具性觉、本觉般若、自性清净心、在缠真如等，于清净本然中，妄忽生于山河大地。以在缠未离障故，未得出缠真如等。若十方诸佛，二觉俱圆，已具出缠真如等，无有妄想尘劳，永合清净本然，则不更生山河大地诸有为相。如金出矿，终不更染尘泥；似木成灰，岂有再生枝叶？将此二觉，已豁疑情。如疏释云：世界相续文中有三：一先辩二真，二明其三相，三明其四轮。

且第一先辩二真者。经曰："佛言：富楼那！如汝所言，清净本然，云何忽生山河大地？汝常不闻如来宣说，性觉妙明，本觉明妙？富楼那言：唯然，世尊！我常闻佛宣说斯义。"释曰：言二真者，一性觉妙明，二本觉明妙也。性觉妙明者，是自性清净心，即如来藏性、在缠真如等，本性清净，不为烦恼所染，名为性觉。本觉明妙者，出缠真如也。从无分别智，觉尽无始妄念，名究竟觉。始觉即本觉，悟本之觉，名为本觉。故《起信论》于真如门，名为性觉；于生灭门，名为本觉。由迷此性觉，而有妄念。妄念若尽，而立本觉。以性觉不从能所而生，非假修证而得，本自妙而常明，以真如之性，性自了故，故云性觉妙明。以始觉般若，明性觉之妙，故云本觉明妙。又以始觉之智，了本性故，则本觉明妙。故经中常说真如为迷悟依，故言我常闻佛宣说斯义。以本性清净，是性觉义。但以性中说觉，如木中火性，非是悟已而更起迷，故悟时始立本觉之号。悟本觉已，更不复迷。故将二觉之名，以答富楼那难讫。

上来虽于迷悟二门，说二觉相，而未广辩起妄因由。先真后妄，故次下明，即当第二明三相门。文分为二：初立因相，次立果相，即《起信论》三细义。

初立因相，文又分三：第一总问觉明之号；第二别答，能所斯分；第三同异发明，结成三相。

且初总问觉明之号者。经曰："佛言：汝称觉明，为复性明，称名为觉？为觉不明，称为明觉？"释曰：何故作此问耶？谓前标二觉之号，性体即是觉明，妄起必托于真，故使依真起问。且佛问意，汝称觉明，为复觉性自明，名为觉明？为复觉体不明，能觉于明，故称觉明是明之觉？

第二别答能所斯分者。经曰："富楼那言：若此不明，名为觉者，则无所明。"释曰：准富楼那答意，必有所明当情，为其所觉。若无觉之明，则无觉明之号，但可称觉，而无所明，故云"则无所明"。据佛本意，性觉体性自明，不因能觉所明，方称觉明。以真如自体，有大智慧光明义故。只缘迷一法界，强分能所，故成于妄。

第三同异发明，结成三相者。经曰："佛言：若无所明，则无明觉。有所非觉，无所非明，无明又非觉湛明性。性觉必明，妄为明觉。觉非所明，因明立所。所既妄立，生汝妄能，无同异中，炽然成异。异彼所异，因异立同。同异发明，因此复立无同无异。"释曰：此文正释迷真起妄之相也。"若无所明，则无明觉"者，牒富楼那语也。"有所非觉，无所非明"者，正破也。若要因所明，方称觉明者，此乃因他而立，非自性觉，故言"有所非觉"。如缘尘分别而有妄心，离尘则无有体，岂成真觉？又释：若以不明名为觉者，则无所明者。故知觉体本无明相。佛证真际，实不见明。若见于明，即是所明。既立所明，便有能觉。但除能所之明，方称妙明。此妙之明，是不明之明，不同所明。故《华严经》云："无见即是见，能见一切法。"《肇论》云："般若无知，无所不知矣。"若因明起照，则随照失宗。此则元因觉明起照生所，所立照性遂亡，则是识精元明、能生诸缘、缘所遗者，乃是但随所[①]缘之相，覆真唯识性，一向能所相生。如风鼓水，波浪相续；澄湛之性，隐而不现。从此迷妄生虚空之相，复因虚空成立世界之形，于真空一心，毕竟无同异中，炽然建立，成诸法究竟之异。皆因情想扰乱，劳发世界之尘；迷妄昏沉，引起虚空之界。分世界差别为异，立虚空清净为同。于分别识中，又立无同无异。皆是有为之法，尽成生灭之缘。未洞本心，终成戏论。"无所非明"者，若能觉之体，要因所明，方称觉明者；若无所觉之明，则能觉之体，便非是明，故云"无所非明"。故知觉之与明，互相假立，本无自体，岂成自性觉，故云"有所非觉，无所非明"。此文虽简约，道理昭然。

① "所"，《卍续藏》本作"能"。

“无明又非觉湛明性”者，纵破也。显妄觉之体，无湛明之用。若言但觉于明，何须觉体自明者，则自性非明，便无觉湛之用，故云“无明又非觉湛明性”。“性觉必明，妄为明觉”者，释妄觉托真之相也。何以得知妄觉初起，有觉明之相耶？只缘性觉必有真明，所以妄觉托此性明，而起影明之觉。执影像之明，起攀缘之觉。迷真认影，见相二分，自此而生；觉明之号，因兹而立。

问曰：此之妄觉，为见性明而起，为不见明而起？若见真明，不合成妄。若不见真，则不名为觉明。

答曰：本性真明，非妄所见。妄心想像，变影而缘，不了从自影生，妄谓见明之觉。以初无别相，唯有真明。妄心想像此明，故有觉明之号。

“觉非所明，因明立所”者，次下正明三相，相因而起也。夫一真之觉，体性虽明，不分能所，故云“觉非所明”。由影明起觉，能所即分，故云“因明立所”。“所既妄立，生汝妄能，无同异中，炽然成异”者，最初立异相也。即如《起信》云：“由不如实知真如法一故，不觉心起而有其念，名为动相。”即是业相。既云不了一法界相，不觉而起，即是无同异中炽然成异。“异彼所异，因异立同”者，即转相也。异彼动相，故云异彼所异。初之动相，异一真故。此之同相，异动相故。“因异立同”者，前之初起，名之为动，动必有静，相形而立，故云“因异立同”。静相似真，故名同相。“同异发明，因此复立无同无异”者，即现相也。形前二相而立，故云同异发明；非前二相，故云因此复立无同无异。《起信》即云“业相、转相、现相”，此经即云“异相、同相、无同异相”，此为无明强觉，能所初分，展转相形，立此三相。以刹那生住异灭，体虽总是赖耶，约生灭相熏，有其因种；因必有果，约当现行，所感位别。至果相中，当广料简。

第二果相者。经曰：“如是扰乱，相待成劳，劳久发尘，自相浑浊，由是引起尘劳烦恼。起为世界，静成虚空。虚空为同，世界为异。彼无同异，真有为法。”释曰：彼前三相，互相形待，刹那刹那，生住异灭，动息不住。“相待成劳，劳久发尘，自相浑浊”者，劳是劳累，尘是尘垢。

既迷清净之体，乱成尘想，尘想相浑，能覆真性，故名为浊。“由是引起尘劳烦恼”者，觉明熏习，积妄成尘，扰恼相熏，故名烦恼。“起为世界、静成虚空”者，果相现前也。起是动相，动即是风。四风动摇，积成世界，故云起为世界。动息之处，即名为静，是前同相，结成虚空，故云“虚空为同，世界为异”。“彼无同异，真有为法”者，彼前无同异相，结成有情含藏识也。此之识体，无分别性，故云“无同无异”；而能变起一切之相，故云“真有为法”。自后一切诸尘境界，能熏所熏，随所发现，皆从此识而生，故《起信论》名为现识，能现六尘境界故。

问曰：《起信》三相，总是赖耶，何故此中别配现识？

答曰：此之三相，总是无明，前后相熏，分能立所。《起信》揽前因种，总是赖耶；此经以果相现行，分能变所变，即世界为所变，现识为能变。能变既是赖耶，故配现识。又《起信论》云：“不生灭与生灭和合，非一非异，名阿梨耶识”，即此经无同无异相，名阿赖耶识。《起信》举初摄后，此经举后摄初，因门果门，体亦不别。

第三明四轮成世界，即承前三相，起为世界，静为虚空。彼无同异，真有为法。既言世界虚空，及有情相，世界即地水火风四轮，次第从何妄想变此？不同有情，即内根外尘，四生业果，受报轮回。此之分位，即有众生相续，业果相续，自此已下，一一广明。今此且辩四轮成世界，文又分二：初明四轮成界，后辩草木山川。

且四轮成界者。经曰：“觉明空昧，相待成摇，故有风轮执持世界。因空生摇，坚明立碍，彼金宝者明觉立坚，故有金轮保持国土。坚觉宝成，摇明风出，风金相摩，故有火光为变化性。宝明生润，火光上蒸，故有水轮含十方界。”释曰：“觉明空昧，相待成摇”者，释风轮及空界相也。由初妄觉，影明不了，遂成空昧，如障明生暗。二相相形，觉明即是动相，空昧即是静相，一明一昧，一动一静，刹那相生，如风激浪，相待不息。于内初起，即名为摇，于外即成风轮世界。是故世界之初，风轮为始。空昧即是虚空，既无形相，不名世界。“因空生摇，坚明立碍”者，释地相也。因空异明，相待成摇，摇能坚明，以成于碍。如胎遇风，即成坚碍，亦是执明生碍我。于内即是觉明坚执，于外即成金宝，故云“彼金宝者，明觉立坚”，故知宝性因觉明有，是故众宝皆有光明。小乘但知业感，而不知是何因种。“坚觉宝成，摇明风出，风金相摩，故有火光为变化性”者，释火性也。坚执觉性，即成于宝。摇动所明，即出于风。动静不息，即是风金相摩，于外即成火光，能成熟万物，故言为变化性。“宝明生润，火光上蒸，故有水轮含十方界”者，释水轮也。宝明之体，性有光润，为火热蒸，水便流出。又觉明生爱，爱即是润，于内即是爱明，于外即成宝润。火性上蒸，融爱成水。一切业种，非爱不生；一切世间，非水不摄。故四大性，互相因籍，体不相离，同一妄心所变起故，如虚空华不离心故。愚人不了，心外执法，颠倒见故。

次下辩草木山川之异者。经曰：“火腾水降，交发立坚，湿为巨海，干为洲潬。以是义故，大海之中，火光常起；彼洲潬中，江河常注。水势劣火，结为高山，是故山石，击则成炎，融则成水。土势劣水，抽为草木，是故林薮，遇烧成土，因绞成水。交妄发生，递相为种，以是因缘，世界相续。”释曰：妄性不恒，前后变异，所感外相，优劣不同。爱心多者，即成巨海；执心多者，即成洲潬。风性生慢，火性生瞋。于色起爱，潬中流水；违爱生瞋，海中火起。水边平地曰潬。慢增爱劣，结为高山；爱增慢轻，抽为草木。或瞋、爱、慢三，互相滋蔓，异类成形，草木山川，千差万品。先从妄想，结成四大；从四大性，爱慢滋生。离有情心，更无别体，故云“交妄发生，递相为种，以是因缘，世界相续”。是以《赋》云：“世界欲成之际，举念全收。”

非唯世界但有成坏，万法悉从心生，故经云：“成劫之风，坏劫之风，皆是众生共业所感。”业由心造，岂非心耶？

乘急戒圆，

乘急者，于一心大乘种性，志力淳熟，解心明利。戒圆者，于大乘戒法，坚持无犯。故《璎珞经》云：“一切戒以心为体。心无尽故，戒亦无尽。”

因成果满。

初发菩提心为因，后究竟心为果。故云：初与[①]实相为因，后以实相为果。

该括有空，

有彻空源，空居有表，如波彻水源，水穷波末，皆是一心，体用交彻。如〈色空章〉十门止观：

第一会相归性门，于中有二种：一于所缘境会事归理，二于能缘心摄散归止也。

第二依理起事门者，亦有二种：一者所归之理非断空故，不碍事相宛然现前。二由所入之止不滞寂故，复有随事起于妙观也。

第三理事无碍门者，亦有二种：一由习前理事，融通交彻令无[②]。二双现前故，遂使止观同于一念顿照也。

第四理事双绝门者，由理事双现，互相形夺故，遂使两相俱尽，非理非事，寂然而绝。是故令止观双泯，迥然无寄也。

第五心境融通门者。即彼绝理事之无碍境，与彼泯止观之无碍心，二而不二，故不碍心境而冥然一味；不二而二，故不坏一味而心境两分也。

第六事事相在门者。由理带诸事全遍一事，是故以即止之观，于一事中见一切法，而心无散动。如一事，一切亦尔。

第七彼此相是门者。由诸事悉不异于理，复不异于一事，是故以不异止之观，见于一事即是一切，而念不乱。如一事，一切亦尔。

第八即入无碍门者。由交参非一，与相含非异，体无二故，是故以止观无二之智，顿见即入二[③]门同一法界，而心无散动也。

---

① “与”，疑为“以”。

② “令无”，所引原文唐法藏《华严发菩提心章》中作“令无碍也”。

③ “二”，三本均作“三”，现按唐法藏《华严发菩提心章》校订。

第九帝网重现门者。如于一事中具一切故，此一切内复各具一切，如是重重不可穷尽。如一事既尔，余一切事亦然。以止观心境不异之智，顿见一切，各各重重悉无穷尽。普眼所瞩，朗然现前，而无分别，亦无散动。

第十主伴圆备门者。菩萨以普门之智，顿照于此普门法界。然举一门为主，必摄一切为伴，一切亦尔。是故主伴、伴主，皆悉无尽，不可称说。菩萨三昧海门，皆此安立，自在无碍，然无异念也。

交参主伴。

以一心为主，万法为伴；或万法为主，一心为伴。互为主伴，性相该通，如云此土文殊说，则十方国土文殊一时同说。

十玄门之资摄，无尽无穷；

十玄门者：一同时具足相应门，此约诸法相应无前后说，如海一滴，含百川味。二一多相容不同门，此门约理说，如一室千灯，光光涉入。三诸法相即自在门，此门约用说，就三世间圆融即入而成无尽，如金金色，二不相离。四隐显秘密俱成门，此门约缘说，如片月澄空，晦明相并。五微细相容安立门，此门约相说，即一时齐现，似束箭齐头；如琉璃瓶，盛多芥子。六因陀罗网境界门，此门约譬喻说，约法相即互照重现无尽门，如两镜互照，传辉相写，递出无穷。七诸藏纯杂具德门，此门约诸行说，亦名广狭门，亦名主伴门，如北辰所居，众星拱之。八十世隔法异成门，此门约三世说，如一夕之梦，翱翔百年。九唯心回转善成门，此门约心说，如径尺之镜，见千里之像。十托事显法生解门，此门约智说，如立像竖臂，触目皆道。

此十玄门，法法皆具，悉入一心无尽之旨。如海涌群波，群波即海；金成众器，众器皆金。若以平等心是一义，差别心是多义。以一心即一切心，是相即义，是同时相应义；以一切心入一心，是相入义。以一心摄一切心，是隐义；以一切心资一心，是显义。以不坏差别心而现平等心，是多中一义；以不隐平等心而现差别心，是一中多义。又微细心不碍广大心，广大心不碍微细心，是一多不同义，亦是相容义。以一心为主，一切心为伴，是主伴义。以一实心是纯义，差别心是杂义。差别心即一实心，杂恒纯；一实心即差别心，纯恒杂；即诸藏纯杂义。以一心带一切心还入一心，是帝网义。因心现境，见境识心，是托事显法义。长劫短劫延促时量，皆从积念而成，一心所现，是十世义。因一心正义，演难思法门，究竟指归，言亡虑绝，即唯心回转义。自心既尔，彼心亦然，涉入交罗，重重无尽矣。

六相义之融通，不常不断。

夫一切字、一切法，皆有此六相。若善见者，得智无碍总持门，于诸法不滞有无、断常等见。此六字义，阙一即理智不圆。此是初地位中，观通世间一切法门故，不可废一取一，双立双亡。虽总同时，繁兴不有；纵各具别，冥寂非无。不可以有心知，不可以无心会。此六相义，于一一法上皆具。今于一心上具者，心是总相，能生世间出世间一切法故；于一心中起善恶心，是别相；心王心所皆同真性，同一聚法，是同相；念念互起，各各差别，是异相；诸法由心回转，心生则种种法生，则是成相；心心不可得，是坏相。

鹫山正脉，鹿苑鸿基；真风长扇，慧范恒施。

此一心法，是十方三世诸佛得道之场，说法之本，原始要终，不离此法；该今括古，岂越斯门？如《百门义海》云："远近世界，佛及众生，一切事物，莫不于一念中现。何以故？一切事法，依心而现。念既无碍，法亦随融，是故一念即见三世一切事物显现。"故知万法不出一心矣。

夫心法者，大约有三：一者四分成心，二者心法四缘生，三者三量明心。

四分成心者，一自证分，是心体；二见分，是心用；三相分，是心相；四证自证分，是心后边，为量果。八识心王，各各具四分义。

心法四缘生者，一是因缘，从种子而生；二是所缘缘，境牵生心用；三是等无间缘，念念相续；四是增上缘，不相障碍。若阙一缘，心法即不生。

三量明心者，一是现量，得法自性，不带名言；二是比量，比度而知；三是非量，境不现前。且山河大地，是第八阿赖耶识相分。眼识于第八识相分上，又变起一重相分，同与明了意识初念中率尔心缘时，是现量；后落第二念意识作解之时，便成比量。若境不现前，缘过去独影境中，是非量。凡一代时教，说心地法门，不出四分、三量，料简广说在《宗镜录》中。

又约妄心，有五种心：一率尔心，谓闻法创初，遇境便起；二寻求心，于境未达，方有寻求；三决定心，审知法体，而起决定；四染净心，法诠欣厌，而起染净；五等流心，念念缘境，前后等故。又约境有三：一性境，是现量心得；二带质境，是比量心现；三独影境，是非量心缘。

隐显无际而晦明相并，

《百门义海》云：若心摄一切法，即彼隐而此显；若一切法摄心，即彼显而此隐。由显时全隐而成显，亦全显而成隐，相由成立，是故隐时正显、显时正隐，如合日月，晦明相并。

又十玄门中，秘密隐显俱成门者，谓诸法相摄之时，能摄则现，名之为显；所摄不显，名之为隐。即隐常显，即显常隐，名曰俱成。常情不知，名为秘密。

次辩相者。且约一多相摄，以明隐显，有其六句：一一显多隐，一摄多故；二多显一隐，多摄一故；三俱上二句，同时无障碍故；四泯，约相形夺，俱不立故；五具上四，是解境故；六绝上五，是行境故。然一显与多显不俱，一隐与多隐不并，隐显显隐，同时无碍。〈三昧章〉云："又事相随理存亡自在，亦融成十义：一以事全理[①]，故事泯也；二以理全事，故事存也；三以前二不相离故，亦存亦泯也；四以二相夺故，非存非泯

① "理"，《卍续藏》本作"事"，应误。

也；五以举体全理，事相方成故，即泯而存也；六以事举体全成[①]，无不荡尽故，即存而泯也；七以二义相顺故，即存、即泯俱存；八以相夺故，即存即泯俱泯也；九以前八义同一事法，存亡自在，无碍俱现；十以同时相夺义，故无不尽。圆融超绝，迥出情表，亦深思可见。”

念劫融通而延促同时。

《百门义海》云：“融念劫者，如见尘之时，是一念心所现。此一念之时，全是百千大劫。何以故？以百千大劫，由本一念，方成大劫。既相成立，俱无体性。由一念无体，即通大劫；大劫无体，即该一念。由念劫无体，长短之相自融。”然亦不坏长短之相，故云：“尘含法界，无亏大小；念包九世，延促同时。”九世者，过去世中有现在未来，未来世中有过去现在，现在世中有过去未来，三三成九世。

微妙之境幽深，非从像设；太玄之乡绵邈，莫可心知。卓尔不群，湛然纯一。天成神授而挺生，万德千珍而共出。

一切众生心，本具无漏功德，念念内熏，及至成佛时，便为性起功德。如懒瓒和尚偈云：“我有一语，无过直与。细于毫末，大无方所。本自圆成，不劳机杼。”又古德云：至妙灵通，目之曰道。若不镜方寸，则虚负性灵矣。

众义咸归于此宗，百华同成于一蜜。独超紫微之表，教海宏枢；细开虚寂之闲，禅扃正律。

问：众义咸同成一蜜者，即成佛本理但是一心，云何更立文殊、普贤行位之因，释迦、弥勒名号之果，乃至十方诸佛国土神通变现种种法门等？

① “成”下，所引原文《华严发菩提心章》中有一“理”字。

答：此是无名位之名位，无因果之因果。是心作因，是心成果；是心标名，是心立位。《释论》云："初观实相名因，观成名果。"故知初后皆心，因果同证。只为根机莫等，所见不同，若以一法逗机，终不齐成解脱；须各各示现，引物归心。虽开种种之名，皆是一心之义。若违自心，取外佛相胜妙之境，则是颠倒。所以《华严》颂云："若以威德色种族，而见人中调御师，是为病眼颠倒见，彼不能知最胜法。"又颂云："假使百千劫，常见于如来，不依真实义，而观救世者，是人取诸相，增长痴惑网，系缚生死狱，盲冥不见佛。"云何不见佛？一者为不识自心，二者为不明隐显。何者？众生之因隐于本觉，诸佛之果显于法身。因隐之本觉，是果显之法身，故云凡圣交彻，理事相含矣。所云释迦牟尼者，释迦，此云能仁；牟尼，此云寂默。能仁者，即心性无边，含容一切；寂默者，即心体本寂，动静不干；故号释迦牟尼，觉此名佛。弥勒者，此云慈氏，即是一心真实之慈。以心不守自性，任物卷舒，应现无方，成无缘化，故称慈氏。阿弥陀者，此云无量寿，即如理为命，以一心真如性无尽故，乃曰无量寿。阿閦者，此云不动，即一心妙性，湛然不动，妙觉位不能增，无明地不能灭。文殊即是自心无性之本理，普贤即是自心无尽之妙行，观音是自心之大悲，势至是自心之大智。乃至神通变化，皆即一心矣。故《般若经》云："一心具足万行"，即斯旨也。

唯自不动，于彼云云。

《肇论》云："既无心于动静，亦无像于去来。去来不以像，故无器而不形；动静不以心，故无感而不应。然则心生于有心，像出于有像。"注云：月若入器，则一器有而众器无。良由月体不入器中故，则能千器、万器一时遍应。圣人不以像应物，则尘刹普现其身，动静不虑其心，故有感皆通。《周易》云："寂然不动，感而遂通。""心生于有心、像出于有像"者，一切圣心及佛像，皆是众生有心中而现。圣且无心无像，但本愿力故为增上缘，各令机熟众生自见如是事。

道在心而不在事，法由我而不由君。

万法唯识者，总有四种意识：一者明了意识，境现在前。二者独散意识，境不在前，独头而起，如缘过去境等；又不在定，但是散心所缘，故云独散意识。三梦中意识。此三种意识，皆是众生自心业之影像色。四定中意识，所现境界，即是坐禅人定中所现，名定果色。如《摄论》云："如观行人，定中所见色相境界，识所显现，实[①]无境界。此于九想中，所变青黄等色相，是定境，非所忆持识。忆持识有染污，此境现前所见，分明清净。则唯识之旨，于此弥彰。如依镜面，但有自面，无有别影。何以故？诸法和合道理难可思议，不可见法而令得见。定心亦尔。定心有二分，一分似识，一分似尘，此二种实唯是识。若忆持识，是过去色。此定中色，若在散心五识可言缘现在外尘起，若散意识缘过去尘起；若在观中，必不得缘外色为境，色在现前，又非缘过去境，当知定心所缘色，即见自心，不见别境。以定中色，比[②]定外色，应知亦无别境。"是知一心即万法，万法即一心。何者？以一心不动，举体为万法故。如《起信钞》云："举体者，谓真如举体成生灭，生灭无性即是真如。不曾有真如处不生灭，未曾有生灭处不真如。唯我不动、于彼云云者，如长者《论》云：以一切众生根器为明镜，佛于一切众生心海，任物自见，各得自法，皆令向善及得菩提。"

真性与缘起同寿，不思议而可思议；有量共无量平运，居见闻而非见闻。

一切染净诸法，是真性中缘起；一心，是缘起中真性。真性则不思议

① "实"，三本均作"定"，现按真谛译世亲《摄大乘论释》卷第五、《宗镜录》卷第七十八校订。

② "比"，三本均作"此"，现按真谛译世亲《摄大乘论释》卷第五、《宗镜录》卷第七十八校订。

无量，缘起则可思议有量。以皆是一心同时故，不思议即可思议，无量即有量。究竟论之，二俱寂灭。如《华严经》颂云：“菩萨入是不思议，于中思议不可尽。入是不可思议处，思与非思俱寂灭。”又云：“所思不可思，是名为难思。”

物外祥云，法中闲气。奇绝而异代殊珍，广大而宗徒富贵。

古云“不读《华严经》，焉知佛富贵”者，以《华严》以心为宗，故称无尽宗趣。如经云：“知一切法在一念。”又如《大庄严法门经》云：“复次，长者子！菩萨不应觉于余事，但觉自心。何以故？觉自心者，即觉一切众生心故。若自心清净，即是一切众生心清净故。如自心体性，即是一切众生心体性。如自心离垢，即是一切众生心离垢；如自心离贪，即是一切众生心离贪；如自心离瞋，即是一切众生心离瞋；如自心离痴，即是一切众生心离痴；如自心离烦恼，即是一切众生心离烦恼。作此觉者，名一切智知觉。”又《华严经》颂云：“心集无边业，庄严诸世间。了世皆是心，现身等众生。”

得初而即得后，犹圆珠无间隔之方；了一而便了余，似海滴总江河之味。

一是多，一能遍于多；多是一，多能遍于一。亦如毛孔是小，刹土是大；毛因悟显，刹逐迷生；迷则有分限，悟则无边际。又若具，诸刹毛孔皆有称性及不坏相义。今毛上取称性义，故如法性之无外；刹上取不坏相，故不遍称性之毛。

又内外缘起非即离故者，亦有二义：一约内外共为缘起，由不即故，有能所入；由不离故，故得相入。二约内外缘起与真法性不即不离，此复二义：一由内外不即法性，有能所入；不离法性，故毛能包、刹遍入。二者毛约不离法性，如理而包；刹约不即法性，不遍毛孔。思之成观。

一法才彻，万汇皆通。直论入道之处，靡离净意之中。

经颂云："迷时三界有，悟即十方空。欲知成道处，只在净心中。"

诸佛不证真门，悟时无得；异生弗沈死海，迷处全空。

以凡圣一如，本无迷悟，但了佛是心，万法如镜。是以《思益经》云："思益菩萨放右掌宝光，一切四众皆如佛相，各坐宝莲华座。下方四菩萨踊出，欲礼世尊，乃发愿言：'今此众会，其色无异，当知一切诸法亦复如是。此语不虚，愿释迦如来现异相，令我礼敬。'即时释迦如来，踊起七多罗树坐狮子座。"

幽旨罕穷，浅根难信。情见不到而理深，智解莫明而机峻。业果黡于净地，苦海收波；罪华籍于慈风，刀山落刃。

业由心造，罪是心生。若了自他唯心，即无逆顺对治，无复结业。如阿阇世王及央掘魔罗比丘等，遇佛悟罪性空，得入圣位，故云得道业亡。又云心生即是罪生时，今若悟境是心，心即不起，心灭即是罪消时，自然罪山摧而业海枯，镬汤息而铜柱冷矣。

旨不可见，义不可寻。理短而甘鞭尸吼石，

鞭尸者。佛灭后八百年，有如意论师出世，善能谈论，王礼为师。遂召外道，令如意论师立义。论师立先因后果，集苦道灭。集是有漏因，苦是有漏果，道是无漏因，灭是无漏果。外道遂来出过，外道云："汝师出世，说苦集灭道四谛，何以弟子说集苦道灭？有违师教过。"如意救云："我不违师教。佛在世日说先果后因者，为对不信因果有情，先说苦果，后说集因。我今顺因果说，亦不相违。"此时外道朋党炽盛，众中无证义人，王赐外道金七十两，封外道论为《金七十论》。如意此时堕负，嚼舌而终。至佛灭后九百年，世亲出世，披寻外道邪论，果见如意屈负，遂造《论轨》《论式》等上王，救如意论师。王加敬仰，赐世亲金七十两，封为《胜金七十论》。王令缚草鞭尸，表外道邪宗。鞭草尸血出，所以云世亲有鞭尸之德。故知说须逗机，无证便堕。古人嚼舌，可谓为法忘躯矣。鞭草出血者，是知理为神御，邪法难扶，无情出血，表心境一如矣。

吼石者。昔劫初之时，有外道名伽毗罗，修道得五通，造《略数论》。知世无常，身不久住，恐后有人破我所造之论，遂欲驻身拒来破者，便往自在天所，求延寿法。天云："我今变汝为一物，最为长寿。"其仙人遍报门徒："我今化为石，若有异宗来难我法者，但教书于石上，我自答通。"天遂变仙人为一方石，可长一丈余，在频陀余柑林中。后陈那造《因明论》成，以宗、因、喻三支比量，破其《数论》。弟子莫能通答，将陈那比量，往余柑林，书于石上，寻书出答。后又书比量于石，与弟子同封记之。至明旦往看，石上书答讫。如是陈那又书比量于石上，难彼外道，至二三日方答得。陈那复书，至七日后方答。如是又书其石，并不书出答词，被陈那难诘，其石汗出，大吼振破，升在空中。所以世云陈那有吼石之能也。变身为石，而能形文对答者，可谓心境同原，自他一际，有情无情，同一体性。如《漩澓颂》云："若人欲识真空理，心内真如还遍外。情与无情同一体，处处名为真法界。"又《首楞严经》云："根尘同原，缚脱无二。识性虚妄，犹若空华。知见立知，即无明本。知见无见，斯即涅槃无漏真净，云何是中更容他物？"石吼振破者，是知妙理难亏，真心莫易，可以摧邪转正，去伪存真。且如金石至坚，尚能骤坏，岂况浮言泛解，而能移易乎！

请说而愿捧足倾心。

西天有陈那菩萨，世称命世，贤劫千佛之一也。山神捧菩萨足，高数百尺，唱言："佛说因明，玄妙难究。如来灭后，大义沦绝。今幸福智攸邈，深达圣旨，因明论道，愿请重弘。"因许所请，遂造《因明正理门论》。又如释迦如来初得道时，梵王请转法轮，亦如舍利弗请佛说《法华经》等，皆是倾心沥恳，三请方说。

广长舌之敷扬，

佛说《法华经》，出舌至梵天。说《阿弥陀佛经》时，舌覆大千世界。以凡夫人舌过鼻尖，表三生不妄语；圣人出舌至发际。以佛说《法华》一乘等心地法门时，舌出过凡圣之上，以表所说心法真实，起众生信故。

暂披而即能熏种；

《法华经》云："须臾闻之，即得阿耨菩提。"又云："一句染神，历劫不忘。"如《华严策林》问："罪有浅深，位有阶降。阿鼻地狱极恶罪人，如何顿超便阶十地？若言经力，或推佛光，何不狱中谈经？何借光明常照？仰申所以，用显大违[①]。"答："圆顿教海，德用难思。诸佛威神，利乐叵测。然其化物，要在有缘。地狱罪人，昔闻圆法，具金刚种，得遇佛光，光流成道之时，则是根机已熟，冥机叩圣，感应道交。亦似萌[②]芽，久含阳气，东风一拂，顿示抽条。位虽顿圆，久因积善，若非其器，亦不遇斯光。诸地久修，果无顿得。其由影随质妙，响逐声伦，理数而然，亦何致惑？"善恶之法，皆是熏成矣。

五实语之剖析，

五语者，《金刚经》云：一真语，二实语，三如语，四不诳语，五不异语。此表所说一心金刚般若之法不虚，以金刚是不可坏义，般若即无二之旨。

一览而须纳千金。

《因明钞》云：玄鉴居士，是护法菩萨门徒。护法造得《唯识》稿本一百卷，临入灭时，将付玄鉴居士云："支那菩萨到，为将分付。此土如

---

① "违"，所引原文《大华严经略策》中作"疑"。

② "萌"，《卍续藏》本作"萠"，应误。

有人借看，但觅取金一百两，可借与看一遍。”三藏于居士处，得此稿本归，翻为十卷，即《成唯识论》是也。又天亲菩萨造《唯识三十颂》，付一居士，亦嘱云：“若有要看者，索金一两。”迩后门庭来求观者，输金如市。是知古人重教轻珍，敬人爱法。况闻之入道，便为出世之人，岂世间珍宝而为酬比耶？故《法华经》偈云：“若有闻法者，无一不成佛。”

举止施为，现大神变。

《证道歌》云：“三身四智体中圆，八解六通心地印。”如今众生身中三身者，寂是法身，智是报身，用是化身。四智者，前眼等五识是成所作智，第六意识是妙观察智，第七末那识是平等性智，第八阿赖耶识是大圆镜智。在众生时，智劣识强，但名为识。当佛地时，智强识劣，但名为智。只转其名，不转其体。又歌云：“六般神用空不空，一颗圆光色非色。”又志公和尚歌云：“运用元来声色中，凡夫不了争为计。”

理不偏而事不孤，行常顺而道常遍。即多用之一体，同时顿具而非分；于一体之多门，前后交罗而齐现。

出世之道，理由心成；处世之门，事由心造。若以唯心之事，一法即一切法，舒之无边；以唯心之理，一切法即一法，卷之无迹。因卷而说一，此法未曾一；因舒而说多，此法未曾多。则非一非多，有而不有；而多而一，无而不无。《华严记》云：一多十门分别者：

一孤标独立者，即颂云：“多中无一性，一亦无有多。”二法互夺故，故得独立。亦一即多而唯多，多即一而唯一。废己同他，故云独立。

二双现同时，即颂云：“知以一故众，知以众故一。”无一即无多，无多即无一，故二双现，更无前后，如牛二角。

三两相俱亡，即前二俱舍也。

四自在无碍者，欲一即一，不坏相故；欲多即多，一即多故。一既如此，多亦准之。常一常多常即，故云自在。

五去来不动者。一入多而一在，多入一而多存。若两镜相入，而不动本相。相即亦然。

六无力相持者。因一有多，多无力而持一；因多有一，一无力持多。

七彼此无知者，二互相依，皆无体性，故不相知。觉首云：“诸法无作用，亦无有体性，是故彼一切，各各不相知。”

八力用交彻者，即颂云：“一中解无量，无量中解一义。”

九自性非有者，互为因起，举体性空。

十究竟离言者，不可言一，不可言非一，不可言亦一亦非一，不可言非一非非一。不可言相即，以相入故；不可言相入，以相即故。不可言即入，不坏相故；不可言不即入，互交彻故。口欲言而辞丧，心将缘而虑亡。唯证智知，同果海故。一多既尔，染净等无不皆然。又如善财遍求遍事，此一乃即多之一。故至普贤一时顿圆，则是即一之多。一多无碍，故曰难思。

又三昧章云：一诸门融合，圆明顿现，具足一切也。二随举一门，亦具一切。三随举一义，亦具一切。四随举一句，亦具一切。五以此圆分[①]俱是总相，是故融摄一切。六俱是别相，莫不皆是所摄一切。七俱是同相，能所摄义齐均同故。八俱是异相，义各别不相离故。九俱是成相，缘起义门正立俱现故。十俱是坏相，缘起无作，同一味故。

美恶无体，唯想任持；声响冥合，形影相随。

夫十恶业，因从心生，果还心受。于生报、后报、现报，总三报之中，生、后二报，事在隔生；于现报之中，见闻亲验，此是增上业果，于总别报中，现身便变。如《自镜录》云：“新罗国大兴轮寺，第一老僧，厥名道安，自小出家，即住兹寺。又薄解经论，为少长所宗。然于饮食，偏好简择，一味乖心，杖楚交至，朝夕汲汲，略无暇日。众虽患之，莫能救止。后因抱疾，更剧由来，骂詈瞋打，挥掷器物，内外亲邻不敢瞻视。

① “分”，所引原文《华严发菩提心章》中作“融”。

经数日，遂生变作蛇，身长百余尺，号吼出房，径赴林野。道俗见闻，莫不伤心而诫矣。”此即瞋火从自心而发，还烧自身。瞋之一法既然，八万四千烦恼亦尔。

胎狱华池，受报而自分优劣；琼林棘树，禀生而各具荣衰。

《净名经》云：“心净故众生净，心垢故众生垢。”《起信论》云：“染净诸法，皆相待而成。”故知垢净由心，更无别体。《庄严论》云：“诸行刹那增上者，如佛说：‘心将世间去，心牵世间来。’由心自在，世间随转。识缘名色，此说亦尔。故知诸行是心果。又随净者，净是禅定人心，彼人诸行随净心转。修禅比丘，具足神通，心得自在，若欲令木为金，则得随意。故知诸行皆是心果。如作罪众生，可得外物，一切下劣；作福众生，可得外物，一切妙好。故知诸行皆是心果。”当知一切万法，既以心为因，亦以心为果。虽然净秽显现不同，于心镜中，如光如影，了不可得。

明断由人，斯言可听。运意而须契正宗，举步而莫行他径。

《心镜录》中问：真心靡[①]易，妙性无生，凡圣同伦，云何说妄？

答：本心湛寂，绝相离言。性虽自尔，以不守性故，随缘染净。且如一水，若珠入则清，尘杂则浊。又如一空，若云遮则昏，月现则净。故《大智度论》云：“譬如清净池水，狂象入中，令其浑浊；若清水珠入，水即清净。不得言水外无象、无珠。心亦如是，烦恼入故，能令心浊。诸慈悲等善法入心，令心清净。”然垢净不定，真妄从缘。若昧之则念念轮回，遗失真性；若照之则心心寂灭，圆证涅槃。故知真妄无因，空有言说。约真无说，约说无真，皆是狂迷情想建立。千途竟起，空迷演若之头；一法才生，唯现闼婆之影。

① “靡”，清《乾隆藏》本作“魔”，现按《嘉兴藏》本、《卍续藏》本校订。

如急湍之水，逐南北而分流；

人性如急湍水，决东即东，决西即西，方圆任器，曲直随形。心之性柔，亦复如是。

似虮蠖之身，食青黄而不定。

如虮蠖虫，食苍而身苍，食黄而身黄。如云："心大般若大，心小般若小"，则转变由心矣。

如来之藏，万德之林，湛然无际，曷用推寻？木母变色之时，生于孝意；

如丁兰至孝，克木为母，晨昏敬养。形喜愠之色，土木不变，唯心感耳。亦如世间致生祠堂，有政德及民，往往有遗爱去思，为立祠宇，中塑像，以四时飨之。其人当飨祭日，则酒气腹饱。

金像舒光之日，起自诚心。

或志心供养尊像，而放光明者，皆是志诚所感。如经云："一切化佛，从敬心起。"又书云："河岳不灵，唯人所感。"

引喻何穷，证明非一。理理而悉具圆常，事事而皆谈真实。

如《法华经》云："唯此一事实，余二即非真。"以一心是万法之实性故。又颂云："虽说种种道，其实为一乘。"是以《释摩诃衍论》云："一切诸法一心量，无心外法。以无心外法故，岂一心法与一心法作障碍事？亦一心法与一心法作解脱事？无有障碍，无有解脱。一心之法，一即是心，心即是一，无一别心，无心别一。一切诸法平等一味，一相无相，作一种光明心地之海。"

似幻师观技而无著，了是心生；如调马见影而弗惊，知从身出。

幻师幻出男女之形，而心不著，知是自幻术心生；如调马见影不惊，知影从我形出。则心不见心，无相可得。

诸尘不隔，此旨堪遵；变化莫测，绵密难论。如善财不出道场，遍历百城之法；

李长者《论》云："善财遍巡诸友，历一百十城之法，不出娑罗之林。慈氏受一生成佛之功，不出一念无生性海。"

犹海幢常冥寂定，广开佛事之门。

《华严经》云："海幢比丘结跏趺坐，入于三昧，离出入息，无别思觉，身安不动，从其足下出无数百千亿长者、居士、婆罗门众，皆以种种诸庄严具，庄严其身，悉著宝冠，顶系明珠，普往十方一切世界，雨一切宝、一切缨络、一切衣服、一切饮食如法上味、一切华、一切鬘、一切香、一切涂香、一切欲乐资生之具。于一切处，救摄一切贫穷众生，安慰一切苦恼众生，皆令欢喜，心意清净，成就无上菩提之道。"如《金刚三昧经》云："空心不动，足具六波罗蜜。"

最上之宗，第一之说。大悟而岂假他求，内证而应须自决。似冰含水，融通而岂有等伦；

冬则结水成冰，春则释冰成水，时节有异，湿性不动。众生佛性亦尔，在凡身如结冰，居圣体如释水，但隔迷悟之时，一心不动。

如金与环，展转而更无差别。

《密严经》颂云："如来清净藏，世间阿赖耶，如金与指环，展转无差别。"以如来藏不守自性，随缘六道。如金逐工匠之缘，造作瓶盘众器，虽随缘转，而不失金体。如来藏亦复如是，虽随染缘作众生，是随缘义；而不失自体，是不变义。

《永明心赋注》卷四

妙圆正修智觉永明寿禅师 述

若空孕色，犹蓝出青。马鸣因兹而制论，

马鸣菩萨是西天第十二祖师，造一千部论，数内有《一心遍满论》，乃至诸论皆研心起，离众生心，无一字可说。故云："无法可说，是名说法。"又如天亲菩萨造颂及论，成立佛经，令诸学者了知万法皆不离心，故云："自心起信，还信自心。"

释迦由此而弘经。

诸佛证心成佛，从心演教，因心度人。若离于心，亦无三宝四谛、世出世间等法。如《肇论》云："为莫之大故，乃反于小成；施莫之①广故，乃归于无名。"何谓小成？通百千恒沙之法门，在毛头之心地。何谓无名？形教遍于三千，无名相之可得故，以唯是一心故。如傅大士《行路难》云："君不见，心相微细最奇精，非因非缘非色名。虽复恬然非有相，若凡若圣己之灵。此灵无形而常应，虽复常应实无形。心性无来亦无去，流转六趣实无停。正觉觉此真常觉，方便鹿苑制尊经。"

外道打髑髅之时，察吉凶之往事；

《增一阿含经》云：佛与鹿头梵志俱行，至大畏林，取人髑髅，授与鹿头。此外道善解诸声，问云："此是何人髑髅？"鹿头打作一声，答

① "之"，清《乾隆藏》本作"大"，现按《嘉兴藏》本、《卍续藏》本校订。

云："此是男子，因百节酸疼故命终，今生三恶道。"又打一髑髅云："被人害死。此人持十善，今得生天。"佛一一问之，皆答不谬。是以声中本具诸法，众生日用不知。故知声处全耳，法法皆心故。

相者占人面之际，辩贵贱之殊形。

《定慧论》云："如人面色，具诸休否。若言有相，问者不知；若言无相，占者渊解。当随善相者，信人面上具一切相也。心亦如是，具一切相。众生相隐，弥勒相显，如来善知，故远近皆记。不善观者，不信心具一切相；当随如实观者，信心具一切相也。"又如《弥勒相骨经》云："一念见色有三百亿五阴生灭，一一五阴即是众生。"

大体平分，玄基高峙。十心九识之宗，

十心者，《华严疏》云：此一心，约性相、体用、本末、即入等义，有十心门：

一假说一心，则二乘人，谓实有外法，但由心变动，故说一心。

二相见俱存故说一心，此通八识及诸心所，并所变相分，本影具足，由有支等熏习力故，变现三界依正等报。

三摄相归见故说一心，亦通王数，但所变相分无别种生，能见识生，带彼影起。

四摄数归王故说一心，唯通八识，以彼心所依王无体，亦心变故。

五以末归本说一心，谓七转识皆是本识差别功能，无别体故。经偈云："譬如巨海浪，无有若干相。诸识心如是，异亦不可得。"

六摄相归性说一心，谓此八识皆无自体，唯如来藏平等显现，余相皆尽，一切众生即涅槃相。经云："不坏相有八，无相亦无相。"

七性相俱融说一心，谓如来藏举体随缘，成办诸事，而其自性本不生灭。即此理事混融无碍，是故一心二谛皆无障碍。

八融事相入说一心，谓由心性圆融无碍，以性成事，事亦镕融不相障碍。一入一切，一一尘内各见法界，天人修罗等不离一尘。

九令事相即说一心，谓依性之事，事无别事，心性既无彼此之异，事亦一切即一。如经偈云：“一即是多、多即一”等。

十帝网无碍说一心，谓一中有一切，彼一切中复有一切，重重无尽，皆以心识如来藏性圆融无尽，以真如性毕竟无尽故，观一切法即真如故，一切时处皆帝网故。

九识者，一眼识，二耳识，三鼻识，四舌识，五身识，六意识，七末那识，八阿赖耶识，九真识。九识者，以第八染净别开为二，以有漏为染，无漏为净。前七识不分染净，以俱是转识摄故。第八既非转识，独开为二，谓染与净，合前七种，故成九识。又第九识亦名阿陀那识，《密严经》说九识为纯净无染识。如瀑流水，生多波浪，诸波浪等以水为依，五、六、七、八等皆以阿陀那识为依故。

三细六粗之旨。

三细者，一者业相，即无明业相，以依不觉故心动，说名为业。觉则不动，动则有苦，果不离因故。二者转相，即能见相，以依动故能见，不动则无见。三者现相，即境界相，以依能见故境界妄现，离见则无境界。第一业相，未分能所；第二转相，渐立见分；第三现相，顿现相分。《论》云：不觉故心动者，动为业识，理极微细，谓本觉心因无明风，举体微动。微动之相，未能外缘，即不觉故，为精动隐流之义。精者，细也；隐者，密也。即是细动密流难觉故，所以云不觉，谓从本觉有不觉生，即为业相，喻如海微波，从静微动，而未从此转移本处。转相者，假无明力，资助业相，转成能缘，有能见用，向外回起，即名转相。虽有转相，而未能现五尘，所缘境相，喻如海波浪，假于风力，兼资微动，从此击波转移而起。现相者，从转相而成现相，方有色尘山河大地器世间等。

如《仁王经》云“初刹那识异于木石”者，有说，初识随于何趣续生位中，最初刹那第八识也，识有缘虑，异于木石。有说，初识如《楞伽经》云“诸识有三种相，谓转相、业相、真相。”言真相者，本觉真心，不藉妄缘，名自真相。业相者，根本无明，起静令动，动为业识，极微细故。转相者，是能见相，依前业相转成能缘。虽有能缘，而未能显所缘境故。现相者，即境界相，依前转相，能现境故。又云：顿分别知自心及身，安立受用境界，如次即是根身、外器、色等五境，以一切时任运现故。此是三细，即本识故，最初业识即为初，依生起门为次第故。又远劫来，时无初始，过未无体，熏习唯心，妄念为初，违真起故。

又从静起动，名之为业；从内趣外，名之为转；真如之性不可增减，名为真相，亦名真识。此真识即业、转、现等三性，即神解性，不同虚空，通名识；亦名自相，不藉他成故；亦名智相，觉照性故。所以云本觉真心，不藉妄缘，以真心之体，即是本觉，非动转相，是觉性故。

又释云："初刹那识异于木石"者，谓一念识有觉受故，异于木石，即显前念中有末心，所见赤白二秽，即同外器木石种类。此识生时，揽彼为身，故异木石。

问：远劫无始，名初识耶？答：过去、未来无体，刹那熏习，唯属现在。现在正起妄念之时，妄念违真，名为初识，非是过去有识创起，名为初识也。应知横该一切处，竖通无量时，皆是即今现在一心，决无别法。所以《法华经》云："我观久远犹若今日。"则三世情消，契无时之正轨；一真道现，证唯识之圆宗。已上释三细相讫。

次解六粗相者。《论》云：后以有境界缘故，复生六种相，故名粗。六粗者，一起计，一者智相，依于境界，心起分别，爱与不爱故；二生爱，二者相续相，依于智故，生其苦乐，觉心起念，相应不断故；三取著，三者执取相，依于相续，缘念境界，住持苦乐，心起著故；四立名，四者计名字相，依于妄执，分别假名言相故；五造业，五者起业相，依于名字，寻名取著，造种种业故；六受报，六者业系苦相，以住业受报，果不自在故。

上三细六粗，总摄一切染法，皆因根本无明，不了真如一心而起。

根身国土，因本识而先生；

根身器世间，从第八识而建立。如《唯识论》云：一切三界，但唯有识。识有二种：一显识，即是本识，此本识转作五尘、四大等；二分别识，即是意识。于显识中，分别作人天、长短、大小、男女、诸佛等，分别一切法。譬如依镜，影色得起，如是缘显识，分别识得起。

又转识能回转造作无量识法，或转作根，或转作尘，转作我，转作识，如此种种不同，唯识所作。或于自于他，互相随逐。于自则转为五阴，于他则转为怨、亲、中人。一一识中皆具能所，能分别是识，所分别是境。能即依他性，所即分别性。由如此义，离识之外，更无别境，但唯有识。

又《转识论》明所缘识转有二种：一转为众生，二转为法。一切所缘不出此二。此二实无，但是识转作二相貌也。

又《论》云："虽非无色，而是识变，谓识生时，内因缘力，变似眼等、色等相现，即以此相为所依缘。然眼等根，非现量得，以能发识，比知是有。此但功能，非外所造。外有对色，理既不成，故应但是内识变现。"释云：眼等虽有所依、所缘之色，而是识所变现，非是心外别有极微以成根境。但八识生时，内因缘种子力等，第八识变似五根、五尘。眼等五识，依彼所变根，缘彼本质尘境，虽亲不得，要托彼生，实于本识色尘之上，变作五尘相现。即以彼五根为所依，以彼及此二种五尘为所缘缘。五识若不托第八所变，便无所缘缘，所缘缘中有亲疏故。"然眼等根非现量"者，色等五尘，世间共见，现量所得。眼等五根，非现量得，除第八识缘及如来等缘，是现量得；世不共信，余散心中无现量得。此但能有发识之用，比知是有。此但有功能，非是心外别有大种所造之色。此功能言，即是发生五识作用，观用知体。如观生芽，比知种体是有。

所以《密严经》偈云："眼色等为缘，而得生于识；犹火因薪炽，识起亦复然。境转随妄心，犹铁逐磁石；如乾城阳焰，愚渴之所取；中无能造物，但随心变异。复如乾城人，往来皆不实；众生身亦尔，进止悉非真。亦如梦中见，寤后即非有；妄见蕴等法，觉已本寂然。四大微尘聚，离心无所得。"

妍丑高低，从分别而潜起。

凡分别，属第六意识。分别有三：一自性分别，二随念分别，三计度分别。如祖师偈曰："境缘无好丑，好丑起于心。心若不强名，妄心从何起？妄心既不起，真心任遍知。"

矗然端直，靡历光阴。德用之道恢廓，善巧之门甚深。

若不先了真如一心，为自行化他之本，曷能酬本愿、起化轮、垂善巧权门、备无边德用？如《十住经序》云："以灵照故，统名一心；以所缘故，总号一法。若夫名随数变，则浩然无际；统以心法，则未始非一。"又《十二门论序》云："论之者，欲以穷其心源，尽其至理也。若一理之不尽，则众异纷然，有惑趣之乖；一源之不穷，则众途扶疏，有殊致之迹。殊致之不夷，乖趣之不泯，大士之忧也。"

金地酥河，匪出化源之意；

《百法钞》云："十地菩萨，所变大地为黄金，搅长河为酥酪，化肉山鱼米等事，令众生得实用，此皆不离大菩萨之心。"然地种不动，但令所度众生自心感见，乃是菩萨本愿力为增上缘，令众生见如是事。

人波鬼火，宁离业识之心？

《唯识论》云："且如一水，四见成差：天见是宝严地，人见是水，饿鬼见是火，鱼见是窟宅。"故知前尘无定相，转变由人。如云："境随业识转，是故说唯心。"《识论》云："身不定，如鬼者，或见猛火，或见脓河等，实是清河，无外异境，然诸饿鬼悉皆同见脓满河而流，乃至悭吝业熟同见此。若由昔同业各熏自体，此时异熟皆并现前，彼多有情同见斯事，实无外境，为思忆故。"准其道理，世间亦然，共同造作，所有熏习成熟之时，更无别相，色等相分从识而生，是故定知不由外境，识方得起。现见有良家、贱室、贫富等异，如是便成见其色等，应有差别，同彼饿鬼见成非等。然诸饿鬼虽同一趣，见亦差别，由业异故，所见亦然，彼或有见大热铁围融煮迸瀵，或时见有屎尿横流，非相似故。或有虽同人趣，薄福之人，金带现时见为铁锁，或见是蛇吐其毒火。是故定知，虽在人趣，亦非同见。但唯识变，法无差别。如先德云："人水鬼火，岂在异方？毛海芥山，谁论巨细？一尘一识，万境万心矣。"又襄邑县有赖乡，乡中有庙，庙有九井。若斋洁入祠者，汲水则温清；若滥浊入祠者，汲水则混浊。又汉时郑弘，夜宿郊外一川泽，忽逢故友，四顾荒榛，沽酒无处，因投钱水中，各饮水而醉。故知境随业识而转，物逐情感而生，若离于心，万法何有？

迹现多门，光韬实地。不用天眼而十方洞明，

《华严疏》云："菩萨悟普法故，名为普眼。眼外无法，故名普眼。"既心眼之外，无纤毫之法，即知心遍一切处。故《楞严经》云："十方虚空生汝心中，犹如片云点太清里。"岂空中十方国土，而不明见乎？所以志公和尚偈云："大士肉眼圆通，二乘天眼有翳。"又《净名经》云："不以二相见，名真天眼。"以了一心，无相可得，由无相即无有二，是名真天眼。

岂运神通而千界飞至。

不动一心，恒遍十方刹海，无来去之相，是神足通。故经云："诸佛菩萨，于无二法中，现大神变矣。"

未离兜率，双林而已般涅槃；

《华严论》明如来八相成道，释天犹未下，母胎犹未出，双林而已般涅槃，不出一刹那际三昧。当知降生时，即是说法时，即是涅槃时，以不出一心故尔。《肇论·涅槃论》云："至人空洞无像，而物无非我。会万物以为己者，其唯圣人乎！何则？非理不圣，非圣不理。理而为圣者，圣不异理也。故天帝曰：'般若当于何求？'善吉曰：'般若不可于色中求，亦不可离色中求。’又曰：‘见因缘起为见法，见法为见佛。’斯则物我不异之教，所以至人戢玄机于未兆，藏冥运于即化，总六合以镜心，一去来以成体。古今通，始终同，穷本极末，莫之与二，浩然大均，乃曰涅槃。”

不起树王，六欲而早升忉利。

《华严经》云：“不离觉树而升释天。”古释云：“若约处相入门，以一处中有一切处故，是此天宫等本在树下，故不须起；然是彼用，故说升也。若约相入门，以一处入一切处故，树遍天中，亦不须起；欲用天宫表法升进，故云升也。”然佛体无不遍周，但随众生心想见。如《不思议经》云：“以一切佛、一切诸法，平等平等，皆同一理，如阳焰等，一切众生及诸如来一切佛土，皆不离想。乃至若我分别，佛即现前；若无分别，都无所见。想能作佛，离想无有。如是三界一切诸法，皆不离心。”

坚贞难并，泡沫非同。立绝相之相，

《金刚经》云：“若见诸相非相，则见如来。”以心无形相，故号无相法门，亦名无相道场。若于一切相，见无相之理，即见唯心如来。

运无功之功。

向心外有作，皆是有功。若谛了一心本来具足无漏性起功德，则是无功之功。故云：有功之功，功归败坏；无功之功，功不虚弃。

慈敕分明，始因四念之处；

《大涅槃经》最后垂示，总前教迹，同此指归，以四念处，即是《心赋》所明一切众生身、受、心、法。如经云：“佛告阿难：如汝所问佛涅槃后依何住者，阿难！依四念处严心而住。观身性相同于虚空，名身念处；观受不在内外，不住中间，名受念处；观心但有名字，名字性离，名心念处；观法不得善法，不得不善法，名法念处。阿难！一切行者应当依此四念处住。”又云：“譬如国王，安住己界，身心安乐；若在他界，则得众苦。一切众生亦复如是，若能自住于己境界，则得安乐；若至他界，则遇恶魔，受诸苦恼。自境界者，谓心四念处；他境界者，谓五欲也。”《华手经》云：“佛告跋陀婆罗：于尔时世，一切善人应作是念：我等当自依四念处者，于圣法中，一切诸法皆名念处。何以故？一切诸法常住自性，无能坏故。”一切诸法皆名念处者，故知即法是心，即心是法，皆同一性，岂能坏乎？若有二法，则有相坏。《大宝积经》偈云：“得无动处者，常住于无处。”无动处者，则自心境界，此境界即无处所。如《金刚三昧经》云：“心无边际，不见处所。”《论》释云：“心无边际者，归一心原，心体周遍，遍十方故无边，周三世故无际。虽周三世，而无古今之殊；虽遍十方，而无此彼之处。故言不见处所。”《大法炬陀罗尼经》云：“夫念处者，云何念义？当知是念，无有违诤，随顺如法，趣向平等，离诸邪念，无有移转及诸别异，唯是一心。”

教文审的，终归三点之中。

三点者，如世∴[①]字三点，不纵不横，不并不别，所谓解脱、法身、般若。夫法身即是人人须有灵智，故名般若。若得般若，则一切处无著，不为境缚，即是解脱。又若显法身而得解脱，则功全由般若。非唯此二法，一切万行皆因般若成立。故五度如盲，般若如导。若布施无般若，唯得一世荣，后受余殃债；若持戒无般若，暂生上欲界，还堕泥犁中；若忍辱无般若，报得端正形，不证寂灭忍；若精进无般若，徒兴生灭功，不趣真常海；若禅定无般若，但行色界禅，不入金刚定；若万善无般若，空成有漏因，不契无为果。故知般若是险恶径中之导师，迷暗室中之明炬，生死海中之智楫，烦恼病中之良医，碎邪山之大风，破魔军之猛将，照幽途之赫日，警昏识之迅雷，抉愚盲之金錍，沃渴爱之甘露，截痴网之慧刃，给贫

① “∴”，清《乾隆藏》本作“伊”。下皆例同。

乏之宝珠。若般若不明，万行虚设。祖师云：“不识玄旨，徒劳念净。”不可刹那忘照，率尔相违。

以此三法，不纵不横，非一非异，能成涅槃秘藏。如《大涅槃经》云：“佛言：我今当令一切众生，及以我子四部之众，悉皆安住秘密藏中。我亦复当安住是中，入于涅槃。何等名为秘密之藏？犹如∴字，三点若并，则不成∴，纵不成∴；如魔醯首罗面上三目，乃得成∴。三点若别，亦不得成。我亦如是，解脱之法亦非涅槃，如来之身亦非涅槃，摩诃般若亦非涅槃，三法各异亦非涅槃。我今安住如是三法，为众生故，名入涅槃。”

所以云：法身常，种智圆，解脱具一切，皆是佛法，无有优劣，故不纵；三德相冥，同一法界，出法界外，何处别有法，故不横。能种种建立，故不一；同归第一义，故不异。虽三而一，虽一而三。一则坏于三谛，异则迷于一实。在境则三谛圆融，在心则三观俱运。在因则三道相续，在果则三德周圆。如是本末相收，方入大涅槃秘密之藏。古德云：此之三德，不离一如，德用分异。即寂之照为般若，即照之寂为解脱，寂照之体为法身。如一明净圆珠，明即般若，净即解脱，圆体即法身。约用不同，体不相离。故此三法，不纵不横，不并不别，如天之目，似世之∴，名秘密藏，为大涅槃。

又台教类通三轨法：一真性轨，二观照轨，三资成轨，即是三德。以真性轨为一乘体，此为法身，一切众生悉一乘故。以观照轨为般若，只点真性寂而常照，便是观照第一义空。以资成轨为解脱，只点真性法界含藏诸行，无量众善即如来藏。三法不一不异，如点如意珠中论光、论宝。光、宝不与珠一，不与珠异，不纵不横。三法亦如是。

性非造作，

性地圆成，非干意造，故圆教立无作四谛。

理实镕融。

镕者，销也；融者，和也。理能销万事，和百法，终归一道。

明之而心何曾动，昧之而路自迷东。

《起信论》云："复次显示从生灭门即入真如门，所谓推求五阴，色之与心，六尘境界，毕竟无念。以心无形相，十方求之终不可得。如人迷故，谓东为西，方实不转。众生亦尔，无明迷故，谓心为念，心实不动。若能观察知心无念，即得随顺入真如门故。"

任竭海移山，未是无为之力；纵蹑虚履水，皆为有漏之通。

《法华经》颂云："若接须弥，掷置他方无数佛土，亦未为难；若以足指动大千界，远掷他国，亦未为难。乃至若佛灭后，于恶世中能说此经，是则为难。"又西天外道以持咒力，能移山塞海，及得五神通，皆不免生死。但能觉了即心是佛，复能开示自觉觉他，绍隆佛种，此难信之法，浅机难解，故云能说此经是则为难。是以《宝藏论》云："通有五种：一曰道通，二曰神通，三曰依通，四曰报通，五曰妖通。妖通者，狐狸老变，木石精化，附傍人神，聪慧奇异，此谓妖通。何谓报通？鬼神逆知，诸天变化，中阴了生，神龙隐变，此谓报通。何谓依通？约法而知，缘身而用，乘符往来，药饵灵变，此谓依通。何谓神通？静心照物，宿命记持，种种分别，皆随定力，此谓神通。何谓道通？无心应物，缘化万有，水月空华，影像无主，此谓道通矣。"

辨玉须真，探珠宜静。但向境外而求心，焉知圆光而在眚？

眚者，目病。《首楞严经》云："如世间人目有赤眚，夜见灯光别有圆影五色重叠。"此况迷心为境之人，不知境是自心，如灯上圆光，认为他境。

捏目之处，飞三有之虚华；

《首楞严经》云："三界有法，捏所成故。"于欲界、色界、无色界中所有之法，皆是捏出，本无来处，彻底唯空。又如捏目生华，有何真实？唯有真心遍一切处，有佛无佛，性相常住。故经云："眼病见空华，除翳不除华。妄心执有法，遣执不遣法。"又一切国土，皆想持之。取像曰想，若无想则无境。如盛热时，地蒸炎气，日光烁之，远望似水，但是心想。世间所见，皆如焰水，无有真实。如《华严经》颂云："勇猛诸佛子，随顺入妙法，善观一切想，心想方[1]世间。众想如阳焰，令众生倒解。菩萨善知想，舍离一切倒。众生各别异，形类非一种，了达皆是想，一切无真实。十方诸众生，皆为想所覆。若舍颠倒见，则灭世间想。世间如阳焰，以想有差别。知世住于想，远离三颠倒。譬如热时焰，世见谓为水。水实无所有，智者不应求。众生亦复然，世趣皆无有，如焰住于想，无碍心境界。"

迷头之时，认六尘之幻影。

《首楞严经》云："佛言：'富楼那！汝岂不闻室罗城中演若达多，忽于晨朝以镜照面，爱镜中头眉目可见，瞋责己头不见面目，以为魑魅，无状狂走。此人何因无故狂走？'富楼那言：'是人心狂，更无他故。'"是以三界之中，见有见无，尽是心狂，终无外境。

顺法界性，合真如心。智必资理而成照，理不待发而自深。意绝思惟，鉴彻十方之际；佛不说法，闻通无尽之音。

意绝思惟者，《宝雨经》云："如理思惟，是名供养一切如来。"如理思惟者，即是绝一切思惟。如六祖云："善恶都莫思量，自然得入心体。"

佛不说法者，《大涅槃经》云："若知如来常不说法，是名具足多

---

① "心想方"，唐实叉难陀译《大方广佛华严经》卷第四十四中作"缠网于"。

闻。”所以《法华玄义》云：“手不执卷，常读是经；口无言音，遍诵众典。佛不说法，恒闻梵音；心不思惟，普照法界。”故知不动真心，获如是功德。

莫摘枝苗，须搜祖祢。豁尔而无明顿开，湛然而情尘自洗。恶从心起，如铁孳垢而自毁铁形；善逐情生，犹珠现光而还照珠体。

犹珠现光而还照珠体者，如古释云：止观无所现有三义者，一无心现，约止；二所现空，约观；三无别体，约止观契合。又一约心，二约境，三心境两冥。又一约智，二约理，三理智冥契。就第三义中，疏先正释，后“自体显照故名为觉”者通妨，谓有难言：“若无别体，何能普现众生心行？”故答云：“自体显现，如珠有光，自照珠体。珠体喻心，光喻于智。心之体性，即诸法性，照诸法时，是自照故。”引《起信》文甚分明，然《论》问曰：“虚空无边故世界无边，世界无边故众生无边，众生无边故心行差别亦复无边。如是境界不可分剂，难知难解。若无明断无有心想，云何能了，名一切种智？”答曰：“一切境界本来一心，离于想念。以众生忘见境界，故心有分剂。以妄起想念不称法性，故不能决了。诸佛如来离于见想，无所不遍，心真实故，即是诸法之性，自体显照一切妄法，有大智用无量方便，随诸众生所观得解，皆能开示种种法义，是故得名一切种智。”

鹄林大意，须归准凭。

《法华经》颂云：“世尊法久后，要当说真实。”

形端影直，风静波澄。辨伪识真，如试金之美石；除昏鉴物，犹照世之明灯。

《密严经》颂云：“照耀如明灯，又如试金石，正道之标相，远离于断灭。”夫世间出世间一切万法，但以一心验之，自无差别。似灯破暗，如石试金，悉皆去伪辨真，破邪归正，故颂云“正道之标相”，自然不落断常有无之见，故颂云“远离于断灭”。

事绝纤毫，本无称谓。因用之而不穷，从赞之而成贵。

心本无名，体亦寂灭，因用则无穷，因赞则成德。此皆为传布故，随顺于世间矣。

义天行布，重重之星象璨然；法海圆融，浩浩之波澜一味。

华严有二门：一行布门，二圆融门。若行布，则一中无量；若圆融，则无量中一。如经云：“一中解无量，无量中解一，了彼互生起，当成无所畏。”又约事行布，约理圆融，皆不出心，了之成佛，故云“当成无所畏”。

根尘泯合，能所双销。了了而如同眼见，一一而尽是心标。

若决定信入此唯识正理，速至菩提。如登车而立至遐方，犹乘舟而坐升彼岸。如经所说：“言大乘者，谓是菩提萨埵所行之路，及佛胜果。为得此故，修唯识观，是无过[①]失方便正路。”为此类故，显彼方便，于诸经中种种行相而广宣说。如地水火风并所持物，品类难悉，方处无边，由此审知自心相现，遂于诸处舍其外相，远离欣戚。复观有海喧静无差，弃彼小途，绝大乘望，及于诸有耽着之类，观若险崖，深生怖畏，正[②]趣中道。若知但是自心所作，无边资粮，易为积集，不待多时。如少用功，能成大事。善游行处，犹若掌中。由斯理故，所有愿求，当能圆满，随意而转。以了此界一法是心，则比知无边法界皆是我心，故云善游行处犹若掌中。

又《入楞伽经》偈云：“不生现于生，不退常现退，同时如水月，万亿国土见。一身及无量，身火及霔雨，心心体不异，故说但是心。心中

① “过”，《卍续藏》本作“边”，应误。

② “正”，《卍续藏》本作“五”，应误。

但是心，心无心而生，种种色形相，所见唯是心。佛及声闻身，辟支佛身等，复种种色身，但说是内心。”又《肇论》云：“净名曰：‘不离烦恼而得涅槃。’天女曰：‘不出魔界而入佛界。’然则玄道在于妙悟，妙悟在于即真。即真则有无齐观，有无齐观则彼己莫二。所以天地与我同根，万物与我一体。”澄观和尚云：“实相心界者，依此心所生诸刹，譬如大海所生诸物，皆无不海；一切诸法皆从实相心所生，皆无不心。”是故当知眼中所见色、耳中所闻声，皆真法也，以一切法唯一法故，如经云：“一切法唯一相故。”于诸法中，若了观心，如同眼见。

照烛森罗，随念而未曾暂歇；飞穿石壁，举意而顷克非遥。

此真心体，寂而常照，犹如镜光，无有断绝。如高成和尚歌云：“应眼时，若千日，万象不能逃影质。凡夫只是未曾观，何得退轻而自屈？应耳时，若幽谷，大小音声无不足。十方钟鼓一时鸣，灵光运运常相续。应意时，绝分别，照烛森罗终不歇。透过山河石壁间，要且照时常寂灭。”

绝观通人，破尘上将，作智海之健舟，为法筵之极唱。

绝观通人者，若云菩提、涅槃、真如、解脱，皆是住观之语；若亲证一心，诸观并息。又说此唯心法门时，《法华经》云“是第一之说”，《金刚经》云“为最上乘者说”，《华严经》云“不思议说”，故云法筵之极唱。

如虻附翔鸾之尾，迥登丹汉之程；犹声入画角之中，出透重霄之上。

如《法性论》云：“问：本际可得闻乎？答：理妙难观，故有不知之说；旨微罕见，故发幢英之问。”有天名曰幢英，问文殊师利：“所言本际，为何谓乎？”文殊答曰：“众生之原，名曰本际。”又问：“众生之原，为何谓乎？”答曰：“生死之本，为众生原。”又问：“于彼何谓为生死本？”答曰：“虚空之本，为生死原。”幢英于是抱玄旨而辍问，如悟不住之本。若然，则因缘之始，可闻而不可明，可存而不可论。问：虚空有本乎？答：无。问：若无有本，何故云虚空之本为生死原？答：此犹本际之本耳。则于虚空无本，为众本之宗；化表无化，为万化之府矣。故知人心为凡圣之本，则凡亦是心，圣亦是心。以所习处下，不能自弘。诸佛将众生心登妙觉，众生将佛心溺尘劳。若以心托事则狭劣，若以事从心则广大。凡世人多外重其事，而内不晓其心，是以所作皆非究竟，以所附处卑故耳。如搏牛之虻，飞极百步；若附鸾尾，则一翥万里，非其翼正，所托迅也。亦如墙头之草，角里之声，皆能致其高远者，所托之胜也。如入心法中，一一附于自心，则能毛吞巨海，尘含十方，岂非深广乎！

言言合道，法法随根。对大心之高士，谈普眼之法门。

心本无法，名为普眼。《华严经》云："海云比丘语善财言：如来为我演说普眼法门。假使有人，以大海量墨，须弥聚笔，书写于此普眼法门，一品中一门，一门中一法，一法中一义，一义中一句，不得少分，何况能尽？"

厚地金刚，穿之而始终不坏；

《大涅槃经》云："譬如有人，善知伏藏，即取利钁，斫地直下，盘石沙砾，直过无难，唯有金刚，不能穿彻。"此况心性坚牢，不从前际生，不于中际住，不随后际灭，不变不异，性相常存。

雪山正味，流之而今古恒存。

《大涅槃经》云："雪山中，药味常正。"此况一切众生一真之心，随染缘时流转五道，其性不减，乃至随净缘时成就佛身，性亦不增，随缘而不失自性。故云："一切众生一时成佛，佛界不增，众生界不减。"佛界即众生故，又同一性故。

一际无差，随缘自结。旷代无减，十方咸说。如天宝器，任福而饭色不同；

如三十三天共食宝器，随其福德，饭色有异。

似一无为，随证而三乘有别。

《金刚经》云："一切贤圣皆以无为法而有差别。"此一心法，随三贤十圣，约智浅深，证时各别。如《大涅槃经》云：十二因缘是一法，随智证成四种菩提。上上智观得诸佛菩提，上智观得菩萨菩提，中智观得缘觉菩提，下智观得声闻菩提。譬如黄石有金，上上福人烹出金，上福人烹出银，中福人烹出铜，下福人烹出铁。

万法万形，皆逐心成。孤光一照，众虑俱清。如瓶贮醍醐，随诸器而不等；犹水分江海，逐流处而得名。

此一心法，是一际门。如醍醐一味无差，诸器自分大小；犹水一味不别，江海自分异名。

直了无疑，襟怀自豁。非劣解情当，乃上根机夺。犹如庭雀，焉攀鸿鹄之心；还似井蛙，岂测沧溟之阔？

夫真如一心，圆信难解。且如在家凡夫、出家外道，皆是背觉合尘，不识自心境界，故云："海枯终见底，人死不知心。"若是声闻、缘觉，但证生空，亦执心外有其实境。若藏、通二教菩萨，设识自心，皆是缘生无性，彻底餐空。若大乘别教菩萨，虽知常住不空之心，能含十法界性，即今未具，直待熏修，次第生起。唯圆教菩萨，知自心即具十法界，一念圆足。则悟心大士，方了圆宗，高翥义天，深游性海，岂凡小权渐之所逮[①]乎？

① "逮"，《卍续藏》本作"建"，应误。

又沧溟者，即况如来智海。如《华严经》云：“‘佛子！此阎浮提有二千五百河，流入大海。乃至如是大海其水无量，众宝无量，众生无量，所依大地亦复无量。佛子！于汝意云何？彼大海为无量不？’答言：‘实为无量，不可为喻。’‘佛子！此大海无量，比如来智海无量，百分不及一，千分不及一，乃至优波尼沙陀分不及其一，但随众生心为作譬喻，而佛境界非譬所及。佛子！菩萨摩诃萨应知如来智海无量，从初发心修一切菩萨行不断故；应知所住众生无量，一切学无学声闻独觉所受用故；应知住地无量，从初欢喜地乃至究竟无障碍地诸菩萨所居故。’”

群经之府，众义之都。写西来之的意，脱出世之真模。或徇他求，如钻冰而觅火；但归己解，犹向乳以生酥。

钻冰觅火者，违法性故，如心外求道。从乳求酥者，顺法性故，似背境观心。如《还源观》云：“明者德隆于即日，昧者望绝于多生。会旨者山岳易移，乖宗者锱铢难入。”又《普贤行愿疏》云：“契文殊之妙智，宛是初心；入普贤之玄门，曾无别体。失其旨也，徒修因于旷劫；得其门也，等诸佛于一朝。”

正业常新，恒居本位。统一心之高广，

《法华经》云：“其车高广。”高则竖彻三际，广则横亘十方，摄法无遗，包藏无外，凡有所见，皆是自心。如《华严经》云：“如有人将欲命终，见随其业所受报相。行恶业者，见于地狱畜生饿鬼，所有一切众苦境界，或瞋或骂，囚执将去，亦闻嗥叫悲叹之声，或见灰河，或见镬汤，或见刀山，或见剑树，种种逼迫，受诸苦恼。作善业者，即见一切诸天宫殿，无量天众天诸彩女，种种衣服具足庄严，宫殿园林尽皆妙好。身虽未死，而诸业力见如是事。善财童子亦复如是，以菩萨业不思议力，得见一切庄严境界。”

烛微言之周备。

如《首楞严经》云："诸法所生，唯心所现。"《十地论》云："三界无别法，但是一心造。"则一言无不略尽，殊说更无异涂。

了宗之际，殒十方之虚空；

《首楞严经》云："若一人发真归源，此十方虚空皆悉消殒。"

忏罪之时，翻无边之大地。

修一心无生忏，如翻大地。亦云："若欲忏悔者，端坐念实相。"实相者即无相也，亦云实地，故《法华经》云："唯此一事实，余二即非真。"

一华开而海内春，一理现而法界真。

如阳和发生，无处不春；心为法界之体，无法不心。故经云："平等真法界，无佛无众生。"

如二乘之蒙佛记，

台教云：八千声闻于法华会上见如来性，得授佛记，如秋收冬藏，更无所作。如来性者，即是自心性也。若识心人，万缘皆办，故云已事已办，梵行已立。

似穷子之付家珍。

一念才起，五阴俱生，背觉合尘，即是舍父逃逝；循环五趣，即是五十余年。若顿悟一心，即是定父子，付家财。此是定天性之父子，付一心之法财，故经云："我实汝父，汝实我子。"当了了明心之日，即是归宗合觉，亦云返本还源矣。

水未入海之时，不成咸味；

百川入海，皆同一味之咸；万境归心，尽趣一真之道。

境若归心之日，方可言均。

古德云："水未入海不咸，薪未入火不烧，境未入心不等。"故经颂云："一切诸法中，皆以等观入。慧解心寂然，三界无伦匹。"

梦宅虚无，

三界是梦宅，故云长眠三界中。所梦之境，皆是梦中意识。如《唯识论》云："如梦触女形，能出不净。觉时亦尔，未触女形之时，由极重染爱现前，便致如斯流溢之相。由于梦有等无间缘差别力故，遂便引起非理作意。以此为因，便见遗泄。又如小儿梦遗尿等事，如似梦中，虽无实境，能出不净。又如梦食毒等，应身成病，有闷绝流汗之事，此亦由其唯识有用。"

又如《论》云："诸地狱中所有狱倅狗乌等，所有动作，不待外缘，彼地狱受罪众生，先罪恶业为任持故，如木影舞，同众生相。"所以《首楞严经》云："昼则想心，夜成诸梦。"以梦觉俱不出心故。

梦中无境，唯心成事，与觉无异。如小乘立九难，难大乘师云："我信梦中唯识，不信觉时，以有实作用故。"因以梦喻，如出不净等亦有实作用，遂破彼疑。应立量云：觉时境色是有法，定唯识为宗，因云以有实作用故，同喻如汝梦中境色。是以《华严经》颂云："菩萨了世法，一切皆如梦，非处非无处，体性恒寂灭。诸法无分别，如梦不异心，三世诸世间，一切悉如是。梦体无生灭，亦无有方所，三世悉如是，见者心解脱。梦不在世间，不在非世间，此二不分别，得入于忍地。"又《大智度论》云："佛说诸法，无有根本定实如毫厘许所有。欲证明是事，故说梦中受五欲譬。如须菩提意，若一切法毕竟空无所有性，今何以故现有眼见耳闻法？以是故，佛说梦譬喻。如人梦力故，虽无实事，而有种种闻见瞋处喜处；觉人在傍，则无所见。如是凡夫人，无明颠倒力故，妄有所见；圣人觉悟，则无所见。一切法若有漏、若无漏，若有为、若无为，皆不实虚妄，故有见闻。”

如《幽冥录》：焦湖庙有一柏枕，或云玉枕，枕有小坼。时单父县人杨林为估客，至庙祈求。庙巫谓曰：“君欲好婚否？”林曰：“幸甚。”巫即遣林近枕边，因入坼中，遂见朱门琼室，有赵太尉在其中，即嫁女与林，生六子，皆为秘书郎。历数十年，并无思归之志。忽如梦觉，犹在枕傍，林怆然久之。

又菩萨行者是想念生，此有二意：一要须想念方能起行，如梦从想故，《智论》之中，所闻见事多思惟念故梦见也。二夫大觉是佛，近而说之，七地已前，犹为梦行；八地为觉，如梦渡河。八地无明未尽，亦是梦境，唯佛一人故称大觉。

如《华严记》云：“觉梦相成，故须说觉。于中初以觉成梦，以未觉时不知是梦故。于中初‘要在觉时方知是梦’者，正辨须觉所以，谓大梦之外[①]，则必有彼大觉之明，谓我世尊方知三界皆如梦故，上引《楞伽》叹佛能了于梦。次‘正在梦时不知是梦’者，谓为实故，为诸凡夫长眠大夜，不生厌求，故睿公云：‘梦中瞻梦，纯昏心也。’次‘设知是梦亦未觉故’者，此通妨难，谓亦有人梦知是梦，如人重眠，忽有梦生，了知我梦，以睡重故，取觉不能。喻诸菩萨从初发心，即知三界皆梦，岂非是觉，何用更说觉时？故今释云：亦未见[②]觉，未大觉故。故《起信论》云：‘若人觉知前念起恶，令其不起，虽复名觉，即是不觉，有生灭故，无明覆心不自在[③]故。’次云‘觉时了梦知实无梦’者，非唯觉时知梦，亦知无梦。如八地菩萨梦渡河喻，证无生忍，不见生死此岸，涅槃彼岸，能度所度皆叵得故，况于大觉？故经云：‘久念众生苦，欲拔无由脱。今日证菩

① “外”，所引原文《大方广佛华严经随疏演义钞》卷第七十五中作“夜”。

② “见”，《大方广佛华严经随疏演义钞》卷第七十五中作“是”。

③ “在”，《卍续藏》本作“存”，应误。

提，豁然无所有。’然由梦方有觉，故辨梦觉时者，上辨以觉成梦，此辨以梦成觉。对梦说觉，无梦无觉。既了梦无梦，对何说觉？故觉梦斯绝。如无不觉，则无始觉；觉梦双绝，方为妙觉也。”

化源寂灭。

凡圣境界，悉从心化，以一切万法不离心故。如《金刚三昧经》云：“善不善法，从心化生。”又《华严经·十忍品》云：“佛子！何为菩萨摩诃萨如化忍？佛子！此菩萨摩诃萨知一切世间皆悉如化，所谓一切众生意业化，觉想所起故；一切世间诸行化，分别所起故；一切苦乐颠倒化，妄取所起故；一切世间不实法化，言说所现故；一切烦恼分别化，想念所起故。复有清净调[①]伏化，无分别现行故；于三世不转化，无生平等故；菩萨愿力化，广大修行故；如来大悲化，方便示现故。”

破疑情而藤蛇并融，廓智地而形名双绝。

论偈云：“于藤生蛇知，见藤即无境。若知藤分已，藤知如蛇知。”即藤蛇并空，形名俱绝。是知千圣同证，心外无得。

心外求悟，望石女而儿生；意上起思，邀空华而果结。本非有作，性自无为。智者莫能运其意，像者何以状其仪？言语道亡，是得路指归之日；

阿难等于楞严会上，蒙如来微细开示，各悟真心遍十方界，遂白佛言：“我等今日明识归家道路”，故决定无疑。

心行处灭，当放身舍命之时。

若心外缘他境，如鱼在陆不得自在。若背境归自心，似鸟翔空无有隔

① “调”，清《乾隆藏》本作“谓”，现按《卍续藏》本校订。

碍，则念念归真，心心至道矣。如台教云：十法界三科十八界如丈，一法界五阴如尺，唯在识心如寸。如今去丈论尺，去尺论寸。若达心具一切法已，方能度入一切色心。如今去色论心，去心所论心王，如一一尺无非是寸，及一一丈无非是尺，是故丈尺全体是寸。故知若真谛、若俗谛，若有为、若无为，一刹一尘，无非是心。既顿悟一心，全成圆信，则心外无一法可解，心内无一法可思，怀抱豁然，永断纤疑矣。

执迹多端，穷源孤迈。非世匠之所成，岂劫火之能坏？

心本圆成，性非造作，不可以功成，不可以行得。论云："劫火能烧三界，不能烧虚空。"故《法华经》云："我净土不毁，而众见烧尽。"以心性常住，非生因之所生，唯了因之所了。

白毫光里，出莫测之身云；

《华严经》云："如来白毫相中，有菩萨摩诃萨名一切法胜音，与世界海微尘数诸菩萨众，俱时而出，右绕如来，经无量匝。"又云："如来狮子之座，众宝妙华，轮台基陛，及诸户牖，如是一切庄严具中，一一各出佛刹微尘数菩萨摩诃萨。"释曰：菩萨是因，诸佛是果；供养具是境，菩萨身是心。即是因果同时，心境互入。如经颂云："诸佛一似大圆镜，我身犹若摩尼珠。诸佛法身入我体，我身常入诸佛躯。"

无生盖中，现大千之世界。

《维摩经》云："长者子宝积，与五百长者子，俱持七宝盖供养佛。佛之威神，令诸宝盖合成一盖，遍覆三千大千世界，而此世界广长之相悉于中现。"五百盖者，即是五阴。合成一盖者，即是一心。《华严经》云："此宝盖皆从无生法忍之所起。"乃至一切供具，皆是自心表现，心外实无一法建立。若心外见法，是外道经书，非佛法旨趣。

释门挺价，法苑垂箴。

释门挺价者，如龙女所献心珠，故云价直三千大千世界，亦云无价宝珠。法苑垂箴者，一切诸法，以心为定量，先贤所禀，后学同遵，可为万代之箴规，十方之龟镜。

无声之乐寂寂，

以真心大寂灭乐，岂随喧动耶？故禅门中泥[①]为无弦琴。

真如之海沉沉。

一心真如之海，澄之不清，搅之不浊，湛然寂照，莹净无瑕。所以众生因一念无明境界风，鼓动真如海，起种种识浪，相续不断。故《楞伽经》颂云："藏识海常住，境界风所动，种种诸识浪，腾跃而转生。"

应量出生，如龙王之降雨差别；

如龙王雨，随人间天上能感之缘，因自业而不同，成异味而有别。如经偈云："譬如虚空中，雨八功德水，到咸等住处，生种种异味。如来慈悲云，雨八圣道水，到众生心处，生种种解味。"如《华严经》云："佛子！譬如海中有大龙王，名大庄严，于大海中降雨之时，乃至从他化天至于地上，于一切处所雨不同。所谓于大海中雨清冷水，名无断绝；于他化自在天雨箫笛等种种乐音，名为美妙；于化乐天雨大摩尼宝，名放大光明；于兜率天雨大庄严具，名为垂髻；于夜摩天雨大妙华，名种种庄严具；于三十三天雨众妙香，名为悦意；于四天王天雨天宝衣，名为覆盖；于龙王宫雨赤真珠，名涌出光明；于阿修罗宫雨诸兵仗，名降伏怨敌；于北郁单越雨种种华，名曰开敷，余三天下悉亦如是。然各随其处，所雨

① "泥"，疑为"喻"。

不同。虽彼龙王其心平等，无有彼此，但以众生善根异故，雨有差别。佛子！如来应正等觉无上法王亦复如是，欲以正法教化众生，先布身云弥覆法界，随其乐欲，为现不同。”

循业发现，犹人间之随福浅深。

如福德人执石为宝，犹业贫者变金为蛇，法无定形，随心转变。如迷时菩提为烦恼，悟时烦恼为菩提，但随迷悟之心，菩提性常不动。夫论一心，独立绝妙，岂在文赋词句而广敷演乎？只为众生不了真心，妄起差别，但有一法才生，并为心病。执有成妄，达空成真。如《净名经》云：“此四魔八万四千诸烦恼门，而诸众生为之疲劳，诸佛则以此法而作佛事，是名入一切诸佛法门。菩萨入此门者，若见一切净妙佛土，不以为喜，不贪不高；若见一切不净佛土，不以为忧，不碍不没。”生法师云：“若投药失所，则药反为毒矣；苟曰得愈，毒为药也。是以大圣为心病之医王，触事皆是法之良药。苟达其一，众事皆备矣。菩萨既入此门，便知佛土本是就应之义，好恶在彼，于我岂有异哉！”

既达心宗，应当莹饰。炼善行以扶持，澄法水而润泽。

《华严经》云：“解脱长者言：我已入出如来无碍庄严解脱门，乃至我见如是等十方各十佛刹微尘数如来，彼诸如来不来至此。我若欲见安乐世界阿弥陀如来，随意即见。乃至知一切佛及与我心悉皆如梦；知一切佛犹如影像，自心如水；知一切佛所有色相及以自心悉皆如幻；知一切佛及以己心悉皆如响。我如是知，如是忆念，所见诸佛，皆由自心。善男子！当知菩萨修诸佛法，净诸佛刹，积集妙行，调伏众生，发大誓愿，入一切智自在游戏不可思议解脱之门，得佛菩提，现大神通，遍往一切十方法界，以微细智普入诸劫，如是一切悉由自心。是故善男子！应以善法扶助自心，应以法水润泽自心，应以境界净治自心，应以精进坚固自心，应以忍辱坦荡自心，应以智证洁白自心，应以智慧明利自心，应以佛自在开发自心，应以佛平等广大自心，应以佛十力照察自心。”故知摩尼沉泥，焉能雨宝？明镜匿垢，曷以照人？犹众生心久积尘劳似障真性，今虽明达，要假真修，故云“设有余习，还以佛知见治之”，则成出缠真如、离垢解脱，究竟清净矣。

照世行慈而不谬，先洞三明；

三明者，一过去宿命明，二未来天眼明，三现在漏尽明。虽约三世而立三明，但是心明，故《证道歌》云：“心镜明，鉴无碍，廓然莹彻周沙界。”

观根授道而无差，须凭十力。

十力者，一是处非处力，二[①]业力，三定力，四根力，五欲力，六性力，七至处道力，八宿命力，九天眼力，十漏尽力。此十力者，遍知因果，普照万法。若穷万法，根本是心，但了一心，十力如镜。

杜源大士，立志高强。

直了真心实观之人如杜源，渐教法学之人如寻流，故圆教初心，已超权学之士。如云：“以小乘之极极，不如圆教之初初。”故心为源，法如流；心为所现，法依于心，则万法是心之影故。

或剥皮出髓而誓思缮写，

释迦如来因地，值无佛世，欲求经法。天帝化为罗刹，言：“汝能剥皮为纸，析[②]骨为笔，打骨出髓为墨，我能示汝佛经。”菩萨闻之欢喜，遂剥皮析骨。罗刹惊之，遂乃隐身不现。十方有佛现身，为说法要。

---

① “二”，《卍续藏》本作“三”，应误。

② “析”，《卍续藏》本作“折”。

或投岩赴火而志愿传扬。

《大涅槃经》云："有仙人于罗刹求法，罗刹言：汝能舍身，我当为说。仙人遂上高岩，投身直下。罗刹接得，为说偈言：诸行无常，是生灭法。生灭灭已，寂灭为乐。"则是悟心性之乐。如《智度论》云："如犊子啾啾鸣唤，见母即止。一切诸法亦复如是，至法性即住。"万法到心，诸缘并绝。

身烛千灯，沥恳而唯求半偈；

《大方便佛报恩经》云："昔有转轮圣王，就婆罗门求法，于身剜成千疮，注满膏油，以取上妙细氎，缠以为炷，点成千灯，供养彼师，求于半偈。于是法师为王说偈曰：夫生辄死，此灭为乐。"此乐者，是法乐，大寂灭乐，禅定乐，不同天上天乐，人间识乐。天上乐者，以动踊为乐；双锤画鼓，对舞柘枝，是人间识乐。故《智度论》颂云："独坐林树间，寂然灭诸恶，澹泊得一心，此乐非天乐。"

足翘七日，倾心而为赞华王。

释迦如来因地，于林中翘足七日，以一偈赞底沙如来。偈云："天上天下无如佛，十方世界亦无比，世间所有我尽见，一切无有如佛者。"故云："天上天下，唯我独尊。"又云："此事唯我能知。"是以心为秘密门，非佛难证。

更有念法勤苦，只希一言。悬悬而顿忘寝食，颙颙而不避寒暄。遍界南求，行菩萨之大道；

善财童子南行，遍法界参五十三员善知识，得一百十城法门，为求菩萨之道。最先参见文殊初友，已悟自心。后渐至诸善知识，皆云我已先发菩提心，但求菩萨差别智道。及至弥勒，证一生成佛之果。后弥勒却指归再见初友文殊，以表前心后心一等，更无差别，始终不出一心，离此别无奇特矣。

忘身东请，为般若之真源。

常啼菩萨东行，于法涌菩萨求学般若。常啼者，常在空闲林，为求般若，未闻般若时，恒常啼泣，故号常啼。及闻空中声告言："往东行，当遇善友开发。"遂卖身求供，直至法涌菩萨处，遇菩萨入定，立待定出，仍刺血洒地等。后乃得悟法音，顿明般若心要。

冲邃幽奇，举文难述。任身座与肉灯，用海墨而山笔。

如《法华经》中，提婆达多以身为床座，转轮圣王剜身千灯。《华严经》云："聚须弥山为笔，以四大海水为墨，不能写普眼经之一品。"斯皆为法忘躯，誓求至道，宁容造次乎！

药王烧手，报莫大之深恩；

《法华经》云："药王菩萨燃百福庄严臂，供养日月净明德佛，七万二千岁。乃至云：我舍两臂，必当得佛金色之身。若实不虚，令我两臂还复如故。"我舍两臂者，即是舍断常二见，便得成佛。如《华严经》颂云："一切法不生，一切法不灭。若能如是解，诸佛常现前。"不生是不常，不灭是不断。才离断常诸见，自然成佛。论云："见在即凡，情亡即佛。"

普明刎头，求难思之妙术。

《大方便佛报恩经》云："有婆罗门，于普明王乞头。王言：'我为一切众生故，愿于来世，得大智慧头。施于汝等。'乃至尔时普明王者，即释迦如来是。佛言：'我舍转轮王头布施，数满一千，况余身分。'"大凡菩萨舍头目髓脑，皆为求无上正等正觉之心。此无上心，乃是成佛之妙术也。

能祛冰执，可定行藏。

心外见法，便成执滞，所以《首楞严经》颂云："见闻如幻翳[①]，三界若空华。"若洞境明心，则无执想，所以经云："佛言：我于诸法无所执故，得常光一寻，身真金色。"

证自觉之圣智，

《楞伽经》云："佛告大慧：前圣所知，转相传授，妄想无性。菩萨摩诃萨独一静处，自觉观察，不由于他，离见妄想，上上胜进，入如来地，是名自觉圣智相。"是以，觉自心成圣智。如《密严经》颂云："如地无分别，万物依以生；藏识亦复然，众境之依处。如人以己手，还自扪其身；亦如象以[②]鼻，取水自沾洒；复似诸婴孩，以口含其指；如是识分别，现境还自缘。是心之境界，普遍于三有，久修观行者，而能善通达。内外诸世间，一切唯心现。"

入本住之道场。

《楞伽经》云："大慧复白佛言：'如世尊所说，我从某夜得最正觉，乃至某夜入般涅槃，于其中间不说一字，亦不已说、当说，无说是佛说。'大慧白佛言：'何言不说是佛说？'佛告大慧：'我因二法故作是说：一自得法，二本住法。云何自得法？若彼如来所得，我亦得之，无增无减。缘自得法究竟境界，离言说妄想，离文字二趣。云何本住法？谓古先圣道，如金银等性，法界常住；若如来出世，若不出世，法界常住；如趣彼城道，譬如士夫行旷野中，见向古城平坦正道，即随入城，受如意乐。'"

《仁王经·观空品》云："若有修习听说，如虚空同法性，一切法

---

① "翳"，《卍续藏》本作"医"，应误。

② "以"，三本均作"与"，现按《大乘密严经》卷中校订。

皆如也。”又诸佛所说，但是传述古佛之教，非自制作。《般若论》云：“须菩提言‘如来无所说’，此义云何？无有一法，唯独如来说，余佛不说。”如《密严经》颂云：“譬如百川流，日夜常归往；如地有众宝，种种色相味；诸有情受用，随福而招感。如是赖耶识，与诸分别俱，增长于生死，转依成正觉。”故知溺生死河、登菩提座，皆是自心致此升降。是以先德云：智人求心不求佛，愚人求佛不求心。

步步而到泥彻底，

如香象渡河，步步到底。此喻圆教，不同权渐，如兔马渡河。故李长者《论》云：“不如一念圆证无生，超彼三乘权学等见。”《宝积经》颂云：“文殊大智人，深达法源底。”

箭箭而破的穿杨。

如射，若以的为的，多乖少中；若以地为的，无不中者。如以心为的，无不合宗。又养由善射，百发百中，百步穿杨，箭不虚发，故云：“但以大乘理对，万不失一。”

齐襟而唯思举领，整网而只要提纲。

况此一心秘密法门，如提纲举领，撮要而谈，亦云单刀直入。夫教中有显了说、秘密说，有真实说、方便说，有遮诠、表诠。此是显了说，真实说，是表诠，直表其心体，不是遮非破执方便之言，故《法华经》颂云：“正直舍方便，但说无上道。”显了说者，如《密严经》颂云：“无心亦无境，能所量俱无，但依于一心，如是而分别。”又颂云：“如火轮垂发，乾闼婆之城，不了唯自心，妄起诸分别。”

浴沧溟而已用诸河之水，爇一尘而皆含众味之香。

《大涅槃经》云：“如人入海中浴，已用诸河之水。”《楞严三昧经》云：“如捣万种为丸，若爇一尘，具足众气。”皆喻若了一心，一切法门悉皆冥合。

如忉利杂林，靡作差殊之见；

《佛地论》云："三十三天有一杂林，诸天和合福力所感。若诸天众不在此林，宫殿等事、共乐时[①]受，胜劣有异，有我我所差别受用；若在此林，若事若受都无胜劣，皆同上妙，无我我所。和合受用，能令平等，故名杂林。此由诸天各修平等和合福业增上力故，令彼诸天阿赖耶识变现此林，同处同时同一相状。由此杂林增上力故，令彼转识亦同变现，虽各受用而谓无别。"是以若达诸法皆心想生，即从世俗门，入圣行处。

犹须弥南面，纯舒金色之光。

须弥山南面，纯现金光，杂色之鸟投入山时，皆同金色。如万法归心，皆同心法故。

乍似醉醒，如同梦起。外道授咒于天中，妇人求男于林里。

西天有外道，供养梵天求咒，遂于梦中见天授咒。然梵天实不下，但托天为增上力，皆是梦心所感如斯事耳。又复闻乎为求子息者，密隐林中，梦见有人共为交集，便得其子。此并是梦中意识所变，但是自心，实无外境。

无为无事，全当实相之门；唯寂唯深，顿悟法空之旨。

千经万论，正谈人空、法空，悟入一心之旨、八识之源。此一心、八识，微细难知，唯佛能了。且八识心王，以第八阿赖耶识为根本，能生起前之七识。如《起信论》云："生灭与不生灭和合，非一非异，名阿赖耶识。"古德释云：不生灭心与生灭和合非一非异者，以七识染法为生灭，

---

① "时"，《佛地经论》卷第六、《宗镜录》卷第五作"等"。

以如来藏净法为不生灭。不生灭心举体动故，心不离生灭相；生灭之相莫非神解故，生灭不离心相。如是不相离，故名和合为阿赖耶识。以和合故，非一非异。若一即无和合，若异亦无和合。非一非异，故得和合也。又如来藏清净心，动作生灭，不相离，故云和合，非谓别有生灭来与真合。如动水作波，波非外合。谓生灭之心、心之生灭，无相故，心之生灭因无明成，生灭之心从本觉起，而无二体，不相舍离，故云和合。如大海水，因风波动，水相风相不相舍离。生与无生若是一者，生灭识相灭尽之时，心神之体亦应随灭，堕于断边；若是异者，依无明风熏动之时，静心之体不应随缘，即堕常边。离此二边，非一非异。又上所说觉与不觉，二法互熏，成其染净，既无自体，全是一觉。何者？由无明故成不觉，以不觉义熏本觉故，生诸染法。又由本觉熏不觉故，生诸净法。依此二义，遍生一切，故言识有二义，生一切法。

百氏冥归，万古难移。据前尘之无体，唯自法之施为。若乐工之弄木偶，如戏场之出技儿。

《起信疏》云："经颂云：'佛说如来藏，以为阿赖耶，恶慧不能知，藏即赖耶识。'阿赖耶，是梵语，此云我爱执藏，即是一切众生第八根本识心。第八识心，即如来藏，以一切外道众生，不能了达，执为藏识。'佛言：大慧！七识不流转，不受苦乐，非涅槃因。大慧！如来藏受苦乐，与因俱，若生若灭。'解曰：七识念念生灭无常，当起即谢，如何流转？自体无成，故不受苦乐。既非染依，亦非无漏涅槃依矣。其如来藏真常普遍，而在六道，迷此能令随缘成事，受苦乐果。与七识俱，名与因俱，不守自性而成，故七识依此而得生灭，云若生若灭。此明如来藏即是真如随缘，故受苦乐等。又云：'常与无明七识共俱，无有断绝。'意云：如来藏以随缘故，名阿赖耶识，故与无明共俱。说大海如阿赖耶，波如无明七识，水即如来藏。云无断绝者，无始时来，相续不断故。如来藏者，即所熏之净性。随染缘成虚伪等者，即能熏之染幻。识藏即所成赖耶也。为善不善因者，谓此性随善缘起诸善法，性即为善因；随不善缘起诸不善法，性即为不善因。受苦乐与因俱者，随善受乐，性在其中；随恶受苦，性亦在其中。若生若灭者，循环诸趣，万死万生，如技儿等。如人作戏，变改服章，体是一人，初未曾易。”故《楞伽经》颂云：“心如工技儿，意如和技者，五识如音乐，妄想观技众。”所以草堂和尚偈云：“乐儿本是一形躯，乍作官人乍作奴，名目服章虽改变，始终奴主了无殊。”故知清净如来藏一点真心，不增不减，湛然常住，以不守自性，随染净之缘，遂成凡圣十法界。虽即随缘，又不失自性。在凡不减，处圣不增。如水随风作波之时，不失湿性。一切众生真心亦复如是，随相转变，性常不动。故《还源观》云：“真如之性，法尔随缘；随缘之时，法尔归性。”

纵浅纵深，靡出一心之际；

《华严经》云：“佛子！菩萨摩诃萨次第遍往诸佛国土，神通三昧，乃至于一念顷，一切佛所勤求妙法。然于诸佛出兴于世、入般涅槃，如是之相，皆无所得。如散动心了别所缘，心起不知何所缘起，心灭不知何所缘灭。此菩萨摩诃萨亦复如是，不分别如来出世及涅槃相。佛子！如日中阳焰，不从云生，不从池生，不处于陆，不住于水，非有非无，非善非恶，非清非浊，不堪饮漱，不可秽污，非有体非无体，非有味非无味，以因缘故而现水相，为识所了。远望似水，而兴水想；近之则无，水想自灭。此菩萨摩诃萨亦复如是，不得如来出兴于世及涅槃相。诸佛有相及以无相，皆是想心之所分别。佛子！此三昧名为清净深心行。菩萨摩诃萨于此三昧入已而起，起已不失。”是知非唯佛教以心为宗，三教所归，皆云反己为上。

如《孔子家语》云：“卫灵公问于孔子曰：‘有语寡人，为国家者，谨之于庙堂之上，则政治矣。何如？’子曰：‘其可也。爱人者则人爱之，恶人者则人恶之。所谓不出圜堵之室而知天下者，知反己之谓也。’”是知若反己以徇物，则无事而不归自心，取舍忘怀，美恶齐旨。是知但了一心，无相自显，则六趣尘牢，自然超越。出必由户，莫不因斯道矣。如古德云：“六道群蒙自此门出，历千劫而不返，一何痛矣！”所以诸佛惊入火宅，祖师特地西来，乃至千圣悲嗟，皆为不达唯心出要道耳。《华严经》明一念能为无尽之事，故云一心超胜。如经云："一者，佛一跏趺坐，遍满十方无量世界；二、一切诸佛说一义句，悉能开示一切佛法；三、放一光明，悉能遍照一切世界；四、一身中悉能示现一切佛身；五、一处中悉能示现一切世界；六、于一智中，悉能决了一切诸法，无所挂碍；七、一念中悉能遍往十方世界；八、一念中悉现如来无量威德；九、一念中普缘三世佛及众生，心无杂乱；十、于一念中与去来今一切诸佛体同无二。是为十。"《还源观》引论云："由依唯识故，境本无体，真空义成故；以尘无有故，本识即不生。由此方知，由心现境，由境显心，心不至境，境不至心。常作此观，智慧甚深。"《唯识序》云："离心之境克湮，即识之尘斯在；带数之名攸显，唯识之称兆彰。"故得一心之旨，永传而不穷；八识之灯，恒燃而无尽矣。

任延任促，但当唯识之时。

如经云："如是我闻，一时佛在舍卫城"等，时即是一心唯识之时，故云：一念无量劫，无量劫一念。《法华玄赞疏》云："如经中说一时者，即是唯识时。说听二徒心识之上，变作三时相状而起，实是现在随心分限，变作短长，事绪终讫[①]，总名一时。如梦所见，谓有多生；觉位唯心，都无实境。听者心变三世亦尔，唯意所缘，是不相应行蕴，法界、法处所摄。"

古德言："一时者有四：一则不定约刹那，二则不定约相续，三则不定约四时、六时、八时、十二时等，四则不定约成道已后年数时节，名为一时。但是听者根熟，感佛为说，说者慈悲，应机为谈，说听事讫，总名为一时。

今不定约刹那等者，听法之徒根器或钝，说时虽短、听解时长，或说

① "讫"，三本均作"说"，现按《妙法莲华经玄赞》卷第一、《宗镜录》卷第九十九校订。

者时长、听者亦久，于一刹那，犹未能解，故非刹那，亦不定说；

若约相续者，犹能说者得陀罗尼，说一字义，一切皆了；或能听者得净耳意，闻一字时，一切能解，故非相续。由于一会听者根机有利有钝，如来神力，或延短念为长劫，或促多劫为短念，亦不定故，总约说听究竟名时，亦不定说；

若约四时、六时、八时、十二时者，一日一月照四天下，长短暄寒，近远昼夜，诸方不定，恒二天下同起用故。又除已下[①]，上诸天等无此四时及八时等，经拟上地诸方流通，若说四时等，流行不遍故，亦不定说；

若约成道已后年数时节者，三乘凡圣所见佛身报化，年岁短长、成道已来近远各不同故。”

释曰：上所说不定约刹那时，及相续时，与四时、六时、八时、十二时等，及约成道已后年数时节，名为一时者，以根有利钝，长短不定，上界下界，时节无凭。但说唯心之一时，可为定量，无诸过失，事理相当，既亡去取之情，又绝断常之见。不唯一时作唯识解，实乃万义皆归一心，则称可教宗，深谐秘旨，能开正见，永灭群疑。所以经云：“一切诸法，以实际为定量。”又云：“但以大乘而为解说，令得一切种智。”故知但说大无过。夫言大乘者，即是一心之乘。乘是运载义，若论运载，岂越心耶？又夫不识心人，若听法看经，但随名相，不得经旨。如僧崖云：“今闻经语，句句与心相应。”又释法聪，因听慧敏法师说法，得自于心，荡然无累，乃至见一切境，亦复如是。若不观心，尽随物转。是故《大乘入道安心论》云：“若以有是为是，有所不是；若以无是为是，则无所不是。一智慧门，入百千智慧门。见柱作柱解，得柱相；不作柱解，观心是柱法，无柱相，是故见柱即得柱法，一切形色亦得如是。”故《华严经》颂云：“世间一切法，但以心为主，随解取众相，颠倒不如实。”

① “已下”，《说无垢称经疏》卷第一中作“人等”。

大矣圆诠，奇哉正辙！

如来圆教，正说一心。经云："三界上下，法义唯心。"此就世间依报以明心。又云："如如与真际，涅槃及法界，种种意生身，我说为心量。"此据出世法体以明心。终穷至实，毕到斯原，随流感果，还宗了义。故经云："道不离心，心不离道。"如十玄门中，由心回转善成门者，并是如来藏性清净真心之所建立。若善若恶，随心所转，故云回转善成；心外无别境，故言唯心也。若顺转即名涅槃，经云"心造诸如来"。若逆转即是生死，经云"三界虚妄，皆一心作"。即生死、涅槃，皆不出心矣。

六神通而焉可变，四辩才而莫能说。

《法华经》云："止止不须说，我法妙难思。"以众生心，是绝待妙，无法可比故，不可以心思，不可以口议。是以达磨西来，默传心要，为若此。

攀枝而直到根株，寻水而已穷源穴。

心为万法根本，故《华严经》云："菩萨知一切法即心自性，成就慧身不由他悟。"若于心外觅法，便向他求，如但寻枝派，转失根源。是以《永嘉集》云："即心为道者，可谓寻流得源矣。"

传印而尽继曹溪，得记而俱成摩竭。

韶州曹侯溪，是第六祖能大师住处。示众云："善恶都莫思量，自然得入心体，湛然常寂，妙用恒沙。"故先德云：不得一法，号曰传心。

释迦成道于摩竭国中，经云："菩萨不行见法、不行闻法等，诸佛疾与授记。"故《华严经》颂云："所取不可取，所见不可见，所闻不可闻，一心不思议。"但直了自心之时，心外了无所得，即便是得记之时矣。

可谓履道之通衢，悟宗之真诀!

此一心门，能收一切，故云：“十方佛土中，唯有一乘法。”所以《肇论》云：“天得一以清，地得一以宁，君王得一以治天下，众生得一以成道。”一者，道也。天有道以轻清，地有道以宁静，谷有道以盈满，草木有道以生长，鬼神有道以灵圣，君王有道执王天下。故知道不可斯须废之，道即灵知心也。

五、观心玄枢[①]

观心玄枢一卷

智觉禅师延寿 述

《宗镜录》中略出大意

夫若不入观心法门、会万物为自己者，则一理不立，一事不成。何以故？理因心显，事假心成。若无于心，决定无有一法而可建立，故云："从无住本，立一切法。"以万法本无自体，但从识变，心若不起，诸境皆空。心生法生，心灭法灭，此之谓矣。

无量光院

（一）[②]

若不观心，何以得道？故云："心即是道，道则是心。"又云："道非心外，行在言前。"即心为道者，可谓寻流得源矣。

---

① 《观心玄枢》全一卷，日本《卍续藏》第65册所收本文（No. 1290）大约佚失前面一半。幸有日本天理大学藏本（无量光院1069年）为足本，本次点校正文前半部分以之为底本，并参考了刘泽亮点校整理的《永明延寿禅师全书》（宗教文化出版社，2008年）中的录文。正文后半部分以《卍续藏》为底本，以天理大学藏本为参校本。

② 编号为整理时添加，下同。

（二）

若不观心，何以成佛？以即心是佛，即佛是心。心外无别佛，佛外无别心。又云："诸佛与一切众生唯是一心，更无别法。"觉心即是，唯此一心即是佛，见此心即是见佛。是以如来成正觉时，于其身中普见一切众生成正觉，乃至普见一切众生入涅槃，皆同一性，所谓无性。以无性故，随净缘而成佛，随染缘而堕凡。然虽处凡身，觉性不动。如真金像，弊服所覆；犹无价宝，垢衣所缠。若贫女而怀圣胎，同青莲而未出水。时节有异，心性无差。如瓶贮醍醐，随诸器而不等；犹水分江海，遂流处而得名。此是上上根人，一念法界，直闻直受，顿入顿修。若中下之根，见多讹谬，空领唯心之旨，微细义理不通。或执心为空，或执心唯有；或知心名而不识心体，或了心理而不具心行。真妄莫辨，本末焉明。所以五性不同，三乘有别，宗分南北，见其亲疏。况末代浅根，宁无疏漏耶？

如圭峰拣云："如北宗明众生本有觉性，如镜有明性，妄念净则心性觉悟，昏尘尽则镜体光明。评曰：此但是染净缘起之相，反流背习之门，而不觉妄念本无，心性本净，悟既未彻，修岂称真？其洪州云：起心动念，弹指动目，所作所为，皆是佛性全体之用，更无别用。如世人一念命终，全身都未变坏，即便口不能言，眼不能见，耳不能闻，足不能行，手不能作，故知能言语动作者，必是佛性。评曰：北宗则分别动作，一切是妄；洪州则分别动作，一切是真。若存他则失己，争肯会同？牛头云：诸法如梦，本来无事，心境本寂，非今始悟。理宜丧己忘情，方绝苦因妄果。评曰：此以忘情为修。洪州以念念全真为悟，任心为修；此以本无事为悟，忘情为修。如上三家见解异者，初一皆妄，次一皆真，后一皆无。若就行说者，初伏心灭妄，次信任情性，后休心不起。今菏泽宗者，是释迦降世、达磨西来之意也。将前望此，此乃迥异于前。将此摄前，前则全同于此。谓诸法如梦，诸圣同说故。妄念本寂，尘境本空，空寂之心，灵知不昧，即此空寂之知，是前达磨所传清净心也。任迷任悟，心本自知，不藉缘生，不因境起。迷时烦恼，知非烦恼；悟时神变，知非神变。然知之一字，众妙之门。"

此知是一切含生心体，心是名，知是体。如水是名，湿是体。此知非能所分别之知，亦非智照证悟之知，乃是真性自然灵知，任运了然，亦非作意。随缘不变，不变随缘。故云空寂知，空寂即是无相，以神解之性，虽无形相，而灵知不昧。故云寂知，亦云寂照，亦云无相之知，亦云无知之知。

如《肇论》云："《放光》云：'般若无所有相，无生灭相。'《道行》云：'般若无所知，无所见。'此辨智照之用，而曰无相无知者，何耶？果有无相之知、不知之照，明矣！何者？夫有所知，则有所不知；以圣心无知，故无所不知。不知之知，乃曰一切知。故经云：'圣心无知，无所不知。'信矣！"空寂即是无相，即是无知。《论》云"无所不知"，又云"乃曰一切知者"，此知即是真知，同空寂之知，亦云无念之知。若有念而知，凡夫境界；若无念无知，二乘境界；若无念而知，诸佛境界。空寂即是无念，亦云无住之知。有所住，如人入暗，即无所见；无所住，如日月光明，照见种种色。

"总以喻显：如一摩尼珠（一灵心也），唯圆明净（空寂知也），都无一切差别色相（此知本无一切分别，亦无一切善恶也）。以体明故，对外物时，能现一切差别相（以体知故，对诸缘时，能分别一切是非好恶，乃至经营造作世间种种事数，此是随缘义也）。色相自有差别，明珠不曾变易（愚智善恶自有差别，忧喜爱憎自有起灭，能知之心不曾间断，此是不变易义也）。然珠所现色，虽有百千般，今且取与明珠相违之黑色，以况灵明知见与黑暗无明虽相违，而是一体（法喻已具）。谓如珠现黑色时，彻体全黑，都不见明。（灵知之心，在凡夫时，全是愚痴贪爱，都不觉知，如无如来知见大圆镜智。故经云：身心等相皆是无明也。）若痴孩子或村野人见之，直是黑珠。（迷人但见定是凡夫。上都喻六道众生，以下诸宗教之人。）有人语云：'此是明珠。'灼然不信，却嗔前人，谓言欺诳。任说种种道理，终不听览。（或向道：'汝今了了能知，现是佛心。'直不肯照察，但言某乙钝根，实不能入。此是大小乘法相及人天教中著相之人，意所见如此也。）纵有肯信所言说是明珠者，缘目其黑，亦谓被黑色缠裹覆障，拟待磨拭揩洗，方去却黑暗（或普清洁也）。得明相出现，始名亲见明珠（北宗见解如此也）。

“复有一类人，指示云：‘即此黑暗便是明珠。明珠之体永不可见，欲得识者，即黑便是，乃至即种种青黄皆是。’致令愚者的信此言，专记黑相，或认种种相以为明珠。或于异时见黑槵子、米吹青珠、碧珠，乃至赤琥珀、白石瑛等珠，皆云是摩尼珠。或于异时，见摩尼珠都不对色时，但有明净之相，却不认之，以不见有诸色可认识故，疑恐局一明相故。（洪州见解如此也。愚者，彼宗后觉也。异时乃至黑槵子等者，心涉世间分别尘境时，见贪、爱、嗔、慢之念也。琥珀、白石瑛者，如慈、善、谦、敬之念也。不对色时者，无所念也。但有明净者，了了自知无念也。疑局者，云唯认知是偏局也。）

“复有一类人，闻此种种色皆是虚妄，彻体全空，即计此一颗明珠都是其空，便云都不执定，方是达人，认有一法，便是未了。不悟色相皆空之处，乃是不空明莹之珠。（牛头见解如此也。闻说空者，诸部《般若》说空经也。计此一颗等者，计本觉性，亦空无所有。认有等者，闻说诸法空寂之处，了了能知，是本觉真心，却云不了不知。心体不空，不空者，《涅槃经》云：‘如瓶空者，谓瓶中无物，名为瓶空，非谓无瓶。’即明真心之中，无分别贪嗔等念，名为心空，非为无心。言无心者，但为遣却心中烦恼也。故知，牛头但遣其非，未显其是。从此已下喻菏泽意也。）

“何如直云唯莹净圆明，方是珠体。（唯空寂知也。若但说空寂，而不显知，即何异虚空？亦如圆颗莹净之瓷团，虽净，无明性，何名摩尼？何能现显？洪州、牛头但说无一切，不显灵知，亦如此也。）其黑色乃至一切青黄色等，悉是虚妄。（善恶分别，举动运为，如洪州所说起心动念等也。用心动念皆妄，故《金刚经》云：‘凡所有相，皆是虚妄。’当知彼宗认虚妄为真性也。）正见黑时，黑元不黑，但是其明；青元不青，但是其明；乃至赤白黄等，一一但见莹净圆明，即于珠不惑。（一切皆空，唯心不变。迷时亦知，知元不迷；念起亦知，知元无念；乃至哀乐喜怒爱恶，一一皆知，知元空寂。空寂而知，即于心性了然不惑。此上皆迥异诸宗也，故初标云：

将前望此，此即迥异于前也。）

“但于珠不惑，则黑既无黑，黑即是珠，诸色皆尔，即是有无自在，明黑融通，复何碍哉！（此同彼二宗也。黑即无黑同牛头，牛头云一切皆无也。黑即是珠已下同洪州，洪州云：‘一切皆是佛性，凡圣善恶皆无所碍。’故初标又云：将此摄前，即全同于此。已下喻意，再将菏泽本宗，拣三宗也。）若不认得明珠是能现之体，永无变易（又明菏泽认得也），但云黑等是珠（洪州），或拟离黑觅珠（北宗），或言明黑都无者（牛头），皆是未见珠也（都结）。

“问：据大乘经及古今诸宗禅门，乃至菏泽所说，理性皆同，云无善无恶，无果无因，无凡无圣，无是无非，无住无为，不可证不可说。今何独标菏泽为正？

“答：菏泽于空无相处，指示知见，了了常知，不昧心性，是故诸教只说此知无住无生等，令人认得，便绝自心，经生越世，永无间断，乃至成佛也。菏泽又束无为无住乃至不可说等种种之言，但云空寂知，一切摄尽。空却诸相，犹是遮遣之言。唯寂是实性不变动义，不同空无也；知是当体表显义，不同分别也，唯此方为真心本体。故始自发心，乃至成佛，唯寂唯知，不变不断，但随地位，名义稍殊。谓约了悟时，名为理智；（理即是寂，智即是知也。）约发心修时，名为止观；（止息尘缘，契于寂也；观照性相，冥于知也。）约任运成行，名定慧；（因止缘而心定，定者寂然不变：因观照而发慧，慧者知无分别矣。）约烦恼都尽，功行圆满，成佛之时，名为菩提涅槃。（菩提梵语，此云觉，即是知也。涅槃梵语，此云寂灭，即是寂也。）当知始自发心，乃至毕竟，唯寂唯知。若如二宗，但言空寂无为等义，而阙菩提等义。

“问：洪州亦云灵觉及鉴照等，何异于知？

“答：今指示即愚智善恶乃至禽畜等心性，皆自然了了常知，异于木石。其觉智等言，即不通一切，为迷者不觉，愚者无智，心无记时即不名鉴等，岂同心体自然常知？故华严疏主《答顺宗所问心要》云：‘无住心体，灵知不昧。’又云：‘任运寂知。’又云：‘双照寂知。’《华严经》亦拣知与智别。况洪州虽云灵觉，但是标众生有之，如云皆有佛性之言，非的指示，指示则但能语言等。若细诘之，即云一切假名，无有定法。且统论佛教，有遣显二门，推其实义，有真空妙有，究其本心，具体具用。今洪州、牛头，以拂迹为至极，但得遣教之意，真空之义，唯成其体；失于显教之意，妙有之义，阙其用也。

“问：洪州以能语言动作等，显于心性，即当显教，即是其用。何所阙耶？

“答：真心本体有二种用，一者自性本用，二随缘应用。犹如铜镜，铜之质是自性体，铜之明是自性用，明所现影是随缘用。影即对缘方现，现有千差；明即光明，明唯一味。以喻心常寂是自性体，心常知是自性用，此能语言能分别动作等，是随缘用。今洪州指示能语言动作等，但是随缘用也，阙自性用也。又显教有比量显，现量显。洪州云：‘心不可指示，但以能言语等验之，知有佛性’，是比量显也。菏泽直云：‘心体能知，知即是心’，不约知以显心，是现量也。”

如上诸祖所说，心之一字，言不顿彰，义分别前后。若约一言之内，皆摄无边，以无漏性德，真如万行，一心本具故，所以云：“提纲则网正，举领则衣齐。”自是闻者乖宗，多随语转，闻有执有，闻空滞空，见解偏枯，致兹差误。迷佛方便，执指循文，都不知言下之旨。若顿机一览，豁悟无疑，凡闻一言，便知说心，更无异法，岂存四句，宁堕百非？乃至闻说有为，则知举有为心宗，便摄法界；闻说无为，亦是举无为心端，亦具法界。或说真谛、俗谛，凡挂言诠，尽圆照之一心，理事具足。此皆多是后学误领错传故，非宗师之咎矣。

且如洪州所宗，直论真性，不辨邪正异同，此则唯逗上上之机，一闻千悟，顿圆大觉，不涉渐修，种现俱消，正习咸断。如经云：“见若谛，习亦除。”于理则丝毫不差，约行则无复上慢。如圭峰所拣，颇令精微，俯为群机，恐成叨滥，洞明体用，分析异同，于后学进修，甚为利益。理事无滞，祖教并行，妙旨豁然，可为龟镜。

（三）

若不观心，何以成凡圣？以凡圣但名，于一心实际中，无毫厘凡圣可得。故云："心净故众生净，心垢故众生垢。"心能天堂，心能地狱。如有颂云："一切众生界，皆在三世中；三世诸众生，悉住五蕴中。诸蕴业为本，诸业心为本；心法犹如幻，世间亦如是。"

（四）

若不观心，何以出家？故云："观一念心，净若虚空，不为二边桎梏所碍，平等大慧，无住无著，即名出家。"又有偈言："无嗔是持戒，心净是出家，我性与汝合，一切法无差。"

（五）

若不观心，何成正报？以因心造业成身，故古颂云："天龙阿修罗，地狱鬼罗刹，心常为导主，如王行三界。心将诣天上，复行于人中，心将至饿道，心轮转世间。"

（六）

若不观心，何成依报？以只于自心性相，分身土二名，以自心相义名身，以自心性义名土。故知主伴、依正，不离五蕴。五蕴性空，即是一心平等。又云："见法从缘，则知国由心现。由心现故，有而即空。空为法源，万法由生。见法性源，是真智慧。"又有颂言："心住于世间，世间住于心，于此不妄起，二非二分别。"既全是心，谁言一二？但有言说，皆是识心计度分别。如有颂言："诸法寂灭非寂灭，远离此二分别心，知诸分别是世见，入于正位分别尽。"

（七）

若不观心，何以穷源？故云："穷源莫二，执迹多端。若据本以讨源，则千途无异辙，若三江之浩渺，并源出于岷山也。"又云："此观心法，为大根人，善识法要，不由次第，悬照诸法之源，所谓众生心也。一切诸法由心而起，若能反观心性，不得心源，即知万法皆无根本。如是则可比知，我心为诸法本。"圣教正理，证若恒沙。如有颂言："天地风虚空，陂池方大海，皆真内所作，外义俱非有。"又云："圣教及正理，各别有功能，而生于信慧，无一不成故。"若无此一心观门，无由信慧，离唯识理，无成佛期。如千人排门，不如一人拔关。余教如排门，见有善恶之境，妄修功行，种种对治，如剥芭蕉，谓有真实：犹食莨菪，妄见针火。都不知凡圣境界，从本以来皆是意言分别。此意言有二：一似名，二似义。名义摄一切法皆尽，此名义但是意言分别所作，离此无别余法。故知：自他内外事相，唯是一心转变。若佛唯识，但有真心，故云："唯有真如及真如智独存，说名法身。"可谓理事之宗，凡圣之地矣。如是信入，况一人拔关，无不应时开悟。

（八）

若不观心，何以得体？以凡圣诸法，皆自心为体，故云："知一切法，即心自性，成就慧身，不由他悟。"以此心体，横遍竖周，从体起用，用无差别。如布青阳令，处处春色皆同；似折白檀香，片片如本香无异。

（九）

若不观心，何以达本？以一切诸法，皆以第八阿赖耶识心为本，则本立而道生，根成而果熟。如无纲，目不立；无皮，毛靡附。又此根本识心，遍在诸法。如沫在浪，若油遍麻，似咸处盐，犹青住色，光潜日月，香蕴沉檀，泥在于瓶。无常遍境，心无间断，亦复如是。

故有颂云："如地无分别，庶物依以生；藏识亦复然，众境之依处。如人以己手，还自扪其身；亦如象以鼻，取水自沾洒；复似诸婴孩，以口含其指；如是识分别，现境还自缘。是心之境界，普遍于三有，久修观行者，而能善通达。内外诸世间，一切唯心现。"

（十）

若不观心，何以成观？故云：一心三观，三观一心。理事圆融，开合自在。若心空十法界空，心假十法界假，心中十法界中。

唯心识观云："所谓于一切时一切处，随身口意，所有作业，悉当观察，知唯是心，乃至一切境界，若心住念，皆当察知，勿令使心无记攀缘不自觉知。于念念间悉应观察，随心所有缘念，当使心随逐彼念，令心自知，知己内心自生想念，非一切境界有念有分别也。所谓内心自生长短、好恶、是非、得失、衰利、有无等见、无量诸想，而一切境界未曾有想起于分别。当知一切境界自无分别想故，即自非长非短，非好非恶，乃至非有非无，离一切相。如是观察，一切诸法唯心想生。若使离心，则无一法一相而能自见有差别也。"或华严四观、普贤十观，乃至绝观，皆不离心而得成就。

（十一）

若不观心，何以辨名？以一切法，本自无名。无名而有名者，皆从心起，心即名也。其能如是解者，即于正观心中，见一切诸佛菩萨，乃至无边教义无不知也。

（十二）

若不观心，何以明教？以因心立教，因教明心。一切言说义宗、教理行果，悉皆是心，无不收尽。以一切言语由觉观心、一切诸行由于思心、一切义理由慧心故。

即观一念因缘所生之心生灭，即起藏教。故云：“佛告诸比丘：谓一切者，只是一法。何等为法？心是一法，离心无一切法也。”观心因缘所生之法空，即起通教。观心因缘所生即假名，具足一切恒沙佛法，依无明阿赖耶识，分别无量圣谛，即起别教。观心因缘所生，具足一切十法界法，无所积聚，不纵不横，不思议中道二谛之理，即起圆教。故云：一色一香，无非中道。乃至五味半满，无尽真诠，悉从一心而演，从真如出，依法界流，故云：破一微尘，读大千经卷。

（十三）

若不观心，何以成用？以凡有施为，皆是一心真如之妙用，故云：“繁兴大用，起必全真。”如截金杖，寸寸是宝；犹体诸法，一一皆心。

（十四）

若不观心，何以提宗？以万法一心为宗，宗者，尊也。故云：“天上天下，唯我独尊。”则一法为宗，万象皆尔。如一叶落，天下秋；一尘起，大地收；又如一花开，天下春；一事实，万法真。所以举一例诸，无烦广览。故云：“说教本穷无相理，广读元来不识心。识取心，了取境，识心了境禅河静。若能了境便识心，万法都如阅婆影。”又如颂言：“如饭一粒熟，余粒即可知。诸法亦复然，知一即知彼。譬如攒酪者，尝之以指端，如是诸法性，可以一观察。”所以蔟义天星象，指在一尘；卷教海之波澜，归乎一滴。

（十五）

若不观心，何以立行？以行从心成，理能导行。故有颂云：“若不证真如，焉能了诸行，犹如幻事等，似有而非真。”

如解脱长者告善财言：“我欲见安乐世界阿弥陀佛，随意即见。乃至所见十方诸佛，皆由自心。善男子！当知菩萨修诸佛法，净诸佛刹，积习妙行，调伏众生，发大誓愿，入一切智，自在游戏不可思议解脱之门，得佛菩提，现大神通，遍往十方一切法界，以微细智普入诸劫，如是一切悉由自心。是故，善男子！应以善心扶助自心，应以法水润泽自心，应于境界净治自心，应以精进坚固自心，应以忍辱坦荡自心，应以智证洁白自心，应以智慧明利自心，应以佛自在开发自心，应以佛平等广大自心、佛十力照察自心。”

是以心该万法，谓非但一念观佛由于自心，菩萨万行、佛果体用亦不离心，乃至佛之三身、十波罗密、菩萨利他等行，并依自法，融转而行。即众生心中有真如体大，今日修行引出法身；由心中有真如相大，今日修行引出报身；由心中有真如用大，今日修行引出化身；由心中有真如法性，自在无悭贪，今日修学，顺法性无悭，引出檀波罗密等。

当知三祇修行道，不曾心外得一法、行一法。何以故？但是自心引出自净行性，而起修之。故知，摩尼沉泥，不能雨宝；古镜积垢，焉能鉴人？虽心性圆明，本来具足，若不众善显发，万行磨治，方便引出，成其妙用，则永翳客尘，长沦识海，成妄生死，障净菩提。

（十六）

若不观心，何以入位？以心心圆融，位位即佛，故云：“一地具足一切诸地功德。”以一心圆融不碍，随事行布，如似圆珠有八万四千孔，随入一孔，全收珠体，故云：“八万四千法门，门门解脱。”何以俱成解脱？但唯自心，无别法系缚故。如鱼在水，若鸟翔空，出水则鳞枯，离空则翼坠；人不识心，亦如是。

（十七）

若不观心，何以知因果？以大乘因者，即是实相；大乘果者，亦是实相。一切无有不由心者，万象森罗，皆是善恶报应，业之影像，自心所招，增上等流之果。故云：“若入此观法，则智与心相应。”是以，因由心学，果是心成，境由心现，解由心起。分位神通是心，力用造作是心，现起分别是心，决择所得是心，乃至寻求知识、造诣佛土皆是心。故云："三界无别法，但是一心作。"

是以心垢则娑婆现相，心净则华藏含空。回转而恒起识轮，交罗而匪离心网。故海幢不起寂定，广作十方佛事之门；善财不出道场，遍历一百十城之法。乃至号阿閦佛者，此云不动，以一心于诸境界中不动，故处凡身而不减，居圣体而不增，登一相而不升，沦五道而不坠，故云不动。称阿弥佛者，此云无量寿，以一心真如，妙理性无尽，故称无量。达大道心，虚通无碍，名为菩萨。了心所生，因缘性离，即名缘觉。从心所闻，以佛道声，令一切闻，即号声闻。十心数法即十大弟子，文殊即妙慧根本之心，普贤即圆行无尽之心，观音即大悲之心，势至即大智之心。

但有真俗二谛，世出世间，一切凡圣名字，皆是心作，离心更无一法。如离海无水，离空无云，则一切善恶境界皆是心光，一切圣妙受用皆是心果。故云："其为也形，其寂也冥。本净非莹，法尔天成。光超日月，德越太清。万物无作，一切无名。转变天地，自在纵横。恒沙而用，混沌而成。谁闻不喜，谁闻不惊？如何以无价之宝，隐于荫入之坑？"

方知自心殊胜如是，仰为千圣，赞之靡穷，遍览群经，释之莫尽。若契同心性，何德不收？以一切诸法，随所依住，皆于一心顿圆满故。故云："若有人信汝所说，则为见我，亦见于汝及比丘僧，并诸菩萨。"何者？闻经心信无疑，觉此信心明净，即是见释迦佛。若心所中，慧数分明，是见身子；诸余心数分明，是见诸比丘僧；慈悲心净，是见诸菩萨。即心便是，亦无所见。是以善财童子顿了无能所处，便成佛故。又如颂云："所取不可取，所见不可见，所闻不可闻，一心不思议。"

（十八）

若不观心，何以照明佛性？夫佛性者，即如来藏，是真识心。此心中具有一切恒沙佛法，如妄心中具有恒沙染法，是心与法同一体性，故名如来藏。即一切众生有如来藏，能为佛因，名为佛性。如睡心中有觉悟性，如黄石中有金性，白石中有银性，如是一切世间法中，皆有涅槃性，此性即是众生自觉，故名为我，我即佛性。

夫佛性者，义有多门。若约智则名本觉性，智性自了故，以平等性智了本性故；或名大圆镜智，普照无遗故。若约定说，或名不思议定，情智绝待故；亦名真如三昧，万行根本故；亦名一行三昧，一念法界故；亦名金刚三昧，常不倾动故；亦名法性三昧，恒无变易故。诸佛智光明海，无量观行，皆从此生。若不体此理，非佛智故。以此佛智，证斯本理。理则不待照而自了，智则必资理而成照。故知理无兴废，寂照灵知，弘之在人。觉有先后，人有照分，功由理发。失理则失照，要见此理，方成佛耳。

此理即是一心，总该万有，顿悟顿修，更无渐次。为未了不入之者，于一心法，分出多门，义演恒沙，乃至无尽。如有颂言："小智乐小法，不自信作佛，是故以方便，分别说诸果。"虽然未了，性且无殊，时机契会，自然开发。如贫女室中金藏，虽未掘而觉宝匪移；若力士额上明珠，任斗没而光明常在；犹雪山箫中药味，暂流出而正体恒存；如大地底下金刚，纵穿断而坚铿不坏。

又夫佛性体有三因：一应得因，二加行因，三圆满因。又应得因中具有三性：一住自性性，二引出性，三得果性。以住自性之理，在凡而即具。以引出性之事，成果而不虚。以应得之文，处染而何失？以至得之道，证圣而无疑。故云："众生身中，有金刚佛性，犹如日轮。"佛者是觉，人有灵知之觉，今第一义空与之为性，故名佛性。非情无觉，但持自体，得称为法，今真性以之为性，故名法性。故云："假说能作，而实无差，同一性故。"外典亦云："天地万物，同禀阴阳之元气也。"既称同禀，岂有别缘？故知：有情无情，有性无性，皆同一道，所谓唯心，或号真知，或称灵智，或云妙性，或说真心。或号真知者，不同虚空，性自神解，此是本体常知，不假作意，所以云：此心有真实了知义。称灵知者，此是灵觉之性，故云：此心有大智慧光明义。云妙性者，是不假义，无变异义，故云：不变随缘，名之为心；随缘不变，名之为性。说真心者，即是真实自性清净心，故云：此心有遍照法界义。

是以本师最后究竟垂示，唯说一切众生皆有佛性。如〈应尽还源品〉云："尔时世尊如是逆顺入诸禅已，普告大众：我以甚深般若，遍观三界一切六道，诸山大海大地含生，如是三界根本性离，毕竟寂灭，同虚空相，无名无识，永断诸有，本来平等，无高下相。无见无闻，无觉无知，不可系缚，不可解脱。无众生，无寿命，不生不起，不尽不灭，非世间、非非世间，涅槃、生死皆不可得，二际平等，等诸法故。闲居静住无所施为，究竟安置必不可得。从无住法，法性施为，断一切相，一无所有。法相如是，其知是者，名出世人；是事不知，名生死始。"又复告大众："我以摩诃般若，遍观三界有情无情一切人法，悉皆究竟。无系缚者，无解脱者，无主无依，不可摄持，不出三界，不入诸有，本来清净，无垢无烦，与虚空等，不平等、非不平等。尽诸动念，思想心息，如是法相，名大涅槃。真见此法，名为解脱；凡夫不知，名曰无明。"又复告大众："我以佛眼遍观三界一切诸法，无明本际，性本解脱，于十方求，了不能得。根本无故，所因枝叶悉皆解脱。无明解脱故，乃至老死皆得解脱。以是因缘，我今安住常寂灭光，名大涅槃。"

又云："一切障碍，即究竟觉。得念失念，无非解脱。成法破法，皆名涅槃。智慧愚痴，通为般若。菩萨外道，所成就法，同是菩提。无明真如，无异境界。诸戒定慧，及淫怒痴，俱是梵行。众生国土，同一法性。地狱天宫，皆为净土。有性无性，齐成佛道。一切烦恼，毕竟解脱。法界海慧，照了诸相，犹如虚空，此名如来随顺觉性。善男子！但愿诸菩萨及末世众生，居一切时，不起妄念。于诸妄心亦不息灭，住妄想境，不加了知。于无了知，不辨真实。彼诸众生闻是法门，信解受持，不生惊畏，是即名为随顺觉性。"

是知：了心即境，达境唯心，则处处无生、尘尘随觉性矣。

（十九）

若不观心，何了缘起？以无心外法能与心为缘，但是自心生，还与心为相，乃至四谛、十二因缘，六因、五果等，一切差别义海、百法明门，悉是心成，更无别法。如云："一切法门无尽海，同会一法道场中。"若水叠千波不离湿，似金分万器皆是一金。

（二十）

若不观心，何辨性相？菩萨观一切法，皆以心为自性，如是而住。相有二种：一影像相，山河大地，皆是心之影像；二所执相，诸相无体，随执而生。相又二种：一如外显现，二如内显现。如外是相，如内是思维。内即是心体，外即是心用，任展恒沙，用周法界，皆不离于心也。性以处内，相以表外，内外虽分，一心不动，则心非内外，内外是心。

（二十一）

若不观心，何穷理事？以性空之理，相虚之事，互成互夺，隐显同时，皆是一心开合之旨。合唯一性，开作万像。缘性无妨，体用自在。以一心真如之法，法尔随缘；随缘之法，法尔归性。

（二十二）

若不观心，何以成信？以菩萨十信之初，创发心时，即观本识自性缘起因果之体，得成正信。故云："信心不二，不二信心，言语道断，非去来今。"是知诸法所生，唯心所现，即是显识第八本心。

如云："一切三界，但唯有识者，一是显识，二分别识。显识者即是本识，转作五尘四大等；分别识即是意识，于显识中分别，作人天长短，大小男女，一切万物等。乃至譬如依镜色，影色得起显；如是缘显识，分别识得起。显识如镜，分别识如镜中像；像依镜现，如意识缘本识起。"又云："由此转识，能回转造作无量诸法，或转作根，或转作尘，或转作我，或转作识，如此种种不同，唯识所作。如此造作回转也，或于自于他互相随逐者，于自则转为五阴，或为色阴，乃至识阴；于他则转为怨、亲、中人，种种不同，望自五阴，故称为他。如是自他互相转作，前后不同。故云：互相随逐也。种种所作，并皆是识，无别境界。起种种分别等者，一一识中，皆具能所，能分别即是识，所分别即是境。能即依他起性，所即分别性。故云：‘起种种分别，及所分别也。’由如此义，离识之外，更无别境，但唯有识。”

是知：诸器世间，山河大地，身根种子，皆是第八阿赖耶识之相分，于中分别高下、长短、好丑、精粗，悉是意识计度。故知：无有一法，非心所标，可谓现证法门，能杜群疑矣。

（二十三）

若不观心，何能称悟？以心包法界，知一即一切，故即之于心，了知无际矣。以昔迷时，皆是遍计分别所执之性，邪思妄见，情有理无，但执似生，无毫厘实，空中垂发，火上旋轮，焰水、乾城，浮云、奔电，乃至杌中见鬼，绳上生蛇，诸境有无，亦复如是。如有颂言：“内外一切物，所见唯自心，有情心二性，能取及所取。心体有二门，即心见众物。凡夫性迷惑，于自不能了。”

故知三界唯心，万法唯识。识相、识性，皆不离心；心所、心王但是识。是以心识二名，本唯一体。若性若相，若能若所，若内若外，若自若他，本末融通，悉皆是识。如堕地狱，恶业熟时，铜狗铁山，共相逼害；业谢即空，如油尽灯灭。或似处梦，见善恶之事，虽无实境，而有作用，或见毒蛇，虽不被螫，然有疑毒，能令闷绝，流汗心迷。又如求梵天咒术，梦中亲闻天授，天实不来，以天为增上缘，自心感见，复曾何闻乎？夫求子息，梦见有人，共为交集，便得其子。又如有人思他国淫女，彼实不来，梦中从事。或于梦中，被人趁逐，奔走惊吓；或得宝拜宫，喜庆交集，虽无实事，欣感宛然，俱唯是心，与觉无异。

只如二乘，但信梦中唯识，不信觉时唯心。且如外见佛形，皆是转识所现。如释迦文佛化五百力士之时，举石空界，吹散为尘，后还合成，复擎掌中，令彼力士伏我慢心。故佛有言：“我实不举其石，安置虚空，亦不吹散，皆是我集劫熏修，慈善根力，令彼自心见如是事。”可现证斯旨，一切例然。

又如金地、酪酥河、肉山、鱼米皆不离菩萨能变之心，更无外境。故云：诸佛菩萨变地为金者，以妙观察智，系大圆镜智及异熟识，令地种不起，金种生现。以此为增上，能令众生地灭金生，名之为变，非为便转地成金。

又如福德之人，捉石为金；业贪之人，遇金为石。金非石而石现，石非金而金生，转变皆心，金石无体。又似神通之者，地作水相，水作地形，悉随意成，无有虚妄。故云：一切物中，皆有可转之理。如僧护见身为寂瓶等。当知色法皆随感现，色无定体，随心所变。

此理元是如来藏中不思议法，随心取著，成外成内。汝等所行，是菩萨道，平等法界，方寸无亏，则一切无碍人，一道出生死，十方薄伽梵，一路涅槃门。本自一心，随机见异。如不识骊珠，认为鱼目，鱼目空有名，珠体宛然不易。然此唯心法，是最上乘，四缘四分，道理而成；三量三宗，筌拣而立。故非邪谬，大旨皎然。众圣群贤，无边誓愿之同禀；千经万论，恒沙正义之俱诠。

（二十四）

若不观心，何以成顿？以心如宝印，文字顿现，更无前后际故。约断障说，如斩一缕丝，万条顿断；若修德说，如染一缕丝，万条顿色。故云一念与性相应，八万波罗蜜行，一时齐用。如有颂言："如是知心识，明解一切法。一切知见人，速成等正觉。"

（二十五）

若不观心，何以破疑辨惑？故云：求大乘者，所疑有二：夫大乘法体为一？为多？如其是一，即无异法，无异法故，无诸众生，菩萨为谁发弘誓愿？若是多法，即非一体，非一体故，物我各别，何得起同体大悲？由是疑惑，不能发心。

今为谴此二疑，立一心法，开真如生灭体用二重门。立一心法者，谴彼物疑，明大乘法唯有一心，一心之外更无别法。但有无明，迷自一心，起诸波浪，流转六道。虽起六道之浪，不出一心之海。良由一心动作六道，故得发弘誓之愿；六道不出一心，故能起同体大悲。如是依于一心，能遣二疑，得发大心，具足佛道。此说一心，破出世菩萨疑惑也。

破世间凡夫疑惑者，只谓一切众生不了自心，为境惑乱，于不见处见，向不闻处闻。如饿鬼同见脓河，翳眼妄观绳发，醉人看转日，热病现殊形，定中睹香花，梦里乘船筏，罪人怖铜狗，病士饮杯蛇。斯皆是自心识变所作，不能明了，妄起爱憎。如西施爱江，嫫母嫌镜，岂知妍丑在我，何关物乎？

又如云：似一美色，淫人见之以为净妙，心生染著；不净观人观之，种种恶露，无一净处；等妇见之，妒嗔憎恶，目不欲见，以为不净。淫人观之为乐，妒人观之为苦，净行之人观之得道，无预之人观之，无所适莫，如见土木。若此美色实净，四种人观，皆应见净；若实不净，四种人观，皆应不净。以是故知，好丑在心，外无定也。

又如凡夫食是转王毒，人间净是诸天秽。如共食宝器，任福而饭色不同；似一无为，随证而三乘有别。故知境本非善，但以顺己之情，便名为善；境本非恶，但以违己之情，便名为恶。是知实无外境，唯想变情生。

以此证知，斯门不谬，是诸佛最上之妙理，第一之真诠。犹如地发生万物，犹如海容受百川，犹如镜一道照临，犹如秤审量一切。故有颂言："此即是诸佛，最胜之教理，审量一切法，如秤如明镜，照耀如明灯，亦如试金石，正道之标相，远离于断灭。"可断纤疑，同证斯理。

如未入者，应须静虑，虚襟澄神，寂照如同眼见，岂言说之能及乎？若动念起思，返失真鉴。故云："如人动目，天地倾摇。"故不能如实知也。但如密室之灯，自然朗耀。此之心法，唯证乃知，神妙无方，至理玄邈，三际求而不得，二谛推而莫知。无像无名，不可以测其深广；无依无住，不可察其指踪。细入无间之中，不可言其小；大包乾象之外，不可以语其深。至道虚玄，孰能合有？幽灵不坠，孰能合无？迹分法界而非多，性合真空而非一，体凝一道而非静，用周万物而非劳。如如意珠，天上圣宝，状如芥粟，有大功能，净明五欲、七宝琳琅，非内畜、非外入，不谋前后，不择多少，不作粗妙，称意丰俭，降雨滚滚，不添不尽，利益无穷。盖是色法，尚是如此，岂况心神灵妙，宁不具一切法耶？

此第一义谛观心法门，非浅智承当、劣根信入。燕雀焉攀鸿鹄之志，井蛙宁探沧海之渊？如金翅鸟，飞翼奚及；若毗沙门宝，贫室难俦。比狮子哮吼时，狸弗能作；似香象所肩担，驴不能胜。须遇大机，一闻千悟。同驮马见鞭影，速入正途；如日出照高山，顿明心地。如有颂云："便是犹倍句，动目即差违，若闻曹溪旨，不更待扬眉。"

（二十六）

若不观心，何以出生死？是以凡夫贪著，无常计常，念念轮回，新新生灭。虽年百岁，犹若刹那。如东逝之长波，似西垂之残照，击石之星火，骤隙之迅驹，风里之微灯，草头之悬露，临崖之朽树，烁目之电光。若不与斯观门，则万劫虚浪生死。是以生死无际，如旋火轮，一息一眴之中，有四百生死。烟回电转，命若悬丝。如羊就屠，似肉趣市。当禄命尽处，风火散时，势不可临，威不可遏。如狮子正饥困，毒蛇吸大风，饿鬼振嗔心，渴马护惜水。死王奋力，甚畏于彼。若欲了绝，不无其门，但先断业绳，次开心诀。

如云："心外有法，生死轮回；无心外法，生死永弃。"是知了心实相，众患俱销。如伐树除根，生死之苦芽永绝；犹灸病得穴，烦恼之流病不生。又若毗蓝之风，卷群疑而净尽；犹劫烧之火，荡异执而无余。若以渐教渐修，执事戒定，不入斯门，但除枝叶。故云："身被戒铠、心无慧剑者，则不能坏结使之元首。"若不观心，妙慧成就，终不能断无明根本。如日光现而绝暗冥，业迹尽而无恶境。是以若不在现量，焉知法空？空慧若成，当处解脱，则异生不堕生死海，迷处全空；诸佛不证真如门，悟时无得。

（二十七）

若不观心，何以证涅槃？以诸行皆以大涅槃心为本，故云：“安置诸子于秘密藏中，我亦自入其中。”又云：“此大般涅槃，是诸佛放舍身命之处。”则自他始终，究竟指归之处，千圣同禀，百民交归。方知凡亦心，圣亦是心，如清亦是水，浊亦是水，以所习处下，不能自弘，则溺尘劳耳。若以心托事，则狭劣为相所局，不能自在故；若以事从心，则广大，以心无住无依，则能放旷故。

大凡世人多外熏其事，而内不晓其心，是以所作所为，俱非究竟，所以附处卑故耳。如搏牛之虻，飞极百步；若附鸾尾，则一翥万里，非其翼工，所托迅也。亦墙头之草、角里之声，皆能致其高远者，所托之胜也。如入此观门，一一附于自心，则毛吞巨浸，尘纳十方，岂非深广乎？

故如来出世，为此一心大事因缘，开示悟入，一切众生心，即是佛心，契同无二。如藏中无宝，徒劳掘凿；只为有宝，不废人工。但发信心，必当见性，故云：“我为汝保任此事，终不虚也。”才入斯门，一际平等。如水未入海则不咸，薪未入火则不烧，境未归心则不等。若以此观之，万事皆同一照。

若不信者，焉识此心？其犹日月丽天，盲者不睹；雷霆震地，聋者不闻。妙契[①]即邻，不在身近。如福人出世，则琳琅现矣；薄福者出，荆棘生焉，皆由自心，有现不现。如月上女偈答舍利弗云：“我虽内室中，尊如目前现。仁称阿罗汉，常随而不见。”故须菩提不起石室，亲睹法身；阿难为佛侍者，不见佛面。

（二十八）

若不观心，何脱境缚？以不知自识变起而复自缘，如画师画出殊形，翻生爱著；以意识笔，描三界图，高下才分，爱憎随起。又如春蚕作茧，

① “契”，此字之前《卍续藏》本均阙，并注云：“契”上大约佚失此卷前半许。

秋蛾扑灯，恶见自缠，无明自爇。此观心法，可以现知。如夜梦唯心，觉亦如是。且梦中见者，是梦中意识；现在见者，是明了意识；过未之境，是独散意识；定中见者，是定中意识。是以若梦若觉，若散若定，皆不出四种意识。且如现见青白物时，于现量中，得法自性，不带名言，无筹度心，是圆成语，则不执为外色，皆是眼识见分与同时明了意识，以比量计度，分别为青，便成外解，以意辨为色，言说为青，故云：皆是意言分别。如眼识率尔任运见时，未分皂白，刹那流入意地，方执成境。以意缘时，眼识已过，世人多执我眼现见，全无道理。见以若不归己，见性明宗，于外别求，从他妄学者，如钻水觅火、压沙出油，此非正因，徒劳功力。若能克己辨事、谛了自心者，如从木出火、于麻出油，不坏正因，易得成就，不隔一念，功力立成。是以坚信不移，法空之虚声自息；明诚可验，灵润之野焰俄停。岂假傍通，心魔顿绝；匪凭他术，识火俄销。除不肖人，莫穷斯旨。所以云依智不依识者，谓识现行，随尘分别眼色、耳声，耽迷不觉。大圣示教，境是自心。下愚冰执，尘为识外。今人口诵其空，心未亡有，腾空不起，入火逾难，俱是心相封迷故尔。后得通达，随心转用，岂不鸟之游空，自当如布之火浣，不足怪也。

但群生识性不同，致令大圣随情别说。然据至道，但是自心，故云：“三界上下，法义唯心。”此就世界依报以明心。又云：“如如与真际，涅槃及法界，种种意生身，我说为心量。”此据出世法体以明心。终穷至实，毕到斯源；随流感果，还宗了义。又以一切境界，唯心妄动，若心不起，一切境界相灭，唯一真心，遍一切处。又依唯识，境本无体。境既不生，心亦随灭。以心是所依，境是能依，所依既灭，能依不起。则疑销能所，藤蛇于是并空；见息对治，形名以之双寂。

（二十九）

若不观心，何息分别？以一切分别皆分别自心，心不见心，无相可得。如有颂言：“法从分别生，还从分别灭。灭是诸分别，是法非生灭。”生灭唯心，法无动静。又如颂言：“种种随心转，唯心非余法。心生种种生，心灭种种灭。众生妄分别，无物而见物。无义唯是心，无分别得脱。”何以得脱？以知唯心故。如第六独生散意，缘过去、未来、水月镜像等，变起假相分是。此等相分，但是众生第六识妄构画遍计，当情变起，都无心外实境。是知入此观门，尽通万法，如箭射地，无不中者。若不入斯旨，即随他转，如箭射的，多乖少中。如有颂言：“行自境界中，获得所应得；行他境界中，如鱼坠陆地。”

（三十）

若不观心，何识幻化？以“自心取自心，非幻成幻法。不取无非幻，非幻尚不生，幻法从何立？”又云：“一切如幻，其幻不实。知幻是幻，守真抱一。”既了物虚，即归于真心之一故。又云：“善不善法，从心化生。一切境界意言分别，制之一处，诸缘断灭。”故知六趣受身，唯化所变；三界有法，皆捏所成。莫不足蹑乾城，渴思焰水。期空华结果，望石女生儿。若技女之出戏场，空迷智眼；如幻士之游众会，但诳自心。一向耽迷，孰能观察？明知无别理，但是妄心生。为八倒之根株，作四流之源穴。疾如掣电，猛若狂风。撇起尘劳，速甚瀑川之水；欻生贪欲，急过旋火之轮。遂乃结构四魔，驱驰十使，沈二死之河底，投八苦之焰中。醉迷衣里之珠，徒经艰险；斗没额中之宝，空有悲号。皆因妄心，迷此真觉。

是知升坠在我，损益非他，妄作妄修，自当自受，必无前境而作对治。如昔有比丘，夜误踏瓜皮，为是虾蟆，因此恶道受苦。所以善从心起，自福其身，如珠现光，还照珠体；恶从心生，反以自贼，如铁生垢，销毁其形。所以君子尚反己而不怨天尤人，况慕道参玄，不信斯旨？

（三十一）

若不观心，何以行施？以无可与者，名为布施。心外有法，有可与者，能所不亡，不得三轮体空、入施法界故。

（三十二）

若不观心，何以持戒？以大乘大菩萨戒，谓观唯心，本无外色，无色可破，相空亦无，离取相过，故名持戒。又云：“一切凡圣戒，尽心为体。”故云：虽信别相，不信一体无差别相，名信不具故，所有禁戒亦不具足，所有多闻亦不具足故。

（三十三）

若不观心，何以忍辱？故云：“忍者于一刹那，尽一切相及诸所缘。”是知唯心无外境对持，方名为忍。故云：辱境若龟毛，方成真忍矣。

（三十四）

若不观心，何成精进？故云：“若能心不起，精进无有涯。”是知起心即有境所缘；了心境俱空，方成精进。

（三十五）

若不观心，何成禅定？是以若不分别诸境，是真调伏心；了一切法空，即常在三昧。所以云：“大菩萨定，谓观唯识。”不见境时，心无缘念，则是真空。如有颂言：“人生百岁，情多放逸，不如一日，归心空寂。”

（三十六）

若不观心，何成般若？以灵台智性，诸佛由生，是险恶径中之导师，迷暗室中之明炬，生死海中之智楫，烦恼痛中之良医，碎邪山之大风，破魔军之猛将，照幽途之赫日，警昏识之迅雷，抉愚盲之金錍，沃渴爱之甘露，截痴网之慧刃，给贫济之宝珠。若般若不明，万行虚设。故云：“不识玄旨，徒劳念净。”又云：“不求诸法性相因缘，是名正慧。”斯乃心性无生，能成妙慧。所以智慧者大菩萨[①]皆观自心意言分别以为境界，从初发心乃至成佛，皆作此观。以但唯识心分别，都无前境，究竟唯一真空，更无所有，故云：空心不动，具足六波罗蜜矣。

（三十七）

若不观心，何成方便？菩萨以无所得为方便，能入无边幻网，四摄摄生，故心外无法，何所得耶？

（三十八）

若不观心，何成大愿？愿从心生，故称愿海。世界所持唯风轮，万行所兴唯愿海。

（三十九）

若不观心，何以成力？故云："质微则势重，质重则势微。如地质重故，势不如水；水性重故，力不如火；火不如风，风不如心。心无形故，力最无上，神通变化，八不思议，心之力也。"此力能摄一切，能成一切，如鱼母忆鱼子，蜂王摄蜜蜂。鱼母不忆，鱼子不生；蜂王不摄，群蜂不聚。一切国土，想力所持；诸缘境界，随念而至。想空则境寂，念灭则相亡。如有偈言："诸法不牢固，唯立在于念，以解见空者，一切无想念。"

（四十）

若不观心，何以成智？以心为智，即是本性寂照之用。此智凡圣皆具，用有浅深，故云："终日圆觉，而未尝圆觉者，凡夫也；欲证圆觉，而未极圆觉者，菩萨也；住持圆觉，而具足圆觉者，如来也。离圆觉无六

① "萨"，《卍续藏》本原注云：疑为"提"。

道，舍圆觉无三乘，非圆觉无如来，泯圆觉无真法，其实皆一道也。三世诸佛之所证，盖证此也；如来为大事出现，盖为此事也；三藏十二部一切修多罗，盖诠此也。”斯乃穷原之说，称性之谈。如阐普眼之法门，皆述理中之一义；似剖大千之经卷，非标心外之余文。摄网提纲，一言无不略尽；即权显实，殊说更无异盈。于众义中，如从石选玉；向群经内，犹披沙拣金。耀不二之慧灯，破情尘之暗惑；注一味之智水，洗意地之妄尘。若能一句入神，历劫为种。何以故？此心法门，于一切众中，为首为师，为明为道。故云：一切法中，心为上首。又一切明中，心明为上。又佛以法为师，故云此事唯我能知。如镜挂高台，似月悬广漠，孤光一照，万虑皆销。故云：“不仰太山，靡觌干[①]霄之状；不游大海，未睹沃日之奇。”不入此门，焉知广大？

（四十一）

若不观心，何以成多闻？以但可了心之一根，法本自然，遍摄群经，故云：“唯愿少闻，多解义趣”，即此意也。是以种种诸法虽多，但是一心所作，于一圣道，立无量名。如一火因燃，得草火、木火之号；犹一水就用，得或羹、或酒之名。以圆明边，目之为珠；以深广边，称之为海；以神解之性，号曰灵台；以万法之宗，标名宝藏。则揽草无非是药，执砾悉成金。满室唯闻詹匐之香，空器遍盈甘露之味。举足不离金色界，回头尽是旃檀林。则四辩六通，因兹而起；三乘五性，从此而惺。所以如来常不说法，名为具足多闻。则众生心中佛无示，佛心中众生无得，可谓一心念念常转法轮，而无间断。

① “干”，原作“千”，现按《诸经要集序》、《宗镜录》卷第十校订。

（四十二）

若不观心，何以行慈？以不入无缘，不如磁石吸铁，任运吸取一切众生故。

（四十三）

若不观心，何以运悲？以不了同体，皆成爱见，故云："自男生我女，徒兴妄想悲。"

（四十四）

若不观心，何生净土？故云："三世一切诸佛，皆无所有，唯依自心。菩萨若能了知诸佛及一切法皆唯心量，得随顺忍，或入初地，舍身速生妙喜世界，或生极乐净佛土中。"又云："智习唯识通，如是取净土。"是知昔人有言：万事万形，皆由心成。心有高下故，丘陵是生。乃至云：佛土常净，岂待变而后饰？盖是变众人之所见耳。故云：观心性本净，犹如虚空，即是性净之境，境即因也。观智觉悟此心，名之为佛。初观名因，观成名果。若论自行，即是心王无染；若论化他，即是心数解脱。智慧源，但随境界转，意如火，事如汤，不制自意地，唯从诸法流，斯皆失本迷源，随流徇末。若能顿明意地，唯从诸法流，直了心源，不求脱于诸尘，不系缚于一法，可谓究末遇本、寻流得源矣！遂乃无功而自辩[①]，无作而自成。显此一心，万法如镜。

如是开示，究竟指归，如八千声闻，于法华会中见如来性，如秋收冬藏，更无所作；亦犹到宝所，更无所至。故云：我法至久后，要见说真实。若说权小之法，初机随语执生。且如毛道异生，居不定聚，若习性易染，犹若白丝。故云：人性犹湍水，决东则东，决西则西。又似尺蠖，

① "辩"，《宗镜录》卷九十九中相同一段文字中作"办"。

食黄而身黄，食苍而身苍。如第八含藏识中，十法界种子一切俱有，随所闻熏之力，发起现行。若闻此观心，佛界种子自然开发。又此是真性中缘起，自在无碍法门，一一皆谈如理实德。以法如是故，非约变化，对治权巧。所说法法，皆得全力，非是分力。如金铸成十法界像，一一像全得其金；犹十子对父，各各子全得其父。但随缘名字，似有差别。则真如法位，本末皆同。如有颂言："诸色心现时，如金银隐起。金处异名生，与金无前后。"如金银隐起功德之像、龙凤之形，前后俱是金，名字空差别。如云法身流转五道，号曰众生；觉心不起，名不动智佛。前迷作众生，虽唯是识，后悟而成佛，亦不出心。故云："随缘非有之法身，亦不异事而显现；寂灭非无之众生，亦不异真而成立。"故颂云："如来清净藏，世间阿赖耶，如金与指环，展转无差别。"则知古今日月，无异光明；法尔山河，常住世界。因情有异，随智成差。然分别本空而无，异而无异[①]；情非理外，差而无别[②]。可谓一道真心，始终无变矣。

（四十五）

若不观心，何以护正法？故云："菩萨不须守护诸法。若菩萨但能善护自心，则能成就诸佛妙法。"又云：但正其心，不尚余学。自心若正，万境咸归。自心若邪，诸尘有滞。若金刚宝，置日中而无定形；犹玻璃珠，随前尘而变众色。似天意树，逐天意转；比人间境，逐人心成。故云："三界上下法，我说唯是心。"则一切法是心，心是一切法。又如一水生四种见，水无定相；犹一金铸五趣人，金非别形。任背觉合尘，心元不动；纵厌异舍别，唯一真如。是知十法界五阴三种世间，一际无差，唯心分别。

---

① "而无异"三字，校本无。

② "别"，校本作"差"。

如有颂言："无地及诸谛，无国土及化，佛辟支声闻，唯是心分别。心遍一切处，一切处皆心。以心不善观，心性无诸相。"又云："一切方海中，依此于众生心想而住。"如是信入，怀抱澹然，不以佛为欣，不以魔为戚。如幻师于幻无著，知幻从我术生；似调马见影不惊，如[①]影从自身出。故云："无有少法能取少法，无作用故。但法生时，缘起力大，即一体上有二影生，更互相望，即不离诸心心所，由缘起力，其性法尔，如是而生。"所以即境是心故难入，即心是境故甚深。如是则芥纳须弥，尘含法界，壶日月毛孔，山河自然明见。故云："不出圆堵之室，而知天下者，知反己之谓也。"

所以云：归根得旨，随照失宗。如诸佛唯一法身，逐机感时自异。心杂而但瞻青色，意淳而唯睹金光。若龙王布一味雨，随处而各见不同，业净则变作珠缨，罪垢则观成刀剑。亦犹木母变色，起自孝思；金像舒光，先于敬意。似镜鉴像，形曲而影凹；如谷答声，语雄而响厉。故知升降在我，得丧由心。饮甘露而蹈云霞，非他所授；卧烟焰而吐脓血，皆自所为。剑树刀山，谁人淬炼？莲台宝树，何者兴崇？故云：为善福随，履恶祸追。响之应声，善恶如音。非天龙鬼神所授，非先祢所为。造之者心，成者身口矣。又如偈言："心为法本，心尊心使。中心念恶，即言即行，罪苦自追，车轹于辙。心为法本，心尊心使。中心念善，即言即行，福乐自追，如影随形。"

如斯妙门，直指心地。如囊中有宝，不探示之，孰能知者？犹室内金藏，未遇智人，何由发掘？若珠蔽内衣里，弗偶亲友呵责，曷致富饶？似穷子之家珍，非长者之诱引，争能承绍？如有颂言："譬如暗中宝，无灯不能见。佛法无人说，虽智不能了。"

---

① "如"，按《大智度论》卷七十八，应为"知"。

（四十六）

若不观心，何以受持读诵？以破尘出大千经卷，仰空写无量真诠。念念转法轮，有何遗忘？故云："手不执卷，常读是经；口无言音，遍诵众典。佛不说法，恒开妙音；心不思惟，普照法界。"是以若遗文了义，如狮子就人；若背义徇文，犹痴犬逐块。故云："我所说者，义理非文。汝所说者，文语非义。"名字如块，真理如人。无明痴犬逐名言块，种智狮子得理亡名。是以但徇其名言者，只为不见自性。发萌芽于境上，起觉观于心中。水动珠昏，云飞月隐。如有颂言："瞎狗吠茅丛，盲人唱贼虎，循声故致迷，良由目无睹。"故知须具己眼，开发本心。是以智人打牛不打车，愚人磨砖不磨镜。磨砖焉能照物？打车曷以进途？打车如役苦身，只练邪见无益之行；磨砖似背圆教，唯成但空下劣之乘。都为不荐灵台真如法宝。此是诸佛大威德不思议法门，犹赫赫日轮，岂外道婴孩之所观；高高圆[①]座，非小乘矬陋之能升。蚊蚋而难负须弥，鷦鷯而焉吞渤澥。应须普贤长者子、文殊大人，方可直下承当，顿圆无滞矣。

（四十七）

若不观心，何以弘法？以一心为如来所说之根本，盖缘如来依此一心而成就故。是则教理行果，皆依此心，从微至著，未尝离此。若离于心得成佛者，无有是处。离此有观者，皆外道教也。是以云："所言法者，谓众生心，是心则摄一切世间出世间法。依于此心，显示摩诃衍义。"如有颂言："若一切唯心，世间何处住？去来依何法？如何见地中？如鸟虚空中，依心风而去，不住不观察，于地上而去。如是诸众生，依分别风动，自心中去来，如空中飞鸟。见身资生器，佛说心如是。"故知若未识心，不名弘法。故云："一切诸法，悉出心中。心即大乘，心即佛性。又心摄

① "圆"，校本作"法"。

诸教，观一切众生心中具足一切法门，如来明审，照其心法，按[①]彼心说。”

无量教法，从心而出，虽名义无尽，同诠一心。故云：《华严》等经中，遮境唯识，名为唯心。《辨中边论》遮边执路，名为中道。《般若经》中，明简择性，名为般若。《法华经》中，明究意运载，名曰一乘。《胜鬘经》中，遮余虚妄，名一实体谛；显法根本，亦名一依；由空而证，又是空性，亦名为空；彰异出缠，显摄佛德，佛从中出，名如来藏；明体不染，真实法性，名自性清净心；功德自体，亦名法身。《无垢称经》，遮理无差别，名不二法门。《大慧经》中，表无起尽，亦名不生不灭。《涅槃经》中，彰法身因，多名佛性；离缚解脱，亦名涅槃。《楞伽经》中，表离言说，名不思议。《瑜伽》等中，显不可施设，名非安立。《摄大乘》等，显此遍常等，名圆成实。《对法论》等，明非妄倒，名曰真如。是以万法随心而住，赞之莫穷。但契一心，自含众德。故云：“至圣垂诰，镜一心之玄极；大士弘阐，烛微言之幽致。虽忘怀于诠旨之域，而浩行于文义之海。盖欲寄象系之迹，穷无尽之趣矣。”

是知非言无以立其文，非文无以广其义，非义无以穷其玄。夫得其玄者，则一心无尽之宗矣。故有颂云：“若欲三千大千界，教化一切诸群生，如云广布无不及，随其根欲悉令喜。毛端佛众无有数，众生心乐亦无极，悉应其心与法门，一切法界皆如是。”若此弘法，所利何穷？直指自心，全提家宝。如倾囊倒藏，大施无遮。彻果该因，更无前后。可谓一念一时，所益无际矣。故云：“遮那之境界，众妙之玄门。知识说之而不穷，善财酌之而不竭。文殊体之而寂寂，普贤证之以重重。”是以若随其法性，如云散长空，本无一物；若随其智用，如华开春谷，佛事无遍[②]。虽说遍恒沙，同遵一道矣。故云：“如来于一言语中，演说无边契经海。”

① “按”，原作“桉”，现按此处所引《摩诃止观》中原文校订。

② “遍”，疑为“边”，或“偏”。

（四十八）

若不观心，何以建立道场？以一念知一切法是道场，成就一切智故。又云：一切众生皆是道场，是不动相故。又道场者，实相理遍为场，万行通证为道。则道无不至，场无不在。若能怀道场于胸中，遗万累于身外者，虽复形处愦闹，迹与事邻，乘动所游，无非道场也。所以弃诸盖菩萨白佛言："世尊！曾闻如来而坐道场，道在何处，为近为远，而可见不？"佛言："善男子！法身遍满，无非佛土。十方世界，五荫精舍，性空自离，即是道场，云何问言为近远耶？善男子！若能悟解道在身心，如是之人，则名为见诸法。"又云："我坐道场时，不得一法，唯得颠倒烦恼所起[①]毕竟空性，以无所得故得，以无所知故知。"

（四十九）

若不观心，何明法相？以有为、无为一切诸法相，皆从心出，无不心也。以心不守自性，能随染净之缘，成十法界之相，故称法相。以正随缘时，不失自性，故称法性。则随缘无性，无性随缘。如水不守自性，随风作波，正作波时，不失湿性；若失湿性，不能兴波。心性亦尔。是知法性法相，真俗义门，并是如来藏性清净真心之所建立。若善若恶，随心所转。若顺转即名涅槃，故云"心造诸如来"。若逆转即是生死，故云"三界虚妄，皆一心作。"如水之体无方圆，入方器则方，入圆器则圆。故云：诸佛非天非人，而能天能人。在天而天，在人而人矣。如有颂言："譬如一心力，能生种种心。如是一佛身，普现一切佛。"如是通达，一际无差，非古非今，不增不减。如有颂言："如人掘路土，私人以为像。愚人谓像生，智者言路土。后时官欲行，还将像填路。像本非生灭，路亦无新故。"所以生灭随缘有异，新故约时不同，始末穷之，唯一路土。况

① "颠倒烦恼所起"，此处所引《思益梵天所问经》中原文为"颠倒所起烦恼"。

前后圣，迷悟不同，初后观之，但一心识。如是则见自心之高广，照无穷之圣应，遂乃未解者令解，未安者能安，恩覆大千，慈含法界。故云："若幽冥世界，及于一一世界中间，日月等光所不照处，为作光明，应学般若波罗蜜多"，斯之谓也。

（五十）

若不观心，何以庄严？以诸佛法身如真金，相好似金庄严具。以金作具，体用全同；从心现色，性相无二。如问云："若佛法身无有种种差别色相，云何能现种种诸色？"答："以法身是色实体故，能现种种色，谓从本来，色心无二。以[①]色本性即心自性，说名智身；以心本性即色自性，说名法身。依于法身，一切如来所现色身，遍一切处，无有间断。"

又以无边佛事，皆从一心而起。以从波罗蜜所出一切宝盖，于一切佛境界清净解所生一切华帐，无生法忍所生一切衣，入金刚法无碍心所生一切铃网，解一切法如幻心所生一切坚固香等。故菩萨不待庄严，成就诸法，以一心自具故。是以触境皆心，尽成佛事。故云：云台宝网，尽演妙音；毛孔光明，皆能说法。香积世界，餐香饭而三昧显；极乐佛国，听风柯而正念成。丝竹可以传心，目击以之存道。既语默视瞬皆说，则见闻觉知尽听。苟能得法契神，何必要因言说？

如相者占人面色，辨贵贱之形；外道打髑髅之声，察善恶之事。马鸣有和罗之技，帝释有法乐之臣。琴中传意于秦王，脱荆轲之手；相如调文君之女，终获随车。是知若色若声，悉具一心法界。故云：一切色是佛色，一切声是佛声矣。

① "以"，原作"沙"，现按此处所引《大乘起信论》中原文校订。

（五十一）

若不观心，何以成菩提？以菩提即是道，道即是自性清净心，湛然不动，盖是正觉无相之真智。其道虚玄，妙绝常境。听者无以容其听，智者无以运其知，辨者无以措其言，像者无以状其仪。故云："菩提心者，非有非造，离于文字。菩提即是心，心即是众生。若能如是解，是名菩萨修菩提心故。"所以证心成菩提，故称究竟。无一念而不成遍照，以一念顿圆故；无一法而不被光明，以念外无法故。如云："无有智外如，为智所入；亦无如外智，能证于如。"又云："无有少法，与法同止。"是知唯心一际法门，心外更无法可以对持，可以同止。所以云："心不至境，境不至心。凡所见境，唯所见心。"则实际理地，诸佛不能行、不能到，大魔王亦不能行、不能到。以佛魔俱是实际一心，若能行能到，即成二法。何者？若有能行能到之人，则有所行所到之法，心外有法，不成菩提。今则逆顺同归，美恶齐旨，无非菩提矣。如云："五逆即菩提。"既逆与菩提不出心性故，所以天魔即法界[1]，即生死即涅槃门。谈实相而不坏假名，论差别而不破平等。眼不见有不净之刹，耳不闻有可恶之声。外道尼乾经，皆是佛说；提婆达多言语，尽顺正宗。则荆棘垂七重行树之阴，枭獍说一道甚深之旨。故云：如琉璃宝器，随所在处，不失其性；是知心亦如是，垢法随流而不增，净法返流而不减。若以空明即空现，若以色明即色现。随法界缘，遍法界现，现无现性，缘缘自空，唯一真心，湛然不动。如有颂言："诸佛从心得解脱，心者无垢名清净。五道鲜洁不受染，有解此者成大道。"则五道由心虽遍，丹台无染恒清。展六合而不弘，缩一尘而非溢。披毛戴角而本性不殊，魄散形销而一灵常在。

① "界"字后，校本有一"印"字。

（五十二）

若不观心，何[1]具道品？以身、受、心、法，但一真心，俱无自性，了不可得，即四念处观。善不善品法，从心化生，即四正勤。心性虚通，隐显自在，即四神足。信心坚固，湛若虚空，即五根、五力。觉心不起，即七觉支。直了心性，非邪非正，即八正道。心境融通，自他一体，即四摄法。不得身口意，常随智慧行，即十八不共法。乃至万行因圆，十地果满，直至受记成佛，皆不离一心。故云：心净无垢，则为受决。又云：不得一法，诸佛疾与受记。

此一心门，神性独立，未曾即一法，未曾离一法；未尝同一法，未尝异一法。何者？以心外无[2]法，见法是心，故称无为之门，绝待之妙。如文殊履处尽为金，海慧来时纯是水。所以云："一切诸法一心量，无心外法。以无心外法故，岂一心法与一心法作障碍事，亦一心法与一心法作解脱事？无有障碍，无有解脱。"又云："不见一切诸法，是菩提相。不证一法而证诸法，是故说为应正遍知。"此六自在王，恒常清净，要凡即凡，要圣即圣，大小不拘，迷悟焉定？群生根由，诸佛性命。但随缘生，不与物竞。似指南车，万物同归；如骇鸡犀，四面皆正。故云："能知一切唯是一心，名为心自在。"则无尽法财珍宝，常出掌中；十方一切虚空，皆为智藏。若不信自法而取前尘，犹举手摘遥星，投身捞水月，吹鱼网而欲令气满，取馨响而拟藏筐中，岂有得时？愚之甚矣！如今取胜妙境，犹美女爱镜里之容；厌违逆境，若恶马自怖日中之影。又取境之者，如空中求空；舍法之人，若畏空狂走。取舍而不离空内，憎爱而俱在心中，以不正观，成兹倒见。如有颂云："言词所说法，小智妄分别，是故生障碍，不了于自心。不能了自心，云何知正道？彼由颠倒想，增长一切

① "何"字后，校本有一"以"字。

② "无"字后，校本有一"别"字。

恶。”又云：第一义谛者，但唯是心。若不了心，皆成世谛。所以云：“以肉眼观，无真不俗；以法眼观，无俗不真。”然若识心，则肉眼是佛眼；或不了心，则天眼成翳眼。如云：大士肉眼圆通，二乘天眼有翳。且二乘以无漏智修得天眼，云何却成障翳？以藏通二教，虽具六通，不能一心即具法界，皆以灭心为极果。设使别教大乘，能知一切法趣此心，今未圆具，须历别修行，次第生起，俱存教道，不入圆通。以此观门，唯上根直受尔。

（五十三）

若不观心，何成佛事？以万法随心回转，善成一切，能令凡圣交彻，大小相含，隐显互成，一多融摄。故云：“观心空王，玄妙难测，无形无相，有大神力。”所以云：“此之供具，皆是无作法所印，无上心所成。”是以华藏山河，皆成佛事；善财知见，悉入法门。轮王坐妙宝床时，入四禅而离五欲；菩萨着法性冠处，见一切法悉现在心。或寂寞无言，示心轮而显妙；或虚空绝相，化阇王以悟真。袈裟悬于高幢，香饭取于上土。或目击而存道，或异相而传心。放一毫智慧之心光，示种种尘劳之佛事。乃至如法华身内，积大铁围之山川；摩耶腹中，展不可说之世界。一尘中见难思之佛国，针锋上立无边之身云。以四海之渺弥，摄归毛孔；用须弥之高广，内入芥中。飞佛土于十方，未移本处；掷大千于界外，含识莫知。日月悬于毫端，供具现于体内。腹纳劫烧之焰，火事如然；口吸十方之风，身无损减。斯皆自心转变，不动而远近俄分；一念包容，无碍而大小相入。

或云：香积去此有四十二恒沙世界者，即是经历四十二位心地法门。或云：散华璎珞，空中成四柱之宝台者，即是常乐我净一心四德之涅槃。所以云：“此华盖等，皆是无生法忍之所生起。”或佛言：“彼时鹿王者，即我身是”，即结会古今，明自心一际之法。或教中凡有空中发声告示、言下息疑者，并是顿悟自心，非他境界。如解脱和尚得遇化佛，因请问深旨。佛乃隐身不现，空中说偈云：“方便智为灯，照见心境界。欲知真实法，一切无所见。”因兹悟道。又如楞伽王闻佛说法后，佛与四众忽然不见，因此思惟，顿入唯心之旨。或《法华》移天人于他土，即是三变心田。或《维摩》取妙喜来此方，斯乃即秽明净。或丈室容于高座，宝盖现于大千。未离兜率，已般涅槃；不起树王，而升忉利。执手经无量之劫，登阁见三世之因。释迦眉间出菩萨身云之众，普贤毛孔示诸佛境界之门。小器出无限之嘉馐，仰空而雨难穷之珍宝。不动此处，遍坐道场；十刹宝坊，合为一土。闻经于五十小劫，犹若刹那之时；现通于七日之中，舒之为一大劫。如王质遇仙棋一局，经三年而谓食顷；周穆皇随于幻士，积多岁实谓刹那。尚能以短为长，以长为短，故知非干[①]多时劫，唯识所成耳。

乃至六相义、十玄门，皆是一心圆融，显现无碍。六相义者，一心为总相，多心为别相，乃至能同能异，能成能坏，皆是一心本末建立。十玄门者，同时具足相应门，一多相容不同门，乃至隐显门、帝网门、具德门、自在门、安立门、十世门、托事门，皆于此由心回转，善成一门，无量教义，一时成就。以平等心是一义，差别心是多义。以一心即一切心，是相即义，是同时相应义。以一切心入一心，是相入义。以一心摄一切心，是隐义；以一切心资一心，是显义。以不坏差别心，而现平等心，是多中一义；以不隐平等心，而现差别心，是一中多义。又微细心不碍广大心，广大心不碍微细心，是一多不同义。以一实心是纯，差别心是杂，差别心即一实心，杂恒纯；一实心即差别心，纯恒杂；即诸藏纯杂义。以一心带一切心，还入一心，是帝网义。因心现境识心，是托事显法义。长劫短劫、延促时量，皆从积念而成、一心所现，是十世义。因一心正义，演难思法门，究竟指归，言亡虑绝，即唯心回转义。自心既尔，他心亦然。涉入交罗，重重无尽，并是圆机入处，悉堪投足栖神。且如观味闻香，皆能悟道；华飞钏动，尽可证真。语默常合玄微，动止未离法界。乃至恒沙义聚、无量法门，举一例诸，俱不出自心之法。故知菩萨随世所作皆表

① “干”，校本无此字。

心，故《净名经》云：“不舍道法，现凡夫事。”如云：“一念于一切处，为一切众生示成正觉，是菩萨园林，法身周遍尽虚空一切世界故。”则知不用天眼观，彻见十方际，曷假天眼？耳听遍闻法界声，宁仗神足通，疾至十方土？端坐寂不动，诸佛常现前。紧那罗琴，岂假调品而韵？似无声之乐，何须弹击而成？故云：“摩诃迦叶久灭意根，圆明了知，不因心念。”又云：“我有一语，不过直与。小于毫末，大无方所，本自圆成，不劳机抒。”

（五十四）

若不观心，何以忏悔？以了一心真性解脱，能空烦恼系缚、九结十使等。若比余法忏涤，校其功力，如氎华千斤，不如真金一两；似一栴檀树，改四十由旬伊兰林；能令烦恼即菩提故。

（五十五）

若不观心，何以灭罪？以罪从心生，还从心灭。故云：“观心无心，从颠倒想起。如此想心，从妄想起，如空中风，无依止处。如是法相，不生不没，何者是罪？何者是福？我心自空，罪福无主。”如是忏悔，犹翻大地，非除枝叶。如云：夫免三涂恶业者，要须离有无二见，证解一心，方得解脱。此乃是真阿兰若处，正修行门，无别指归，究竟安隐。故云：“自为洲渚，自为归处。法为洲渚，法为归处。无别洲渚，无别归处。”

乃至除病止饥，唯心所宰。如吞蛇得病，岂有实境当情；悬沙止饥，皆是幻心想起。或输忠立孝，亦心所成，故云：“河岳不灵，唯人所感。”是以箭衔石虎，奚功力之所致？三军告醉，岂麴蘖[①]之所成？鱼跃冰池，非网罗之所捕；笋抽寒谷，匪阳和之所生。皆是自心内感外现。又如唐德宗朝，骠国有使，帝问：“何以知朕临朝？”对云：“我国三年，

① “蘖”，在《心赋注》卷一中作“糵”。

牛马头向东而卧，水无巨浪，海不扬波，所以知中夏有华风，乃陛下之圣德。”复有珠还合浦，剑去吴都。虎负子而过江，凤呈祥而入境。且牛虎无计度分别，珠剑本属无情，岂能感德知恩、抱强负弱？全是人心之所感，真唯识义之所成。如笃善则天座拥前，习恶则火车盈侧。命富则玉堂金屋，业贫则瓮牖席门。但将心镜照之，万事难逃影迹。如有偈言：“亦不从天生，亦不从地出，但是空心性，照世间如日。”更不见者，是盲者咎。故云：云驶月运，舟行岸移。不知妄想之云自飞，真月何动；岂悟攀缘之舟常泛，觉岸匪移。

（五十六）

若不观心，何以报恩？故云：“将此深心奉尘刹，此则名为报佛恩。”是以若报佛恩，无先弘法，裂邪见网，竖正法幢。若欲阐扬，离心非正。心若正，万法皆正；心若邪，万法亦邪。若离自心外，欲破他邪，此乃立自立他，邪见正见，如卸甲入阵、弃火焚畬，欲希破敌下种，无有是处。但能守护自心，即是护持正法，亦是普念十方如来，亦名报恩，亦名满愿，亦是无非菩萨舍身命处，亦是诸佛毕竟般涅槃处。则一切宝王所有诸法，一切至教摄化之门，一切宗旨秘密之藏，一切因果甚深之事，此皆于此心无不圆足。是以群贤竟起，咸入此门；万法浩然，宗一无相。故云：“十方佛土中，唯有一乘法。”则过去诸佛已说，现在诸佛今说，未来诸佛当说。若能谈斯妙法，弘此圆宗，以凡夫业报之身，同佛所知；用父母所生之眼，齐如来见。可谓下佛种子于众生身田之中，抽正法芽向烦恼欲泥之内。然后七觉华发，菩提果成，展转相生，至无尽际。

有兹法利，愍彼未闻，故声闻睹斯大事，自鄙无堪，或号泣而声振大千，或云“同共一法中，而不得此事。”若菩萨闻兹妙旨，忏悔前非，或云：“从无量劫来，为我[1]之所漂流。”或言：“我等归前，悉是邪见

① “我”，《宗镜录》卷十二、六十七均作“无我”。

人也。”是以偶斯正教，恩地难酬。任身座肉灯，皮纸骨笔，乃至常啼东请，善财南求，药王烧手，普明刎头，皆不能报一句之恩。故云：“手足供给，头顶礼敬，一切供养，皆不能报。”唯持此心，是名真报恩。如有颂言：“假使造宝塔，其数如恒沙，不如刹那顷，思惟于此经。”又弘余法未足为难，如云：“若立有顶，为众演说无量余经，亦未为难。乃至足动大千界，手把虚空行，亦未为难。能说是经，是则为难。”故知竭海移山，非无为之力；任使蹑虚履水，皆有漏之通。曷若开诸佛心，演如来藏，绍菩提种，入一乘门，能托圣胎，成真佛子。何以故？谓得本故。如从源出水，因乳得酥。凿山求金而不凿树，钻乳求酥而不钻水，以树无金、水无酥故。以决定知一切众生皆有如来藏，特令开悟，返照绝疑，无有不得之者。入此观门，即见如来性，菩提道果应念俱成，如下水之船、便风之火。若随他教，不此正观，设福智齐修，不[1]成就。如求乳钻水，离山凿金，任历三祇，岂有得理？

（五十七）

若不观心，何以伐苦？以心同法界，众生受苦之处，即是菩萨心，故云：“说苦受互起，无有定体，令知苦无生，不妄受故。”是知说法名为伐苦。以众生不知故造罪业，遗失真性，奔骤外尘，捏目而生三界之华，迷头而认六趣之影。舍真慈父，佣赁外方；背己智王，羁栖他国，贫穷孤露，历劫无依。闻此观心顿成，遭遇本来妙旨，如拂雾瞻天，无始尘劳犹擎汤沃雪，遂乃裂魔罥、踔欲泥，摧慢山、竭爱水。货衣珠而大富，宁探骊颔之珠；领家藏以长荣，岂假连城之宝？可谓即凡成圣，点砾为金，转酥酪作醍醐，变毒药而成甘露。逐使寒灰再焰，必死重生，萎草逢春，枯田遇雨。掘众生之干土，涌诸佛之智泉；抽声闻之燋芽，结一乘之圆果。

---

① “不”字之前，校本有一“纯”字。

如此开示，不负前机，如解肘后之方，似出囊中之宝。

（五十八）

若不观心，何以明三宝？以心能大觉，即是佛宝；心能轨持，即是法宝；心能和合，即是僧宝。又云：心王即是佛宝；心数即僧宝；所缘实际，无王无数，即法宝故。

（五十九）

若不观心，何以了四谛？以心为苦实际，名苦谛；心性无和合，名集谛；心本寂灭，名灭谛；心本圆通，名道谛。

（六十）

若不观心，何以明三乘？以观心空，出声闻乘；观心假，出菩萨乘；观心中，出诸佛乘。故知诸乘从心建立，所以云："若彼心灭尽，无乘及乘者。"既无五乘之法，亦无能乘之人，以离人无有法、离法无有人故。

（六十一）

若不观心，何以运神通？以一心不动，遍应十方，无来去相，即是神足通；心含三世，犹如眼见，即宿命通；以自心知他心，即他心通；不以二相见，即天眼通；声处全闻，即天耳通；了境是心，不起对执，即漏尽通。

（六十二）

若不观心，何成解脱？以一心门，具足真解脱。古佛慈敕：诸佛解脱，只令于众生心行中求，不于余处求。何者？只谓众生系缚心，是佛解脱心。缚脱似异，心性全同，以因心成缚、因心成解故。如求火须木，求水须冰，以冰木是水火所出之源，求无不获。如自心，是群生之本性、诸佛之果源。诸佛常同，众生自异。若决定于心求之，无不成现。是知缚脱同原，真俗无际。如今古之日，照无异明；过现之风，鼓不二动。似滥觞一滴，与四海之湿性无差；若芥孔之空，等太虚之包含靡别。

（六十三）

若不观心，何明三藏？以一切教藏，皆从心生。故云：一切诸法毕竟寂灭，心寂灭故云究竟毗尼，即心出律藏；一切善恶等法，唯心所持，经纬无尽，即心出经藏；观心能研妙义，即心出论藏。

（六十四）

若不观心，何以降四魔？以一切障难皆是心魔。故云："若阿兰若比丘，当坐禅之时，或有异境现前，但念唯心，境界无不速灭。"又云："譬如两木相揩，则火自生，还烧其木，火不从风出，不从水出，不从地出。其四魔者亦复如是，皆从心生，不从外来。譬如画师画作形像，随手大小，虽因缘合，有彩、有板、有笔，画师不画，不能成像。四魔如是，心已坚固，便无所起。"故知万像虽备，色等皆是无记法门，焉能运为建立？又此六尘是钝，不能自立，不能自名，一切能依无力，须假所依心成。今时学人若不直下顿明自心，练行设满三祇，终不成办。何者？以所治之过患无边，不[①]能治之功德何尽？又真俗境阔，差别门深，若一一依通，分求分解，似持螺酌海、折草量天，枉役思劳神，罔穷边际。若能通达悉是自心，则收法界于掌中，指十方于眼际。宝刹难思教海，弗待寻而自知；诸佛无尽身云，不动念而常见。发行而便超极地，成果而不隔初心。此是诸佛所证之门，菩萨所乘之道。

又云："言大乘者，谓是菩萨所行之路及佛胜果。为得此故，修唯

① "不"，《卍续藏》本原注云：疑为"故"。

识观，是无过失方便正路。为此类故，显彼方便，于诸经中种种行相而广说。如地水火风并持[①]物，品类难悉，方处无边。由此审知，自心相现，遂于诸处，舍其外相，远离欣戚。复观有海，喧静无差，弃彼小途，绝大乘望，及于诸有耽着之类，观若险岸，深生怖畏，正趣中道。若知但是自心所作，无边资粮易为积集，不待多时。如少用功，能成大事。善游行处，犹若掌中。由斯理故，所有愿求，当能圆满，随意而转。”又有颂云：“未了境唯心，起种种分别。达境唯心已，分别则不生。既了境唯心，便舍外尘相，从此息分别，悟平等真空。”

（六十五）

若不观心，何以杀六贼？从一心起生三颠倒：一心颠倒，二见颠倒，三想颠倒。心如停贼主人，见是贼身，想如贼脚，根尘是贼媒，内外构连，劫尽家宝。色劫眼根善，声劫耳根善，香劫鼻根善，味劫舌根善，触劫身根善，法劫意根善。遂使法财倾竭，智藏空虚。如怨诈亲，谁有知者？如或识贼，贼不能为。若了境识心，终不为外尘所侵、内结能缚。若不入此唯心观门，未习学之者，则情牵万境，意起百思。投五欲旋火之轮，未曾略暇；陷五浊狴牢之处，何省暂离？尘网千重，密密而常笼意地；爱绳万结，条条而尽系情田。耸高阜于慢山，横遮法界；涵长波于贪海，吞尽欲流。若蚁聚蜂攒，攀缘扰扰；如鼠偷狗窃，结构营营。八苦之焰长烧，二死之河恒没。迷现量而失自心体，逐比非而妄认外尘。终日将心取心，以幻缘幻。似狗咬枯骨，自咽其津；如象鼻取水，还沐己体。必无前境，而作对治。自从受身含识已来，居三界尘劳之内。犹热病见鬼，于非怨处认怨；若翳眼生花，向无爱中起爱。妄出妄殁，空是空非，都不觉知，莫能暂察。今更不信，复待何时？

① “持”，《成唯识宝生论》卷第一、《宗镜录》卷四中作“所持”。

然一切众生虽具佛性，若不开导，似有如无。应须劝发圆修，普令成其法器。故云："譬如琵琶方响，虽有妙音，若无妙指，则不能发。"是以乐蕴奇音，指妙而宫商应节；人怀觉性，智巧而动用冥真。故须速入此观心门，何往不从，无求不利。照之如镜，何法而不明；归之如海，何川[①]而不入？千年暗室，破之唯一灯；无始尘劳，照之唯一观。如云："利之所在，虽千仞之山，无所不上；深源之下，无所不入。商人通估，倍道兼行，夜以续日，千里不远，利在前也；渔人入海，海水百仞，冲波逆流，宿夜不出，利在水也。"此乃世间勤苦求利之志耳。斯乃求世宝，资业身，增生死，背菩提，尚能殒命亡躯，捍劳忍苦，志求不退。如或坚求至道，晓夕忘疲，不向外求，虚襟澄虑，密室静坐，端拱宁神，利在心也。如利之所在，求无不获，况道在心，信无不得矣！此乃求觉宝、养法身，灭生死、成菩提，匪劳神、不动念，靡举足、焉用功，自然冥契耳。

（六十六）

若不观心，何以辨染净？以真心不守自性，随恶缘而成染，随善缘而成净。当随缘时，不失自心本性。又染净相待，真妄互熏，随缘似生，俱无自体。故云：见垢实性，即无净相。

（六十七）

若不观心，何达二谛？以心真如门即真谛，心生灭门即俗谛，此二谛俱能生一切法故。又心成三谛者，以有心也，一切法有，即是有谛；心无也，一切法无，即是无谛；有无不二，即是中道第一义谛。乃至一实谛、无谛，及《百法》八谛、《华严》十谛，皆是一心体用开合不同故。

① "川"，原作"以"，现按《宗镜录》卷四十三校订。

（六十八）

若不观心，何以和光？若凡圣各别，不得名和。心体离念，不得众生相，法界即我，我即法界，名和。故知若归一心，有何差别？无一法而不顺，能成孝义之门；无一念而不和，尽为无诤之道。遂得迬[①]法国土，无一境而不降；静佛边疆，绝一尘而作乱。定父子于今日，唯我家风；会天性于此时，更无异种。可谓兰出兰叶，檀出檀枝；海涌千波，千波即海矣。如有颂言："一身及无量，燃火及霪雨，心心体不异，故说但是心。心中但是心，心无心而生，种种色形相，所见唯是心。"既达斯宗，名为复本。性虽本具，道假人弘。然后定慧更修，等持互显，则智非禅无以发其照，禅非智无以穷其幽。斯乃泛海[②]之迅航，烛宗门之皎日，升第一义天之两翼，驾大白牛车之二轮。散妄乱而似风吹云，破愚暗而日[③]照世。动邪见之深刺，拔无明之厚根。为大觉海之阴阳，作宝花王之父母。备一乘之基地，坚万行之垣墙。是以今时自理未通，仍乖习学，似牛羊眼，罔辨方隅；同愚痴心，不分菽麦。智灯既暗，定水全枯。绠短而不勾深泉，翅弱而不能远翥。唯坚我执，成万有之疮疣；偏起著心，作四魔之根蒂。境飘识焰，烧尽善根；业动心风，吹残白业。著嗔魑魅之鬼趣，堕痴罗刹之网中。被贪爱王之拘留，遭魔怨主之躯役。谁能暂省，效此圆修？历千佛而不敬，炷万灯而莫曙。嗟乎！人身易失，佛世难逢，虚度时光，空丧天日。如有颂言："盲龟浮木孔，时时犹可值，人一失命根，亿劫复难是。海水深广大，三百三十六，一针投海底，求之尚可得。"设或有慕道，又多是妄求。唯将[④]意解情思，并是随言徇义，俱不见性，尽随依通。如携兔角之弓，驾龟毛之箭，以无手之[⑤]者，拟射碎须弥之山；似倾压沙之油，点

---

① "迬"，同"往"，《宗镜录》卷三十四中作"匡"，《心赋注》卷二作"临"。

② "海"，《宗镜录》卷四十五中作"觉海"。

③ "日"，《宗镜录》卷四十五中作"如日"。

④ "将"，校本作"恃"。

⑤ "之"，校本作"足"。

无烟之火，贮漏卮之内，欲照破铁围之阴。徒役狂心，无有是处。如今但直了斯旨，知解自销，反尔忘缘，萧然无寄。如有颂言："若人见般若，论义心皆绝，犹如日出时，朝露一时[①]。"可谓施微功而获大果，兴少学而齐上贤，圆万德于少成，促三祇于一念。似战士受轮王之宝，同长者得摩尼之珠，应用无穷，自他兼利。

（六十九）

若不观心，何以称富？故云：大富无过知足。何者？以一心具足万行，更无心外法可求。是以悟心得道之人，怀抱旷然，大忘天下。如云：金刚宝藏，无有缺减。是以身中标一相，含无边功德之门；眉间放一毫，照一万八千世界。此宝无价，不远当人，求之无形，用之无尽也。所以云："夫天地之内，宇宙之间，中有一宝，秘在形山。识物灵照，内外空然。寂寞难见，其谓玄玄"，乃至"其宝也，奂奂煌煌，朗照十方。隐寂无无，物圆堂堂。应声应色，应阴应阳，奇特无根，妙用常存。晌目不见，侧耳不闻。"

（七十）

若不观心，何以称贵？以道在即贵故。绵密难见，隐显如神。五目难睹其容，二耳不闻其响。迎之不见其前，随之弗得其后。提实相印，作物外之宗师；入真如门，绍法王之嫡子。得法国土，处万有尊，巍巍堂堂，三界独步。列圣归命，无一事而不宾；众哲投成，无一尘而不伏。故云：自从识得此明珠，释梵轮王俱不要。

---

① "时"，《大智度论》卷十八、《宗镜录》卷四十一均作"时失"。

（七十一）

若不观心，皆成疏外。所以天下至亲，无过于心。故偈云：“汝言与心亲，父母非可比。汝行与道合，诸佛心即是。”又云：“我与己为亲，智者善调心，则得生善趣。”若心外有见，则二法生，二则成疏，念念违背。若得一则无诤，得一则冥宗。是以十方诸佛，常正念无二之法。故云：“一即是心，心即是一。无一别心，无心别一。一切诸法，平等一味，一相无相，作一种光明心地之海。”如是则自他无对，能所不生，念念冥真，心心合道。如有颂言：“乃至有所立，一切皆错乱。若见唯自心，是则无违诤。”又如颂言：“身资生住持，若如梦中生。应有二种心，而心无二相。如刀不自割，如指不自触。如心不自见，其事亦如是。”

若入此观门，内外皆成法眷属，众生如佛如，一如无二如，理性相关，故称如来为世间之父，一切众生为诸佛子。约自证法，则禅定为父，般若为母，而生真净法身。若利他法，则方便为父，慈悲为母，而生应化佛身。故云：“菩萨以般若波罗蜜为母，方便善巧为父，檀波罗蜜为乳母，尸罗波罗蜜为养母，忍辱波罗蜜为装严具，精进波罗蜜为养育者，禅波罗蜜为浣濯人，善知识为教授师，一切菩提为伴侣，一切善法为亲属，一切菩萨为兄弟，菩提心为家，如理修行为家法，诸地善法为家处，得诸忍法为家族，大愿现前为家教，以清净智满足诸行为顺家法，劝发勤修不断大乘为绍家业，法水灌顶一生所系菩萨为王太子，成就广大真实菩提为净家族。”此是自心出世法属。若心生世间亲眷，则无明为父，贪爱为母，六根为男，六尘为女，识为媒嫁，出生无量烦恼子孙。则以三界为家，四趣为路，我慢为墙堑，妄执为门庭，疑悔为亲，颠倒为侣，邪见为导，谬解为师。驾六入之舟船，入轮回之障海。住五蕴之窟宅，罩九结之烦笼。乃至用业为田，痴为种子，贪爱为水，浇名色芽，发起无量无边生死之果。故云：有念即生死，无念即泥洹矣。故知八万四千法门、一切真俗之境，皆从心所现。心为所现，法为能现。心为主，法为伴，能所相摄，主伴更资，隐显俱心，卷舒唯识。

（七十二）

若不观心，皆成颠倒。以心外见法名为颠，理外别求名为倒。凡夫常等四倒，声闻无常等四倒，乃至九十六种外道等，皆为不了自心，尽成迷倒。以心为境，迷自作他，岂非倒耶？然既不取境，亦不可灭，以境自虚，因心执有，若著境、若灭法，二俱成倒。如有颂言："觉但是内心，不灭于外法。转虚妄分别，即是中道法。唯心无可见，离于心不生，即是中道法，我及诸佛说。"是以本师引十方诸佛出广长舌相，五眼所见、一心所知，示此于无量劫来求得此难信之法，自觉圣智亲证法门，凡圣同伦，一际平等。以外道见隔，众生业遮，菩萨执权，二乘取证，俱不明达，尽昧圆常。若逝多林中眇目声闻，罔睹华严之佛事；似恒河岸上针喉饿鬼，不见清净之波澜。如大富盲儿，处宝藏而不知不见；犹业贫之士，遇珠珍而变作毒蛇。空负性灵，甘绝分而犹烂豚自乐；舍本逐末，同蜣螂而逐块虚行。不偶斯文，一生空过。普劝后学，莫掷光阴。可以佩荷书绅，可以惊嗟刻骨。非施功力，即凡心而见佛心；不动尘劳，当肉眼而开法眼。如千秋之梦，一觉顿惺；似九五之尊，凡庸直受。今得闻此重重委曲真实之谈，若更不肯信入此总持观心法门，谓之大失。故云："若不观心，设勤苦修行，即是天魔外道眷属，为彼之所驱驰，方处三界牢狱。设求出者，必堕二乘、三恶道坑，自断法身慧命，诛灭菩提眷属，是破佛法国土、大乘之家。"凡所施为，皆无观慧。虽身出家，而心不入道；虽披染服，未挂大乘之衣。是含识界中，从无始际来，内为五荫所縻，外为六尘所梏。触途现境，寓目生情，如猕猴而五处俱黏，类蛛蛛而诸尘尽泊。所以见不超于色界，听不出于声尘。若投网之鱼，犹处笼之鸟。进退俱阻，如羝羊之触藩；惊惧齐临，似乳燕之窠幕。常居恐畏之世，长受苦恼之身。但了一心，无相自显，六趣狴牢、五欲笼槛，自然超出。出必由户，莫不因斯道矣。故云：六道群蒙，自此门出，历千劫而不返，一何痛哉！

故知无明妄风，鼓心海而易动；本觉真性，梦长夜而难惺。遍境提宗，盈怀而弗悟；触途示道，目击而罔知。似美玉投泥，自埋高价；如真金混砾，枉匿光辉。是以祖师特地西来，诸佛惊入火宅，令知尘是识，了物即宗。无始元因心迷，今日还从心悟。如因地而倒，复从地而起身；因方故迷，还因方而悟道。是知心非迷悟，迷悟是心。既达本心，鉴同千日。湛然寂照，非从境生。含虚任缘，未尝作意。明明不昧，了了常知。舒之无踪，卷之无迹。如澄潭莹野，明镜悬空，万像森罗，奂然明白，不出不入，无住无依。斯则千圣冥归，万灵交会，佛佛授手，祖祖相传。遂即发扬性起功德之门，顿具真如相用。似磨古镜，如莹神珠，光彻十方，影透法界。则一切异生莫不承我恩力，十方诸佛莫不赖我威光。不为延促之所拘，岂令大小之能转？便能随缘应迹，赴感徇机，不动道场，分身法界，常在此而恒在彼，不居方而不离方。入此观门，自在如是。会差别之迹，彻平等之原。如金刚山纯现金光，似狮子王狮子围绕。犹摩梨之山内，尽出栴檀；若诸天入杂林，更无优劣。比须弥南面，靡现殊形；如金沙大河，无复回曲。况识一火是热，则天下火皆热；知蜜能甜，例一切蜜尽甜。如有颂言："森罗及万像，一法之所印。云何一法中，而见有种种。"又云："一即一切，一切即一，若能如是，何虑不毕。"可谓顿入，究竟无余，则能灰息游心，坐参知识，言语道断，心行处灭矣。

若开菩提路，妙旨难量；截烦恼门，殊功莫敌。如金刚之斧刀，欲拟皆空；等无翳之日光，所临俱朗。等养由驾箭，一一啼猿；同香象渡河，步步到底。比好坚之树，出过群林；似频伽鸟声，超余音韵。直下得力，如狮子就人；一锤便成，犹王之宝器。若海水荡无不尽，犹劫火烧无有余。将狮子筋为琴弦，一奏而众音断绝；以善见药而治病，才服万病咸销。如那罗箭之功，势穿铁鼓；似金刚[①]之力，拟碎金山。遇斯法闻[②]，应须自庆。此是精实之义，绝妙之宗。牵衣而缕缕俱来，提纲而孔孔皆正。照中为晨旭之照，珠中为摩尼之珠，花中为青莲之花，瑞中为优钵之瑞。可谓大中大、圆中圆、真中真、妙中妙！根本法轮之内，更处其心；

---

① "金刚"，《宗镜录》卷九、《心赋注》卷二均作"金刚锤"。

② "闻"，《卍续藏》本原注云：疑为"门"。

生在金轮种中，复为嫡子。以少方便，疾得菩提。似观径尺镜中，现千里之影；如窥牖隙之内，见无际之空。囊括智源，一生参学事毕；冠戴行海，出世大事功终。其犹溺巨海而遇芳舟，坠长空而乘灵鹤。开藏取宝，剖蚌得珠，慧月入怀，灵丹在握，则万邪莫回其致，千圣靡易其仪。说此法门，甚为希有，如一手接四天下之雨，藕丝悬须弥之峰；蚊脚登山，石筏渡海。以难信故，罕遇其机。若了达之人，如明识归家道路；当信入之者，顿知成佛正宗。

此观心一门，无边妙义，或得手擎顶戴，口诵心思，目瞩耳闻，意缘念想，则熏于识、染于神，发其机、继其种，不可轻慢，自起障心。如不信《法华》一乘是成佛门，则身心狂乱；不识《涅槃》三宝是常住法，则唇口干燋。以不识不信故，舍背内心，驰求外境。如遗真金拾砾，弃大海存沤，执鱼目为珠，掬水泡作宝。是以背心求道者，譬如痴贼，弃舍金宝，担负瓦砾，此之谓也。既不识真宝，便成谤心，则解背圆诠，谬说般若。罔知乳之正色，唯谈鹄雪；不辨象之真体，空述秤箕。似入杂之金，同添水之乳。全埋意地，不出荫城。今时学人，例皆如此。是知实相之教、真训之言，于无量国中尚不闻名字。设或遭遇，深计曩缘。若不闻说自心，焉知如是奇特？始悟不镜方寸，辜负平生。如云："帝网未张，千璎焉觌？宏纲忽举，万目自开。"且如范献[1]贱万亩之田，以贵舟[2]人片说；楚庄轻千乘之国，而重申叔一言。古人求法，尚立雪幽庭；闻教，则输金若市。乃剜身打髓，入火投岩，尽为求闻于未闻、悟于未悟。一句超于百亿，一言证于菩提。此非少缘，须生兢慎矣。故云："知色心空，得佛何难。"又云："须臾闻之，即得究竟菩提故。"若能如是悟解，则境智俱闲。然后毕故而不造新，随缘而常合道。无依如水月，不系若虚舟。

① "献",《卍续藏》本原注云：疑为"蠹"。

② "舟"，原作"母"，现按《宗镜录》卷二十六、《心赋注》卷一中均作校订。

以虚空为心，匪险巇于时俗；用法界为量，宁陨愯[①]于世途。意无所缘，不驰驱于境界；心无所寄，岂适莫于寰区。遂得逆顺并行，怨亲普救；善恶同化，利钝咸收；理事齐观，权实双用；乘戒兼急，正助相资；修性互成，体用周备。如《万善同归》颂云：

菩提无发而发，佛道无求故成[②]。
妙用无行而行，真智无作而作。
兴悲悟其同体，行慈深入无缘。
无所舍而行檀，无所持而具戒，
修进了无所起，习忍达无所伤，
般若悟境无生，禅定知心无住。
鉴无身而具相，证无说而谈诠。
建立水月道场，庄严性空世界。
罗列幻化供具，供养影响如来。
忏悔罪性本空，劝请法身常住。
回向了无所得，随喜福等真如。
赞叹彼我虚玄，发愿能使[③]平等。
礼拜影现法会，行道步蹑真空。
焚香妙达无生，诵经深通实相。
散华显诸无著，弹指以表去尘。
施为谷响度门，修习空华万行。
深入缘生性海，常游如幻法门。
誓断无染尘劳，愿生唯心净土。

---

① “愯”，校本作“获”。

② “故成”，流行本作“而求”，或“故求”。

③ “使”，流行本作“所”。

履践实际理地，出入无得观门。
降伏镜像魔军，大作梦中佛事。
广度如化含识，同证寂灭菩提。

观心玄枢一卷

治历五年正月二十三日酉时□[1]书写了

① 缺一字。

净　土

六、永明禅净四料拣[①]

永明料拣

永明智觉禅师，从天台韶国师，得单传之旨，专修净土之行。延三宗学者，会同诸说，为《宗镜录》一百卷。又虑学者执空见为理性，撰《万善同归集》，言大乘菩萨，六度万行恒沙法门皆当称性修之。其示参禅念佛四料拣偈，一曰：

有禅无净土，十人九蹉路，
阴境若现前，瞥尔随他去。

谓单明理性，不愿往生，流转娑婆，则有退堕之患。阴境者，于禅定中，阴魔发现也，如《楞严》所明，于五阴境起五十种魔事，其人初不觉知魔著，亦言自得无上涅槃，迷惑无知堕无间狱者是也。二曰：

无禅有净土，万修万人去，
但得见弥陀，何愁不开悟？

谓未明理性，但愿往生，乘佛力故，速登不退。三曰：

---

① 《永明禅净四料拣》，又称《永明四料拣》、《永明料拣》，在元·明本《中峰广录》、元·惟则《净土或问》中均有节录。现存最早收录四料拣全文的是明·大佑《净土指归集》。现据《净土指归集》（收于《嘉兴藏》新文丰版续藏第20册，经号84；及日本《卍续藏》第61册，经号1154）卷上整理。

有禅有净土，犹如戴角虎，
现世为人师，来生作佛祖。

既深达佛法，故可为人天师；又发愿往生，速登不退。腰缠十万贯，骑鹤上扬州。四曰：

无禅无净土，铁床并铜柱，
万劫与千生，没个人依怙。

既不明佛理，又不愿往生，永劫沉沦，何由出离？

欲超生死、速登不退者，当于此四种，择善行之。

七、神栖安养赋[①]

智觉禅师延寿

弥陀宝刹，安养嘉名，处报土而极乐，于十方而最清。二八观门，修定意而冥往；四十大愿，运散心而化生。

尔乃毕世受持，一生归命。仙人乘云而听法，空界作呗而赞咏。紫金台上，身登而本愿非虚；白玉毫中，神化而一心自庆。

详夫广长舌赞，十刹同宣。但标心而尽契，非率意而虚传。地轴回转，天华散前。一念华开，见佛而皆登妙果；千重光照，证法而尽厕先贤。

考古推今，往生非一。运来而天乐盈空，时至而异香满室。一真境内，现相而虽仗佛威；七宝池中，睹境而皆从心出。

故知圣旨难量，感应犹长。变凡成圣而顷刻，即迷为悟而昭彰。探出仙书，真是长生之术；指归净刹，永居不死之乡。

更有出世高人、处尘大士，焚身燃臂以发行，挂胃捧心而立轨。仙乐来迎而弗从，天童请命而不喜。

或火烈山顶，光明境里，绝闻恶趣之名，永抛胎狱之鄙。眼开舌固而

---

① 《神栖安养赋》一卷，载于宋·宗晓编《乐邦文类》（收于《大正藏》第 47 册，经号 1969A）卷五，后有宗晓的评论，及吴越国王钱俶所作的《进安养赋奉制文》；亦载于《全宋文》第二册卷一三（曾枣庄、刘琳主编，上海辞书出版社、安徽教育出版社 2006 年 8 月出版），其所据底本为明嘉靖刻本《感通赋》。现以《大正藏》载宽永七年刊宗教大学藏本《乐邦文类》为底本，并采用《大正藏》本的校注，不一一指出。

立验，牛触鸡鸽而忽止。处铁城而拒王敕，须徇丹心；坐莲台而赖佛恩，难抛至理。

其或诽谤三宝、破坏律仪，逼风刀解体之际，当业镜照形之时，忽遇知识，现不思议。剑林变七重之行树，火车化八德之莲池。地狱消沉，湛尔而怖心全息；天华飞引，俄然而化佛迎之。慧眼明心，香炉堕手。应谶而莲华不萎，得记而宝林非久。

奇哉！佛力难思，古今未有。

禅师一志西方，极言洪赞也如此。至于《万善同归》，亦力劝修治。乃知通人无吝，惠利多方，校之滞寂沉空者，远矣！是赋师自有注本，事广文长，此不暇录，眇观所属，皆经文妙语及《往生传》中灵迹。惟博古尚道者，睹兹纲要，自悉纲目矣。[①]

《进安养赋奉制文》答书[②]

吴越国王钱俶

进呈奉制具悉。尝闻安养国中弥陀净土，万化将息，一念不迷，托彼圣胎，易于返掌。信及非及，俱是真如。予践康庄，坦然明白。师提携四众，纲纪一乘，劝我以白月之因，助我以青莲之果。人天善友，非师而谁！愧恧之怀，早暮斯在。故兹奖谕，想宜知悉。遣书，指不多及。

---

① 这段文字是《乐邦文类》编者四明石芝沙门宗晓的注记与评论。

② 此据《敕建净慈寺志》卷二七，在《乐邦文类》中此文标题为“进安养赋奉制文”。

八、万善同归集[①]

御制[②]妙圆正修智觉永明寿禅师《万善同归集》序[③]

雍 正

朕尝谓，佛法分大小乘，乃是接引边事。其实小乘步步皆是大乘，大乘的的不离小乘。不明大乘，则小乘原非究竟，如彼净空，横生云翳。不履小乘，则亦未曾究竟大乘，如人说食，终不充饥。

盖有以无故有，无以有故无。禅宗者，得无所得故，是为实有；教乘者，得有所得故，是为实无。实际理地，彻底本无；涅槃妙心，恒沙显有。有、无不可隔别，宗、教自必同途。迷者迷有亦迷无，达者达无即达有。非证明显有之一心，何由履践本无之万善？非履践本无之万善，又何由圆满显有之一心？乃从上古德，惟以一音演唱宗旨，直指向上。其于教乘，惟恐学者执著和合诸相，不能了证自心，多置之不论。而专切教乘者，著相执滞，逐业随尘，以诸法为实有，正如迷头认影、执指为月。所以同为学佛之徒，而参禅之与持教，若道不同不相为谋者。禅宗虽高出一

① 《万善同归集》三卷，或分为六卷，是永明大师最具代表性的著作之一。现据清同治十一年金陵刻经处本为底本，以《嘉兴藏》本（新文丰版正藏第9册，经号154）、清《乾隆藏》本（第141册，经号1595）、日本《大正藏》本（第48册，经号2017）为校本。

② “御制”，清藏本无此二字。

③ 《大正藏》本无此序。

筹，若不能究竟，翻成堕空。盖住相遗性，固积诸杂染，而同于具缚之凡夫。离相求心，亦沉于偏空，而难免化城之中止。依古宗徒，皆以教乘譬杨叶之止啼，而以性宗为教外之别旨，话成两橛，朕不谓然。但朕虽具是见，而历代宗师，未有阐扬是说者。无征不信，亦不敢自以为是。

近阅古锥言句，至永明智觉大师，观其《唯心诀》《心赋》《宗镜录》诸书，其于宗旨，如日月经天、江河行地，至高至明、至广至大，超出历代诸古德之上，因加封号为“妙圆正修智觉禅师”。其唱导之地，在杭之净慈。特敕地方有司，访其有无支派，择人承接，修葺塔院，庄严法相，令僧徒朝夕礼拜供养。诚以六祖以后，永明为古今第一大善知识也。乃阅至所作《万善同归集》，与朕所见，千百年前，若合符节。他善知识便作是说，朕亦怀疑，不敢深信。今永明乃从来善知识中尤为出类拔萃者，其语既与朕心默相孚契，朕可自信所见不谬，而宗、教之果为一贯矣。

夫空有齐观，性行不二。小善根力，并是菩提资粮；大地山河，悉建真空宝刹。是书也，得其妙用，自必心法双忘；涉其藩篱，亦可智愚同济。心通上谛，入教海而数沙；足蹑虚无，依宗幢而进步。从此入者，不落空亡；到彼岸者，仍然如是。诚得千佛诸祖之心，诚为应化含识之母。实惟渡河之大象，实乃如来之嫡宗欤！

朕既录其要语，与《宗镜录》等书，选入《禅师语录》，同诸大善知识言句并为刊布。又重刊此集，颁示天下丛林古刹、常住道场，欲使出家学佛者依此修行，张六波罗蜜之智帆，渡一大乘教之觉海。具足空华万善，刹刹尘尘；往来随喜真如，层层级级。饮功德水，而一一同味；截旃檀根，而寸寸皆香。薰己他薰，利他自利。遍虚空而无尽，当来世而无穷，无始无终，不休不息。此则朕与永明，所为弘正道而报佛恩者也。

夫达摩心传，本无一字；而永明《心赋》，乃有万言。不立一字，该三藏而无遗；演至万言，觅一字不可得。故云：假以词句，助显真心；虽挂文言，妙旨斯在。观此万言之头头是道，可知万善之法法随根。何妨藻采缤纷，清辞络绎。多闻逾于海藏，语妙比于天花。宁非高建法幢，即是深提宝印。曾何丝毫之障碍，转增无量之光明。在言诠而亦然，岂行果之不尔？

爰附刊于此集之后，俾学者合而观之，如宝珠网之重重交映焉。是为序。

雍正十一年癸丑夏四月望日御笔[①]。

《万善同归集》序[②]

宋 朝奉郎守、司农少卿致仕、轻车都尉、长兴县开国男、

食邑三百户、赐绯鱼袋 沈振 撰

稽夫享四溟之广，非聚流而弗充；跻十地之尊，非聚善而弗具。然则深不可测者，在乎积纳而久；圣不可知者，在乎积修而勤。矧妙觉垂言，玄通立教，苟一豪而向善，可三界以超尘。必也寤寐真诠，揄扬觉路，庶渐磨而成熟，亘钻仰而克勤。抑则非圣非凡，在迷在悟，欲深跻于圣域，当遽革于凡心。匪一事以薰陶，必多门而练习。或教言曲妙，标佛陇之徽猷；或禅理深融，蔼曹溪之淑誉。不可执空而离有，不可背实而从无。要释权宜，爰归实相。权实既了，虚空可存。故达者转物以明心，可言妙用；迷者按文而滞教，岂谓通方？或克荷于经龙，或坚持于律虎，或瞻礼睟容之谨愿，或绕行净室之勤渠。或口诵尊名，或心观乐土。或供以蒲塞，无重富以忽贫；或施及檀波，无增好而减恶。事如均等，利亦优隆。凡依律依禅，当资乎介福；造经造像，必藉乎多为。莫谓有己之贤，即心而佛。从凡超圣，未有不修之释迦；从妄入真，未有不证之达磨。在人崇道，非佛异途。常贵精勤，无从怠易。重分阴之瞬息，研大道之根原。一篑如亏，曷致巍峨之镇；三乘或废，难登慈忍之门。则无自我之矜，则无舍彼之善。必求全德，方可质疑。心非非心，法非非法。要在心传心而印

① “御笔”，清藏本无此二字。

② 清藏本未收此序。

可，法授法以师资。匪胶善于一隅，宜励精于万行。菩提之子可种，安养之方可修。明则而升兜率天，昧则而沉阿鼻狱。言如自泥，即罔水而行舟；性若稍通，非渡河之用筏。前圣、后圣，皆是因心；彼时、此时，曾何异法？噫！法在非在，心空弗空。无修而无所不修，真修亦泯；无住而无所不住，真住皆亡。悯尔群生，含兹一性，本无淑慝，为外物之所迁，苟不修明，曷中扃之能杜？如资妙善，可谓真归。故前哲之缕言，俾后昆之缘学，乃搜罗教目，示谕迷情者也。

智觉禅师，性晤机圆，才丰学际。曩生积习，与诸法以同符；今世流通，与诸佛而合契。念他己则如自己，观他心则如自心。尝撰《万善同归集》上、中、下三卷，所以劝一切有缘者也。或朱紫名流、缁黄法系、善男善女、高行高才，但至恭而至勤，则无贵而无贱。实利生之良药，示求佛之要津。莫非括诸经、诸论之法言，作未觉、未知之先范。周旋劝导，谨密修持。永为梵苑[①]之权衡、宗门之准度云尔。

今法慧院智如藏主，夙资仁性，躬践圣猷。见贤而同己之贤，见善而同己之善。总明师之论撰，兴异世之楷模，福利兹深，方便不少。而又自倾囊楮，遽出财货，肇为倡率之隆，仍募高明之助。胜缘既集，能事必行。因镂版以成编，贵修身而有监。将垂不朽，缪托非才。如振，性昧洞微，言睽枢要，猥承嘉请，难克固辞，聊述纪纲，敢逃诮让。

时圣宋熙宁五年闰七月七日序

① “苑”，《大正藏》本作“花”，应误。

万善同归集卷上

宋 杭州慧日永明寺智觉禅师延寿 述

夫众善所归，皆宗实相。如空包纳，似地发生。是以但契一如，自含众德。然不动真际，万行常兴；不坏缘生，法界恒现。寂不阂用，俗不违真；有无齐观，一际平等。是以万法惟心，应须广行诸度，不可守愚空坐以滞真修。若欲万行齐兴，毕竟须依理事；理事无阂，其道在中。遂得自他兼利，而圆同体之悲；终始该罗，以成无尽之行。

若论理事，幽旨难明；细而推之，非一非异。是以性实之理、相虚之事，力用交彻，舒卷同时。体全遍而不差，迹能所而似别。事因理立，不隐理而成事；理因事彰，不坏事而显理。相资则各立，相摄则俱空；隐显则互兴，无阂则齐现。相非相夺，则非有非空；相即相成，则非常非断。若离事而推理，堕声闻之愚；若离理而行事，同凡夫之执。当知离理无事，全水是波；离事无理，全波是水。理即非事，动湿不同；事即非理，能所各异。非理非事，真俗俱亡；而理而事，二谛恒立。双照即假，宛尔幻存；双遮即空，泯然梦寂。非空非假，中道常明；不动因缘，宁亏理体。故菩萨以无所得而为方便，涉有而不乖空；依实际而起化门，履真而不阂俗。常然智炬，不昧心光，云布慈门，波腾行海，遂得同尘无阂，自在随缘，一切施为，无非佛事。

故《般若经》云：“一心具足万行”。《华严经》云：“解脱长者告善财言：‘我若欲见安乐世界阿弥陀佛，随意即见；乃至所见十方诸佛，皆由自心。善男子！当知菩萨修诸佛法、净诸佛刹、积习妙行、调伏众生、发大誓愿，如是一切，悉由自心。是故，善男子！应以善法扶助自心、应以法水润泽自心、应于境界净治自心、应以精进坚固自心、应以智慧明利自心、应以佛自在开发自心、应以佛平等广大自心、应以佛十力照察自心。’”

古德释云：心该万法，谓非但一念观佛由于自心，菩萨万行、佛果体用亦不离心，亦去妄执之失。谓有计云："万法皆心，任之是佛；驱驰万行，岂不虚劳？"今明心虽即佛，久翳尘劳，故以万行增修，令其莹彻。但说万行由心，不说不修为是。又万法即心，修何阂心？

◎问曰：祖师云："善恶都莫思量，自然得入心体"；《涅槃经》云："诸行无常，是生灭法。"如何劝修，故违祖教？

答：祖意据宗，教文破著。若禅宗顿教，泯相离缘，空有俱亡，体用双寂。若华严圆旨，具德同时，理行齐敷，悲智交济。是以文殊以理印行，差别之义不亏；普贤以行严理，根本之门靡废。本末一际，凡圣同源。不坏俗而标真，不离真而立俗。具智眼而不没生死，运悲心而不滞涅槃。以三界之有，为菩提之用；处烦恼之海，通涅槃之津。夫万善是菩萨入圣之资粮，众行乃诸佛助道之阶渐。若有目而无足，岂到清凉之池；得实而忘权，奚升自在之域？是以方便、般若，常相辅翼；真空、妙有，恒共成持。《法华》会三归一，万善悉向菩提；《大品》一切无二，众行咸归种智。

故《华严经》云："第七远行地，当修十种方便慧殊胜道，所谓虽善修空、无相、无愿三昧，而慈悲不舍众生；虽得诸佛平等法，而乐常供养佛；虽入观空智门，而勤集福德；虽远离三界，而庄严三界；虽毕竟寂灭诸烦恼焰，而能为一切众生起灭贪瞋痴烦恼焰；虽知诸法如幻、如梦、如影、如响、如焰、如化、如水中月、如镜中像，自性无二，而随心作业，无量差别；虽知一切国土犹如虚空，而能以清净妙行庄严佛土；虽知诸佛法身本性无身，而以相好庄严其身；虽知诸佛音声，性空寂灭，不可言说，而能随一切众生，出种种差别清净音声；虽随诸佛了知三世惟是一念，而随众生意解分别，以种种相、种种时、种种劫数，而修诸行。"《维摩经》云："菩萨虽行于空，而植众德本，是菩萨行；虽行无相，而度众生，是菩萨行；虽行无作，而现受身，是菩萨行；虽行无起，而起一切善行，是菩萨行。"古德问云："万行统惟无念，今见善见恶，愿离愿成，疲役身心，岂当为道？”答：“此离念而求无念，尚未得真无念，况念无念而无阂乎？又无念但是行之一，岂知一念顿圆？”

如上所引，佛旨焕然，何得空腹高心，以少为足，拟欲蛙嫌海量、萤掩日光乎？

◎问：泯绝无寄、境智俱空，是祖佛指归、圣贤要路。若论有作，心境宛然，凭何教文，广陈万善？

答：诸佛如来一代时教，自古及今，分宗甚众。撮其大约，不出三宗：一、相宗，二、空宗，三、性宗。若相宗多说是；空宗多说非；性宗惟论直指，即同曹溪见性成佛也。如今不论见性，罔识正宗，多执是非，纷然诤竞，皆不了祖佛密意，但徇言诠。如教中或说是者，即依性说相；或言非者，是破相显性。惟性宗一门，显了直指，不说是非。如今多重非心、非佛、非理、非事，泯绝之言，以为玄妙，不知但是遮诠治病之文。执此方便，认为标的，却不信表诠直指之教，顿遗实地，昧却真心。如楚国愚人，认鸡作凤；犹春池小儿，执石为珠。但任浅近之情，不探深密之旨，迷空方便，岂识真归？

◎问：诸佛如来三乘教典，惟有一味解脱法门，云何广说世间生灭缘起？拟心即失，不顺真如；动念即乖，违于法体。

答：若论一相、一味，此乃三乘权教约理而言，即以一切因缘而为过患。今所集者，惟显圆宗，一一缘起，皆是法界实德，不成不破、非断非常。乃至神变施为，皆法如是故，非假神力暂得如斯。才有一法缘生，无非性起功德。《华严经》云：“此华藏世界海中，无问若山、若河，乃至树林、尘毛等处，一一无不皆是称真如法界，具无边德。”

◎问：经云：“但凡夫之人，贪著其事。”又云：“取相凡夫，随宜为说。”若得理本，万行俱圆，何须事迹，而兴造作乎？

答：此是破贪著执取之文，非干因缘事相之法。《净名经》云：“但除其病，而不除法。”《金刚三昧经》云：“有二入：一、理入，二、行入。”以理导行，以行圆理。又菩提者，以行入无行。以行者，缘一切善法；无行者，不得一切善法。岂可滞理亏行，执行违理。

祖师马鸣《大乘起信论》云：“信成就发心有三：一、直心，正念真如法故；二、深心，乐集一切诸善行故；三、大悲心，欲拔一切众生苦故。”《论》问：“上说法界一相、佛体无二，何故不唯念真如，复假求学诸善法之行？”《论》答：“譬如大摩尼宝，体性明净，而有矿秽之垢；若人虽念宝性，不以方便种种磨治，终无得净。如是众生真如之法，体性空净，而有无量烦恼垢染；若人虽念真如，不以方便种种熏修，亦无得净。以垢无量，遍修一切善行，以为对治。若人修行一切善法，自然归顺真如法故。略说方便有四种：一者行根本方便，谓观一切法自性无生，离于妄见，不住生死；观一切法因缘和合，业果不失，起于大悲，修诸福德，摄化众生，不住涅槃，以随顺法性无住故。二者能止方便，谓惭愧、悔过能止一切恶法，令不增长，以随顺法性离诸过故。三者发起善根增长方便，谓勤修供养、礼拜三宝，赞叹、随喜、劝请诸佛，以爱敬三宝淳厚心故，信得增长，乃能志求无上之道；又因佛、法、僧力所护故，能消业障，善根不退，以随顺法性离痴障故。四者大愿平等方便，所谓发愿，尽于未来，化度一切众生，使无有余，皆令究竟无余涅槃，以随顺法性无断绝故；法性广大，遍一切众生，平等无二，不念彼此，究竟寂灭故。”

牛头融大师问：“诸法毕竟空，有菩萨行六度万行否？”答：“此是三乘二见心。若观心本空，即是实慧，即是见真法身；法身不住此空，谓有运用觉知，即是方便慧；方便慧亦不可得，即是实慧；恒不相离，前念后念，皆由二慧发。故云：‘智度菩萨母，方便以为父，一切众导师，无不由是生。’”

先德问云：“即心是佛，何假修行？”答：“只为是故，所以修行。如铁无金，虽经锻炼，不成金用。”

贤首国师云：今佛之三身、十波罗蜜，乃至菩萨利他等行，并依自法融转而行。即众生心中有真如体大，今日修行引出法身；由心中有真如相大，今日修行引出报身；由心中有真如用大，今日修行引出化身。由心中有真如法性，自无悭贪，今日修行，顺法性无悭，引出檀波罗蜜等。当知三祇修道，不曾心外得一法、行一行。何以故？但是自心引出自净行性，而起修之。

故知摩尼沉泥，不能雨宝；古镜积垢，焉能鉴人？虽心性圆明、本来具足，若不众善显发，万行磨治，方便引出，成其妙用，则永翳客尘，长沦识海，成妄生死，障净菩提。是以祖教分明，理事相即，不可偏据而溺见河。

◎问：善虽胜恶，念即乖真；约道而言，俱非解脱。何须广劝，滞正修行？既涉因缘，实妨于道！

答：世出世间，以上善为本。初即因善而趣入，后即假善以助成。实为越生死海之舟航，趣涅槃城之道路；作人天之基陛，为祖佛之垣墙。在尘、出尘，不可暂废。十善何过？弘在于人。若贪著，则果生有漏之天；不执，则位入无为之道。运小心，堕二乘之位；发大意，升菩萨之阶。乃至究竟圆修，终成佛果。以知非关上善能为滞阂之因，全在行人自成得失之咎。

故《华严经》云：“十不善业道，是地狱、畜生、饿鬼受生之因；十善业道，是人、天乃至有顶处受生之因。又此上品十善业道，以智慧修习，心狭劣故、怖三界故、阙大悲故、从他闻声而了解故，成声闻乘；又此上品十善业道，修治清净，不从他教，自觉悟故、大悲方便不具足故、悟解甚深因缘法故，成独觉乘；又此上品十善业道，修治清净，心广无量故、具足悲愍故、方便所摄故、发生大愿故、不舍众生故、希求诸佛大智故、净治菩萨诸地故、净修一切诸度故，成菩萨广大行；又此上上十善业道，一切种清净故，乃至证十力、四无畏故，一切佛法皆得成就。是故我今等行十善，应令一切具足清净。”乃至“菩萨如是积集善根、成就善根、增长善根、思惟善根、系念善根、分别善根、爱乐善根、修集善根、安住善根，菩萨摩诃萨如是积集诸善根已，以此善根所得依果，修菩萨行，于念念中见无量佛，如其所应，承事供养。”又云：“虽无所作，而恒住善根。”又云：“虽知诸法无有所依，而说依善法而得出离。”

《大智度论》云：“佛言：我过去亦曾作恶人小虫，因积善故，乃得成佛。”“又如十八不共中，有欲无减者：佛知善法恩故，常欲集诸善法，故欲无减；修集诸善法，心无厌足，故欲无减。如一长老比丘目暗，自缝僧伽梨，衽脱，语诸人言：‘谁乐欲为福德者，为我衽针。’尔时佛现其前，语言：‘我是乐欲福德无厌足人，持汝针来。’是比丘斐亹，见佛光明，又识佛音声，白佛言：‘佛无量功德海皆尽其边底，云何无厌足？’佛告比丘：‘功德果报甚深，无有如我知恩分者。我虽复尽其边底，我本以欲心无厌足故得佛，是故今犹不息；虽更无功德可得，我欲心亦不休。’诸天世人惊悟：佛于功德尚无厌足，何况余人！佛为比丘说法，是时肉眼即明，慧眼成就。”又云：“佛言：‘若不成就众生，净佛国土，不能得无上道。何以故？因缘不具足，则不能得阿耨多罗三藐三菩提。’因缘者，所谓一切善法，从初发意行檀波罗蜜，乃至十八不共法，于是行法中，无忆想分别故。”

◎问：夫如来法身，湛然清净，一切众生只为客尘所蔽，不得现前。如今但息攀缘，定水澄净，何须众善，向外纷驰，反背真修，但成劳虑？

答：无心寂现，此是了因；福德庄严，须从缘起。二因双备，佛体方成。诸大乘经无不具载。《净名经》云：“佛身者，即法身也，从无量功德、智慧生，从慈、悲、喜、舍生，从布施、持戒、忍辱柔和、勤行精进、禅定、解脱、三昧、多闻、智慧诸波罗蜜生，乃至从断一切不善法、集一切善法，生如来身。”又云：“具福德故，不住无为；具智慧故，不尽有为。大慈悲故，不住无为；满本愿故，不尽有为。”此乃自背圆诠，不遵佛语。拟捉涅槃之缚，欲沉解脱之坑。栽莲华于高原，植甘种于空界，欲求菩提华果，何由[1]得成？所以云：“入无为正位者，不生佛法耳。乃至譬如不下巨海，不能得无价宝珠；如是不入烦恼大海，则不能得一切

① “由”，《大正藏》本作“出”，应误。

智宝。”

◎问：入法以无得为门，履道以无为先导。若兴众善，起有得心，一违正宗，二亏实行。

答：以无得故，无所不得；以无为故，无所不为。无为岂出为中，无得非居得外。得与无得，既非全别；为与无为，亦非分同。非别非同，谁言一二；而同而别，不阂千差。若迷同别两门，即落断常二执。所以《华严·离世间品》云：“知一切法，无相是相，相是无相；无分别是分别，分别是无分别；非有是有，有是非有；无作是作，作是无作；非说是说，说是非说，不可思议。知心与菩提等，知菩提与心等，心及菩提与众生等，亦不生心颠倒、想颠倒、见颠倒，不可思议。于念念中入灭尽定，尽一切漏而不证实际，亦不尽有漏善根；虽一切法无漏，而知漏尽，亦知漏灭；虽知佛法即世间法，世间法即佛法，而不于佛法中分别世间法，不于世间法中分别佛法；一切诸法，悉入法界，无所入故；知一切法皆无二、无变易，不可思议。”

◎问：一切众生不得解脱者，皆为认其假名，逐妄轮回，《楞严经》中唯令以湛旋其虚妄灭生，伏还元觉，得元明觉无生灭性，为因地心，然后圆成果地修证。云何一向徇斯假名，论其散善，转增虚妄，岂益初心？

答：名字性空，皆唯实相，但从缘起，不落有无。《法句经》云：“佛告宝明菩萨：汝且观是诸佛名字，若是有，说食与人，应得充饥；若名字无者，定光如来不授我记及于汝名。如无授者，我不应得佛。当知字句其已久如，以我[1]如故，备显诸法名字性空，不在有无。”《华严经》云：“譬如诸法不分别自性，不分别音声，而自性不舍，名字不灭；菩萨亦复如是，不舍于行，随世所作，而于此二无执著。”是以不动实际，建立行门；不坏假名，圆通自性。

---

① “我”，《法句经》（《大正藏》第 85 册，经号 2901）中作“其”。

◎问：何以不任运腾腾，无心合道，岂须万行，动作关心？

答：古德显佛果有三：一、亡言绝行，独明法身无作果；二、从行渐修，位满三祇果；三、从初理智自在圆融果，此是上上根人，圆修圆证，虽一念顿具，不妨万行施为；虽万行施为，不离一念。若亡情冥合，各是一门，迟速任机，法无前后。

◎问：触目菩提，举足皆道，何须别立事相道场，役念劳形，岂谐妙旨？

答：道场有二：一、理道场，二、事道场。理道场者，周遍刹尘；事道场者，净地严饰。然因事显理，藉理成事。事虚揽理，无不理之事；理实应缘，无阂事之理。故即事明理，须假庄严；从俗入真，唯凭建立。为归敬之本，作策发之门，睹相严心，自他兼利。

《止观》云："圆教初心，理观虽谛，法忍未成，须于净地严建道场，昼夜六时，修行五悔，忏六根罪，入观行即，乘戒兼急，理事无瑕，诸佛威加，真明顿发，直至初住，一生可阶。"

《上都仪》云："夫归命三宝者，要指方立相，住心取境，不明无相离念也。佛悬知凡夫系心尚乃不得，况离相耶？如无术通人，居空造舍也。依宝像等三观，必得不疑。佛言：我灭度后，能观像者，与我无异。"

《大智论》云："菩萨唯以三事无厌：一、供养佛无厌，二、闻法无厌，三、供给僧无厌。"

天台智者问云："世间有空行人，执其痴空，不与修多罗合，闻此观心，而作难言：'若观心是法身等，应触处平等，何故经像生敬、纸木生慢？敬慢异故，则非平等；非平等故，法身义不成。'"答："我以凡夫位中，观如是相耳，为欲开显此实相，恭敬经像，令慧不缚；使无量人，崇善去恶，令方便不缚；岂与汝同耶？"

乃至广兴法会，建立坛仪，手决加持，严其胜事，遂得道场现证、诸佛威加，皆是大圣垂慈，示其要轨。或睹香华之相，戒德重清；或见普贤之身，罪源毕净。因兹法事圆备，佛道遐隆，现斯感通，归凭有据。是以须遵往圣事印典章，不可凭虚出于胸臆，毁德坏善，翻堕邪轮，拨有凝[①]空，枉投邪罥。

◎问：《金刚般若经》云："若以色见我，以音声求我，是人行邪道，不能见如来。"如何立相标形，而称佛[②]事？

答：息缘泯事，此是破相宗，直论显理，即是大乘始教，未得有无齐行，体用交彻。若约圆门无阂，性相融通，举一微尘，该罗法界。《华严经》云："清净慈门刹尘数，共生如来一妙相；一一诸相莫不然，是故见者无厌足。"《法华经》云："汝证一切智，十力等佛法，具三十二相，乃至[③]真实灭。"《大涅槃经》云："非色者，即是声闻、缘觉解脱；色者，即是诸佛如来解脱。"岂同凡夫横执顽阂之境以为实色，二乘偏证灰断之质而作真形？是以六根所对，皆见如来；万像齐观，圆明法界，岂待消形灭影，方成玄趣乎？

◎问：即心是佛，何须外求？若认他尘，自法即隐。

答：诸佛法门，亦不一向，皆有自力、他力，自相、共相，十玄门之该摄、六相义之融通。随缘似分，约性常合。从心现境，境即是心；摄所归能，他即是自。古德云："若执心境为二，遮言不二，以心外无别尘故；若执为一，遮言不一，以非无缘故。"《净名经》云："诸佛威神之所建立。"智者大师云："夫一向无生观人，但信心益，不信外佛威加益。经云：'非内非外，而内而外。'而内故，诸佛解脱于心行中求；而外故，诸佛护念。云何不信外益耶？"

夫因缘之道，进修之门，皆众缘所成，无一独立。若自力充备，即不假缘；若自力未堪，须凭他势。譬如世间之人在官难中，若自无力得

---

① "凝"，清藏本作"疑"。

② "佛"，《大正藏》本作"罪"，应误。

③ "至"，《法华经》卷第三作"是"。

脱，须假有力之人救拔。又如牵拽重物，自力不任，须假众它之力，方能移动。但可内量实德，终不以自妨人。又若执言内力，即是自性；若言外力，即成他性；若云机感相投，即是共性；若云非因非缘，即无因性，皆滞阂执，未入圆成。若了真心，即无所住。

◎问：经云："观身实相，观佛亦然。"一念不生，天真顿朗。何得唱他佛号，广诵余经？高下轮回，前后生灭；既妨禅定，但徇音声，水动珠昏，宁当冥合？

答：夫声为众义之府，言皆解脱之门，一切趣声，声为法界。经云："一一诸法中，皆含一切法。"故知一言音中，包罗无外，十界具足，三谛理圆。何得非此重彼，离相求真，不穷动净之源，遂致语默之失。故经云："一念初起，无有初相，是真护念。"未必息念消声，方冥实相。是以庄严门内，万行无亏；真如海中，一毫不舍。且如课念尊号，教有明文。唱一声而罪灭尘沙，具十念而形栖净土。拯危拔难，殄障消冤。非但一期，暂拔苦津；托此因缘，终投觉海。故经云："若人散乱心，入于塔庙中，一称南无佛，皆已成佛道。"又经云："受持佛名者，皆为一切诸佛共所护念。"《宝积经》云："高声念佛，魔军退散。"《文殊般若经》云："众生愚钝，观不能解，但令念声相续，自得往生佛国。"《智论》云："譬如有人初生堕地，即得日行千里，足一千年，满中七宝，以用施佛，不如有人于后恶世称一佛声，其福过彼。"《大品经》云："若人散心念佛，乃至毕苦，其福不尽。"《增一阿含经》云："四事供养一阎浮提一切众生，功德无量；若有众生，善心相续，称佛名号，如一毂牛乳顷，所得功德过上，不可思议，无能量者。"《华严经》云："住自在心念佛门，知随自心所有欲乐，一切诸佛现其像故。"飞锡和尚《高声念佛三昧宝王论》云："浴大海者，已用于百川；念佛名者，必成于三昧。亦犹清珠下于浊水，浊水不得不清；念佛投于乱心，乱心不得不佛。既契之后，心佛双亡。双亡定也，双照慧也。定慧既均，亦何心而不佛，何佛而不心？心佛既然，则万境、万缘，无非三昧也。"谁复患之于起心动念、高声称佛哉！

故《业报差别经》云："高声念佛诵经，有十种功德：一、能排睡眠，二、天魔惊怖，三、声遍十方，四、三涂息苦，五、外声不入，六、令心不散，七、勇猛精进，八、诸佛欢喜，九、三昧现前，十、生于净土。"

《群疑论》云："问：名字性空，不能诠说诸法。教人专称佛号，何异说食充饥乎？答：若言名字无用，不能诠诸法体，亦应唤火水来。故知筌蹄不空，鱼兔斯得。故使梵王启请，转正法轮；大圣应机，弘宣妙旨。人天凡圣，咸禀正言；五道四生，并遵遗训。听闻读诵，利益弘深；称念佛名，往生净土。亦不得唯言名字虚假，不有诠说者乎？"

《论》云："问：何因一念佛之力，能断一切诸障？答：如一香栴檀，改四十由旬伊兰林悉香；又譬如有人用狮子筋以为琴弦，其声一奏，一切余弦悉皆断坏。若人菩提心中，行念佛三昧者，一切烦恼、一切诸障，皆悉断灭。"

《大集经》云："或一日夜，或七日夜，不作余业，志心念佛。小念见小，大念见大。"又《般若经》云："文殊问佛：云何速得阿耨菩提？佛答：有一行三昧。欲入一行三昧者，应须于空闲处，舍诸乱意，不取相貌，系念一佛，专称名字。随佛方所，端身正向。能于一佛念念相续，即是念中能见过去、未来、现在诸佛，昼夜常说，智慧辩才，终不断绝。"

是知佛力难思，玄通罕测，如石吸铁，似水投河，慈善根力，见如是事，志心归者，灵感昭然。

◎问：凡所有相，皆是虚妄。但有好境，取即成魔。何得著相兴心，而希冥感耶？

答：修行力至，圣境方明。善缘所生，法尔如是。故将证十地，相皆现前。是以志切冥加，道高魔盛：或禅思入微，而变异相；或礼诵恳志，暂睹嘉祥。但了惟心，见无所见。若取之，则心外有境，便成魔事；若舍之，则拨善功能，无门修进。《摩诃论》云："若真若伪，惟自妄心现量境界，无有其[①]实，无所著故。又若真若伪，皆一真如，皆一法身，无有别异，不断除故。”《智论》云：“不舍者，诸法中皆有助道力故；不受者，诸法实相毕竟空无所得故。”台教云：“疑者言：大乘平等，何相可论？今言不尔，只由平等，镜净故诸业像现。令[②]止观研心，心渐明净，照诸善恶，如镜被磨，万像自现。”

是知不有而有，无性缘生；有而不有，缘生无性。常冥实际，中道泠然，欣戚不生，分别情断，虚怀寂虑，何得失之所惑[③]乎？

又若讽诵遗典，受持大乘，功德幽深，果报玄邈。如经，佛亲比校：譬如一人辩若文殊，教化四天下人，皆至一生补处，格量功德，不如香华供养方等经典，得下等宝。又阿难疑审，七佛现身证明，实有此事。又如说修行，得上等宝；受持读诵，得中等宝；香花供养，得下等宝。《法华经》云：“供养四百万亿阿僧祇世界众生，乃至皆得阿罗汉道，尽诸有漏，于深禅定皆得自在，具八解脱，不如第五十人闻《法华经》一偈，随喜功德，百千万亿分不及其一。”又经云：“若人读诵经处，其地皆为金刚，但肉眼众生不能见耳。”《南山感通传》云：“七佛金塔中有银印，若诵大乘者，以银印印其口，令无遗忘。”《普贤观经》云：“若七众犯戒，欲一弹指顷，除灭百千万亿阿僧祇劫生死之罪者，乃至欲得文殊、药王诸大菩萨，持香花住立空中侍奉者，应当修习此《法华经》。读诵大乘，念大乘事，令此空慧与心相应。”《大般若经》云：“无诸恶兽，岩穴寂静，而为居止。所谓闻法，昼夜六时，勤加赞讽。声离高下，心不缘外，专心忆持。”《贤愚经》云：“行者欲成佛道，当乐经法、读诵演说。正使白衣说法，诸天鬼神悉来听受，况出家人。出家之人乃至行路诵经说偈，常有诸天随而听之，是故应勤诵经说法。”

---

① “其”，清藏本作“其真”。

② “令”，清藏本作“今”。

③ “惑”，底本作“感”，现按清藏本、《大正藏》本校订。

已上皆是金口诚谛之言，非是妄心孟浪之说。是以志心诵者，证验非虚，常为十方如来、释迦文佛，密垂护念，赞言善哉，授手摩头，共宿衣覆，摄受付嘱，随喜威加。乃至神王护持，天仙给侍，金刚拥从，释梵散华。成就福因，等法界虚空之际量；校量功德，胜恒沙七宝之施缘。乃至凡质通灵，肉身不坏。舌变红莲之色，口腾紫檀之香。闻一句而毕趣菩提，诵半偈而功齐大觉。书写经卷，报受欲天；供养持人，福过诸佛。可谓法威德力，不思议门。万瑞千灵，因兹而感；三贤十圣，从此而生。亘古该今，从凡至圣，三业供养、十种受持，尽禀真诠，传持不绝。今何起谤，而断转法轮乎！

◎问：经中只赞如说修行，深解义趣，勤求无念，默契玄根。云何劝修，广兴唱诵？

答：若约上上圆根，大机淳熟，无诸遮障，顿了顿修，若妄念不生，何须助道？大凡微细想念，佛地方无。故《安般守意经序》云：“弹指之间，心九百六十转；一日一夕，十三亿意。意有一身，心不自知，犹彼种夫也。”是知情尘障厚，卒净良难，若非万善助开，自力恐成稽滞。

又若论福业，遍行门中，万行庄严，不舍一法，皆能助道，显大菩提，具足十种受持，亦无所阂。故《法华经》云：“尔时千世界微尘数菩萨摩诃萨，从地涌出者，皆于佛前一心合掌，瞻仰尊颜，而白佛言：世尊！我等于佛灭度后，世尊分身所在国土，灭度之处，当广说此经。所以者何？我等亦自欲得是真净大法，受持、读诵、解说、书写，而供养之。”以知登地菩萨，非独为他解说，尚自发愿诵持，何况初心，而不禀受？但先求信解悟入，后即如说而行，口演心思，助开正慧。若未穷宗旨，且徇文言，虽不亲明，亦熏善本。般若威力，初后冥资。于正法中，发一微心，皆是初因，终不孤弃。

◎问：欲真持经，应念实相。既忘能所，诵者何人？若云心口所为，求之了不可得。究竟推检，理出何门？

答：虽观能念、所诵皆空，空非断空，不阂能诵、所持为有；有非实有，不空不有，中理皎然。执无，则堕其邪空；没有，则成其偏假。是以一心三观，三观一心。即一，而三相不同；即三，而一体无异。非合非散，不纵不横；存泯莫羁，是非焉局？常冥三谛，总合一乘；万行度门，咸归实相。

又所难念诵有妨禅定者，且禅定一法，乃四辩、六通之本，是革凡蹈圣之因；摄念少时，故称上善。然须明沈、掉，消息知时。《经》云："如坐禅昏昧，须起行道念佛，或志诚洗忏，以除重障，策发身心，不可确执一门，以为究竟。"故慈愍三藏云："圣教所说正禅定者，制心一处，念念相续，离于昏掉，平等持心。若睡眠覆障，即须策动，念佛诵经、礼拜行道、讲经说法、教化众生，万行无废。所修行业，回向往生西方净土。"若能如是修习禅定者，是佛禅定，与圣教合，是众生眼目，诸佛印可。一切佛法等无差别，皆乘一如，成最正觉，皆云念佛是菩提因，何得妄生邪见？故台教行四种三昧，小乘具五观对治，亦有常行、半行种种三昧，终不一向而局坐禅。《金刚三昧经》云："不动不禅，离生禅想。"《法句经》云："若学诸三昧，是动非是禅；心随境界生，云何名为定？"《起信论》云："若人唯修于止，则心沉没，或起懈怠，不乐众善，远离大悲。乃至于一切时、一切处，所有众善，随己堪能，不舍修学，心无懈怠。惟除坐时，专念于止，若余一切，悉当观察应作不应作。若行、若住、若卧、若起，皆应止观俱行。"

是以若能通达，定散俱得入道；若生滞阂，行坐皆即成非。南岳《法华忏》云："修习诸禅定，得诸佛三昧，六根性清净。菩萨学《法华》，具足二种行：一者有相行，二者无相行。无相安乐行，甚深妙禅定，观察六情根。有相安乐行，此依〈劝发品〉，散心诵《法华》，不入禅三昧；坐立行一心，念《法华》文字，行若成就者，即见普贤身。"是以智者修法华忏，诵至〈药王焚身品〉云："是真精进，是名真法供养如来"，顿悟灵山，如同即席。

乃至密持神咒，灵贶照然，护正防邪，降魔去外。制重昏之巨障，灭积劫之深[①]痾；现不测之神通，示难思之感应。扶其广业，殄彼余殃。仰凭法力难思，遂致安然入道。

是以或因念佛而证三昧，或从坐禅而发慧门，或专诵经而见法身，或但行道而入圣境。但以得道为意，终不取定一门；惟凭专志之诚，非信虚诞之说。

◎问：行道礼拜，未具真修，祖立客舂之愆，佛有磨牛之诮。故《智论》云："须菩提于石室悟了法空，得先礼佛。"《四十二章经》云："心道若行，何用行道？"豁然诠旨，何故非违？

答：若行道、礼拜时，不生殷重，既无观慧，又不专精。虽身在道场，而心缘异境，著有为之相，迷其性空，起能作之心，生诸我慢，不了自他平等，能所虚玄。傥涉兹伦，深当前责。南泉大师云："微妙净法身，具相三十二，只是不许分剂心量。若无如是心，一切行处，乃至弹指、合掌，皆是正因，万善皆同无漏，始得自在。"百丈和尚云："行道、礼拜，慈、悲、喜、舍，是沙门本事，宛然依佛敕，只是不许执着。"《法华忏》云："有二种修：一、事中修，若礼念行道，悉皆一心，无分散意。二、理中修，所作之心，心性不二，观见一切，悉皆是心，不得心相。"《普贤观经》云："若有昼夜六时礼十方佛，诵大乘经，思第一义甚深空法，于一弹指顷，除百万亿那由他恒河沙劫生死之罪。行此法者，真是佛子，从诸佛生。十方诸佛及诸菩萨为其和尚，是名具足菩萨戒者，不须羯磨，自然成就，应受一切人天供养。"

且行道一法，西天偏重绕百千匝，方施一拜。经云："一日一夜行道，志心报四恩，如是等人，得入道疾。"《绕塔功德经》云："勇猛勤精进，坚固不可坏，所作速成就，斯由右绕塔。得妙紫金色，相好庄严身，现作天人师，斯由右绕塔。"《华严忏》云："行道步步过于无边世界，一一道场皆见我身。"南山《行道仪》云："夫行道，障尽为期，无

① "深"，清藏本作"沉"。

定日限。”若论障尽，佛地乃亡。心灼灼如火然，形翘翘如履刃。《仪》云：“若从来不行道，业相无因而现。经云：‘众生如大富盲儿，虽有种种宝物，而不得见。’今行道用功，垢除心净，如翳眼开明，如水澄镜净，众像皆现，亦如日照火珠，于火便出。”

◎问：诸法实相，无善恶相，云何有现耶？

答：虽无我、无造、无受者，善恶之业亦不亡。诸法无相，能示有相。行者行道，不念有相，不念无相，但念念功成，其相自现。犹如盆水，处于密室，虽无心分别，众像自现。

◎问：相现之时，真伪何辨？云何分别，而取舍耶？

答：若取，如取虚空；若舍，如舍虚空。

◎问：有人久修不证者，何耶？

答：经云：“众生心如镜，镜垢像不现。”

◎问：论云：“行道念佛。”与坐念[①]，功德如何？

答：譬如逆水张帆，犹云得往；更若张帆顺水，速疾可知。坐念一日[②]，尚乃八十亿劫罪消；行念功德，岂知其量？故偈云：“行道五百遍，念佛一千声，事业常如此，西方佛自成。”若礼拜，则屈伏无明，深投觉地，致敬之极，如树倒山崩。《业报差别经》云：“礼佛一拜，从其膝下至金刚际，一尘一转轮王位。获十种功德：一者、得妙色身，二、出言人信，三、处众无畏，四、诸佛护念，五、具大威仪，六、众人亲附，七、诸天爱敬，八、具大福报，九、命终往生，十、速证涅槃。”三藏勒那云：“发智清净礼者，良由达佛境界，慧心明利，了知法界本无有阂，由我无

① “念”，清藏本作“念佛”。

② “日”，清藏本作“口”。

始顺于凡俗，非有有想，非阂阂想。今达自心虚通无阂，故行礼佛，随心现量，礼于一佛，即礼一切佛；礼一切佛，即是礼一佛。以佛法身，体用融通故。礼一拜遍通法界，如是香华种种供养，例同于此。六道四生，同作佛想。”文殊云：“心不生灭故，敬礼无所观。”内行平等，外顺修敬；内外冥合，名平等礼。《法华忏》云：“当礼拜时，虽不得能礼、所礼，然影现法界，一一佛前，皆见自身礼拜。”

略引祖教，理事分明，不可灭佛意而毁金文，据偏见而伤圆旨。

◎问：文殊云：“心同虚空故，敬礼无所观；甚深修多罗，不闻不受持。”如何执相称礼佛，徇文云诵经？违大士之诚言，失诸佛之深旨。

答：此虽约理而述，且无事而不显；从事而施，又无理而不圆。理事相成，方显斯旨。夫言“心同虚空故，敬礼无所观”者，此是破其能所之见。何者？心同虚空，不见能礼；无有所观，则无所礼。如是礼时，非对一佛、二佛，心等太虚，身遍法界。“不闻不受持”者，不闻，则无法义可观；不受持，则非文字可记。如是持经，有何间断？亦是说者无示，听者无得。然虽约理，非为事外之理；既不离事，即是理中之事。此乃正礼时无礼，当持时不持。不可依语而不依义，而兴断灭偏枯之见乎！

◎问：六念法门，十种观相，虽称助道；徇想缘尘，瞥起乖真，何如净念？

答：无念一法，众行之宗；微细俱亡，唯佛能净。故经云：“三贤十圣住果报，唯佛一人居净土。”况居凡地，又在初心，若无助道之门，正道无由独显。且六念之法，能消魔幻，增进功德，扶策善根；十观之门，善离贪著，潜清浊念，密契真源。皆入道之要津，尽修禅之妙轨。似杖有扶危之力，如船获到岸之功。力备功终，船杖俱舍。

◎问：《首楞严经》云：“持犯但束身，非身无所束。”《法句经》云：“戒性如虚空，持者为迷倒。”何苦坚执事相，局念拘身？奚不放旷纵横，虚怀[①]履道？

答：此破执情，非祛戒德。若见自持、他犯，起讥毁心，戒为防非，因防增过，如斯之类，实为迷倒。《净名经》云："非净行、非垢行，是菩萨行。"故不著持犯二边，是真持戒。《大般若经》云："持戒比丘，不升天堂；破戒比丘，不堕地狱。何以故？法界中无持犯故。"此亦破著，了诸法空，事理双持，身心俱净。

又若论纵横自在，唯佛一人持净戒，其余皆名破戒者。带习尚被境牵，现行岂逃缘缚？三业难护，放逸根深。犹醉象无钩，痴猿得树；奔波乍拥，生鸟被笼。若无定水、戒香，慧炬无由照寂。是以菩萨禀戒为师，明遵佛敕。虽行小罪，由怀[②]大[③]惧，谨洁无犯，轻重等持，息世讥嫌，恐生疑谤。

夫戒为万善之基，出必由户，若无此戒，诸善功德皆不得生。《华严经》云："戒能开发菩提心，学是勤修功德地，于戒及学常顺行，一切如来所称美。"《萨遮尼乾子经》云："若不持戒，乃至不得疥癞野干身，何况当得功德法身？"《月灯三昧经》云："虽有色族及多闻，若无戒智犹禽兽；虽处卑下少闻见，能持净戒名胜士。"《智论》云："若人弃舍此戒，虽山居苦行，食果服药，与禽兽无异。若有虽处高堂大殿，好衣美食，而能行此戒者，得生好处，及得道果。又大恶病中，戒为良药；大怖畏中，戒为守护；死暗冥中，戒为明灯；于恶道中，戒为桥梁；死海水中，戒为大船[④]。"

又如今末代宗门中学大乘人，多轻戒律，称是执持小行，失于戒急。所以《大涅槃经》佛临涅槃时，扶律谈常，则乘戒俱急，故号此经为赎常住命之重宝。何以故？若无此教，但取口解脱，全不修行，则乘戒俱失。

---

① "怀"，《大正藏》本作"坏"，应误。

② "怀"，《大正藏》本作"坏"，应误。

③ "大"，底本作"夫"，现按清藏本、《大正藏》本校订。

④ "船"，清藏本作"舡"。

故经云："尸罗不清净，三昧不现前。"从定发慧，因事显理；若阙三昧，慧何由成？是知因戒得定，因定得慧，故云赎常住命之重宝。何得灭佛寿命，坏正律仪？为和合海内之死尸，作长者园中之毒树。众圣所责，诸天所诃；善神不亲，恶鬼削迹。居国王之地，生作贼身；处阎罗之乡，死为狱卒。诸有智者，宜暂思焉。

◎问：空即罪性，业本真如，取相增瑕，如何忏悔？

答：若烦恼道，理遣合宜；苦、业二道，须行事忏。投身归命，雨泪翘诚，感佛威加，善根顿发。似池华得日敷荣，若尘镜遇磨光耀。三障除而十二缘灭，众罪消而五阴舍空。《最胜王经》云："求一切智、净智、不思议智、不动智、三藐三菩提、正遍知者，亦应忏悔，灭除业障。何以故？一切诸法，从因缘生故。"又经云："前心起罪，如云覆空；后心灭罪，如炬破暗。"须知炬灭暗生，要须常燃忏炬。《弥勒所问本愿经》云："弥勒大士，善权方便，安乐之行，得致无上正真之道。昼夜六时，正衣束体，下膝着地，向于十方，说此偈言：我悔一切过，劝助众道德；归命礼诸佛，令得无上慧。"《大集经》云："百年垢衣，可于一日浣令鲜净；如是百劫中所集诸不善业，以佛法力故，善顺思惟，可于一日一时尽能消灭。"又经云："然诸福中，忏悔为最，除大障故，获大善故。"论云："菩萨忏悔，衔悲满目。"况不蒙大圣立斯赦法，抱罪守死，长劫受殃。

《婆沙论》云："若人于一时，对十方佛前，代为一切众生，修行五悔，其功德若有形量者，三千大千世界著不尽。"《高僧传》：昙策于道场中行忏，见七佛告曰："汝罪已灭，于贤劫中号普明佛。"思大禅师行方等忏，梦梵僧四十九人，命重受戒，倍加精苦，了见三生。智者大师于大苏山修法华忏，证旋陀罗尼辩。沙门道超于道场中修忏，独言笑曰："无价宝珠，我今得矣。"东都英法师讲《华严经》，入善导道场，便游三昧，悲泣叹曰："自恨多年虚费光阴，劳身心耳。"高僧慧成，学穷三藏，被思大禅师诃曰："君一生学问，与吾炙手，犹未得暖，虚丧工夫。”示入观音道场，证解众生语言三昧。经云：“昼夜六时行上法者，如持七宝满阎浮提，供养于佛，比前功德，出过其上。”

经云：“不能生难遭之想。”今生末世，但见遗形；理宜端肃，涕零写泪，欷歔咎躬，如入庙堂，不见严父。故思大禅师行方等，而了见三生；高僧昙策入道场，而亲蒙十号；智者证旋陀罗尼辩；道超获无价宝珠，此皆投身忏门，归命佛语，致兹玄感，顿蹑圣阶。是以忏悔，齐至等觉，谓有一分无明，犹如微烟，故须洗涤。又法身菩萨尚勤忏悔，岂况业系之身，而无重垢？所以十八不共法中，三业清净，唯佛一人。南岳大师云：修六根忏，名有相安乐行；直观法空，名无相安乐行。妙证之时，二行俱舍。

◎问：结业即解脱真源，罪垢不住三际。何不了无生而直灭，随有作而劳功乎？

答：夫罪性无体，业道从缘。不染而染，习垢非无；染而不染，本来常净。业性如是，去取尤难。一切众生，业通三世。真慧不发，被二障之所缠；妙定不成，为五盖之所覆。唯圆乘佛旨，须于净处严建道场，苦到恳诚，普代有情，勤行忏法。内则唯凭自力，外则全仰佛加，遂得障尽智明，云开月朗。是以非内非外，能悔所忏俱空；而内而外，性罪遮愆宛尔。故菩萨皆遵至教，说悔先罪，而不说入过去。且登地入位，尚洗垢以除瑕；毛道散心，却谈虚而拱手！

◎问：《净名经》云：“罪性不在内、外、中间。”岂是虚诳？何坚不信，谤正法轮，执有所作罪根，实乃重增其病。

答：佛语诚谛，理事分明，能拔深疑，善开重惑。若深信者，一闻千悟，称说而行，既荡前非，不形后过，步步观照，念念无差。此乃宿习轻微，善根深厚，乘戒俱急，理行相从。斯即深达教门，坚持佛语，何须事忏，过自不生。如若垢重障深，智荒德薄，但空念一切罪性不在内外中间，观其三业现行，全没根尘法内。如说美食，终不充饥；似念药方，焉能治病？若令但求其语而得罪消，则一切业系之人，故应易脱，何乃积劫生死，如旋火轮？以知业海渺茫，非般若之舟罕渡；障山孤峻，匪金刚之慧难倾。然后身心一如，理事双运，方萎苦种，永断业绳。所以祖师云："将虚空之心，合虚空之理，亦无虚空之量，始得报不相酬。"又教云："净意如空，此有二义：一者离虚妄取，如彼净空无有云翳；二者触境无滞，如彼净空不生障阂。"既廓心境，罪垢何生？若能如是，名为依教，尚不见无罪，岂况有愆耶？

又罪性本净，是体性净；契理无缘，是方便净。因方便净，显体性净；因体性净，成方便净。方便净者，力行熏治；体性净者，一念圆照。本末相应，内外更资。故须理事双[1]扶，成其二净；正助兼忏，证此一心。设但念空言，实难违教；不信之谤，非此谁耶？南山《四分钞》问："有人言：'罪不罪不可得，名戒者'，何耶？"《钞》答："非谓邪见粗心言无罪也。若深入诸法相，行空三昧，慧眼观故，言罪不可得。若肉眼所见，与牛羊无异，诵大乘语者，何足据焉。"是以理观苦谛，事行须扶。如风送船，疾有所至；犹膏助火，转益光明。岂同但保空言，全无克证；诳他陷己，果没阿鼻；舍生受身，神投业网。

◎问：唯心净土，周遍十方。何得托质莲台，寄形安养，而兴取舍之念，岂达无生之门？欣厌情生，何成平等？

答：唯心佛土者，了心方生。《如来不思议境界经》云："三世一切诸佛，皆无所有，唯依自心。菩萨若能了知诸佛及一切法，皆唯心量，得随顺忍，或入初地。舍身速生妙喜世界，或生极乐净佛土中。"故知：识心方生唯心净土，著境只堕所缘境中。既明因果无差，乃知心外无法。

又平等之门、无生之旨，虽即仰教生信，其乃[2]力量未充，观浅心

① "双"，清藏本、《大正藏》本作"相"。

② "乃"，清藏本作"奈"。

浮，境强习重；须生佛国，以仗胜缘，忍力易成，速行菩萨道。《起信论》云："众生初学是法，欲求正信，其心怯弱，以住于此娑婆世界，自畏不能常值诸佛，亲承供养，惧谓信心难可成就，意欲退者，当知如来有胜方便，摄护信心。谓以专意念佛因缘，随愿得生他方佛土，常见于佛，永离恶道。如修多罗说：若人专念西方极乐世界阿弥陀佛，所修善根，回向愿求生彼世界，即得往生。常见佛故，终无有退。若观彼佛真如法身，常勤修习，毕竟得生，住正定故。"《往生论》云："游戏地狱门者，生彼国土，得无生忍已，还入生死国，教化地狱，救苦众生。以此因缘，求生净土。"《十疑论》云："智者炽然求生净土，达生体不可得，即真无生，此谓心净故即佛土净。愚者为生所缚，闻生即作生解，闻无生即作无生解；不知生即无生，无生即生。不达此理，横相是非，此是谤法邪见人也。"《群疑论》问云："诸佛国土亦复皆空，观众生如第五大，何得取著有相，舍此生彼？"答："诸佛说法，不离二谛。以真统俗，无俗不真；以俗会真，万法宛尔。经云：'成就一切法，而离诸法相。'成就一切法者，世谛诸法也；而离诸法者，第一义谛无相也。又经云：'虽知诸佛国，及与众生空，常修净土行，教化诸群生。'汝但见说圆成实性，无相之教，破遍计所执，毕竟空无之文，不信说依他起性、因缘之教，即是不信因果之人，说于诸法断灭相者。"《摩诃衍》云："菩萨不离诸佛者，而作是言：我于因地遇恶知识，诽谤般若，堕于恶道，经无量劫，虽未得出；复于一时依善知识，教行念佛三昧，其时即能并遣诸障，方得解脱，有斯大益，故不愿离佛。"故《华严》偈云："宁于无量劫，具受一切苦；终不远如来，不睹自在力。"

◎问：一生习恶，积累因深，如何临终，十念顿遣？

答：《那先经》云："国王问那先沙门言：'人在世间，作恶至百岁，临终时念佛，死后得生佛国。我不信是语。'那先言：'如持百枚大石置船上，因船故不没。人虽有本恶，一时念佛，不入泥犁中。其小石没者，如人作恶不知念佛，便入泥犁中。’”又《智[1]论》问云：“临死时少许时心，云何能胜终身行力？”答：“是心虽时顷少，而心力猛利，如火如毒，虽少能作大事；是垂死时心，决定勇健故，胜百岁行力；是后心，名为大心；及诸根事急故，如人入阵，不惜身命，名为健。”故知善恶无定，因缘体空；迹有升沉，事分优劣。真金一两，胜百两之氎华；爝火微光，爇万仞之稂草。”

◎问：心外无法，佛不去来，何有见佛及来迎之事？

答：唯心念佛，以唯心观，遍该万法；既了境唯心，了心即佛，故随所念，无非佛矣。《般舟三昧经》云：“如人梦见七宝、亲属欢喜，觉已追念，不知在何处；如是念佛。”此喻唯心所作，即有而空，故无来去；又如幻非实，则心佛两亡，而不无幻相，则不坏心佛，空有无阂，即无去来，不妨普见；见即无见，常契中道。是以佛实不来，心亦不去，感应道交，唯心自见。如造罪众生，感地狱相。《唯识论》云：“一切如地狱，同见狱卒等，能为逼害事，故四义皆成。”四义者，如地狱中亦有时定、处定、身不定、作用不定，皆是唯识，罪人恶业心现，并无心外实铜狗、铁蛇等事。世间一切事法，亦复如是。

然遮那佛土，匪局东西，若正解了然，习累俱殄，理量双备，亲证无生；既历圣阶，位居不退，即不厌生死苦，六道化群生。如信心初具，忍力未圆，欲拯沉沦，实难俱济。无船救溺，翅弱高飞；卧沉痾而欲离良医，处襁褓而拟抛慈母；久遭沉坠，必死无疑。但得陷己之虞，未有利他之分。故《智论》云：“譬如婴儿，若不近父母，或堕坑落井，水火等难，乏乳而死。须常近父母，养育长大，方能绍继家业。初心菩萨，多愿生净土，亲近诸佛，增长法身，方能继佛家业，十方济运，有斯益故，多愿往生。”又按诸经云：生安养者，缘强地胜，福备寿长，莲华化生，佛

① “智”，清藏本作“智度”。

亲迎接，便登菩萨之位，顿生如来之家，永处跋致之门，尽受菩提之记。身具光明妙相，迹践宝树香台；献供十方，宁神三昧；触耳常闻大乘之法，差肩皆邻补处之人；念念虚玄，心心静虑；烦恼焰灭，爱欲泉枯。尚无恶趣之名，岂有轮回之事？

《安国钞》云：“所言极乐者，有二十四种乐：一、栏楯遮防乐，二、宝网罗空乐，三、树阴通衢乐，四、七宝浴池乐，五、八水澄漪乐，六、下见金沙乐，七、阶际光明乐，八、楼台陵空乐，九、四莲华香乐，十、黄金为地乐，十一、八音常奏乐，十二、昼夜雨华乐，十三、清晨策励乐，十四、严持妙华乐，十五、供养他方乐，十六、经行本国乐，十七、众鸟和鸣乐，十八、六时闻法乐，十九、存念三宝乐，二十、无三恶道乐，二十一、有佛变化乐，二十二、树摇罗网乐，二十三、千国同声乐，二十四、声闻发心乐。”《群疑论》云：“西方净土，有三十种益：一、受用清净佛土益，二、得大法乐益，三、亲近佛寿益，四、游历十方供佛益，五、于诸佛所闻授记益，六、福慧资粮疾得圆满益，七、速证无上正等菩提益，八、诸大人等同集一会益，九、常无退转益，十、无量行愿念念增进益，十一、鹦鹉舍利宣扬法音益，十二、清风动树如众乐益，十三、摩尼水漩宣说苦空益，十四、诸乐音声奏众妙音益，十五、四十八愿永绝三涂益，十六、真金色身益，十七、形无丑陋益，十八、具足五通益，十九、常住定聚益，二十、无诸不善益，二十一、寿命长远益，二十二、衣食自然益，二十三、唯受众乐益，二十四、三十二相益，二十五、无实女人益，二十六、无有小乘益，二十七、离于八难益，二十八、得三法忍益，二十九、身有常光益，三十、得那罗延身益。”

如上略述法利无边，圣境非虚，真谈匪谬。何乃爱河浪底，沉溺无忧；火宅焰中，焚烧不惧？密织痴网，浅智之刃莫能挥；深种疑根，泛信之力焉能拔？遂即甘心伏意，幸祸乐灾。却非清净之邦，顾恋恐畏之世。燋蛾烂茧，自处余殃；笼鸟鼎鱼，翻称快乐。故知：佛力不如业力，邪因难趣正因。且未脱业身，终萦三障。既不爱莲台化质，应须胎藏禀形。若受肉身，全身是苦；既沈三界，宁免轮回？

今于八苦之中，略标生死二苦：一、生苦者：揽精血为体，处生熟藏中，四十二变而成幻质；上压秽食，下薰臭坑；饮冷若冰河，吞热如炉炭；宛转迷闷，不可具言。及至生时，众苦无量。触手堕地，如活剥牛皮；逼窄艰难，似生脱龟壳；衔冤抱恨，拟害母身；才触热风，苦缘顿忘。婴孩痴骙[①]，水火横亡；脱得成人，有营身种，业田既熟，爱水频滋，无明发生，苦芽增长，胶粘七识，笼罩九居；如旋火轮，循环莫已。二、死苦者：风刀解身，火大烧体，声虚内颤，魄悸魂惊。极苦并生，恶业顿现，千愁郁悒，万怖憧惶。乃至命谢气终，寂然孤逝，幽途黯黯，冥路茫茫。与昔冤酬，皎然相对，号天扣地，求脱无门。随业浅深，而历诸趣：或倒生地狱，或阴受鬼形。忍饥渴而长劫号啕，受罪苦而遍身燋烂。未脱二十五有，善恶之业靡亡，追身受报，未曾遗失。生死海阔，业道难穷。声闻尚昧出胎，菩萨犹昏隔阴。况具缚生死、底下凡夫，宁不被生苦所羁、死魔所系？故《目连所问经》云："佛告目连：譬如万川长注，有浮草木，前不顾后，后不顾前，都会大海。世间亦尔，虽有豪贵富乐自在，悉不得免生老病死。只由不信佛经，后世为人，更深[②]困剧，不能得生千佛国土。是故我说，无量寿佛国土，易往易取，而人不能修行往生，反事九十六种邪道。我说是人，名无眼人、名无耳人。"

《大集月藏经》云："我末法时中，亿亿众生起行修道，未有一得者。"当今末法，现是五浊恶世，唯有净土一门，可通入路。当知自行难圆，他力易就。如劣士附轮王之势，飞游四天；凡质假仙药之功，升腾三岛。实为易行之道，疾得相应。慈旨叮咛，须铭肌骨。

---

① "骙"，《大正藏》本作"骇"，应误。

② "深"，清藏本作"甚"。

◎问：庞居士云："事上说佛国，此去[①]十万里；大海渺无边，动即黑风起。往者虽千万，达者无一二。忽遇本来人，不在因缘里。"如何通会而证往生？

答：若提宗考本，尚不说有佛有土，岂言达之不达乎？所以天真自具，不涉因缘；匪动丝毫，常冥真体。若约事论，故非一等。九品往生，上下俱达。或游化国，见佛应身；或生报土，睹佛真体。或一夕而便登上地，或经劫而方证小乘；或利根、钝根；或定意、散意；或悟迟速，根机不同；或华开早晚，时限有异。今古具载，凡圣俱生，行相昭然，明证自[②]验。故释迦世尊亲记文殊，当生阿弥陀佛土，位登初地。《大[③]经》云："弥勒菩萨问佛：未知此界有几许不退菩萨，得生彼国？佛言：此娑婆世界有六十七亿不退菩萨，皆得[④]往生。"智者大师一生修西方业，所行福智二严，悉皆回向，临终令门人唱起十六观名，乃合掌赞云："四十八愿，庄严净土；香台宝树，易到无人。火车相现，一念改悔者，尚乃往生；况戒、定、慧薰，修行道力，终不唐捐；佛梵音声，终不诳人。"《称赞净土经》云：十方恒河沙诸佛，出广长舌相，遍覆大千，证得往生。岂虚构哉！

◎问：《维摩经》云："成就八法，于此世界行无疮疣，生于净土。何等为八？饶益众生而不望报；代一切众生受诸苦恼，所作功德尽以施之；等心众生，谦下无阂；于诸菩萨，视之如佛；所未闻经，闻之不疑；不与声闻而相违背；不嫉彼供，不高己利，而于其中调伏其心；常省己过，不讼彼短，恒以一心，求诸功德。"如何劣行、微善，而得往生？

答：理须具足，此属大根，八法无瑕，成就上品。如其中下，但具一

① "此去"，清藏本作"去此"。

② "自"，《大正藏》本作"目"。

③ "大"，清藏本作"大集"。

④ "得"，清藏本作"当"。

法，决志无移，亦得下品。

◎问：《观经》明十六观门，皆是摄心修定，观佛相好，谛了圆明，方阶净域。如何散心而能化往？

答：九品经文，自有升降，上下该摄，不出二心：一、定心，如修定习观，上品往生。二、专心，但念名号，众善资熏，回向发愿，得成末品；仍须一生归命，尽报精修。坐卧之间，常面西向。当行道礼敬之际，念佛发愿之时，恳苦翘诚，无诸异念。如就刑戮，若在犴牢，怨贼所追，水火所逼，一心求救，愿脱苦轮，速证无生，广度含识，绍隆三宝，誓报四恩。如斯志诚，必不虚弃。如或言行不称，信力轻微，无念念相续之心，有数数间断之意。恃此懈怠，临终望生，但为业障所遮，恐难值其善友。风火逼迫，正念不成。何以故？如今是因，临终是果，应须因实，果则不虚。声和则响顺，形直则影端故也。如要临终十念成就，但预办津梁，合集功德，回向此时，念念不亏，即无虑矣。

夫善恶二轮、苦乐二报，皆三业所造、四缘所生、六因所成、五果所摄。若一念心，瞋恚邪淫，即地狱业；悭贪不施，即饿鬼业；愚痴暗蔽，即畜生业；我慢贡高，即修罗业；坚持五戒，即人业；精修十善，即天业；证悟人空，即声闻业；知缘性离，即缘觉业；六度齐修，即菩萨业；真慈平等，即佛业。若心净，即香台宝树，净刹化生；心垢则丘陵坑坎，秽土禀质。皆是等伦之果，能感增上之缘。是以离自心源，更无别体。《维摩经》云："欲得净土，但净其心；随其心净，即佛土净。"又经云："心垢故众生垢，心净故众生净。"《华严经》云："譬如心王宝，随心见众色；众生心净故，得见清净刹。"《大集经》云："欲净汝界，但净汝心。"故知一切归心，万法由我；欲得净果，但行净因。如水性趣下，火性腾上，势数如是，何足疑焉？

万善同归集卷中

宋 杭州慧日永明寺智觉禅师延寿 述

夫性起菩提，真如万行，终日作而无作，虽无行而遍行。若云有作，即同魔事；或执无行，还归断灭。故知自心之外，无法建立，十身具足，四土圆收。虽总包含，不坏内外，皆称法界，岂隔有无？空中具方便之慧，不著于有；有中运殊胜之行，不堕于无。是以即理之事，行成无阂；即事之理，行顺真如。相用无亏，体性斯在。

夫化他妙行，不出十度、四摄之门；利己真修，无先七觉、八正之道。摄四念归于一实，总四勤不出一心。严净五根，成就五力。若论施，则内外咸舍；言戒，则大小兼持；修进，则身心并行；具忍，则生法俱备；般若，则境智无二；禅定，则动寂皆平；方便，则普照尘劳；发愿，则遍含法界；具力，则精通十力；了智，则种智圆成；爱语，则俯顺机宜；同事，则能随行业；运慈，则冤亲普救；说法，则利钝齐收；七觉，则沉掉靡生；八正，则邪倒不起。乃至备修三坚之妙行，具足七圣之法财；秉持三聚之律门，圆满七净之真要。悟天行，契自然之本理；修梵行，断尘习之根源；现病行，憩声闻于①化城；示儿行，引凡夫于天界。历五位菩提之道，入三德涅槃之城。练三业而成三轮，离三受而圆三念。因从三观薰发，果具五眼圆明。方能游戏神通，出入百千三昧；净佛国土，履践无阂道场。然后普应诸方，现十身之妙相；遍照法界，燃四智之明灯。感应道交，任他根量，不动本际，迹应方圆，凡有见闻，皆能获益。云云自彼，于我何为？斯皆积善之所熏，成此无缘之大化。《还源观》

① “于”，《大正藏》本作“之”。

云："用则波腾海沸，全真体以运行；体则镜净水澄，举随缘而会寂。"肇师云："统万行，则以权智为主；树德本，则以六度为根；济蒙惑，则以慈悲为首；语宗极，则以不二为言。此皆不思议之本也。至若借座灯王，请饭香土，室包乾象，手接大千，皆不思议之迹也。然幽关虽启，圣应不同；非本无以垂迹，非迹无以显本，本迹虽殊，而不思议一也。"

◎问：身为道本，缚是脱因；何得燃指、烧身，背道修道？高僧传内、小乘律中，贬斥分明，奚为圣典？

答：亡身没命，为法酬恩，冥契大乘，深谐正教。大乘《梵网经》云："若佛子应行好心，先学大乘威仪经律，广开解义味。见后新学菩萨，有从百里千里来求大乘经律，应如法为说一切苦行：若烧身、烧臂、烧指。若不烧身、臂、指供养诸佛，非出家菩萨。乃至饿虎、狼、狮子、一切饿鬼，悉应舍身肉手足而供养之。然后一一次第为说正法，使心开意解。若不如是，犯轻垢罪。"大乘《首楞严经》云："佛告阿难：若我灭后，其有比丘，发心决定，修三摩提，能于如来形像之前，身燃一灯、烧一指节，及于身上爇一香炷。我说是人，无始宿债，一时酬毕，长揖世间，永脱诸漏。虽未即明无上觉路，是人于法已决定心。若不为此舍身微因，纵成无为，必还生人，酬其宿债，如我马麦，正等无异。"所以小乘执相，制而不开；大教圆通，本无定法。《菩萨善戒经》云："声闻戒急，菩萨戒缓；声闻戒塞，菩萨戒开。"又经云："声闻持戒，是菩萨破戒"，此之谓也。若依了义经，诸佛悦可；执随宜说，众圣悲嗟。只可叹大褒圆，自他兼利；岂容执权滞小，本迹双迷。

◎问：五热炙身，投岩赴火，九十六种，千圣同诃。幸有正科，何投邪辙？

答：《智论》云："佛法有二种道：一、毕竟空道，二、分别好恶道。"若毕竟空道者，凡夫如即漏尽解脱如，如来语即提婆达多语，无二无别，一道一源。是以地狱起妙觉之心，佛果现泥犁之界。若舍邪趣正，邪正俱非；离恶著善，善恶咸失。若分别好恶道者，愚智不等，真俗条然；玉石须分，金鍮可辨。且约修行门内，升降位中，自有内、外宗徒，邪、正因果，善须甄别，不可雷同。且教申毁赞之文，的有抑扬之旨。执即成滞，了无不通，四悉对治，纵夺料简。若云总是，尼乾成正真之道，诸佛错诃；若说俱非，药王堕颠倒之愆，诸佛错赞。是以兴邪，则成无益之行；废正，则断方便之门。须晓开遮，宁无去取。

且内教、外人遗身，各有二意。内教二者：一、明自他性空，无法我二执，不见所供之境，亦无能烧之心；二、惟供三宝，深报四恩，以助无上菩提，不希人天果报。外道二者：一、身见不亡，转增我慢，迷无作之智眼，起有得之能心；二、惟贪现在名闻，只规后世福利，或愿作刹利之主，或求生广果之天。所以台教释《药王焚身品》云："境智不二，能所斯亡。以不二观，观不二境，成不二行，会不二空。作是观时，若为法界见闻者益，故曰乘乘。所以投岩，无招外行之论；赴火，不为内众之讥。良由内有理观，外晓期心。故胜热息善财之疑，尼乾生严炽之解。笃论其道，行方有克。心正行正，智邪事邪。行不可废，智不可亡。后学之徒，无失法利。"《文殊问经》云："菩萨舍身，非是无记，惟得福德。是烦恼身灭，故得清净身。譬如垢衣，以灰汁浣濯，垢灭衣在。"若得圆旨，明断皎然。请鉴斯文，以为龟镜。

◎问：住相布施，果结无常，增有为之心，背无为之道。争如理观，福等虚空。故经云："佛言非我，而能顺理。"何坚执事缘尘，而不观心达道乎？

答：若约观心，寓目皆是；既云达道，举足宁非？菩萨万行齐兴，四摄广被，不可执空害有，守一疑诸。《华严经》云："受一非余，魔所摄持。"是以舍边趣中，还成邪见。不可据宗据令，认妙认玄；识想施为，阴界造作。应须随机遮照，任智卷舒。于空有二门，不出不在；真俗二谛，非即非离。动止何乖，圆融无阂。大凡诸佛菩萨修进之门，有正有助、有实有权。理事齐修，乘戒兼急；悲智双运，内外相资。若定立一宗，是魔王之种；或亡泯一切，成己见之愚。故《大集经》云："有二行：缘空直入，名为慧行；带事兼修，是行行。”《菩提论》有二道：一、方便道，知诸善法；二、智慧道，不得诸法。又经云二如：因中如如而无染，果中如如而无垢。又二心：自性清净心，本有之义；离垢清净心，究竟之义。《起信论》立二相：一、同相，平等性义；二、异相，幻差别义。台教有二善：达能所空，名止善；方便劝修，名行善。

◎问：祖佛法要，惟立一乘。或云：“十方薄伽梵，一路涅槃门。”或云：“一切无阂人，一道出生死。”如何广陈差别，立二法门，惑乱正宗，起诸邪见？

答：诸佛法门，虽成一种；约用分二，其体常同。如一心法，立真如、生灭二门，则是二谛一乘之道，今古恒然，无有增减。是以总别互显，本末相资。非总无以出别，非别无以成总；非本无以垂末，非末无以显本。故知只翼难冲，孤轮匪运；惟真不立，单妄不成。约体则差而无差，就用则不别而别。一二无阂，方入不二之门；空有不乖，始蹈真空之境。

◎问：事则分位差别，理惟一味湛然。性相不同，云何无阂？

答：能依之事，从理而成；所依之理，随事而现。如千波不阂一湿，犹众器匪隔一金。体用相收，卷舒一际。若约圆旨，不惟理事相即，要理理相即亦得，事事相即亦得，理事不即亦得，故称随缘自在无阂法门。

又且诸佛化门，檀施一法，为十度之首，乃万行之先，入道之初因，摄生之要轨。《大论》云：“檀为宝藏，常随逐人；檀为破苦，能与人乐；檀为善御，开示天道；檀为善府，摄诸善人；檀为安隐，临命终时，心不怖畏；檀为慈相，能济一切；檀为集乐，能破苦贼；檀为大将，能伏悭敌；檀为净道，贤圣所由；檀为积善，福德之门；檀能全获福乐之果。檀为涅槃之初缘，入善人众中之要法，称誉赞叹之渊府，处众无难之功德，心不悔恨之窟宅，善法道行之根本，种种欢乐之林薮，富贵安隐之福田，得道涅槃之津济。”《六行集》云：“若凡夫施时，起慢心成罪行，起敬心成福行；若二乘施时，惟观尘动转；小菩萨施时，念色体空；大菩萨施时，知心妄见；若佛，谓证惟心，离念常净。是知一布施门，六行成别，岂可雷同，一时该下？”亦有内施、外施、理檀、事檀，体用更资，本末互显。据理沉断，执事堕常。理事融通，方超二患。且诸佛圣旨，校量施中，理檀为先，内施偏重。故《法华经》云：“佛言：若有发心欲得阿耨多罗三藐三菩提，能燃手指，乃至足一指，供养佛塔，胜以国城、妻、子，及三千大千国土山林、河池、诸珍宝物而供养者。”《智论》云：“若人舍身，胜过阎浮提满中珍宝。”则知利口轻言易述，全身重宝难倾；保命情深，好生意切。直得三轮体寂，犹为通教所收；况乃取舍情生，岂得成其净施？

且圆教施门，遍含法界，乃何事而不备？何理而不圆？菩萨照理而不却事，鉴事而不捐理。弘之在人，曷滞于法？若离理有事，事成定性之愚；若离事有理，理成断灭之执。若著事而迷理，则报在轮回；若体理而得事，则果成究竟。故《法华经》云：“又见菩萨，头、目、身体，欣乐施与，求佛智慧。”若舍身是邪，何成佛慧？故知毫善，趣果弘深。以此度门，标因匪弃。如释迦佛舍身命时，度度皆证法门，或得柔顺忍，或入无生法忍等。大凡菩萨所作，皆了无我、无性，涉事见理，遇境知空。不同凡夫，造其罪福，不解因果，善恶无性，是为迷事取性，常系三有。

◎问：经云：“以三恒河沙身命布施，不如受持四句偈。”故知般若功深，施门力劣。何得违宗越理，枉力劳神？可谓期悟遭迷、求升反坠矣！

答：得理则万行方成，知宗乃千途不滞。不可去彼取此，执是排非；须履无阂之门，善入遍行之道。是以过去诸佛、本师释迦，从无量劫来，舍无数身命，或为求法，则出髓而剜身；或为行慈，则施鹰而饲虎。《般若论》云：“如来无量劫来舍身命财，为摄持正法。正法无有边际，即无穷之因；得无穷之果，果即三身也。”乃至西天、此土，菩萨、高僧，自古及今，遗身不少，皆遵释迦之正典，尽效药王之遗风。《高僧传》蔼法师入南山，自剜身肉布于石上，引肠挂树，捧心而卒。书偈于石云：“愿舍此身已，早令身自在。法身自在已，在在诸趣中，随有利益处，护法救众生。又复业应尽，有为法皆然，三界皆无常，时来不自在。他杀及自死，终归如是处；智者所不乐，业尽于今日。”又僧崖菩萨烧身云：“代一切众生苦，先烧其手。”众人问曰：“菩萨自烧，众生罪熟，各自受苦，何由可代？”答曰：“犹如烧手一念善根，即能灭恶，岂非代耶？”又告众曰：“我灭度后，好供养病人。”并难可测其本，多是诸佛圣人，乘权应化；自非大心平等，何能恭敬？此是实行也。天台宗满禅师，一生讲诵《莲经》，感神人现身，正定经咒文字；后焚身供养《法华经》。又智者门人净辩禅师，于忏堂前焚身，供养普贤菩萨。双林傅大士，欲焚身救众生苦，门人等前后四十八人，代师焚身，请师住世，教化有情。传记广明，不能备引。若云：“诸圣境界，示现施为。”则圣有诳夫之愆，凡无即圣之分，教网虚设，方便则空。本为接后逗前，令凡实证；设是示现权施，亦令后人仿效。不可将邪倒之法，赚人施行，大圣真慈，终不虚诳。

是以八万法门，无非解脱；一念微善，皆趣真如。自有初心、后心，生忍、法忍，未必将高斥下，以下凌高。善须知时，自量根力；不可评他美恶，强立是非。言是祸胎，自招来业。且如得忍菩萨，虽证生、法二空，为利他故，破悭贪垢，尚乃烧臂焚身，如药王菩萨、僧崖之类。若未具忍者，虽知以智慧火焚烦恼薪，了达二空，不生身见；其或现行障重，未得相应；起勇猛心、运真实行，酬恩供佛、代苦行慈，欲成助道之门，不起希求之想；若不欺诳，事不唐捐。脱或智眼未明，犹生我执，但求因果，志不坚牢，拟效先踪，不在此限。

夫众生根机不同，所尚各异。故经云：“佛言：若众生以虚妄而得度者，我亦妄语。”是知事出千巧，理归一源，皆是大慈，善权方便。或因舍身命而顿入法忍；或一心禅定而豁悟无生；或了本清净，而证实相门；或作不净观，而登远离道；或住七宝房舍，而阶圣果；或处冢间树下，而趣涅槃。是以尘沙度门，入皆解脱；无边教网，了即归真。大圣垂言，终不虚设。譬如涉远，以到为期，不取途中，强论难易。故知医不专散，天不长晴；应须丸散调停，阴阳兼济，遂得众疾同愈，万物齐荣。皆是权施，实无定法；随其乐欲，逗其便宜。惟取证道为心，不拣入门粗细。若于圆教四门生著，犹为藏教初门所治。故菩萨所行檀度之门，如因因厕孔而得出，似病服不净而获痊。非观，无以拔三毒之病根；非行，无以超三界之有狱。《书》云：“获鸟者罗之一目，不可以一目为罗；治国者功在一人，不可以一人为国。”是以众行俱备，万善齐修；一行归源，千门自正。经明十二因缘是一法，以四等观者，得四种菩提。若惟取上上根人，则中下绝分。故弘半教，有成满之功；至宝所，因化城之力。岂可舍此取彼、执实谤权，顿弃机缘，灭佛方便。故云：从实分权，权是实权；开权显实，实是权实。如迷权实二门，则智不自在。《大论》云：“众生种种因缘，得度不同。有禅定得度者，有持戒说法得度者，有光明触身得度者。譬如城有多门，入处各别，至处不异。”所言般若功深者，然般若孕圣弘贤，含灵蕴妙。标之则为宗、为首、为导、为依，融之则触境该空，无非般若。故经云：“色无边故，般若无边。”《肇论》云：“三毒、四倒，皆悉清净，何独尊净于般若？”今何取舍，而欲逃空避影乎？

且诸佛密意，诠旨难裁，空拳诳小儿，诱度于一切，无有决定法，故号大菩提。不知般若有破著之功，教中偏赞；却乃随语生见，是以依方故迷。故般若能导万行，若无万行，般若何施？偏啖酱而饮咸，失味致患；专抱空而执断，丧智成愆。《智论》云：“帝释意念：若般若是究竟法者，行人但行般若，何用余法？佛答：菩萨六波罗蜜，以般若波罗蜜，用无所得法和合故，此即是般若波罗蜜。若但行般若，不行余法，则功德不具足，不美不妙。譬如愚人，不识饭食种具，闻酱是众味主，便纯饮酱，失味致患。行者亦如是，欲除著心故，但行般若，反坠邪见，不能增进善法。若与五波罗蜜和合，则功德具足，义味调适。”《楞伽山顶经》云：“菩萨速疾道有二：一、方便道者，能为因缘；二、般若道者，能至寂灭。”是以般若无方便，溺无为之坑；方便无般若，陷幻化之网。二轮不滞，一道无亏，权实双行，正宗方显。住无所住，佛事所以兼修；得无所得，智心所以恒寂。

◎问：教只令观身无我，了本无生。既达性空，何存身见，而欲妄想，仍须舍乎？

答：理中非有，事上非无。从缘幻生，虽无作者，善恶无性，业果宛然。从无始际，丧无数身，但续俱生，无利而死。今舍父母遗体，岂是己身？若一念圆修戒定慧等，微妙善心，方真己体。今所舍者，乃是缘生。然于事中，且为利益而死。况正当无明烦恼三障二死所缠，何乃说空，谁当信受？是以佛法贵在行持，不取一期口辩。如虫食木，偶得成文；似鸟言空，全无其旨。烦恼不减，我慢翻增，是恶取邪空，非善达正法。须亲见谛，言行相应。但纵妄语粗心，岂察潜行密用？古德云：“行取千尺万尺，说取一寸半寸。”又经云：“言虽说空，行在有中。”《宝积经》云：“佛言：若不修行得菩提者，音声言说亦应证得无上菩提。作如是言：‘我当作佛，我当作佛。’以此语故，无边众生应成正觉。”故知行在言前，道非心外。

又经云：“佛言：学我法者，惟证乃知。”是以剧恶不如微善，多虚不如少实。但能行者，不弃于小心；纵空说者，徒标于大意。若未契真如之用，顺法性而行，惟得上慢之心，自招诬罔之咎。是以《仁王》列五忍之位，智者备六即之文。行位分明，岂可叨滥？何不入平等观，起随喜心，积众善之根，成大慈之种？经云：燃一指节、爇一炷香，尚灭积劫之愆瑕；或散一华、暂称一佛，毕至究竟之果位。《首楞严经》云：菩萨同事，尚作奸偷、屠贩、淫女、寡妇，靡所不为。《无生义》云：“离相无住行人，不住涅槃，能普现色身，在有为中，能贵、能贱、能凡、能圣，行仁义之道，悲济十方，尽未来际。”又云：“凡地修圣行，果地习凡因；未具佛法，亦不灭受而取证也。”明知真是俗真，俗是真俗。执即尘劳，通为佛事。入法性三昧，无一法可嫌；证无边定门，无一法可弃。胜负既失，取舍全乖，不可障他菩提，灭自善本。

又纵了非身，深穷实相，不滞心境，决定无疑。虽知一切有为，犹如空中鸟迹，尚须地地观练对治，习气非无。况坚执四倒之愚，深陷八邪之网；恃[①]此秽质，广作贪淫；被幻网所笼，为情色所醉；汩没生死，沉沦苦轮者欤！所以大觉深嗟，广垂毁摈；诸圣舍身之际，无不先诃。如以毒药而换醍醐，似将瓦器而易珍宝。故《宝积经》观身有四十种过患：或云贪欲之狱，恒为烦恼之所系缠；臭秽之坑，常被诸虫之所唼食。似行厕而五种不净，若漏囊而九孔常穿。瞋恚毒蛇起害心，而伤残慧命；愚痴罗刹执我见，而吞啖智身。犹恶贼而举世皆嫌，类死狗而诸贤并弃。不坚如芭蕉、水沫，无常似焰影、电光。虽灌啖而反作冤仇，每将养而罔知恩报。广诮非一，难可具言。若不审此深愆，遂乃广兴恶业，迷斯为是，而不进修，则智行两亏，理事俱失。须先厌患，苦切对治。知非而欲火潜消，了本而真源自现。故《法华经》云："犹如三界，火宅所烧，何由能解佛之智慧？"

◎问：身虽虚假，众患所缠；然因此幻形，能成道果。经云："不入烦恼大海，不得无价宝珠。"若欲舍之，恐成后悔。

答：夫生必[②]灭，有相皆空。若于三宝中，志诚归向，起一舍心，犹胜世间虚生浪死；则能以无常体得金刚体，以不坚身易坚固身。取舍二途，须凭智照。

◎问：安心入道，须顺真空；起行度生，全归世谛。但了法性，以辩正宗；何乃斥实凭虚，丧本骤[③]末？有为扰动，造作纷纭，汩乱真源，昏浊心水。

答：第一义中，真亦不立，平等法界，无佛众生；俗谛门中，不舍一法，凡兴有作，佛事门收。是以诸佛常依二谛说法，若不得世谛，不得第一义谛。《唯识论》云："拨无二谛是恶取空，诸佛说不可治者。"《金

① "恃"，清藏本作"持"。

② "必"，《大正藏》本作"不"，应误。

③ "骤"，清藏本作"趣"。

刚经》云："发阿耨菩提心者，于法不说断灭相。"贤首国师云："真空不坏缘起业果，是故尊卑宛然。"《金刚三昧论》云："真俗无二，而不守一。由无二故，则是一心；不守一故，举体为二。"《华严经》云："譬如虚空，于十方中，若去来今，求不可得，然非无虚空。菩萨如是观一切法皆不可得，然非无一切法，如实无异，不失所作，普示修行菩萨诸行。不舍大愿，调伏众生。转正法轮，不坏因果。"又云："菩萨摩诃萨了达自身及以众生，本来寂灭，不惊不怖，而勤修福智，无有厌足。虽知一切法无有造作，而亦不舍诸法自相；虽于诸境界永离贪欲，而常乐瞻奉诸佛色身；虽知不由他悟入于法，而种种方便求一切智；虽知诸佛国土皆如虚空，而常乐庄严一切佛刹；虽恒观察无人无我，而教化众生无有疲厌；虽于法界本来不动，而以神通智力现众变化；虽已成就一切智智，而修菩萨行无有休息；虽知诸法不可言说，而转净法轮令众生喜；虽能示现诸佛神力，而不厌舍菩萨之身；虽现入于大涅槃，而一切处示现受生。能作如是权实双行法，是佛业。"

是以若拨果排因，即空见外道；据体绝用，是趣寂声闻。又若立正宗，何法非宗？既论法性，何物非性？从迷破执，则权立是非；从悟辩同，实无取舍。今所论者，不同凡夫所执事相，又非三藏菩萨偏假离真，及通教声闻但空灭相。若离空之有，乃妄色之因；若离有之空，归灰断之果。今则性即相之性，故不阂繁兴；相即性之相，故无亏湛寂。境是不思议境，空是第一义空。舒卷同时，即空而常有；存泯不[①]坏，即有而常空。故台教云："如镜有像，瓦砾不现。中具诸相，但空即无。微妙净法身，具相三十二。"

清凉国师云："凡圣交彻，即凡心而见佛心；理事双修，依本智而求佛智。"古德释云："禅宗失意之徒，执理迷事，云：'性本具足，何假修求？但要亡情，即真佛自现。学法之辈，执事迷理，何须孜孜修习理

① "不"，《大正藏》本作"下"，应误。

法？’合之双美，离之两伤；理事双修，以彰圆妙。休心绝念，名理行；兴功涉有，名事行。依本智者，本觉智，此是因智；此虚明不昧名智，成前理行，亡情显理。求佛智者，即无障阂解脱智，此是果智；约圆明决断为智，成前事行，以起行成果故。此则体性同故，所以依之；相用异故，所以求之。但求相用，不求体性。前亡情理行，即是除染缘起，以显体性；兴功事行，即是发净缘起，以成相用。无相宗云：如上所说，相用可然。但依本智情亡，则相用自显，以本具故，何须特尔起于事行？圆宗云：性诠本具，亡情之时，但除染分相用，自显真体。若无事行发[①]起，净分相用，无因得生。如金中虽有众器，除矿但能显金，若不施功造作，无因得生[②]其器。岂金出矿已，不造不作，自然得成于器？若亡情则不假事行，佛令具修，岂不虚劳学者？是以八地已能离念，佛劝方令起于事行，知由离念不了。所以文云：‘法性真常离心念，二乘于此亦能得；不以此故为世尊，但以甚深无阂智。’七劝皆是事行故。是知：果佛须性相具足，因行必须事理双修。依本智如得金，修理行如去矿，修事行如造作，求佛智如成器也。”

《慈愍三藏录》云：“若言世尊说诸有为定如空华，无有一物，名虚妄者；虚妄无形，非解脱因，如何世尊敕诸弟子，勤修六度万行妙因，当证菩提涅槃之果？岂有智者赞乾闼婆城坚实高妙，复劝诸人以兔角为梯而可登陟乎？由此理故，虽是凡夫，发菩提心、行菩萨行，虽然有漏修习，是实是正，有体虚妄，非如龟毛，空无一物，说为虚妄。皆是依他，缘生幻有，不同无而妄计。若如是解者，常行于相，相不能阂，速得解脱。迷情局执，于教不通，虽求离相，恒被相拘，无有解脱。”又云：“若三世佛行执为妄想，凭何修学而得解脱？不依佛行，别有所宗，皆外道行。”古德云：若一向拱手，自取安隐，不行仁义，道即阙庄严，多劫亦不成。

① “发”，《大正藏》本作“彼”，应误。

② “生”，清藏本作“成”。

但实际不受一尘，佛事不舍一法。《还源观》云：“真该妄末，行无不修；妄彻真源，相无不寂。”又云：“真如之性，法尔随缘；万法俱兴，法尔归性。”祖师传法偈云：“心地随时说，菩提亦只宁，事理俱无阂，当生即不生。”故知真不守性，顺寂而万有恒兴；缘不失体，任动而一空常寂。

◎问：《思益经》云：“入正位者，不从一地至十地。”《楞伽经》云：“寂灭真如，有何次第？”古德云：“宁可永劫沉沦，终不求诸圣解脱。”又云：“任汝千圣现，我有天真佛。”何乃捏目生华，强分行位？

答：若心冥性佛，理括真源，岂假他缘，尚犹忘己。若随智区分，于无次第中而立次第，虽似升降，本位不动。夫圣人大宝曰位，若无行位，则是天魔外道。若约圆融门，则顺法界性，本自清净；若约行布门，则随世谛相，前后浅深。今圆融不碍行布，顿成诸行，一地即一切地故；若行布不碍圆融，遍成诸行，增进诸位功德故。点空论位，常居中道。不有而有，阶降历然；有而不有，泯然虚静。故《般若经》云：“须菩提问佛：若诸法毕竟无所有，云何说有一地乃至十地？佛言：以诸法毕竟无所有故，则有菩萨初地至十地。若诸法有决定性者，则无一地乃至十地。”是以三十七品，菩萨履践之门；五十二位，古佛修行之路。从初念处一念圆修，迄至十八不共，练磨三业，究竟清净。

◎问：真源自性，本自圆成，何藉修行，广兴动作？经云：“见苦断集，证灭修道，名为戏论。”若起妄修行，何当契本？

答：《起信论》云：以有妄想心故，能知名义，为说真觉。亦因真如内熏，令此无明而有净用。复因诸佛言教力，内外相资，令此妄心自信己身有真如性，能起种种方便，修诸对治。此能修行，则是信有真如；由未证真，不名无漏。妄念若净，真性自显。又虽修无性，不阂真修；从妄显真，因识成智。犹如影像，能表镜明；若无尘劳，佛道不立。古德云：“真妄二法，同是一心。妄揽真成，无别妄故；真随妄现，无别真故。又真外有妄，理不遍故；妄外有真，事无依故。”又若执本净，是自性痴；若假外修，是他性痴；若内外相资，是共性痴；若本末俱遣，是无因痴。

长者《论》云："若一概皆平，则无心修道；应须策修，以至无修，方知万法无修。"《宝积经》云："若无正修者，猫兔等亦合成佛，以无正修故。"台教云：行能成智，行满智圆；智能显理，理穷智寂。相须之道，兴废不无。因权显实，实立权亡；约妄明真，真成妄泯。权妄既寂，真实亦空；非妄非权，何真何实。牛头融大师云："若言修生，则造作非真；若言本有，则万行虚设。"

◎问：一切凡夫常在于定，何须数息入观而无绳自缚乎？

答：若法性三昧，何人不具？若论究竟定门，唯佛方备。等觉菩萨，尚乃不知；散心凡夫，岂容测度？故文殊云："譬如人学射，从粗至细，后乃所发皆中。我亦如是，初学三昧，谛缘一境，后入无心三昧，始一切时中，常与定俱。"所以不净假观、数息妙门，是入甘露之津，出生死之径。故龙树祖师云："观佛十力中，二力最大：因业力故入生死；因定力故出生死。"《正法念经》云："救四天下人命，不如一食顷端心正意。"是以在缠真如，昏散皆具；出缠真如，定慧方明。总别条然，前后无滥。何专理是，宁斥事非？

◎问：菩萨大业，以摄化为基；何乃独宿孤峰、入深兰若，既违本愿，何成利人？

答：菩萨本为度他，是以先修定慧。空闲静处，禅观易成；少欲头陀，能入圣道。《法华经》云："又见菩萨，勇猛精进，入于深山，思惟佛道。"

◎问：多闻、广读、习学、记持，徇义穷文，何当见性？

答：若随语生见，齐文作解，执诠忘旨，逐教迷心，指月不分，即难见性。若因言悟道，藉教明宗，谛入圆诠，深探佛意，即多闻而成宝藏，积学以为智海。从凡入圣，皆因玄学之力；居危获安，尽资妙智之功。言为入道之阶梯，教是辨正之绳墨。《华严经》云："欲度众生令住涅槃，不离无障阂解脱智；无障阂解脱智，不离一切法如实觉；一切法如实觉，不离无行无生行慧光；无行无生行慧光，不离禅善巧决定观察智；禅善巧决定观察智，不离善巧多闻。菩萨如是观察了知已，倍于正法勤求修习。日夜惟愿闻法、喜法、乐法、依法、随法、解法、顺法、到法、住法、行法。菩萨如是勤求佛法，所有珍财，皆无吝惜，不见有物难得可重，但于能说佛法之人，生难遭想。”《法华经》云：“若有利根，智慧明了，多闻强识，乃可为说。”《论》云：“有慧无多闻，是不知实相，譬如大暗中，有目无所见。多闻无智慧，亦不知实相，譬如大明中，有灯而无目。多闻利智慧，是所说应受。无闻无智慧，是名人身牛。”故圆教二品，方许兼读诵；位居不退，始闻法无厌。闻有助观之力，学成种智之功。不可作牛羊之眼，罔辨方隅；处愚戆之心，不分菽麦乎！

◎问：灵知不昧，妙性常圆。何假参寻，遍求知识？

答：一切众生，悟里生迷，真中起妄，只为不觉，须假发扬。《法华经》云：“佛曾亲近百千万亿无数诸佛，尽行诸佛无量道法，勇猛精进，名称普闻。”又云：“善知识者，是大因缘，所谓令得见佛，发阿耨多罗三藐三菩提心。”《华严经》云：“譬如暗中宝，无灯不可见；佛法无人说，虽智不能了。”又云：“不要三千大千世界满中珍宝，惟愿乐闻一句未闻佛法。”又云：“虽知诸法不由他悟，而常尊敬诸善知识。”《起信论》云：“又诸佛法，有因有缘，因缘具足，乃得成办。如木中火性，是火正因；若无人知，不假方便，能自烧木[1]，无有是处。众生亦尔，虽有正因熏习之力，若不遇诸佛、菩萨、善知识等，以之为缘，能自断烦恼入涅槃者，则无是处。”《法句经》云：“如裹香之纸、系鱼之索。佛语诸比丘：夫物本净，皆由因缘以兴罪福。近贤明则道义隆，友愚暗[2]则殃祸集。譬如纸、索，近香则香，系鱼则臭。渐染玩习，各不自觉。”颂曰：“鄙

① “木”，《大正藏》本作“人”，应误。

② “暗”，清藏本作“瞋”。

夫染人，如近臭物；渐迷习非，不觉成恶。贤夫染人，如附香熏；进智习善，行成芳洁。”

《首楞严经》云：“佛告阿难：一切众生从无始来，种种颠倒，业种自然，如恶叉聚。诸修行人不能得成无上菩提，乃至别成声闻缘觉，及成外道诸天魔王及魔眷属，皆由不知二种根本，错乱修习，犹如煮沙，欲成嘉馔，纵经尘劫终不能成。”是知初心，须亲道友，以辨邪正，方契真修。或涉权门，日劫相倍；若得圆旨，不枉功程，直至道场，永无疑悔。及至[1]自悟之时，惟证无师、自然之智，决定不从人得。

◎问：说法为人，虽成大业；未齐极地，恐损自行。登地菩萨，尚被佛诃；未证凡夫，如何开演？

答：台教初品，即是凡夫，若信入圆门，亦可说法，以凡夫心同佛所知，用所生眼齐如来见。《般若经》中校量，正忆念自修行般若之福，不如广为人天巧说譬喻，令前人易解般若，其福最胜。经云：“其人戒足虽羸劣，善能说法利多人；若有供养是人者，则为供养十方佛。”《未曾有经》云：“说法有二大因缘：一者开化天人，福无量故；二者为报施食恩故，岂得不说。”又财施如灯，但明小室；法施若日，远照天下。《大方广总持经》云：“佛言：善男子！佛灭度后，若有法师，善随乐欲，为人说法，能令菩萨、学大乘者，及诸大众，有发一毛欢喜之心，乃至暂下一滴泪者，当知皆是佛之神力。”但见解不谬，冥契佛心，虽为他人，亦乃化功归己，既能助道，又报佛恩。傥不涉名闻，实一毫不弃。至于传持法宝、讲唱大乘、制论释经、著文解义，拔不信之疑箭，照愚暗之智光，建法垣墙，续佛寿命。或取经西土，求法遐方；或翻译大乘，润文至教；或广行经咒，遍施受持。开法施之门，续传灯之焰。能将甘露，沃枯竭之心；善使金錍，抉[2]痴盲之眼。经云：“假使顶戴经尘劫，身为床座遍

① “至”，清藏本、《大正藏》本作“生”。

② “抉”，《大正藏》本作“扶”，应误。

三千；若不传法度众生，决定无能报恩者。”

◎问：何不一法顿悟，万行自圆；而迂回渐径，勤劳小善乎？禅宗一念不生，一尘不现；若争驰焰水、竞执空华，以幻修幻，终无得理。

答：诸佛了幻，方能度幻众生；菩萨明空，是以从空建立。《涅槃经》云：“佛言：一切诸法皆如幻相，如来在中，以方便力，无所染著。何以故？诸佛法尔。”《中论》云：“以有空义故，一切法得成。”是以顿如种子已包，渐似芽茎旋发。又如见九层之台，则可顿见；要须蹑阶，而后得升。顿了心性，即心是佛，无性不具；而须积功，遍修万行。又如磨镜，一时遍磨，明净有渐。万行顿[①]修，悟则渐胜，此名圆渐，非是渐圆。亦是无位中位，无行中行。是以彻果该因，从微至著，皆须慈善根力，乃能自利利他。故九层之台成于始篑，千里之程托于初步；滔滔之水起于滥觞，森森之树生于毫末。道不遗于小行，暗弗拒于初明。故一句染神，历劫不朽；一善入心，万世匪忘。

《涅槃经》云：“佛说：修一善心，破百种恶；如少金刚，能坏须弥；亦如少火，能烧一切；如少毒药，能害众生。少善亦尔，能破大恶。”《日摩尼宝经》云：“佛告迦叶菩萨：“我观众生，虽复[②]数千巨亿万劫，在欲爱中，为罪所覆。若闻佛经，一反念善，罪即消尽。”《大智度论》云：“如来成道时，有十种微笑而观世间。有小因大果，小缘大报：如求佛道，赞一偈、一称南无佛、烧一捻香，必得作佛。何况闻知诸法实相，不生不灭，不不生不不灭，而行因缘，业亦不失，以是故笑。”

古德问云：“达磨不与梁帝说功德因缘而云无耶？菩萨舍国城、建塔庙，岂虚设乎？”答：“大师此说，不坏福德因果，武帝不达有为功德而有限剂、空无相福不可思量，破他贪著。如不贪著，尽是无为。菩萨亦作轮王，如是福报，因果历然，可是无耶？若达理者处之，与法界同量，

① “顿”，清藏本作“须”。

② “复”，《大正藏》本作“后”，应误。

无有竭尽；若不达理，即是有为轮回之报，不应贪著。”忠国师云：“诸佛菩萨皆具福、智二严，岂是拨无因果？但勿以理滞事，以事妨理；终日行，而不乖于无行也。”

生法师问：“云何弹指、合掌，无非佛因耶？”答：“一切法皆无定性，而所适随缘。若以贪为缘，即适人天之报；若回向菩提为缘，即成佛果之报。真如尚不守自性，而况此微善乎？”又云：“万善理同无漏者，夫万善本有，皆资理发；理既无异，善岂容二。本如来藏性，为万善之因，亦名正因，亲生万善。”台教云：“如轻小善不成佛，是灭世间佛种。”又云：“善机有二：一、感人天华报，二、感佛道果报。若以佛眼圆照，众生万善，究竟得佛，一大事出世之正意。”荆溪尊者云：“一毫之善，本趣菩提；如操刀执炬，得其要柄。若以相心，如把刃抱火。”《法华经》中，明散心念佛、小音赞叹、指甲画像、聚沙成塔，渐积功德，皆成佛道。《大悲经》云：“佛告阿难：若有众生，于诸佛所一发信心，种少善根，终不败亡。假使久远百千万亿那由他劫，彼一善根必得涅槃。如一滴水，投大海中，虽经久远，终不亏损。”

是以大圣顺机曲应，大小不忘，接后逗前，半满岂废？或赞小而引归深极，或诃半而恐滞初门。黄叶宁金，空拳岂实？皆是抑扬之意，权施诱度之恩。而不得教旨者，但执方便之言，互相是非，确定取舍。或执小滞大，违失本宗；或据大妨小，而亏权慧。又虽然宗大，大旨焉明？徒云斥小，小行空失。运意则承虚托假，出语则越分过头。断正法轮、谤大般若，深愆极过，莫越于斯。历劫何穷，长沦无间。《净名经》云：“无方便慧缚，有方便慧解。无慧方便缚，有慧方便解。”岂可执权谤实，害有宾无。但大小双弘，空有俱运，一心三观，即无过矣。

是以顺法体，则纤毫不立；随智用，则大业恒兴。体不离用，故寂而常照；用不离体，故照而常寂。是以常体常用，恒照恒寂。若会旨归宗，则体用俱离，何照何寂？曷乃据体而碍用，执性而坏缘，理事不融，真俗成隔，则同体之悲绝运，无缘之慈靡成，善恶既不同观，冤亲何能普救？过之甚矣！失莫大焉！

又先德云："夫善知识者，虽明见佛性，与佛同等；若论其功，未齐诸圣，须从今日，步步资熏。"又古德云："蕈子比丘还债，虽不得理，犹有行门；今时多有学人，二事俱失。"故知见性未谛，但是随语依通；及检时中，正助皆丧。是以先圣，终不浪阶；抚臆扪心，岂可容易。是以六即拣滥，十地辨功。若以即故，何凡何圣？若论六故，凡圣天隔。又若论其理，初地即具足一切地；若言其行，后地则倍倍超前。只如才登八地，一念利生，下地多劫不及。

◎问：善恶同源，是非一旨。云何弃恶崇善，而违法性乎？

答：若以性善性恶，凡圣不移。诸佛不断性恶，能现地狱之身；阐提不断性善，常具佛果之体。若以修善修恶，就事即殊，因果不同，愚智有别。修一念善，远阶觉地；起一念恶，长没苦轮。若以性从缘，虽同而异；若泯缘从性，虽异而同。故《禅门秘要经》云："佛言：善恶业缘，本无有异；虽复不异，不共俱止。"《华严经》云："如相与无相，生死及涅槃，分别各不同，智无智如是。"故知教旨如镜，何所疑焉？

◎问：若分修、性，则善、恶二途，乖平等之慈，失遍行之德。

答：自行须离，约法即空[①]；化他等观，在人何别？是以初心自利，则损益两陈；究竟利他，则善恶同化。如夜行险道，以恶人执烛，岂可以人恶故，而不随其照？菩萨得般若之光，终不舍恶。《华严经》云："舍恶性人，远懈怠者，轻慢乱意，讥嫌恶慧，是为魔业。"台教云："恶是善资，无恶亦无善。"《法华经》云："恶鬼入其身，骂詈毁辱我；我等念佛故，皆当忍是事。"恶不来加，不得用念，用念由于恶加。又威音王佛所著法之众，闻不轻言，骂詈捶打；由恶业故还值不轻，不轻教化，皆得不退。又提婆达多是善知识。书云："善者是恶人之师，恶者是善人之资。"故知恶能资善，非能通正，岂有一法，而可舍乎？

---

① "空"，清藏本作"分"。

◎问：无缘不强化，机熟自相应。若愚恶不信之人，如何诱度？

答：舍愚从智，平等理乖；弃恶归善，同体悲废。众生本妙，不可度量；忽遇因缘，机发不定。设未得度，亦作度缘；以此而推，应须等化。

◎问：若修众善之门，须兴乐欲之念。憎爱二苦，能障寂灭菩提；取舍两情，岂成无阂解脱？

答：《涅槃经》云："一切众生，有二种爱：一者善爱，二者不善爱。不善爱者，惟愚求之；善法爱者，诸菩萨求。"《华严经》云："广大智所说，欲为诸法本，应起胜希望，志求无上觉。"又云："断善法欲，是菩萨魔事。"是以入道之初，欲为道本；至其极位，法爱须忘。阶降宛然，初后不滥。

◎问：人法本空，身心自离，既无能作，谁行众善乎？

答：《涅槃经》云："虽本自空，亦由菩萨修空见空。"又狮子吼菩萨言："世尊！众生五阴空无所有，谁有受教修习道者？"佛言："善男子！一切众生皆有念心、慧心、发心、勤精进心、信心、定心，如是等法，虽念念灭，犹故相似相续不断，故名修道。乃至如灯虽念念灭，而有光明除破暗冥。念等诸法亦复如是。如众生食虽念念灭，亦能令饥者而得饱满；譬如上药虽念念灭，亦能愈病；日月光明虽念念灭，亦能增长草木树林。善男子！汝言念念灭、云何增长者，心不断故，名为增长。"

◎问：所行众善、福德，竟何所归？若云自度，还同二乘之心；若云度他，即立众生之相。

答：菩萨所作福德，皆为成熟众生，空有圆融，自他无滞。观世若幻，岂违实相之门；度生同空，宁亏方便之道？《般若经》云："菩萨成就二法，魔不能坏：一者观诸法空，二者不舍一切众生。"《论》释云："以日月因缘，故万物[1]润生。但有月而无日，则万物湿坏；但有日而无

① "物"，清藏本、《大正藏》本作"法"。

月，则万物燋烂；日月和合，故万物成就。菩萨亦如是，有二道：一者悲，二者空。佛说二事兼用，虽观一切空，而不舍众生；虽怜愍众生，不舍一切空。观一切法空，空亦空故，不著空，是故不妨怜愍众生。虽怜悯众生，亦不著众生，亦不取众生相，但怜悯众生，引导入空故。”

◎问：经云：“佛不得佛道，亦不度众生。”若见众生苦，即是受苦者，云何修习福德，而度众生乎？

答：约真即无，随俗即有。《论》云：“佛答须菩提：‘若一切众生自知诸法自性空者，菩萨不发阿耨多罗三藐三菩提意，亦不于六道中拔出众生。’何以故？众生自知诸法性空，则无所度。譬如无病，则不须药；无暗，则不须灯。今众生实不知自相空法，故随心取相生著，以著故染，染故随于五欲，随五欲故为贪所覆；贪因缘故，乃至作生死业，无复穷已。”是知因凡立圣，凡圣皆空；从恶得善，善恶无性。以无性故，万善常兴；以皆空故，一真恒寂。

◎问：众生之界，如二头、三手。若实见度者，何异捞水月而捉镜像，削鸟迹而植焦芽！未审究竟以何为众生，而兴济度？

答：夫众生者，即是自身日夜所起无量妄念之心。《大集经》云：“汝日夜念念常起无量百千众生。”《净度三昧经》云：“一念受一身。善念生天上、人中身，恶念受三恶道身。百念受百身，千念受千身。一日一夜种生死根，后当受八亿五千万杂类之身。乃至百年之中种后世身，体骨皮毛，遍大千刹土地间无空处。”若一念不生，恬然反本。故云：“度妄众生，了念即空，无有起处。”复云：“不见众生可度。”亦云：“度尽一切众生，方成正觉。”即斯旨也。《华严经》云：“身为正法藏，心为无阂灯，照了诸法空，名曰度众生。”既自行已立，还说示人，普令观心，还依是学。是为真实之慈、究竟之度矣。

夫从凡入圣，万善之门，先发菩提心最为第一，乃众行之首，履道之初，终始该罗，不可暂废。《梵网经》云：“若佛子常起大悲心，乃至若见牛、马、猪、羊，一切畜生，应心念口言：‘汝是畜生，发菩提心。’

而菩萨入一切处，山林川野，皆使一切众生发菩提心。若菩萨不发教化众生心者，犯轻垢罪。”《华严经》云：”欲见十方一切佛，欲施无尽功德藏，欲灭众生诸苦恼，宜应速发菩提心。”又云：“菩提心者，犹如种子，能生一切诸佛法故。菩提心者，犹如良田，能长众生白净法故。菩提心者，犹如大地，能持一切诸世间故。菩提心者，犹如净水，能洗一切烦恼垢故。菩提心者，犹如大风，普于世间无所阂故。菩提心者，犹如盛火，能烧一切诸见薪故。”

◎问：菩提理本，性自周圆，何假发心，故兴妄念？

答：《般若经》云：“若菩萨知心性即是菩提，而能发起大菩提心，是名菩萨。”又上首菩萨云：“吾于无所求中，而故求之。”又无所发菩萨云：“知一切法皆无所发，而发菩提心。”然于所证真如，如外无智；能发妙智，智外无如。双照双遮，不存不泯。不二而二，理智自分；二而不二，能所俱寂。

次即归命三宝无上福田，起坚固心，具不坏信，离五怖畏，成三菩提，最初之因缘，摄一切善法。《大报恩经》云：“如阿阇世王，虽有逆罪，应入阿鼻狱，以诚心向佛故，灭阿鼻罪，是谓三宝救护力也。”又如在山林旷野，恐怖之处，若念佛功德，恐怖即灭。是故归凭三宝，救护不虚。古德云：“山有玉，则草木润；泉有龙，则水不竭；住处有三宝，则善根增长”，谓三宝救护力也。《法句经》云：“帝释命终，入驴母腹中。因归命三宝，驴缰解走，破坏坯器；其主打之，寻时伤胎，其神却复天身。佛为说偈，帝释闻之，达罪福之变、解兴衰之本，遵寂灭之行，得须陀洹道。”《木槵子经》云：“时有难国，王名波金璃，白佛言：‘我国边小，频岁贼寇；五谷勇贵，疾病灾行；人民困苦，我恒不安。法藏深广，不得修行；惟愿垂矜，赐我法要。’佛告王言：‘若欲灭烦恼障者，当穿木槵子一百八个，常以自随，志心无散，称南无佛陀、南无达摩、南无僧伽。乃至能满百万遍者，当断百八结业，获无上果。’王闻欢喜：‘我当奉行。’佛告王言：‘有莎斗比丘，诵三宝名，经历十岁，得成斯陀含果；

渐次修行，今在普香世界，作辟支佛。’王闻是已，倍复修行。”

◎问：志公云：“苦哉哀哉怨枉，弃却真佛造像；香华供养求福，不免六贼枷杖！”此意如何以契今说？

答：此是古人破凡夫不识自佛，一向外求，住相迷真，分别他境，不为助道，但求福门。似箭射空，如人入暗；果招生灭，宁越心尘？若达惟心，所见一切，皆是心之相分，终不执为外来。然不坏因缘，理事无阂。故神锴和尚云：“缘众生空，不舍于大慈；观如来寂，不失于敬养。谈实相，不坏于假名；论差别，不破于平等。”又《华严经》八地菩萨，亲证无生法忍，入无功用道，了一切法如虚空性，乃至涅槃心犹不现前，方始见无量佛，炽然供养。又云：“若彼常于三宝中，恭敬供养无疲厌，则能超出四魔境，速成无上佛菩提。”《贤愚经》云：“舍卫国有长者，生一男儿。当尔之时，天雨七宝，因字宝天，后值佛出家得道。佛言：毗婆尸佛出现于世，有一贫人，虽怀喜心，无供养具，以一把白石拟珠，用散众僧，今此宝天比丘是。乃至受无量福，衣食自然。今遭我世，得道果证。”又真觉大师云：“深信正法，勤行六度，读诵大乘，行道礼拜。妙味香华，音声赞呗，灯烛台观，山海泉林，空中平地，世间所有，微尘已上，悉持供养。合集功德，回助菩提。”以知只破凡夫心外所执，或是贪利供养、瞋心持戒、骄慢作福、胜他布施，无殷重心、非广大意，若如是行，难招净业。不可错会圣意，断自凡情，起断灭心，灭菩提种。

《首楞严经》云：“若彼定中诸善男子，见色阴消，受阴明白，自谓已足，忽有无端大我慢起，如是乃至慢与过慢，及慢过慢，或增上慢，或卑劣慢，一时俱发。心中尚轻十方如来，何况下位声闻、缘觉。此名见胜，无慧自救。悟则无咎，非为圣证。若作圣解，则有一分大我慢魔入其心腑，不礼塔庙，摧毁经像，谓檀越言：‘此是金铜，或是土木。经是树叶，或是氎华。肉身真常，不自恭敬，却崇土木，实为颠倒。’其深信者，从其毁碎，埋弃地中。疑误众生，入无间狱；失于正受，当从沦坠。”但所作之时，一切无著，欢喜庆幸，竭力尽诚，回向无上菩提，普施法界含识。则一毫之善皆是圆因，终不堕落人天因果。

又福业弘深，凡圣俱济。福是安乐之本，智为解脱之门，以此二轮不可暂失，乃成佛之正辙，实拔苦之深因。恭惟无上宝王、十方慈父，作大福聚、具功德身，尚乃亲对大众，起礼骨塔；躬为弟子，不弃穿针。岂况下劣凡形，薄福鲜德，阐提不信，我慢贡高，耻作低心，顿遗小善？《像法决疑经》云："佛言：若复有人，见他修福及施贫穷，讥毁之言：'此邪命人，求觅名利；出家之人，何用布施？但修禅定、智慧之业，何用纷动无益之事？'作是念者，是魔眷属。其人命终堕大地狱，经历受苦；从地狱出，堕饿鬼中，于五百身堕在狗中；从狗出已，五百世中常生贫贱，受种种苦。何以故？由于前世，见他施时，不随喜故。"《论》云："福德是菩萨摩诃萨根本，能满愿一切。圣人所共赞叹，无智人所毁呰；智人所行处，无智人所远离。是福德因缘故，作人王、转轮圣王、天王、阿罗汉、辟支佛，诸佛世尊大慈大悲、十力、四无所畏、一切种智、自在无阂，皆从福德中生。"又云："须菩提问：'以毕竟空中，无有福与非福，何故但以福德而得佛？'答：'以世谛中有福，故得。'须菩提为众生著无所有故问，佛以不著有故答。所谓精进修福，尚不可得，何况不修福德？如受乞食道人，至一聚落，从一家至一家，乞食不得，见一饿狗饥卧，以杖打之，言：汝畜生无智，我种种因缘，家家求食尚不得，何况汝卧而望得耶！"

至于宝炬、苏灯，续明供佛，遂乃恒增智焰、常曜[①]身光；因正果圆，行成业就。故贼人偶挑残焰，天眼长明；贫女因献微灯，佛阶遥记。《华严经》云："又放光明名照曜[②]，映蔽一切诸天光，所有暗障靡不除，普为众生作饶益。此光觉悟一切众，令执灯明供养佛；以灯供养诸佛故，得成世中无上灯。燃诸油灯及苏灯，亦燃种种诸明炬，众香妙药上宝烛，以是

① "曜"，清藏本作"耀"。

② "曜"，清藏本作"耀"。

供养获此光。”《普广经》云：“燃灯供养，照诸幽冥，苦痛众生蒙此光明，得互相见。缘此福德，拔彼众生，悉得休息。”《施灯功德经》云：“佛告舍利弗：若人于塔庙施灯明已，临命终时，得见四种光明：一者、临终见于日轮圆满涌出；二者、见净月轮圆满涌出；三者、见诸天众一处而坐；四者、见于如来正遍知，坐菩提树，垂得菩提，自见己身尊重如来，合十指掌恭敬而住。”

或散华供养，严饰道场，尽作菩提之缘因、成佛之正行。《法华经》云：“若人散乱心，乃至以一华，供养于画像，渐见无数佛。”《大思惟经》云：“若不散华献佛，虽得往生，而依报不具。”《贤愚经》云：“舍卫国内有豪富长者，生一男儿，面首端正；天雨众华，积满舍内，即字华天。乃至出家，得阿罗汉。阿难白佛：华天何福而得如是？佛言：过去有佛，名毗婆尸，有一贫人见僧欢喜，即于野泽采众草华，用散大众。尔时贫人，今华天比丘是。散华之德，九十一劫身体端正，意有所须，如念而至。”经云：“若以一华散虚空中，供养十方佛，乃至毕苦，其福无尽。”《论》云：“亿耳阿罗汉，昔以一华施于佛塔，九十一劫人天中受乐，余福力得阿罗汉。”

或烧香、涂香，庄严佛事，焚一捻而位期妙果，涂故塔而身出栴檀。昔佛在世，时有长者名栴檀香，昔曾以香泥涂故塔，从是已来九十一劫，身诸毛孔出栴檀香，从其口出优钵华香。

或悬幡塔庙，宝盖圣仪，标心而虽为他缘，获福而惟成自果。故佛在世时，有婆多迦，过去曾作一长幡，悬毗婆尸佛塔上，从是已来九十一劫，天上人中常有大幡覆荫其上，受福快乐，后出家得道。又经云：“若人悬幡，风吹一转，受一轮王位；乃至烂坏为尘，一尘一小王位。”《百缘经》云：“有一宝盖长者，过去曾持一摩尼宝珠，盖毗婆尸佛舍利塔头；从是已来九十一劫，天上人中常有自然宝盖，覆其顶上；乃至遇佛出家，皆成佛果。”

或称扬佛德，赞叹大乘，胜报无边，殊因最大。赞一偈，有超劫成佛之功；颂一言，获舌相妙音之报。《观佛三昧经》云：“昔过去久远无量世时，有佛出世，号宝威德上王。时有比丘，与九弟子，往诣佛塔，礼拜佛像。见一宝像，严显可观，礼已谛观，说偈赞叹。后时命终，悉生东方宝威德上王佛国，大莲华中忽然化生。从此已来，恒得值佛，得念佛三昧，佛为授记，于十方面各得成佛。”《法华经》云：“譬如优昙华，一切皆爱乐，天人所希有，时时乃一出。闻法欢喜赞，乃至发一言，则为已供养，十方三世佛。是人甚希有，过于优昙华。”《华严经》云：“又放光明名妙音，此光开悟诸菩萨，能令三界所有声，闻者皆是如来音。以大音声称赞佛，及施铃铎诸音乐，普使世间闻佛音，是故得成此光明。”

至于讽咏唱呗，妙梵歌扬，昔婆提飏呗，清响彻于净居；释尊入定，琴歌震于石室。园林楼观，入法界之法门；音声语言，成佛宗之佛事。《毗尼母经》云：“佛告诸比丘：听汝等呗。”呗者，即言说之辞。《十诵律》云：“为诸天闻呗心喜。”

或音乐舞妓，螺钹箫韶，发欢喜心，种种供养。《法华经》云：“若使人作乐，击鼓吹角呗，箫笛琴箜篌，琵琶铙铜钹，如是众妙音，尽持以供养。或以欢喜心，歌呗颂佛德，乃至一小音，皆已成佛道。”

或劝请诸佛，初转法轮，不般涅槃，悲济含识。《智论》问云：“菩萨法尔六时劝请十方佛者，若于目前，面请诸佛则可；今十方无量佛亦不目见，云何可请？”答：“如慈心念众生，令得快乐，众生虽无所得，念者大得其福。请佛说法亦复如是。又虽众生不面请佛，佛常见其心，亦闻彼请。”

或随喜赞善，助他胜缘，如观买香，傍染香气，虽不亲作，得同善根。《论》云：“有人作功德，见者心随喜，赞言：‘善哉！在无常世界中，为痴冥所蔽，能弘大心，建此福德。’菩萨但以随喜心，过于二乘人上，何况自行？”

又菩萨昼夜六时，常行三事：一、礼十方佛，忏三世罪；二、随喜十方三世诸佛所行功德；三、劝请诸佛初转法轮，及久住世间。行此三事，功德无量，转近得佛。若作诸善，悉皆回向，成就菩提，免坠生灭。如微声入角，遂致远闻；似滴水投河，即同广润。以少善而至极果，运微意而成大心。

或发大愿者，万行之因，能长慈悲，不断佛种，大事成办，所作克终。成道利生，皆因弘誓。是以有行无愿，其行必孤；有愿无行，其愿必虚。行愿相从，自他兼利。《华严经》云："不发大愿，魔所摄持；乐处寂灭，断除烦恼，魔所摄持；永断生死，魔所摄持；舍菩萨行，魔所摄持；不化众生，魔所摄持。"《智论》云："作福无愿，无所树立；愿为导师，能有所成。譬如销金，随师所作，金无定也。菩萨亦尔，修净土愿，然后得之。以是故知，因愿获果。"又云："若能一发心言：'愿我当作佛，灭一切众生苦。'虽未断烦恼，未行难事，以心口重故，胜一切众生。"《大庄严论》云："佛国事大，独行功德不能成就，要须愿力。如牛虽力挽车，要须御者，能有所至；净佛国土，由愿引成。以愿力故，福德增长，不失不坏，常见佛故。"

或造新修故，立像图真，兴建伽蓝，庄严福地。《法华经》云："若人为佛故，建立诸形像，刻雕成众相，皆已成佛道。或以七宝成，鍮鉐赤白铜，白镴及铅锡，铁木及与泥，或以胶漆布，严饰作佛像，如是诸人等，皆已成佛道。彩画作佛像，百福庄严相，自作若使人，皆已成佛道。"《作佛形像经》云："优填王来至佛所，白佛言：世尊！若佛灭后，其有众生作佛形像，当得何福？佛告王言：若当有人作佛形像，功德无量不可称计，天上人中受诸快乐，身体常作紫磨金色。若生人中，常生帝王、大臣、长者、贤善家子。乃至若作帝王，王中特尊；或作转轮圣王，王四天下，七宝自然，千子具足；乃至若生天上，作六欲天主；若生梵天，作大梵王。后皆得生无量寿国，作大菩萨，毕当成佛，入泥洹道。若当有人，作佛形像，获福如是。"《华首经》云："佛告舍利弗：菩萨有四法，终不退转无上菩提。何等为四？一者、若见塔庙毁坏，当加修治，若泥乃至一砖。二者、若于四衢道中，多人观处，起塔造像，为作念佛善福之缘。三者、若见比丘僧，二部诤讼，勤求方便，令其和合。四者、若见佛法欲坏，能读、诵、说乃至一偈，令使不绝；为护法故，敬养法师，专心护法，不惜身命。菩萨若成就是四法者，世世当作转轮圣王，得大力身如那罗延，舍四天下而行出家，能得随意修四梵行，命终生天作大梵王，乃至究竟成无上道。”是故猕猴戏造石塔，尚乃生天；樵人误唱佛声，犹云得度。何况志诚，宁无胜报？

或兴崇宝塔，铸泻洪钟，乃至大如拇指，天界福生。或复暂击一声，幽途苦息。《无上依经》云：“佛告阿难：如帝释天宫住处，有大飞阁名常胜殿，种种宝庄各八万四千。若有清信男子女人，造作如是常胜宝殿，百千拘胝，施与四方众僧；若复有人，如来般涅槃后，取舍利如芥子大、造塔如阿摩罗子大、戴刹如针大、露盘如枣叶大、造佛形像如麦子大，此功德胜前所说，百分不及一，千万亿分，乃至阿僧祇数分，所不及一。何以故？如来无量功德故。”《涅槃经》云：“善守佛僧物，涂扫佛僧地，造塔如拇指，常生欢喜心，亦生不动国。”此即净土常严，不为三灾所动也。

或书写大藏，启发真诠；或刻石销金，剥皮刺血。令见闻随喜，十种传通；誓报四恩，明遵慈敕。是以佛智赞而不及，天福报而无穷。齐善逝之功，作如来之使。《法华经》云：“若人得闻此《法华经》，若自书、若使人书，所得功德，以佛智慧，筹量多少，不得其边。”

或兴崇三宝，广扇慈风；或墙堑释门，威力外护。遂令正法久住，佛道长隆。外感则雨顺风调，家宁国泰；内报则道生垢灭，果满因圆。能遵付嘱之恩，不失菩提之记。或释其拘系，放人出家；或广度僧尼，绍隆佛种。开出离之道，施引接之门。格量胜因，群经具赞。《出家功德经》云：“若放男女、奴婢、人民出家，功德无量。”《本缘经》云：“以一日一夜出家故，二十劫不堕三恶道。”《僧祇律》云：“以一日一夜出家修梵行者，离六百六千六十岁三涂苦。”乃至醉中剃发，戏里披衣，一晌时间，当期道果。何况割慈舍爱，具足正因，成菩萨僧，福何边际？

或忘身为法，禁绝邪师；建正法幢，断魔罥索。朗慧日于无明暗室，荫慈云于烦恼稠林。使信邪者趣三脱之门，俾执见者裂八倒之网。或成他大业，助发菩提，作增上之缘，为不请之友。《涅槃经》云：“助人发菩提心者，许破五戒。”故知损己为他，是大士之行。

或饭僧设供，资备修行。开大施之门，建无遮之会。是以减一匙之饭，七返生天；施一团之麨，现登王位。或造经房、禅室，或施华果、园林，供给所须，助成道业。昔支辨安禅道侣，致天乐自然；日给诵经沙弥，获总持第一。《大报恩经》云："若以饭食、璎珞施人，除去瞋心，以是因缘获得二相：一者金色，二者常光。"

乃至扫塔涂地，给侍众僧，起恭敬心，成殷重业。发一念之微善，成无边之净缘。《菩萨本行经》云："昔佛在世时，有阿罗汉婆多竭梨，观因地，曾扫洒定光佛古塔，诛伐草木，严净已讫，踊跃欢喜，绕之八匝，作礼而去。命终之后，生光音天，尽其天寿，乃至百返作转轮圣王，颜容端正，见者欢喜，欲行之时，道路自净。九十劫中天上人间，富贵尊荣，快乐无极。今最后身，值释迦佛，舍豪出家，得阿罗汉。"若有人能于佛法僧，少作微善，如毫发许，所生之处，受报弘大，无有穷尽。《正法念经》云："若有众生，净心供养众僧，扫如来塔，命终生意乐天，身无骨肉，亦无污垢，香气能熏一百由旬，其身净洁犹如明镜。"《付法传》云：有一比丘，毱多观其无福，不能得道，令教化供僧，便证罗汉果。又有罗汉名祇夜多，具三明六通，观见前生曾作狗身，未曾暂得一饱，常忍饥渴，遂每躬自执爨，供给众僧。《大报恩经》云："思惟诸法甚深之义，乐修善法，供养父母、和尚、师长、有德之人，若行道路、佛塔、僧房，除去砖石、荆棘不净，以是因缘，得三十二相中一一毛右旋相。"乃至看病、浴僧、义井、圊厕，扶危拯急，济用备时，皆大菩萨之心，成不思议之行。利他既重，得果偏深。或永受坚固不坏之形，或常得清净相好之体；或往生佛国甘露之界，或顿获轻安自在之身；皆三十二相之殊因，八十种好之妙果。《大方便佛报恩经》云："三业清净，瞻病施药，破除骄慢，饮食知足，以是因缘，得三十二相中平立相。"《福田经》云："佛告天帝：我昔于波罗柰国，安设圊厕。缘此功德，世世清净。累劫行道，秽染不污；金色晃昱，尘垢不著；食自消化，无便利之患。"《百缘经》云："孙陀利比丘，过去作长者，因备办香水，澡浴众僧，复以珍宝投之水中，今所生之时，舍内自然有一涌泉，香水冷美，有诸珍宝充满其中，端正殊妙；后出家得道。"《贤愚经》云："昔有五百贾客，入海采宝，请一五戒优婆塞，用作导师。海神取水一掬，而问之曰：‘掬中水多？海水多耶？’贤者答曰：‘掬中水多。海水虽多，劫欲尽时，必有枯竭；若复有人，能以一掬水，供养三宝，或奉父母，或丐贫穷，给与禽兽，此之功德，历劫不尽。以此言之，知海水少，掬水多。’海神欢喜，即以珍宝，用赠贤者。”以知一切万物，惟应济急利时；如若不用，虽多无益。经云：“若种树园林，造井厕桥梁，是人所为福，昼夜常增长。”《高僧传》云：“道安法师感圣僧语曰：汝行解过人，只缘少福；能浴众僧，所愿必果。”

或平治坑堑，开通道路；或造立船筏，兴置桥梁；或于要道，建造亭台；或在路傍，栽植华果，济往来之疲乏，备人畜之所行。六度门中，深发弘扬之志；八福田内，普运慈济之心。一念善因，能招二报：一者华报，受人天之快乐；二者果报，证祖佛之真源。或施食给浆，病缘汤药，住处衣服，一切所须。安乐有情，是诸佛之家业；抚绥沉溺，乃大士之常仪。遂使施一诃梨，受九十劫之福乐；分一口食，得千倍之资持。经云：“施食得五种利益：一者施命，二者施色，三者施力，四者施安，五者施辩。”《智度论》云：“鬼神得人一口之食，而千万倍出。”《华严经》云：“又放光明名安隐，此光能照疾病者，令除一切诸苦痛，悉得正定三昧乐。施以良药救众患，妙宝延命香涂体，苏油乳蜜充饮食，以是得成此光明。”

或施无畏，善和诤讼；哀愍孤露，救拔艰危。福受梵天，行齐大觉，因强果胜，德厚报深。《华严经》云：“又放光明名无畏，此光照触恐怖者，非人所持诸毒害，一切皆令疾除灭。能于众生施无畏，遇有恼害皆劝止，拯济危难孤穷者，以是得成此光明。”

又慈悲喜舍，种种利益，度贫代苦，轸念垂哀。及施畜生一抟之食，皆是佛业，无缘慈因。《法句经》云：“行慈有十一种利。佛说偈言：履行仁慈，博爱济众，有十一誉：福常随身，卧安觉安，不见恶梦，天护人爱，不毒不兵，水火不丧，在所得利，死升梵天，是为十一。”故经云：“一切声闻、缘觉、菩萨、诸佛，所有善根，慈为根本。”《毗沙论》

云："若修慈者，火不能烧、刀不能伤、毒不能害、水不能漂、他不能杀。所以然者，慈心定是不害法故；有大威势诸天拥护，害不能害。"《像法决疑经》云："佛言：若人于阿僧祇劫，以身供养十方诸佛，并诸菩萨及声闻众，不如有人施与畜生一口之食，其福胜彼，百千万倍无量无边。"《丈夫论》云："悲心施一人，功德如大地；为己施一切，得报如芥子。救一厄难人，胜余[①]一切施；众星虽有光，不如一月明。"《华严经》云："菩萨乃至施与畜生之食，一抟一粒，咸作是愿：当令此等舍畜生道，利益安乐，究竟解脱，永度苦海、永灭苦受、永除苦蕴、永断苦觉，苦聚、苦行、苦因、苦本及诸苦处，愿彼众生皆得舍离。菩萨如是专心系念一切众生，以彼善根而为上首，为其回向一切种智。"《大涅槃经》云："佛过去惟修一慈，经此劫世七返成坏，不来生此。世界坏时，生光音天；世界成时，生梵天中，作大梵王；三十六反为天帝释，无量百千世，作转轮圣王，乃至成佛。"

又狮子现指，醉象礼足，慈母遇子，盲则[②]得明，城变金璃，石举空界，释女疮合，调达病痊，皆是本师积劫熏修，慈善根力，能令苦者见如是事。今既承绍，合履玄踪，乃至放生赎命，止杀兴哀。断烧煮之殃，释笼罩之絷；续寿量之海，成慧命之因。遂得水陆全形，息陷网、吞钩之苦；飞沈任性，脱焚林、竭泽之忧。免使穴罢新胎，巢无旧卵，脂消鼎镬，肉碎刀砧。《梵网经》云："若佛子，以慈心故，行放生业。一切男子是我父，一切女子[③]是我母，我生生无不从之受生，故六道众生皆是我父母，而杀食者，即杀我父母，亦杀我故身。一切地水是我先身，一切火风是我本体，故常行放生。乃至若不尔者，犯轻垢罪。"故知有情、无情不可伤害。《华严经》云："佛子！菩萨摩诃萨作大国王，于法自在，

① "余"，清藏本作"如"。

② "则"，清藏本作"贼"。

③ "子"，清藏本作"人"。

普行教命，令除杀业；阎浮提内，城邑聚落，一切屠杀皆令禁断。无足、二足、多足，种种生类，普施无畏，无欺夺心。广修一切诸行，仁慈莅物，不行侵恼。发妙宝心，安隐众生。于诸佛所，立深志乐。常自安住三种净戒，亦令众生皆如是住。菩萨摩诃萨令诸众生住于五戒，永断杀业，以此善根，如是回向：所谓愿一切众生发菩萨心，具足智慧，永保寿命，无有终尽。乃至见众生心怀残忍，损诸人畜，所有男形，令身缺减，受诸楚毒；见是事已，起大慈悲而哀救之，令阎浮提一切人民，皆舍此业。”《涅槃经》云：“一切惜身命，无不畏刀杖；恕己以为喻，勿杀勿行杖。”昔有禅僧邓隐峰，未出家时，曾射一猿子，堕地而终。须臾，猿母亦堕而死。因剖腹开，见肝肠寸寸而断。遂舍其射业，因此出家。是知人形兽质，受报千差；爱结情根，其类一等。所以失林穷虎，乃委命于庐中；铩翮惊禽，遂投身于案侧。至如杨生养雀，宁有意于玉环？孔氏放龟，本无情于金印。命既无于大小，罪岂隔于贤愚？三业施为，切宜兢慎。误伤误杀，尚答余殃；故作故为，宁逃业迹？

或受一日戒，或持八关斋；或不啖有情，或永断荤血。不值三灾之地，能升六欲之天；既为长寿之缘，又积大慈之种。经云：“昔有迦罗越，兴设大檀，请佛及僧。时有一人卖酪，主人驻食，劝令持斋听经，至冥乃归。妇语之言：‘我朝来不食，相待至今。’遂破夫斋。半斋之福，犹生天上，七世人间常得自然衣食。一日持斋，得六十万岁自然之粮，又有五福：一者、少病；二者、身意安隐；三者、少淫；四者、少睡卧；五者、命终之后，神得生天，常识宿命。”

或怀惭抱愧，常生庆幸之心；识分知恩，恒起报酬之想。《杂阿含经》云：“尔时，世尊告诸比丘：有二净法，能护世间。何等为二？所谓惭、愧。假使世间无此二净法者，世间亦不知有父母、兄弟、姊妹、妻子、宗亲、师长，尊卑之绪，颠倒混乱，如畜生趣。即说偈言：世间若无有，惭愧二法者，违越清净道，向生老病死；世间若成就，惭愧二法者，增长清净道，永关生死门。”

或代诛赎罪，没命救人；或释放狴牢，赦宥刑罚；或归复迁客，招召逋民；或停置关防，放诸商税；或给济贫病，抚恤孤茕。常以仁恕居怀，恒将惠爱为念。若觉、若梦，不忘慈心。乃至蠕动蜎飞，普皆覆护。《华严经》云："佛子！菩萨摩诃萨见有狱囚，五处被缚，受诸苦毒，防卫驱逼，将之死地，欲断其命；乃至自舍身命，受诸苦毒。菩萨尔时语主者言：我愿舍身，以代彼命，如此等苦可以与我，如彼人随意皆作。设过彼苦阿僧祇倍，我亦当受，令其解脱。我若见彼将被杀害，不舍身命救赎其苦，则不名为住菩萨心。何以故？我为救护一切众生，发一切智菩提心故。"《正法念经》云："造一所寺，不如救一人命。"《堕蓝本经》，校量众福，总不如慈心愍伤一切蠢动、含识之类，其福最胜。

或尽忠立孝，济国治家，行谦让之风，履温恭之道，敬养父母，成第一之福田；承事尊贤，开生天之净路。《贤愚经》云："佛语阿难：出家在家，慈心孝顺，供养父母，计其功德，殊胜难量。所以者何？我自忆念过去世时，慈心孝顺，供养父母，乃至身肉济活父母危急之厄，以是功德，上为天帝，下为圣王，乃至成佛，三界特尊，皆由斯福。"

或称扬彼德，开举善之门；或赞叹其名，发荐贤之路。成人之美，助发勇心；喜他之荣，同兴好事。削嫉妒之虿刺；息忿恨之毒风。起四无量之心，摄物同己；成四安乐之行，利益有情。是以诸大菩萨，皆思往世。波腾苦海，作诸不利益事，捐功丧力，惟长业芽。今省前非，顿行佛道，擐精进甲，发金刚心，众善普行，广兴法利。入世间三昧，现功巧神通，和光同尘，潜行密用。灭无明火，摧骄慢幢。曲顺机宜，和颜诱诲，爱语摄受，慈眼顾瞻，开谕愚盲，安慰惊恐。悬照世之日，耀破暗之灯。揭有狱之重关，沃火宅之炽焰。满求者之愿，若如意之珠；拔病者之根，犹善见之药。干欲海而成悲海，碎苦轮而成智轮。变贫穷济，作福德之津；转生死野，合菩提之道。诸佛法内，靡所不为；众生界中，无所不济。如地所载、如桥所升、如风所持、如水所润、如火所熟、如春所生、如空所容、如云所覆。遂令闻名脱苦，蹈影获安。触光而身垢轻清，忆念而心猿调伏。皆是从微至著，渐积善根，行满功圆，成其大事。何乃毁善业道，开恶趣门，成就魔缘，断灭佛种？

万善同归集卷下

宋 杭州慧日永明寺智觉禅师延寿 述

夫一念顿圆，三德悉备，未有一法，能越心源。设修万行，皆从真法界之所成；或治习气，而用佛知见之所断。所谓无成之成，何妨妙行；不断之断，岂阂圆修！极恶违境，尚为助发知识；美德嘉善，宁非进趣道乎？

◎问：何不直明本际，则本立而道生。若广述行门，恐生迂滞。

答：理为道本，行为道迹。因本垂迹，无本，迹何所施？因迹显本，无迹，本奚独立？故云：本迹虽殊，不思议一也。是知先明其宗，方能进道；若一向逐末，实有所妨。经云："非不了真如，而能成其行，犹如幻事等，似有而非真。"且圆根顿受之人，则遮照而无滞。即遮而照，故双非即是双行；即照而遮，故双行即是双遣。不坏本而常末，万行纷然；不坏末而常本，一心恒寂。

◎问：《法句经》云："若能心不起，精进无有涯。"何故立事兴心，而乖无作道乎？

答：即心无心，事不妨理；作而无作，性不阂缘。故贤首国师云："缘起体寂，起恒不起；达体随缘，不起恒起。"《大集经》云："佛言：精进有二种：一、始发精进，二、终成精进。菩萨以始发精进，习成一切善法；以终成精进，分别一切法，不得自性[①]。"《金光明经》中，虽得佛果，精进不休，故于众中，起礼身骨；况余凡下，端拱成耶？故十八不共法中，精进无减。《大论》云："菩萨知一切精进，皆是虚妄，而常成就不退，是名真实精进。"

---

① "性"，底本作"在"，现按清藏本、《大正藏》本、《大方等大集经》卷第十四校订。

◎问：一切法空，悉宗无相。何陈众善，起有相之心耶？

答：以诸法毕竟无所有故，则有万善施为；若诸法有决定性者，则一切不立。故《般若经》云："若诸法不空，即无道、无果。"《法句经》云："菩萨于毕竟空中，炽然建立。"《金刚三昧经》云："若说法有一，是相如毛轮，如焰水迷倒，为诸虚妄故。若见于法无，是法同虚空，如盲无目倒，说法如龟毛。"又经云："宁可谤有如须弥，不可谤无如芥子。"《论》云："诸法实相中，决定相不可得，故名无所得；非无有福德、智慧，增益善根。"又云："邪见人破诸法令空，观空人知诸法真空，不破不坏。譬如田舍人，初不识盐，见贵人以盐著种种肉菜中而食，问言：'何以故尔？'语言：'此盐能令诸物味美故。'此人便念：'此盐能令诸物美，自味必多。'便空抄盐，满口食之，咸苦伤口，而问言：'汝何以言盐能作美？'贵人语言：'痴人！此当筹量多少，和之令美。云何纯食盐？'无智人闻空解脱门，不行诸功德，但欲得空，是为邪见，断诸善根。"

庐山远大师释《涅槃经》："问云：若无所得，云何作善？佛答：明诸众生，现有佛性，当必得果；如子在胎，定生不久。理须修善。又问：我今不知所趣入处，云何作善？佛答：有如来藏可以趣入，宜修善业。"《弘明集》云："或有恶取于空，以生断见。说之于口若同，用之于心则异。正法以空去其贪，邪说以空资其爱。大士体空而进德，小人说空而退善。良由反用正言，以生邪执矣！"不观空以遣累，但取空而废善。

又善恶诸法，等空无相；而善法助道，恶法生障。故知万法真性，同一如矣；无妨因缘法中，有万殊矣。故经云："深信因果，不谤大乘。"三世因果，佛不诳欺；十力劝诫，闻当不疑。而谓善恶都空，无损益乎？夫法眼明了，无法不悉；舌相广长，言无不实。其析有也，则一毫为万；其等空也，则万像皆一。防断常之生尤，兼空有而除疾。非圣者必凶，顺道者终吉。勿谓不信，有如皎日。故《中论》云："诸佛说空法，为治于有故；若复著于空，诸佛所不化。"《金刚三昧经》云："若离无取有，破有取空，此伪[1]妄空，而非真无。”今虽离有而不存空，如是乃得诸法真无。故《肇论》云：“若以有为有，则以无为无；有既不有，则无无也。夫不存无以观法者，可谓见法实性矣。”何得以空害有、以有害空，乖一味之源，成二见之垢乎？并是依语失义，遗智存情。虽言破有，未达有源；强复执空，罔穷空旨。今略辨之，以消邪滞：夫有是不有之有，非实有；空是不空之空，非断空。若决定为有，非是幻有，而生隔阂；若虚豁为空，即同太虚，而无妙用。所以从缘而有，无性故空。无性之空，空不阂有；从缘之有，有不妨空。有因空立，成圆智而万行沸腾；空从有生，起妙慧而一真虚寂。岂同执但空而生断见，福海倾消；据实有而起常心，慢山高峙。是以诸佛说空，为空无明而成福业，破遍计而了圆成；愚人说空，即生妄解而谤佛意，增空见而灭善因。又断灭空，则无善无恶，无因无果；第一义空，有业有报，不见作者。

◎问：何不深入无生，自然合道。有为多过，岂益初心？

答：因世慈而入真慈，从生忍而具法忍，学分初后，位岂滥陈？又生即无生，岂越性空之地；无为即为，宁逃实相之源？但取舍情亡，即真俗理见。故经云：“菩萨不尽有为，不住无为。”肇法师云：“有为虽伪，舍之则大业不成；无为虽实，住之则慧心不朗。”《华严经》云：“解如来身，非如虚空，一切功德、无量妙法所圆满故。”《大集经》云：“舍离大慈而观无生，是为魔业；厌离有为功德，是为魔业。”

◎问：无漏性德本自具足，何假外修而亏内善？

答：自有修、性二德，内、外二缘。若性德本具，如木中火，不成事用，须假修德，如遇因缘，方能显现。是以因修显性，以性成修。若本无性，修亦不成。修性无二，和合方备。又内有本觉，常熏圣种；外仗善缘，助开觉智。有内阙外，菩提不圆。《华严经》云“法如是故”，内因

① “伪”,《金刚三昧经论》卷上作“为”。

本有；“佛神力故”，外缘所加。是以若修万善，则顺法性，以净夺染，性德方起。凡夫虽具，以造恶违性，本性不显，不成妙用。

◎问：忘缘顿入，教有明文。今何所非，而逐因缘法乎？

答：顿教一门，亦是上根所受，忘缘净意，真为如实修行。今所论[①]者，为著法之人而生偏见，一向毁事不了圆宗，但析妄情，岂除教道？只如见佛一法，自有五等教人：一、小乘人：见佛身即是父母生身，从心外来，有相好分剂，意识所熏，有所分别，不知唯识义故，见从外来。二、大乘初教，见佛但是现化，非有相好，然其实体空无所有，故云：”若以三十二相观如来者，转轮圣王即是如来。”三、大乘终教，见佛相好光明，一一悉同真性，身即非身，非身即身，理事无阂。四、顿教，见佛无有始末之异，何有现应之差！亦无相好可立，一切分别非真理故。此离念之真，名为见佛。五、一乘圆教，见佛即此离念之真，非但不生彼相之理，而乃不阂万像繁兴，具足依正，该摄理事，人法等圆，明一事遍于十方一切世界，无不同时影现，犹如帝网。

又缘起一门，若是顿教，不说缘起，即是事相令真理不现，要由相尽乃是实性；若说缘起，如以翳眼而见空华。若是圆教，法界起必一多互摄，有力无力，方得成立，一多无阂，摄入同时，名入大缘起。

如上五门，皆是入路。尚不诃小，恐废权门；何乃斥圆，而妨实德？台教云：如大乘师不弘小教，则失佛方便。只如古德，设有边辟之言，皆是为物遣执。今时但效其言，罔知其旨；又全未入于顿门，但妄生讥谤，所失太过，故今愍之。故圆教《华严经·离世间品》云：“佛子！菩萨摩诃萨又作是念：阿耨多罗三藐三菩提以心为本，心若清净，则能圆满一切善根，于佛菩提必得自在，欲成阿耨多罗三藐三菩提，随意即成。若欲除断一切取缘，住一向道，我亦能得，而我不断，为欲究竟佛菩提故，亦不即证无上菩提。何以故？为满本愿，尽一切世界行菩萨行，化众生故。是

① “论”，清藏本、《大正藏》本作“该”。

为如金刚大乘誓愿心。”是以骤缘违性，积杂染而为凡；离缘求证，沉偏空而成小。缘性无阂，即大菩提。不断[①]尘劳门，能成无为种；不溺实际海，能随有作波。真俗镕融，有无不滞。可谓履非道而达正道，即世法而具佛法矣！

◎问：万善威仪，声闻劣行，迂滞化垒，跧伏草庵。岂称大心，何成圆顿？

答：三乘初学，不愚于法，所以《法华经》云：“若有比丘实得阿罗汉，若不信此法，无有是处。”又云：“汝等所行，是菩萨道，渐渐修学，悉当成佛。”皆是中途取证，起住著心，是以诸佛所诃，劝令起行。

且二乘之人，皆登圣位，超九地之烦恼，断三界之业身，同坐解脱之床，已具神通之慧，岂比博地具缚凡夫，惟向依通，全无修证。故真觉大师云：“二乘何咎，而欲不修？教中或毁或赞，抑扬当时耳。凡夫不了，预畏被诃；宁知见爱尚存，去小乘而甚远。虽复言其修道，惑使之所不除，非惟身口未端，亦乃心由邪曲，见生自意，解背真诠。圣教之所不依，明师未曾承受，根缘非为宿习，见解未预生知，而能世智辩聪，谈论以之终日。时复牵于经语，曲会私心，纵邪说以诳愚人，拨因果而排罪福。顺情则熙怡生喜，逆意则悇憛怀瞋。三受之状固然，称位乃俦菩萨；初篇之非未免，过人之衅又萦。大乘之所不修，而复讥于小学；恣一时之强口，谤说之患铿然。三途苦轮，报之长劫。”书云：古人当言而惧，发言而忧。又云：止沸莫若去薪，息过莫若无语。又如经说：凡夫有漏散心，一称南无佛，乃至小低头，以此因缘尚成佛道。何况二乘无漏圣心，永断后有身，亲证人空慧，所习诸行，而不登正位乎？

◎问：有功之功，皆归败坏；无功之功，至功常存。何乃弃不迁之旨，而述有作之行乎？

---

① “断”，清藏本作“离”。

答：《肇论》云："如来功流万世而常存，道通百劫而弥固。经云：'三灾弥纶，而行业湛然。'今信之矣。"故知一毫之善，虽是有为，若助菩提，直至成佛而不隳坏。任大劫火竞起，终不烧虚空；纵生死浪无边，实不沉真善。

◎问：诸法无体，从缘幻生；众缘无依，还从法起。缘法无性，心境[1]俱虚；无主无人，无生无灭。如何广论无常之事相，复说虚妄之果报乎？

答：以真心不守自性，随缘成诸有；虽似有即空，乃体虚成事。犹如树影虽虚，而有阴覆之义；还同昏梦不实，亦生忧喜之情。虽无作者之能为，不失因缘之果报。故《净名经》云："无我、无造、无受者，善恶之业亦不亡。"又教所明空，以不可得故，无实性故；不是断灭之无，何起龟毛兔角之心，作蛇足盐香之见？

◎问：初心入道，言行相扶，万善资熏，不无其理。果地究竟，大事已终，境智虚闲，何须众行乎？

答：果德佛位，毕竟无为；若无边行门，八相成道，皆是佛后普贤行收，任运常然，尽未来际。《维摩经》云："虽得佛道，转于法轮，入于涅槃，而不舍于菩萨之道，是菩萨行。"《华严经》云："了知法界无有边际，一切诸法一相无相，是则说名究竟法界，不舍菩萨道。虽知法界无有边际，而知一切种种异相，起大悲心度诸众生，尽未来际无有疲厌，是则说名普贤菩萨。"

◎问：五度如盲，般若如导。今何偏赞众行，广明散善乎？

答：今所论众善者，只为成就般若故。教中或诃有为，但是破其贪执。如若取舍不生，一切无阂。若未明般若，以万行为助缘。《法华经》云："佛名闻十方，广饶益众生，一切具善根，以助无上心。"《华严

① "心境"，《大正藏》本作"必竟"。

经》云："譬如一切法，众缘故生起；见佛亦复然，必假众善业。"若已明般若，用众行为严饰。《法华经》云："其车高广，众宝装校，乃至又多仆从，而侍卫之。"故云"万善同归集"。离般若外，更无一法。如众川投沧海，皆同一味；杂鸟近妙高，更无异色。

或不谓般若，但习有为，只成生死之因，岂得涅槃之果？若布施无般若，惟得一世荣，后受余殃债；若持戒无般若，暂生上欲界，还堕泥犁中；若忍辱无般若，报得端正形，不证寂灭忍；若精进无般若，徒兴生灭功，不趣真常海；若禅定无般若，但行色界禅，不入金刚定；若万善无般若，空成有漏因，不契无为果。故知般若是险恶径中之导师、迷暗室中之明炬、生死海中之智楫、烦恼病中之良医、碎邪山之大风、破魔军之猛将、照幽途之赫日、惊昏识之迅雷、抉愚盲之金錍、沃渴爱之甘露、截痴网之慧刃、给贫乏之宝珠。若般若不明，万行虚设。祖师云："不识玄旨，徒劳念静"。不可刹那忘照，率尔相违。乃至成佛究竟位中，定慧力庄严，以此度含识。故佛云："我于二夜中间，常说般若。"

◎问：诸法寂灭相，不可以言宣。何不直指其事，而广涉因缘，兴诸问答乎？

答：《楞伽经》云："佛告大慧：若不说一切法者，教法则坏；教法坏者，则无诸佛、菩萨、缘觉、声闻。若无者，谁说、为谁？是故大慧！菩萨摩诃萨莫著言说，随宜方便，广演诸法。"故知总持无文字，文字显总持；离理无说，离说无理。以真性普遍故，不可说不异可说；以缘修无性故，可说不异不可说。若说四实性，及诸法自相，皆不可说；若依四悉檀，及诸法共相，皆是可说。是以诸佛常依二谛说法，但得圆旨，说即无过。若一向无言，何由悟解，令寻言求理，而知理圆。但为言偏，故云言说不及，不说无言。

又性虽离言，不可说，要以言说，方会不可说也。若夫履践道源，绍隆佛种，先明般若，以辨真心。般若乃万行之师，千圣之母；真心是群生之本，众法之源。若般若未通，真心由昧，应须归命一体三宝，忏悔三世愆瑕。以尸罗而检过防非；用禅定而除昏摄乱。亲近善友，赞诵大乘，万善熏治，多闻修习，助显真性，直至菩提。障尽而妙定自明，慧发而真心豁净。既能自利，复愍未闻，广作福因，具行诸度，绍佛家业，建大法幢。注一味之法雨，荡诸惑尘；燃无作之智灯，照开迷暗。是以功德万行，初后并兴，于佛教中，法尔如是。故《华严经》云："菩萨摩诃萨不作逼恼众生物，但说利益世间事。"《法华经》云："若人受持读诵是经，为他人说，若自书、若教人书；复能起塔及造僧坊，供养赞叹声闻众僧，亦以百千万亿赞叹之法，赞叹菩萨功德；又为他人种种因缘，随宜解说此《法华经》；复能清净持戒，与柔和者而共同止；忍辱无瞋，志念坚固；常贵坐禅，得诸深定；精进勇猛，摄诸善法；利根智慧，善答问难。乃至是人，若坐、若立、若行处，此中便应起塔，一切天人皆应供养如佛之塔。"

大凡善法，略有四种：一、自性善，无贪瞋痴等三善根；二、相应善，善心起时，心王、心所一时俱起；三、发起善，发身语业，表内心所思；四、第一义善，体性清净。又略有二种：一、理善，即第一义；二、事善，即六度万行。今时多据理善。若是理善，阐提亦具，何不成佛？是以须行事善，庄严显理。积大福德，方成妙身。如矿含金，似山藏玉，若石蕴火，犹地生泉，未遇因缘，不成济用，虽然本具，有亦同无。众生三因，亦复如是。凡曰有心，正因悉具；未得缘、了，法身不成。了因智慧庄严，正解观察；缘因福德庄严，妙行资发。三因具足，十号昭然，自利利他，理穷于此。故《法华经》云："我以相严身，光明照世间；一切众所尊，为说实相印。"

又薄德少福人，不堪受此法。夫善根易失，恶业难除。《涅槃经》云[①]："譬如画石，其文常在；画水速灭，势不久住。瞋如画石；诸善根本，如彼画水，是故此心难得调伏。"故知善事易忘，人身难得，不可因循，刹那异世。《提谓经》云："如有一人，在须弥山上以纤缕下之，一人在下

① "云"，《大正藏》本作"明"。

持针迎之；中有旋岚猛风，吹缕难入针孔。人身难得，甚过于是。”又《菩萨处胎经》云：“盲龟浮木孔，时时犹可值；人一失命根，亿劫复难是。海水深广大，三百三十六，一针投海底，求之尚可得。”又云：“吾从无数劫，往来生死道，舍身复受身，不离胞胎法。计我所经历，记一不记余：纯作白狗身，积骨亿须弥。以利针地种，无不值我体；何况杂色狗，其数不可量。吾故摄其心，不贪著放逸。”是以暂得人身，于十二时中，不可顷克忘善，刹那长恶。此便难逢，岂容空过。

又无常迅速，念念迁移。石火风灯，逝波残照，露华电影，不足为喻。《法句经》云：“佛告梵志：世有四事，不可得久。一者、有常必无常；二者、富贵必贫贱；三者、合会必别离；四者、强健必当死。”又经云：“非空非海中，非入山石间，无有地方所，脱之不受死。”如上所明，万德众善，菩提资粮，惟除二法，能成障阂：一者、不信，二者、瞋恚。不信，障未行善、欲行善；瞋恚，灭已行善、现行善。以不信故，如同败种，永断善根，隳坏正宗，增长邪见；以瞋恚故，焚烧功德，遮障菩提，开恶趣门，闭人天路。

又不瞋从慈而起，大信因智而成。智刃才挥，疑根顿断；慈云既润，瞋火潜消。是以因智，度苦海之津；因信，入菩提之户；因慈，住大觉之室；因忍，披如来之衣。《华严经》云：“信为道元功德母，长养一切诸善法；信能增长智功德，信能必到如来地。信令诸根净明利，信力坚固无能坏。信能永灭烦恼本，信能专向佛功德。信为功德不坏种，信能生长菩提树。信能增益最胜智，信能示现一切佛。”《大庄严法门经》云：“瞋恨者，能灭百劫所作善业。”《华严经》云：“菩萨起一瞋心，能生百万障门。”又经云：“劫功德贼，无过瞋恚。”又“意地起瞋，大道冤贼。”

◎问：凡修万善，皆助菩提；云何有稽滞不成，复云何速得圆满？

答：因放逸懈怠故无成，因勇猛精进故速办。《譬喻经》云：“有一比丘饱食入室，闭房[1]静眠，爱[2]身快乐。却后七日，其命将终，佛愍伤之，告比丘言：‘汝维卫佛时曾得出家，不念经戒，饱食却眠，命终魂神生蜈蚣虫中，积五万岁，寿尽，复为螺蚌之虫、树中蠹虫，各五万岁。此四品虫，生在冥中，贪身爱命，乐处幽隐为家，不喜光明，一眠之时，百岁乃觉，缠绵罪网，不求出要。今世[3]罪毕，得为沙门，如何睡眠不知厌足？’比丘闻已，惭怖自责，五盖即除，成阿罗汉。”《大宝积经》云：“佛言：譬如彩帛系在头上，火来烧彩帛，无暇救火，何以故？究实理急。”此上一一亲明教行，岂敢造次，辄有浪陈？愿遵恳苦之言，不违究竟之说。

◎问：慈悲万善，深知[4]佛业祖教，或毁或赞，所以生疑。上虽广明，犹怀余惑，未审佛旨，究竟所归。更希指南，永祛积滞。

答：祖立言诠，佛垂教迹，但破遍计所执，不坏缘起法门。遍计性者，情有理无。如绳上生蛇、杌中见鬼，无而横计，脱体全空。依他性者，即是因缘。若随净缘，即得成圣；若随染缘，即乃为凡。是以从缘无性，故号圆成。《法华经》云：“诸佛两足尊，知法常无性，佛种从缘起，是故说一乘。”《论》云：“若见因缘法，则名为见佛。”故知无有一尘不合理事，未有一法非是佛乘。皆是不了万法之初源，一尘之自性，遂生情执，滞相迷名，妄分自他，强生离合，致令理事水火竞生，各据二边，不成一味。自翳眼见，明珠有颣；以执心观，万善生瑕。淫怒痴性，邪见非道，尚为解脱之门；尊崇三宝，利他众善，岂成障阂之事？是以达之则瓦砾为金，取之则妙药成毒。故经云：“虚妄是实语，除邪执故；实

① “房”，清藏本作“户”。

② “爱”，清藏本作“受”。

③ “世”，清藏本作“始”。

④ “知”，《大正藏》本作“如”。

语成虚妄，生语见故。”但除去取之情，尽履玄通之道。见网既裂，惟一真心；尘翳若消[1]，无非佛国。故《大般若经》云：“佛言：我以诸法无所执故，即名般若波罗蜜多。我等住此无所执故，便能获得真金色身，常光一寻。”

若欲无过，但理事融通，行愿相从，悲智兼济。故《华严论》云：“偏修理则滞寂，偏修智则无悲；偏修悲则染习便增，但发愿则有为情起。故菩萨以法融通，不去不取。”圭峰禅师云：“师资传授，须识药病。承上方便，皆须先开示本性，方令依性修禅。性不易悟，多由执相，故欲显性，先须破执。破执方便，须凡圣俱泯，功业齐祛，使心无所著，方可修禅。后学浅识，便执此言为究竟道。又以修习之门，人多放逸，故后广说欣厌，毁责贪瞋，赞叹勤苦，调身、调息，入道次第。后人闻此，又迷本觉之用，便一向执相，滞教、违宗。又学浅之人，或只知离垢清净，离障解脱，故毁禅门即心是佛；或只知自性清净，性净解脱，故轻于教相、持律、坐禅、调伏等行。不知必须顿悟自性清净，性净解脱；渐修令得圆满清净，究竟解脱。若身、若心，无所拥滞。”又云：“空宗但述遮诠，非凡非圣，一切不可得等。性宗有遮有表。今时人皆谓遮言为深，表言为浅，故惟重非心非佛。良由以遮非之辞为妙，不欲亲证自法体，故如此也。”

如上所引，祖教了然。但以所非者，破其执离性之相而生常见、离相之性成其断灭。或有所赞者，乃是了即性之相，用不离体；即相之性，体不离用。故知相是性之相，性是相之体。若欲赞性，即是赞相；若欲毁相，只是毁性。云何妄起取舍之心，而生二见？若入一际法门，则毁赞都息。

◎问：如上问意，只据今时多取理通，少从事习，皆称玄学，离物超尘，佛果尚鄙而不修，片善岂宗而当作？未审上古，事总如然？请更决疑，免坠邪网。

---

① “消”，清藏本作“除”。

答：前贤往圣，志大心淳。究理而晷刻不忘，潜行而神灵罔测；晓夕如临深履薄，克证似燃足救头。重实而不重虚，贵行而不贵说；涉有而不住有，行空而不证空。从小善而积殊功，仗微因而成大果。今时则劫浊时讹，志微根钝；我慢垢重，懈怠障深；一行无成，百非恒习；乘戒俱丧，理事双亡；堕无知坑，坐黑暗狱。不达即事即理之旨，空念破执破病之言。智者深嗟，愚人仿效。既成途辙，顿夺尤难。是以广引祖佛之深心，备彰经论之大意，希悛旧执，庶改前非。同蹑先圣之遗踪，共禀觉王之慈敕。无亏本志，免负四恩。齐登解脱之门，咸阐离生之道。成诸佛业，满大菩提。塞邪径而辟正途，坚信根而拔疑刺。备波罗蜜之智楫，驾大般若之慈航；越三有之苦津，入普贤之愿海；渡法界之飘溺，置涅槃之大城。往返尘劳，周旋五趣，不休不息，无始无终。未来穷而不穷，虚空尽而无尽。仰惟佛眼，证此微诚。普为群灵，敬述兹集。

◎问：上上根人顿悟自心，还假万行助道熏修不？

答：圭峰禅师有四句料简：一、渐修顿悟，如伐树，片片渐斫，一时顿倒；二、顿修渐悟：如人学射，顿者箭箭直注意在的，渐者久久方中；三、渐修渐悟，如登九层之台，足履渐高，所见渐远；四、顿悟顿修，如染一綟丝，万条顿色。上四句多约证悟。惟顿悟渐修，此约解悟，如日顿出，霜露渐消。《华严经》说：初发心时，便成正觉。然后登地，次第修证。若未悟而修，非真修也。惟此顿悟渐修，既合佛乘，不违圆旨。

如顿悟顿修，亦是多生渐修，今生顿熟。此在当人，时中自验。若所言如所行，所行如所言；量穷法界之边，心合虚空之理；八风不动，三受寂然；种现双消，根随俱尽。若约自利，则何假万行熏修，无病不应服药。若约利他，亦不可废，若不自作，争劝他人？故经云：“若自持戒，劝他持戒；若自坐禅，劝他坐禅。”《智论》云：“如百岁翁翁舞，为教授儿孙故。”先以欲钩牵，后令入佛智。

如或现行未断，烦恼习气又浓，寓目生情，触尘成滞，虽了无生之义，其力未充，不可执云：我已悟了，烦恼性空，若起心修却为颠倒。然则烦恼性虽空，能令受业；业果无性，亦作苦因；苦痛虽虚，只么难忍。如遭重病，病亦全空，何求医人，遍服药饵？故知言行相违，虚实可验，但量根力，不可自谩，察念防非，切宜仔细。

◎问：老子亦演行门，仲尼大兴善诱。云何偏赞佛教，而称独美乎？

答：老子则绝圣弃智，抱一守雌，以清虚憺泊为主，务善嫉恶为教；报应在一生之内，保持惟一身之命。此并寰中之近唱，非象外之遐谈，义乖兼济之道，而无惠利也。仲尼则行忠立孝，阐德垂仁，惟敷世善，未能忘言神解，故非大觉也。是以仲尼答季路曰："生与人事，汝尚未知，死与鬼神，余焉能事？"此上二教，并未逾俗柱，犹局尘笼，岂能洞法界之玄宗、运无边之妙行乎？

◎问：佛行无上，众哲所尊；儒道二教，既尽钦风，云何后代之中，而有毁谤不信者何？

答：儒道先宗，皆是菩萨，示劣扬化，同赞佛乘。老子云："吾师号佛，觉一切民也。"《西升经》云："吾师化游天竺，善入泥洹。"《符子》云："老氏之师，名释迦文。"《列子》云："商太宰嚭问孔子曰：'夫子圣人欤？'孔子对曰：'丘博识强记，非圣人也。'又问：'三王圣人欤？'对曰：'三王善用智勇，非圣人也。'又问：'五帝圣人欤？'对曰：'五帝善用仁义，亦非丘所知。'又问：'三皇圣人欤？'对曰：'三皇善任因时，亦非丘所知。'太宰嚭大骇曰：'然则孰为圣人？'夫子动容有言曰：'丘闻西方圣者焉，不治而不乱，不言而自信，不化而自行，荡荡乎，民无能名焉。'"《吴书》云："吴主孙权问尚书令阚泽曰：'孔丘、老子得与佛比对以不？'阚泽曰：'若将孔老二家，比校远方佛法，远则远矣。所以言者，孔老设教，法天制用，不敢违天；诸佛设教，诸天奉行，不敢违佛。以此言之，实非比对明矣。'吴主大悦，用阚泽为太子太傅。”《起世界经》云：“佛言：我遣二圣[①]，往震旦行化：一者、老子，是迦叶菩萨；二者、孔子，是儒童菩萨。”

明知自古及今，但有利益于人间者，皆是密化菩萨，惟大士之所明，非常情之所测。遂使寡闻浅识，起谤如烟，并是不了本宗，妄生愚执。事老君者，则飞符走印，炼石烧金，施醮祭之腥膻，习神仙之诳诞。入孔门者，志乖淳朴，意尚浮华，骋鹦鹉之狂才，擅蜘蛛之小巧。此皆违背先德，自失本宗。斯人不谤，焉显其深？下士不笑，宁成其道？是以佛法如海，无所不包；至理犹空，何门不入？众哲冥会，千圣交归，真俗齐行，愚智一照。开俗谛也，则劝臣以忠、劝子以孝、劝国以绍、劝家以和；弘善示天堂之乐，惩非显地狱之苦；不惟一字以为褒，岂止五刑而作戒？敷真谛也，则是非双泯，能所俱空；收万像为一真，会三乘归圆极。非二谛之所齐，岂百家之所及？

◎问：道无不在，真性匪[②]移，有佛无佛，性相常住。此即一体三宝，常现世间。何用金檀刻像，竹帛书经，剃发出尘，以为三宝？

答：上根玄解，何假相施？中下钝机，须凭事发。不睹[③]正相，但染邪宗[④]。只如此土，像教未来，惟兴外道，罔知真伪，莫辨灵踪。伏自汉明梦现金身，吴帝瑞彰舍利，尔后国王长者，方知归敬之门；哲士明人，顿晓栖神之地。是知迹能显本，相可通真；因筌得鱼，理事无废。是以木母变色，金像舒光，道藉人弘，物由情感。能生净种，敬假像而开心；不结信缘，遇真仪而不见。是以迷之则本末咸丧，了之则真假俱通。若验斯文，奚生取舍？或广兴供养，发大志诚，意业功深，修因力大。是以贫女献潘淀而位登支佛，童子进土麨而福受轮王。

---

① “圣”，清藏本作“圣者”。

② “匪”，清藏本作“未”。

③ “睹”，清藏本作“现”。

④ “宗”，清藏本作“风”。

◎问：因缘义空，自他无性；涅槃生死，一体无殊。如何行慈，广垂摄化？

答：虽人法本空，彼我虚寂，而众生迷，如梦所得，都不觉知；菩萨兴悲而示真实。《大般若经》云："佛告善现：应知有情虽自性空，远离众相，而有杂染、清净可得。"《起信论》云："虽念诸法自性不生，而复即念，因缘和合，善恶之业、苦乐等报，不失不坏。虽念因缘善恶业报，而亦即念性不可得。"是以观缘起而不住涅槃，了性空而不住生死。

◎问：西天九十六种外道，各立修行之门，勤苦兢兢，非无善业。云何报尽，还入轮回，不得解脱？

答：未达无生正理，惟修生灭有因，起贪著之心，怀希望之意，以苦舍苦，从迷积迷，匍匐升沉，轮回莫已。蒸沙之喻，足可明之。

◎问：非惟外道修善不得解脱，依内教修，亦有不得道者，何耶？

答：皆为有我故，不得断结。凡作之时，皆云我能作，随境所得，住著因果。若了二无我理，证解一心，不动尘劳，当处解脱。

◎问：正作之时，云何了无我？

答：所作之时，从缘而起，以有施为而无主宰。所出音声，犹如风铎；随机转动，惟似木人。但依业力所为，而无我性可得。四大聚散，生灭随缘；乃至六趣受身，亦复如是，实无有人，而能来往。《华严经》云："如机关木人，能出种种声，彼无我非我，业性亦如是。"《论》云："因缘故生天，因缘故堕地狱。"若言是我非因缘者，作恶何不生天，乃堕地狱耶？我岂爱彼地狱受苦耶？我既作恶而不受乐者，故知善恶感报，惟是因缘，非是我也。而众生于无我、无作之中，妄认我作，强为其主，不知是识所为，决定无有作者。

外道皆称执作，悉有神我；若无神我，谁为所作？《智论》破云："心是识相，故自能使身，不待神也。如火性能烧物，不假人。"《唯识论》云："诸所执实有我体，为有思虑，为无思虑？有思虑应是无常，非一切时有思虑故；无思虑如虚空，不能作业，亦不受果。故所执我，理俱不成。由此故知，定无实我。但有诸识，无始时来，前灭后生，因果相续；由妄熏习，似我相现；愚者于中，妄执为我。”又无我者，即是无性，性即是体，体是主质义。凡有一法，皆从众缘所成，实无本体，以无体故空。是以众生于性空中执为实有，内则为我所羁，外则为尘所局，所以修行不出心、境，及至得果，不离所因。升降虽殊，常系诸有，互为高下，终始轮回。众患所生，我为其本。

◎问：既万法无体，本来自空，云何复有诸法建立？

答：只为空无体性，而从缘生。若有自体，即不假缘生；既不从缘生，即万法有其定体。若立定相，即成常过：善恶不可改移，因果遂成错乱。为恶应生天，为善应沉渊，以无因故；作善应无福，作恶应无罪，以无果故。是以万法无体、无定，但从缘现；以缘生故无性，诸法皆空；以无性故缘生，诸法建立故。《华严经》明菩萨于无自性中，建立一切佛事。是以因空立有，有无自名；从有辨空，空无自体。

◎问：现见诸法发生，云何无性？

答：即生无生，所以无性。若云有生，为复自生？为他生？为共生？为无因生？若云自生，譬如自身，若非父母，云何得生？故云此身即父母之遗体，以过去业为内因，托父母体为外缘，内外因缘和合而有，即非自生。或云他生者，若无宿业自因，终不托胎，皆从自业而有；譬如外具水土，若无种子，决定不生。若共生者，因假缘成，何有自体之用？缘从因起，而无外助之能。因缘各无，和合岂有？如一沙无油，和众沙而非有；一盲不见，聚群盲而岂观？若无因生者，即石女生儿、龟毛作拂，有因尚无，无因岂有？又从有因而立无因，有因既无，无因亦绝。但了自他两句无生，则四句皆破。既无自他，将谁作和合，及以无因？有等四句自然宴寂。是知无生之生，幻相宛尔；生之无生，真性湛然。故《金刚三昧经》云：“因缘所生义，是义灭非生；灭诸生灭义，是义生非灭。”

◎问：既一切诸法无性无生，云何众生执著境缘，而受实报？

答：只为不了无性，迷为实有，所以受其实报。如达其性空，即不生贪著。既不耽着，任运施为，不住其因，终不受果。故经云："心生，种种法生。"又云："一切惟心造。"若心不起，外境常虚；了境性空，其心自寂。妄心既寂，幻相何生？心境俱冥，自然合道。《华严经》云："眼耳鼻舌身，心意诸情根，一切空无性，妄心分别有。"又云："世间一切法，但以心为主，随解取众相，颠倒不如实。"

◎问：既受实报，云何言一切空？

答：分明云众生自妄认为实，其性常空。虽受苦乐，厌爱情生，人法俱空，一无所得。犹如梦见好恶，欣戚盈怀；及至觉来，豁然无事。觉来非有，梦里非无。既习颠倒之因，不无虚妄之果。

◎问：妄心幻境，为复本无，从今日无？

答：心境本无。

◎问：既是本无，众生云何不得解脱？

答：本来无缚，云何称解？只为不达本无，妄生今有。从无始际熏习之力，不觉不知，随业而转。虽在业拘，性常清净。

◎问：如何得究竟清净？

答：此有二义：一者、了其本无，得自性清净；二者、净其妄染，得离垢清净。本性既净，妄念不生，二障双消，三轮廓彻，契本冥源，种现俱寂。

◎问：佛道遐昌，凡圣同禀。何乃兴替不定，而有隳坏者乎？

答：夫万物有迁，三宝常住，寂然不动，感通而化。非初诞于王宫，不长逝于双树。若众生福薄，则佛事冰消；若国土缘深，则梵刹云耸。在人自生得丧，非法而有盛衰。故《法华经》云："众生见劫尽，大火所烧时，我此土安隐，天人常充满。”

◎问：既赞众善，报应非虚。云何有勤苦求者，全无克证？

答：修善之人，自有冥显二益。《法华玄义》四句料简：一、冥机冥应。若过去善修三业，现在未运身口，藉往善力，此名为冥机；虽不见灵应，而密为法身所益，不见不闻、非觉非知，是名冥益。应身应，是显应；法身应，是冥应。二、冥机显益。过去植善而冥机已成，便得值佛闻法，现前获利，是为显益。如佛初出世，最初得度之人，现在何曾修行，诸佛照其宿机，自往度之。三、显机显益。现在身口精勤不懈，而能感降，道场礼忏，能感灵瑞。四、显机冥益。如人虽一世勤苦，现善浓积，而不显感，冥有其利。若解四意，一切低头举手，福不虚弃；终日无感，终日无悔矣。

◎问：或有一生修善，现萦恶报；终日造恶，目睹吉昌者何？

答：业通三世，生熟不定；又通三报，厚薄相倾。西天第十九祖师鸠摩罗多云：“前生修功德，而致强半功，有少破坏故，回心修恶行，罪业少功德，亦死先受福。正受快活时，心似得安乐，忽降诸衰恼，其家渐残破。承彼先恶业，相续致于此。非是今修福，而招斯恶报。”又曰：“前世作恶业，其罪强半功；忽遇一智者，而教修福德。福德虽修已，其善未过彼，功德少于罪，亦死生贫穷。心不敬信佛，亦不重三宝，如是过半已，其家渐富有，资生多财帛，承彼先善业，相续致于此。非是今作恶，而招斯善报。”《论》云：“今我疾苦，皆由过去；今生修福，报在当来。”若见喜杀长寿，好施贫穷，能信斯言，不生邪见。若不解此，忱悔失理，谓徒功丧计，善恶无征。但修善之时，一心不退，既不间断，福果长新。只虑中途，自生遮障，识达贤士，晓斯旨焉。

◎问：恶能掩善，则祸起而福倾；善能排恶，则障消而道现。何乃或有从生积善，反受余殃？及萧梁武帝，归凭三宝，一朝困毙，全无灵祐者何？举世咸疑，请消余滞。

答：前明业通三世，事已昭然，今重决疑，有其三义：

一者、是诸佛菩萨示现施为，随顺世间，同其苦乐，千变万化，诱引劳生。或居安而忽危，示物极即反；或处荣而顿弊，现盛必有衰。令耽荣者，悟世无常；使恃禄者，知生有限。潜消贪垢，巧洗情尘。示正示邪，或逆或顺，斯乃密化之秘术，非凡小之所知。

二者、善恶无定，果报从缘；业力难思，势不可遏。故《涅槃经》云："业有三报：一、现报，现作善恶，现受苦乐；二、生报，今生作业，来生受果；三、后报，或今生作业，过百千生方受其报。"又经云："有业现苦有苦报，有业现苦有乐报，有业现乐有乐报，有业现乐有苦报。"或余福未尽，恶不即加；或宿殃尚在，善缘便发。又若善多恶少，则先受乐，而后受苦，则福尽祸生。或善少恶多，则先受苦，而后受乐，则灾消庆集。此皆并是后报，善恶业熟，今生善力难排。断结证圣，尚还宿债，如师子比丘、一行禅师等；岂况业系凡夫，宁逃此患？

三、者或善根深厚，修进坚牢，决志无疑，誓过金石，则现受轻报，能断深愆。故经云："今生作恶少为善多，则回地狱重而现世轻。或作善少为恶多，则回现世轻而地狱重。乃至纯善修行之人，现世暂时头痛，则灭百千万劫地狱之苦。"是以菩萨发愿云："愿得今身偿，不入恶道受苦。"作恶之人虽现安乐，果在阿鼻，积劫烧燃，受苦无间。又复修行力至，将出轮回，临终之时，虽受微苦，无始恶业一时还尽。如唐三藏法师，九世支那为僧，福德智慧常称第一，大弘圣教，广演佛乘，利济无边，殊功罕测。及至迁化之时，卧疾房中。瞻病僧明藏禅师，见有二人，各长一丈，共捧一白莲花，至法师前云："师从无始已来，所有损恼有情诸有恶业，因今小疾，并得消殄，应生欣庆。"法师顾视合掌，遂右胁而卧。弟子问云："和尚决定得生弥勒内院不？"报云："得生。"言讫，气息渐微，奄然神逝。

若明如上三义，方为知因识果之人。或昧斯文，终生疑谤。

◎问：夫修善应纯，云何造恶？既能造恶，何用善乎？若善恶齐行，恐虚功力。

答：若出家菩萨，无诸障阂，应纯修善，直至菩提；如在家菩萨，事业所拘，未得纯净，傍兴善道，以为对治。夫业难顿移，恶非全断，渐积功德，以趣菩提。若更积恶不修，恶无有尽。须行善业，以夺恶因。《譬喻经》云：“昔有国王，出射猎还，过寺绕塔，为沙门作礼。群臣共笑之，王乃觉知，问群臣曰：“有金在釜，釜中汤沸，以手取金，可得不？”答曰：“不可得。”王言：“以冷水投中，可取得不？”臣白王言：“可得也。”王言：“我行王事，射猎所作如汤沸。烧香、燃灯、绕塔，如持冷水投沸汤中。夫作王有善恶之行，何故但有恶无善乎！”

◎问：在家菩萨，亦许纯修善不？

答：若志苦心坚，一向归命，如鹿在网，若火烧头，惟求出离之门，不顾人间之事，自古及今，亦多此等。《譬喻经》云：“昔有国王，大好道德，常行绕塔，百匝未竟，边国王来征伐，欲夺其国。傍臣大恐怖，即白王言：‘置斯旋塔，以攘[①]重寇。’王言：‘听使兵来，我终不止。’心意如故，绕塔未竟，兵散罢去。”夫人有一心定意，无所不消也。是以河岳不灵，惟人所感。但能志到，无往不从。至于冰池跃鳞、寒林抽笋，故非神力，志所为也。

◎问：若广修万善，皆奉慈门，但禀真诠，有妨世谛。则处国废其治国，在家阙于成家，虽称利人，未得全美。

答：佛法众善，普润无边，力济存亡，道含真俗。于国有善则国霸，于家有善则家肥，所利弘多，为益不少。所以《书》云：“积善之家必有余庆，积恶之家必有余殃。”又云：“行善降之百祥，为恶降之百殃。”《宋典》，文帝以元嘉中，问何侍中曰：“范泰、谢灵运云：‘六经本是济俗，若性灵真要，则以佛经为指南。’如其率土之滨皆纯此化，则吾坐

① “攘”，清藏本作“禳”。

致太平也。”侍中对曰：“夫百家之乡，十人持五戒，则十人淳谨；千室之邑，百人修十善，则百人和厚。传此风训，以遍宇内，编户千万，则仁人百万。夫能行一善，则去一恶；去一恶，则息一刑。一刑息于家，万刑息于国。陛下所谓坐致太平也。”是以包罗法界，遍满虚空，一善所行，无往不利，则是立身辅化、匡国保家之要轨矣。若以此立身，无身不立；以此匡国，无国不匡。近福人天，远阶佛果。

◎问：所修万善，以何为根本乎？

答：一切理事，以心为本。约理者，经云：“观一切法，即心自性，成就慧身，不由他悟。”此以真如观、真实心为本。约事者，经云：“心如工画师，能画诸世间，五蕴悉从生，无法而不造。”此以心识观、缘虑心为本。真实心为体，缘虑心为用；用即心生灭门，体即心真如门。约体用分二，惟是一心。即体之用，用不离体；即用之体，体不离用。开合虽殊，真性不动。心能作佛，心作众生；心作天堂，心作地狱。心异则千差竞起，心平则法界坦然；心凡则三毒萦缠，心圣则六通[①]自在；心空则一道清净，心有则万境纵横。如谷应声，语高而响大；似镜鉴像，形曲而影邪。以万行由心，一切在我。内虚，外终不实；内细，外终不粗。善因终值善缘，恶行难逃恶境。蹈[②]云霞而饮甘露，非他所授；卧烟焰而啖脓血，皆自所为。非天之所生，非地之所出，只在最初一念，致此升沉。欲外安和，但内宁静。心虚境寂，念起法生；水浊波昏，潭清月朗。修行之要，靡出于斯。可谓众妙之门，群灵之府，升降之本，祸福之源。但正自心，何疑别境？经云：“为善福随，履恶祸追；响之应声，善恶如音；非天龙鬼神所授，非先祢后裔所为。造之者惟心，成之者身口矣。佛说偈曰：心为法本，心尊心使；中心念恶，即言即行，罪苦自追，车轹于辙。心为法本，心尊心使；中心念善，即言即行，福乐自追，如影随形。”《华严

① “通”，《大正藏》本作“道”。

② “蹈”，《大正藏》本作“踏”。

经》云：“智首菩萨问文殊师利：云何得无过失身口意业？乃至为上、为无上，为等、为无等等？文殊师利答言：佛子！若诸菩萨善用其心，则获一切胜妙功德。”《密严经》云：“如地无分别，庶物依以生；藏识亦如是，众境之依处。如人以己手，还自摩掻身；亦如象以鼻，取水自沾沐；复似诸婴儿，以口含其指。如是自心内，现境还自缘。是心之境界，普遍于三有。久修观行者，而能善通达。内外诸世间，一切惟心现。”以此之言，岂止万善之本，乃至有情、无情，凡圣境界，虚空万像，悉为其本。亦云：“无住为本。”本立道生，斯之谓矣。

◎问：万行之源，以心为本。助道门内，何法为先？

答：以其真实正直为先，慈悲摄化为道。以正直故，果无迂曲，行顺真如；以慈悲故，不堕小乘，功齐大觉。以此二门，自他兼利。

◎问：前明先知正宗，遍行助道。今[①]万行门中，以消疑滞，未审以何为宗旨？

答：佛法本无定旨，但随入处，明见心性，权名为宗。

◎问：以何方便，而得悟入？

答：有方便门，应须自入。

◎问：岂无指示？

答：见性无方，云何所指？实非见闻觉知境界。

◎问：既无所指，明见之时，见何物？

答：见无物。

① “今”，底本作“令”，现按清藏本、《大正藏》本校订。

◎问：无物如何见？

答：无物即无见。无见是真见，有见即随尘。

◎问：若然如是，教中佛云何亦说见？

答：佛随世法，即是不见见，非同凡夫执为实见。究竟而论，见性非属有无，湛然常寂。

◎问：毕竟如何？

答：须亲省察。

◎问：前云心外无法，云何称有见即随尘？

答：一切色境，皆是第八识亲相分现量所得，实无外法。眼见色时，未生分别；刹那转入明了意识，分别形像，作外量解，遂执成尘境。

◎问：此境何识所现？

答：尘以识所现，内识变起，似尘而现。如镜中见自面像，非他影现。《唯识论》云："内识转似外境，我法分别，熏习力故，诸识生时，变自我法。此我法相虽在内识，而由分别似外境现。诸有情类，无始时来，缘此执为实我、实法。如幻梦者，幻梦力故，心似种种外境相现，内识所变，似我似法，虽有而非实。"经云："由自心执著，心似外境转；彼所见非有，是故说惟心。"此由约事而论，说为识变；若深达真如，一切诸法，本来不动，即心自性，亦非待变。

◎问：此尘与识，从何而立？

答：谓由名言熏习种子而得建立，实无其体，而似有义，相貌显现，如幻物等。因名立法，因法建名；名中无法，法中无名；无体互成，有相俱寂。

◎问：此识既不立，何识为宗？

答：诸识亦无毕竟所归。约极权论，惟一真性。此乱识，为遣境故立；境消识谢，能所俱亡，惟一真识，即是实性。《三无性论》云：“先以乱识遣于外境，次阿摩罗识遣于乱识，究竟惟一净识。”

◎问：理事无阂，万事圆修，何教所宗、何谛所摄？

答：法性融通，随缘自在，随举一法，万行圆收，即华严所宗，圆教所摄。若六度万行，成佛度生，虽净缘起，皆世谛所收。若发明本宗，深穷果海，则理智俱亡，言心路绝。

◎问：此集所陈，有何名目？

答：若问假名，数乃恒沙。今略而言之，总名万善同归，别开十义：一名理事无阂，二名权实双行，三名二谛并陈，四名性相融即，五名体用自在，六名空有相成，七名正助兼修，八名同异一际，九名修性不二，十名因果无差。

◎问：名因义立，义假名诠。既立假名，其义何述？

答：第一、理事无阂者，理则无为，事则有为。终日为，而未尝有为；终日不为，而未尝无为。为与无为，非一非异，同法性源，等虚空界。若云是一，《仁王经》说：“诸菩萨有为功德、无为功德，皆悉成就。”若但是一，不应说有二种功德。若云是异，《般若经》云：“不得离有为说无为，不得离无为说有为。”是以理事相即，非断非常，起灭同时，无阂双现。

第二、权实双行者，实则真际，权则化门。从真际而起化，实外无权；因事迹而得本，权外无实。常冥一旨，无阂双行；遮照同时，理量齐现。

第三、二谛并陈者，诸佛常依二谛说法，何以故？俗是真诠，了俗无性，即是真谛。故云：“若不得俗谛，不得第一义。”所以真不待立而常现，俗不待遣而自空。二谛双存，如同波水。水穷波末，波水同时；波彻水源，动湿一际。

第四、性相融即者，《无量义经》云：“无量义者，从一法生。”

所言法者，即是真心。从一真心，具不变、随缘二义。不变是性，随缘是相。性是相之体，相是性之用。以不了根源，则妄生诤论。如今毁相者，是不识心之用；毁性者，是不识心之体。若能融通，取舍俱息。

第五、体用自在者，体即法性之理，用乃智应之事。举体全用，用即非一；举用全体，体即非异。即体之用不阂用，即用之体不失体。所以一味双分，自在无阂。

第六、空有相成者，且夫一切万法，本无定相，互成互坏，相摄相资。空因有立，缘生故性空；有假空成，无性故缘起。因义显别，随见成差。迷之则万状不同，悟之则三乘不[①]异。何者？且如有之一法，小乘见是实色；初教观为幻有；终教则色空无阂，以空不守自性，随缘成诸有故；顿教见一切色法，无非真性；圆教见是无尽法界。若如是融通，即成真空妙有，有能显万德，空能成一切。

第七、正助兼修者，正即是主，助即是伴。因伴成主，无助即正终不圆；从主得伴，无正则助无由立。是以主伴相成，正助兼备，亦是止观双运，隐显互兴，内外更资，乘戒兼急。

第八、同异一际者，同则据理不变，异则约事随缘。所以不变故，乃能随缘；随缘故，所以不变。只为不异而成异事，不同而立同门。若异则坏于异，以失体故；若同则不成同，以无用故。所以同无同而异，异无异而同。各执即落断常，双融即成佛法。故经云："奇哉！世尊于无异法中，而说诸法异。"

第九、修性不二者，本有曰性，非从观成；今显曰修，因智而现。由修显本有之性，因性发今日之修。全性成修，全修成性，修性无二，因缘似分。

第十、因果无差者，因从果起，果满则乃成因；果逐因生，因圆则能立果。事分前后，理即同时，相助相酬，业用无失。

---

① "不"，底本作"亦"，现按清藏本、《大正藏》本校订。

◎问：此集所申，当何等机？得何等利？

答：自他兼利，顿渐俱收。自利者，助道之圆门，修行之玄镜；利他者，滞真之皎日，二见之良医。顿行者不违性起之门，能成法界之行；渐进者免废方便之教，终归究竟之乘。若信之者则禀佛言，若毁之者则谤佛意。信毁交报，因果历然。略述教海之一尘，普施法界之含识。愿弘正道，用报佛恩。颂曰：

菩提无发而发，佛道无求而[①]求。
妙用无行而行，真智无作而作。
兴悲悟其同体，行慈深入无缘。
无所舍而行檀，无所持而具戒。
修进了无所起，习忍达无所伤。
般若悟境无生，禅定知心无住。
鉴无身而具相，证无说而谈诠。
建立水月道场，庄严性空世界。
罗列幻化供具，供养影响如来。
忏悔罪性本空，劝请法身常住。
回向了无所得，随喜福等真如。
赞叹彼我虚玄，发愿能所平等。
礼拜影现法会，行道足蹑虚[②]空。
焚香妙达无生，诵经深通实相。
散华显诸无著，弹指以表去尘。
施为谷响度门，修习空华万行。
深入缘生性海，常游如幻法门。

① “而”，《大正藏》本作“故”。

② “虚”，清藏本作“真”。

誓断无染尘劳，愿生惟心净土。
履践实际理地，出入无得观门。
降伏镜像魔军，大作梦中佛事。
广度如化含识，同证寂灭菩提。

戒　修

九、受菩萨戒法[1]

受菩萨戒法并序

大吴越国慧日永明寺智觉禅师延寿集序

详夫菩萨戒者，建千圣之地，生万善之基，开甘露门，入菩提路。《梵网经》云："众生受佛戒，即入诸佛位。"欲知佛戒者，但是众生心，更无别法。以觉自心，故名为佛；以可轨持，故名为法；以心性和合不二，故名为僧；以心性圆净，故名为戒；以寂而照，故名为般若；以心本寂灭，故名为涅槃。此是如来最上之乘、祖师西来之意。闻者多生遮障，见者咸起狐疑，以垢深福薄故，是盲者不见，非日月咎。若有志心受者、闻者，法利无边，七辩赞之莫穷，千圣仰之无际。可谓真佛之母，生诸导师；妙药之王，能治众病。入道之要，靡越于斯矣！

卢舍那佛说十地法门，运菩萨之律仪，立如来之行业。恒沙戒品，圆三聚而统收；万行因门，唯一念而具足。五位大士，莫不赖此因圆；十刹宝王，无不由兹果满。今者欲弘大事，难称时机。若曾宿种一乘，方乃能生信解。情执之者，何以决疑？须陈问答之由，以袪邪外之障。

◎问：夫菩萨戒者，乃文殊、普贤之俦，具缚凡夫如何得受？

答：若执凡夫非普贤者，即是灭一乘种，古圣不合云："普照尘劳业惑门，尽是普贤真法界。"若执众生非佛者，即是谤十方佛，大教不

① 收于《卍续藏》第59册，经号1088。

合云："佛心与众生，是三无差别。"以《梵网经》云："一切有心者，皆应摄佛戒。"且禀人者，谁不有心？凡成佛者，皆从心现。所以释迦出世，开众生心中佛之知见；达磨西来，直指人心，见性成佛。故祖师云："即心是佛，即佛是心。离心非佛，离佛非心。"所以一切色心，是情是心，皆入佛性戒中，即众生佛性之心，具佛心戒矣！况菩萨戒唯以开济为怀，不同小乘局执事相。是以菩萨饶益有情之戒，但济物利人，如末利夫人惟酒为戒，仙豫大王惟利惟慈，但行利物之心，即时秉持之志。曷乃于法界而分疆域、向大道而定方隅，徒自劳形，反招余咎。

◎问：众生心既具佛戒，何用更受？

答：诸佛教法，皆是为未了者，以暂亡故，似有迷昧，今即约事重明，故称受戒。自性妙律，圆理昭然，靡隔凡圣，未尝迷悟。《法句经》云："戒性如虚空，持者为迷倒。"《大般若经》云："持戒比丘不升天堂，破戒比丘不入地狱。何以故？法界中无持犯故，一切法空故。"今为未见性人，方便发扬，令信心戒，约事开导，体用双明。只如十重、四十八轻垢，轻重虽殊，总约事说。别而不别，理事一际；不别而别，持犯条然。不离事求理，起断灭之心；不离理行事，执常情之见。

◎问：具缚凡夫，根微垢重，若令受戒，毁犯益多，若不观根，返遭沦坠。

答：只为垢重障深，令受佛戒。现行烦恼虽厚，佛乘种子无亏。贵闻自本有之佛性善根，诸佛不可思议戒之威力，能令佛心明朗、烦恼轻微。设少持时，功德无量。才发一念，已过声闻。诸佛校量，群经具载，不可以情思臆断，背佛违经，谤大之愆，罪沦长劫。《菩萨璎珞经》云："佛言：佛子！若过去、未来、现在一切众生，不受菩萨戒者，不名有情志[①]者，畜生无异，不名为人，常离三宝海。非菩萨，非男非女，非鬼非人，

① "志"，《菩萨璎珞本业经》中作"识"。

名为畜生，名为邪见，名为外道，不近人情。故知菩萨戒有受法而无舍法，有犯不失，尽未来际。若有人欲来受者，菩萨法师先为解说读诵，使其心开意解，生乐著心，然后为受。又复法师能于一切国土中教化一人出家受菩萨戒者，是法师其福胜造八万四千宝塔，况复二人、三人乃至百千人，福果不可称量。其法师者，夫妇六亲得互为师。受其戒者，入诸佛界菩萨数中，超过三劫生死之苦，是故应受。有而犯者，名为菩萨，胜无而不犯。有犯名菩萨，无犯名外道。”

◎问：何不以八关、十善渐渐度之，能称小机，免成毁犯。

答：经云：“若以十善化人，如将毒药与人，虽一期得人天之饱，不免生死毒发，终不出轮回，翻增业垢。若以小乘开化，即是大乘冤鸩，解脱深坑，可畏之处。”经云：“宁起狐狼野干心，不起声闻辟支佛意。”所以云：但说大乘无咎。

◎问：说法受戒，本为超出苦源，何乃却令诽谤毁犯，翻堕地狱，有损无益，何成化门？

答：自有闻而顿悟，或有闻而渐持，或有闻而起谤，随机不同，皆能获益，佛法真实，终不唐损。如置毒乳中，味味杀人；又如以毒涂鼓，远近皆丧。此大乘戒法，闻而起谤，尚获大益，起尚[①]供养恒沙佛人，何况谛信，一心求受？所以文殊菩萨经中校量云：“譬如有人闻说般若，起谤不信，堕地狱，胜供养恒沙佛者。何以故？供养恒沙佛，只得人天生灭之福。若闻般若，毁谤堕地狱，受谤法毕，以闻般若为种，才闻说般若，便得心开，刹那成佛。校其功力，天地悬殊。”

又《诸法无行经》云：“有一净威仪法师，怜愍众生故，从所住处，常入聚落，食讫而还，教化百千万家，皆作佛子，令发阿耨多罗三藐三菩提心。又有一威仪比丘，常住寺中，乃至不能善于菩提所行之道。净威仪

① “起尚”，疑为“尚超”。

法师诸弟子众生，常入聚落，生不净心，即鸣楗槌，集众立制：‘汝等自今已去，不应入于聚落。’于后净威仪法师遇有威仪比丘，知不信受大乘戒法，强说一偈，以作大乘种。必知不信，诽谤入地狱，地狱罪毕，因闻此法，为悟道之因。颂曰：‘贪欲即是道，嗔恚亦复然，如是三法中，具一地佛法。’有威仪比丘闻已诽谤，起是业已，后时命终，是业果报故，堕阿鼻大地狱九十百千亿劫，受诸苦恼。从地狱出，六十三万世常被诽谤。其罪渐薄，后作比丘，三十二万世，出家之后，是业因缘，返道入俗。乃至无量千万世，诸根暗钝。师子游步，于汝意云何？尔时有威仪比丘岂异人乎？勿造斯观，则我身是。我时起是微细不净恶心，受此罪业，堕于地狱。若人不欲起微细罪业者，于彼菩萨不应起于恶心。菩萨所行道，皆当信解，不应起嗔恨之心。乃至如来见是利故，常说是法。”

故知因闻此大乘法而得成佛，闻而起谤尚得成佛，何况志诚求闻、求受？且如菩萨戒中，十重淫杀等戒，只如现在不受戒凡夫，从无始来具造杀盗淫欲等事、悭贪嗔恚等法，过去已造、现在今造、未来当造，念念无间，心心靡移，恒没生死，恒沈苦狱，故经云：“阎浮众生举足动步，无非是罪。”若行杀害，堕畜生中，互为高下；若起嗔恚，堕地狱中，常时烧煮；若生悭贪，堕饿鬼中，饥火常燃。故《法华经》云：“于地狱中，作园观想。驼驴猪狗，是其行处。”所以莲华色比丘尼，昔为戏人，披法服时，以宿命智，观过去无始前，恒处地狱，无有出期，遂乃广劝王舍城中释种等女，但出家，破戒入地狱，终有解脱之时。是以但受破戒，速超得道之场；不受不破，永处泥犁之患。以业道罪相酬，无有休息。故《决定毗尼经》云：“佛言：优婆离！何故修大乘行菩萨戒宽容无犯？何故声闻禁戒窄狭严切？优婆离！当知若初修大乘行菩萨戒，晨朝有犯，应当结罪，至午若菩提心无间断，戒聚成就，则非所犯。乃至中夜有犯，至于后夜，菩提心无间断，戒聚成就，则非所犯。优婆离！当知初修大乘行菩提心，戒行宽缓。若有菩萨结罪有犯，不应悔惧。复次，若声闻犯戒，戒相则灭，无复更全。何故？为声闻持戒除烦恼故，如救头燃烧衣，心速为求寂灭涅槃，坚持戒行。”以知菩萨为发菩提无上心故受戒，虽暂有犯，乃从事而论，一期所制，若菩提心、四弘愿不断，即不名犯；若永舍菩提心，违四弘誓，即名犯戒。以声闻人不发菩提心，受戒但求出离，事戒才犯，持心即断，以从生灭边论故。若菩提心、菩萨戒，约尽未来际，无有间断故。又经云："犯戒名菩萨，不犯名外道。"以未闻大乘佛性戒故，无可得犯；纵修万善，皆是无益苦行所收。种苦求甘，终无得理；蒸沙作饭，岂有成时？所以梁帝发愿云："不愿作郁头蓝子，暂得生天；宁可作提婆达多，永处地狱。"

且如不受戒众生，法尔累聚，烦恼所萦，皆堕地狱，设得暂出，还堕轮回。似蚁循环，如火旋转。若得戒力，心遇缘因，一念回心，自然开悟。经云："如王生子，为民所敬。得戒护人，生圣种中，后必得圣，如绍王位。"设有毁犯，如菩萨戒八胜中第五，受罪轻微，胜堕六趣中常得为王，此是劣中之胜。又如出家比丘，谁是微细精持戒人？二地分持，惟佛能净。所以经云："惟佛一人持戒清净，其余尽名破戒者。"

《南山》云："受者法界为量，持者麟角犹多。"又云："坐受立破，得无量福。乃至但作奉戒之心，莫作得戒之限。《善生》云：'天地无边，戒亦无边；草木无量，戒亦无量。虚空大海高深，戒亦高深亦复如是。'故知受时，十方戒法无边；破者毫厘少分，终不尽破。"所以《萨婆多》云："宁可一时发一切戒，不可一时犯一切戒。"宁可有戒可犯，不可无戒可破。如无戒可破之人，莫道具造恶业，只如深山远谷、木食草衣，百千万劫修远离行，若不受戒法，《大智度论》中文殊菩萨呵云"与禽兽无异"。又《宝林传》中，有小乘持戒比丘，眼不观色，耳不听声，以不达佛理故，受施主供养，尚作大蕈还债，岂况无戒信受、理行都无者欤？

如上所引，事理照然。金口不易之真诠，古圣现行之榜样。何得凭虚作实、背正投邪，障他无上之善根、起自菩提之大难？若不投诚忏悔，舌烂口中。善恶因缘难逃，苦乐立即交报。

◎问：何故犯菩萨戒不名犯，而戒性无尽？

答：夫菩萨戒，若约理推，即惟心，心性无尽，所以《璎珞经》云：

“一切凡圣戒，尽以心为体。若约事明，初发菩萨心四弘誓愿，并彻未来际摄化有情，不同人天二乘等，戒力消尽。若辟支佛戒，无大悲故，戒力消尽。舍利弗！当知菩萨摩诃萨戒行无尽。何以故？一切净戒，皆因菩萨戒摄现前故。譬如种子渐多，利益无尽。舍利弗！当知菩萨心者，犹如种子，诸佛如来戒行无尽，是大丈夫，名无尽戒行。舍利弗！是修行菩萨持戒故，戒行无尽。”又受菩萨戒，具五功德、八殊胜，向下广明，校量无尽。

◎问：如上所说，云何是菩萨破戒？

答曰：昙无谶《菩萨戒本》云：“略有二事，失菩萨戒：一舍菩萨愿，二增上恶心。除是二事，若舍此身，或终不失。从是以后，所生之处，当有此戒。”增上恶心者，所谓妄说人法二空，未得为得，生大邪见，起不信心，故犯轻重之垢，不生怖畏。若有因缘，或犯轻重等戒，虽暂时破，深信因果，常生忏悔，即不名犯。又昙无谶《戒本》云：“若菩萨嗔他受著，嗔事不体息者，犯重垢罪。不犯者，常欲舍嗔，嗔心犹起，是名不犯。”

◎问：于诸佛诱进门中，方便极多，省要提携，何不劝生安养？岂须破戒，翻障净方。

答：若生安养，教受九品之文，上根受戒习禅，中下行道念佛。众生根器不等，不可守一疑诸。《大乘起信论》明诸佛本意，为摄大乘初入信之人，恐生恶世，难得成就，令回向往生，免得退转。若见佛法身，易成就法忍。此是明文，证上品往生，如文殊菩萨，云如壮士屈伸臂顷，上品见佛，便证菩萨初地。如下第九品闻大乘不信佛戒，或只念佛，乃至临终回向，亦得往生，十二劫始花开，未得见佛，渐证小乘。格其圆功，迟速大隔。若受菩萨戒发无上菩提心者，已信大乘，已受大法，中间设破，亦兼念佛忏悔助生，又得戒威德力、发大乘心力。不受戒者，亦造恶业，只有念佛之力，全无戒力及闻大乘法等力。约世间论，少力且不如多力，庶人力不如国王力。其但念佛名下品生者，临终难值遇善友，皆遇缘差，又志力不坚，数数间断，恶业深厚，善弱难排，须是众缘，方能克证。故经云："非少福众生，而得生彼。"何如大小俱运，权实兼行，广备资粮，万善熏发，一心决定，可趋莲台。此论受戒而破者。或有顿持，或有渐持，若但令一门念佛往生，则九品虚设，上品大乘，孤然可弃，从上诸佛不合制戒及禅定、多闻，但说一门以度群品。

天台教云：以八教网，捞人天鱼。有顿、有渐，不定、秘密，藏、通、别、圆，如是机接，尚不得一，且一网孔如何张鸟？一士夫如何治国？诸佛无有定法，故号阿耨菩提。机病不同，法药有异。医不专散，天不长晴，或有闻法悟者，或有坐禅悟者，或有念经得度，或有受戒证真。诸佛大意，以可度为怀。设不可度者，说真实法亦不得入；若可度者，说虚妄法亦得超彼。故佛言："若以虚妄得度者，我亦妄语。"菩萨修六度万行，如乘死尸过海，亦如囚禁，厕孔得脱，终不定一法是，定一法非。乃至斥妄谋真，舍此取彼，并是执缚自绳，疑网所笼，情见不忘，致兹大失。三乘十二分教，惟翳我执愚心，执尽情亡，智生道现。故经云："眼病见空花，除翳不除花。妄心执有法，遣执不遣法。"若悟大道圆通之人，尚不见一法是，何有一法非？尽十方世界未有一人成佛，亦不见一人作众生。地狱在何方？天堂居何处？不省愚蒙翳目，争攀空里之花；岂察妄想疑根，徒怖暗中之鬼。实可怜愍，徒自惊嗟。

吾今依佛语故，遵至教故，曲顺机宜，随缘舒卷。有求大道者，说一乘之妙旨；来求小行者，布六行之权门。大小兼弘，禅律俱运。云云自彼，于我奚为？何得专愚，生于妄见，执权谤实，毁大怖空。萤焰何齐日驭之光，蚊嘴岂尽沧溟之底？逆风执炬，自取焚烧；漏管窥天，徒抱惭耻。今遵佛旨，右圣圆文，纂集施行，度有缘者。溥愿法界含识，凡有见闻，受菩萨戒而行菩萨心，发菩提愿而圆菩提果耳。

《梵网》菩萨戒仪（终）

跋[①]

天地，万物之父母；父母，子之天地，其所以覆育之恩，固非一生一身之所能报也。父母生我三子，以予末子，躬自乳哺，故于慈母，受恩偏重，非若他人之母子也。予常欲以温清之节、定省之读、甘旨之奉，不难其侧，供为子职。适致薄福，其于京畿无由民家舍可赖居，亦无官爵可仕，桂玉之忧不绝，故不在其侧，远归田舍，不顾名利，但以农业，退居累月矣。忽闻慈母罹疾，颠倒促行归觐，不及属旷与葬之时。不图母年未暮，而至于此！予至此而不见慈母，入其堂，像其形容言语，森然而不见、不闻矣。至其墓稽首，则孤坟寂寂，四山重重，亦无形声之见闻矣。泣洫痛哭，问天地，而天不语、地不言。我心茫茫，其谁知矣！何以使我早见风树之悲！以故不惜钱财，以泥金银写成众经之纲《莲经》二部，及诸经秘密等，庄严披读，兼设华严三昧忏，为荐先母兴安宅主李氏，灵驾超生净界，悟明自己；次愿严父顺平君朴天祥，兼及己身亲眷，现增福寿，归依三宝，尽力荐母，然后当成妙果，与先母一门同享法喜，广度众生，报佛恩德。又愿重创先母兰若，置此诸经，往往披读，每令先母来承聆法。又为己母，愿成一代全藏及《华严》诸经，永永追孝，不失平生抚育之恩。法界迷伦，同沐慈冷[②]尔。

---

① 底本前有经号“No. 1088-A”。跋文无署名，应是某位姓朴的人，为超荐亡母而刻印该卷经文时所作。永明大师俗姓王，因此这不是永明自己的跋文。

② “冷”疑为“恩”，或“泽”。

十、智觉禅师定慧相资歌[①]

祖教宗中有二门，十度万行称为尊，
初名止观助新学，后成定慧菩提根。
唯一法，似双分，法性寂然体真止，寂而常照妙观存。
定为父，慧为母，能孕千圣之门户，
增长根力养圣胎，念念出生成佛祖。
定为将，慧为相，能弼心王成无上，
永作群生证道门，即是古佛菩提样。
定如月，光烁外道邪星灭，能挑智炬转分明，滋润道芽除爱结。
慧如日，照破无明之暗室，能令邪见愚夫禅，尽成般若波罗蜜。
少时默，刹那静，渐渐增修成正定，
诸圣较量功不多，终见灵台之妙性。
暂闻法，才历耳，能熏识藏觉种起，
一念回光正智开，须臾成佛法如是。
禅定力，不思议，变凡为圣刹那时，
无边生死根由断，积劫尘劳巢穴堕。
湛心水，净意珠，光吞万像烁千途，
抉开己眼无瑕翳，三界元无一法拘。
觉观贼，应时克，攀缘病，倏然净，

① 据《永乐北藏》本（第 195 册，经号 1752 附）为底本，以《卍续藏》本（第 63 册，经号 1229）、《大正藏》本（第 48 册，经号 2018 附）为校本。

荡念垢兮洗惑尘，显法身兮坚慧命。
如断山，若停海，天翻地覆终无改，
莹似琉璃含宝月，倏然无寄而无待。
般若慧，莫能量，自然随处现心光，
万行门中为导首，一切时中称法王。
竭苦海，碎邪山，妄云卷尽片时间，
贫女室中金顿现，壮士额上珠潜还。
斩痴网，截欲流，大雄威猛更无俦，
能令铁床铜柱冷，顿使魔怨业果休。
和诤讼，成孝义，普现群生诸佛智，
边邪恶慧尽朝宗，蝼蚁鲲鹏齐受记。
偏修定，纯阴烂物刳正命；若将正慧照禅那，自然万法明如镜。
偏修慧，纯阳枯物成迂滞；须凭妙定助观门，如月分明除雾翳。
劝等学，莫偏修，从来一体无二头，
似禽两翼飞空界，如车二轮乘白牛，
即向凡途登觉岸，便于业海泛慈舟。
或事定，制之一处无不竟；或理定，唯当直下观心性。
或事观，明诸法相生筹算；或理观，顿了无一无那畔。
定即慧，非一非二非心计；慧即定，不同不别绝观听。
或双运，即寂而照通真训；或俱泯，非定非慧超常准。
一尘入定众尘起，般若门中成法尔，
童子身中三昧时，老人身分谈真轨。
能观一境万境同，近尘远刹无不通，
真如路上论生死，无明海里演圆宗。
眼根能作鼻佛事，色尘入定香尘起，
心境常同见自差，谁言不信波元水。
非寂非照绝言思，而寂而照功无比，
权实双行阐正途，体用更资含妙旨。

劝诸子，勿虚弃，光阴如箭如流水，
散乱全因缺定门，愚盲只为亏真智。
真实言，须入耳，千经万论同标记，
定慧全功不暂忘，一念顿归真觉地。
定须习，慧须闻，勿使灵台一点昏，
合抱之树生毫末，积渐之功成宝尊。
猕猴学定生天界，女子才思入道门，
自利利他因果备，若除定慧莫能论！

十一、警 世[1]

夫不体道本，没溺生死，处胎卵湿化、横竖飞沈之类。于中失人身者如大地之土，得人身者如爪上之尘。于人身中，多生边夷下贱；及处中国，或受女身；若为男子，癃残百疾。设得丈夫、十相具足者，处恐畏世，生五浊时，以肉为身，以气为命。一报之内，如石火风灯、逝波残照，瞬息而已。于中少夭，非横殂者，不计其数。或有得天年，寿极耳顺，万中无一。脱得知命之岁，除童稚无知，至三十豪、四十富，且约其间三十年，于中有疾病灾祸、愁忧苦恼，居强半矣。所以昔人有言："浮生一月之中，可开口而笑，只四五日矣。"故知忧长喜促，乐少苦多。如在万仞之危峰，似处千寻之沧海，纵得少乐，毕虑漂沉。

且夫有生劳我处胎，有老夺我壮色；有病损我形貌，有死坏[2]我神灵；有荣纵我骄奢，有辱败我意气；有贵使我骄倨，有贱挫我行藏；有富恣我贪婪，有贫乏我依报；有乐动我情地，有苦痛我精神；有赞起我高心，有毁灭我声价。乃至寒则逼切我体，热则烦闷我襟；渴则干我喉，饥则羸我腹；惊则慑我魄，惧则丧我魂；忧则挠我神，恼则败我志；顺则长我爱，逆则起我憎；亲则牵我情，疏则生我恨；害则殒我体，愁则结我肠。乃至遇境生心，随情动念，或美或恶，俱不称怀，皆长业轮，尽丧道本。其或更诡于君、悖于父，傲其物、趋其时，兽其心、狐其意，苟其

① 据《永乐北藏》本（第195册，经号1752附）为底本，以《卍续藏》本（第63册，经号1230）、《大正藏》本（第48册，经号2018附）为校本。

② "坏"，永乐北藏本作"壞"，现按《大正藏》载延宝八年刊宗教大学藏本及《卍续藏》本校订。

利、徇其名，诳其人、谄其行，附其势、欺其孤，渊其殃、崇其业，扇其火、吹其风，骤其尘、背其觉，邪其种、睽其真，但顾前、非虑后，只谋去、靡思回，唯求生、焉知灭？则念念烧煮，步步沟隍矣。

如今或得刹那在世，须蕴仁慈，行善修心，除非去恶。《书》云：“作善降之百祥，作不善降之百殃。”是以世间逆顺，种种因缘，空受身心妄苦，皆为不知三界唯是一心。以前五识眼、耳、鼻、舌、身，及第八识，皆是现量所得，无心外法。以第六明了意识，比量计度而成外境。全是想生，随念而至；若无想念，万法无形。故经云：“想灭闲静，识停无为。”又云：“诸法不牢固，唯立在于念。善解见空者，一切无想念。”若了一心之旨，心外自然无法可陈，岂有欣戚关怀、是非干念？佛颂云：“未达境唯心，起种种分别。达境唯心已，分别即不生。既了境唯心，便舍外尘相，从此息分别，悟平等真空。”故《起信论》云：“一切境界，唯心妄动。心若不起，一切境界相灭，唯一真心，遍一切处。是故三界虚伪，唯心所作，离心即无六尘境界。乃至一切分别，即分别自心。心不见心，无相可得。”先德云：“心外有法，生死轮回；心外无法，生死永弃。”经云：“诸法所生，唯心所现。”论云：“三界无别法，但是一心作。”既信一心，须以禅定冥合。如经云：“若能教三千大千世界众生令行十善，不如一食顷一心静处入一相法门。”若能谛了自心，以此定慧相应，则能不动尘劳，便成正觉。平生所遇，莫越于斯，普劝后贤，可书绅耳。

十二、永明智觉寿禅师垂诫[①]

学道之门，别无奇特，只要洗涤根尘下无量劫来业识种子。汝等但能消除情念，断绝妄缘，对世间一切爱欲境界，心如木石相似，直饶未明道眼，自然成就净身。若逢真正导师，切须勤心亲近。假使参而未彻、学而未成，历在耳根，永为道种，世世不落恶趣，生生不失人身。才出头来，一闻千悟。须信道：真善知识为人中最大因缘，能化众生得见佛性。

深嗟末世，诳[②]说一禅，只学虚头，全无实解。步步行有，口口谈空。自[③]不责业力所牵，更教人拨无因果，便说饮酒食肉不碍菩提，行盗行淫无妨般若。生遭王法，死陷阿鼻。受得地狱业消，又入畜生饿鬼，百千万劫，无有出期。除非一念回光，立即翻邪为正。若不自忏、自悔，自度、自修，诸佛出来，也无救尔处。若割心肝如木石相似，便可食肉；若吃酒如吃屎尿相似，便可饮酒；若见端正男女如死尸相似，便可行淫；若见己财、他财如粪土相似，便可侵盗。饶尔炼得到此田地，亦未可顺汝意在。直待证无量圣身，始可行世间逆顺事。古圣施设，岂有他心？只为末法僧尼少持禁戒，恐赚他向善俗子多退道心，所以广行遮护。千经所说、万论

---

① 《永明智觉寿禅师垂诫》，收于明·如卺续集的《缁门警训》卷第二，亦附载于《大正藏》本《万善同归集》卷末，题作“永明寿禅师垂诫”。现据《永乐北藏》本（第194册，经号1743）《缁门警训》为底本，以《大正藏》本《万善同归集》（第48册，经号2017）附文为校本。

② “诳”，《缁门警训》本作“谁”，现按《万善同归集》附文本校订。

③ “自”，《缁门警训》本作“日”，现按《万善同归集》附文本校订。

所陈，若不去淫，断一切清净种；若不去酒，断一切智慧种；若不去盗，断一切福德种；若不去肉，断一切慈悲种。三世诸佛同口敷宣，天下禅宗一音演畅，如何后学略不听从，自毁正因，反行魔说？只为宿熏业种，生遇邪师。善力易消，恶根难拔。岂不见古圣道：见一魔事，如万箭攒心；闻一魔声，如千锥劄耳。速须远离，不可见闻。各自究心，慎莫容易。

道　歌

十三、《法华》瑞应赋[①]

一心妙法，巧喻莲华。诵持而感通灵瑞，校量而福比河沙。善神拥护，真圣咨嗟。知命如见，证果非赊。兵仗潜空，密卫而皆居福地；异香满室，坐化而尽驾牛车。

尔乃燃臂归向，焚身供养。紫气腾空而演瑞，白光入火而标状。烧时而列宿飞下，迹处而金园立相。形消骨尽，舍珍宝而难可比方；火灭烟飞，唯心舌而铿然红亮。

书写经卷，功德无边。感佳梦而正误，送金精而入缘。白雀呈瑞，隐士书诠。四众潜泪，哀闻大千。宝殿遥分[②]而梦处，神僧送药而病痊。妙字才成，逝者而已闻生处；真文既缮，夭丧而忽尔增年。

帝释迎前，天童侍侧。普贤摩顶以慰喻，庙神请讲而取则。口放异光而何假银灯，舌生甘露而岂须玉食？

投崖不损，乏气增力。或施戒而行悲，或谤消而难息。说法闻於金口，得定超於真域。能令凡质，毛孔孕紫檀之香；任坏肉身，舌表现红莲之色。

甘雨洒地，天花坠空。红烛燃於眼里，白莲生於掌中。神游佛国，迹现天宫。水满金瓶，自冬温而夏冷；斋陈玉馔，遂应供而身通。

---

① 《法华瑞应赋》，一卷，见载于《全唐文》卷九二二（清·董浩等编，中华书局1983年11月出版）；亦载于《全宋文》第二册卷一三（曾枣庄、刘琳主编，上海辞书出版社、安徽教育出版社2006年8月出版），作“法华灵瑞赋”，其所据底本为明嘉靖刻本《感通赋》。本书以《全唐文》本为底本，《全宋文》本为参校本。

② “分”，《全宋文》作“兮”。

猴侍虎随，除魔去病。异花生於讲座，甘泽霆於谈柄。冥司随喜，灵神请命。扶危忏罪，驾苦海之慈航；拔死超生，悬幽途之明镜。

当圆寂之时，灵通可知。或山崩而地动，或花雨而乐随。金殿房中而焕赫，宝盖梦里而威蕤。驾乘潜来，见身忽生於他国；空声密报，栖神俄托於莲池。

食感舍利，空中弹指。讲闻异钟，锡扣池水。或救旱而使龙，或持咒而降鬼。可谓独妙独尊，尽善尽美！任千圣以赞扬，难穷妙旨。

十四、《华严》感通赋[①]

《感通赋》序

详夫圣教以赞扬为美，王道用歌詠为先。虽才不可称，而事且归实。《神栖安养赋》者，菩萨以严佛刹为本心，生净土为正业。《法华灵瑞赋》者，诸佛降灵之体，群生得道之源。《华严感通赋》者，性海无尽之门，法界圆融之旨。《金刚证验赋》者，无我无人之大略，不生不住之宏纲。《观音应现赋》者，闻性成佛之本宗，普门垂化之妙迹。然诸佛道等，菩萨行齐，一切诸经，所诠无异。然则能诠有妙，悲愿弘深。就中安养宝尊、观音大士，《华严》满教、《金刚》上乘、《法华》圆诠，甚为殊胜，遍于此土，一切含生，因缘最深，根机颇熟。凡有归命，无不感通；但若受持，悉彰灵应。今为未为之者、不信之人，广引经文，搜其宝录，各成赋詠，显出希奇。令知佛语不虚，经文有据。发起信力，坚彼持心，同生安养之方，共证菩提之果云尔。

---

① 《华严感通赋》，见载于《全宋文》第二册卷一三（曾枣庄、刘琳主编，上海辞书出版社、安徽教育出版社 2006 年 8 月出版），同卷释延寿名下收有《感通赋序》一篇，其所据底本为明嘉靖刻本《感通赋》。

《华严》感通赋

华严至教，无尽圆宗。于一心而普会，摄众妙以居中。寂寂真门，遍尘沙而显现；重重帝网，指毛端而全通。

尔乃十种受持，殊功莫比。诵一偈，破铁城之极苦；暂顶戴，悟金言之深旨。倾诚忏悔，阉人而须发重生；毕命诵持，病者而瘿瘤全止。

当翻译之时，现大希奇，青衣侍侧，化出泉池，甘露霑于大地，香水洒于彤墀。百叶莲花，开敷荣于内苑；六方地轴，震动瑞于明时。

其或神童送药，野鸟翔集；天帝请讲，高僧顾揖。才观奥旨，知思议之难穷；乍听灵文，弘小典而何及！

上圣同推，下类难知。以少方便，功越僧祇。但闻其名，不堕修罗之四趣；或持一品，能成菩萨之律仪。

法界圆宗，真如榜样。升天而能退强敌，堕井而潜归宝藏。修禅习慧，冥通九会之中；列座腾空，位处二乘之上。

此典幽玄，不可妄传。大海量墨而难写，须弥聚笔而莫宣。金光影耀，冬葵艳鲜。力回垂死之人，魂归尘世；水滴持经之手，命尽生天。

非大非小，尘尘谛了。金光孕于口中，红莲生于舌表。证明列踊地之人，得果现生天之鸟。

大哉！无尽之宗，向丹台而洞晓。

十五、《金刚》证验赋[①]

无住般若，教海威光。讽诵而感通灵异，受持而果报昭彰。毕使凡身，未来而位登宝觉；能令促命，现世而寿续[②]金刚。

《洪范》五福，其一曰寿。坚持之者，偏承灵佑。湖神归命，受净戒而挫凶暴之威；病者投诚，愈沉痾而轸[③]慈悲之救[④]。

大旨甚深，罩古笼今，字字演无生之性，重重敷不住之音。任布七宝之珠珍，难偕四句；纵舍三恒之身命，莫比持心。

大教正宗，真如海藏。灵神拥护，阴官归向。坐一层之金榻，拔出冥中；降五色之祥云，迎归天上。

斯经也，降心为要，无我是宗。信解而体齐诸佛，受持而福等虚空。法力难思，不堕刀峰之所；神功罔测，能超骇浪之中。

一心受持，千圣称颂。滞魄投诚而归净道，苦战败阵而超危难。狱官现证，冥魂脱而世命增；恶友妒心，金文隐而霞条散。

---

① 《金刚证验赋》，见载于《永乐大典》卷之七千五百四十三，与其注释合在一起，卷首署名永明沙门延寿撰；亦载于《全唐文》卷九二二（清·董浩等编，中华书局 1983 年 11 月出版）；另载于《全宋文》第二册卷一三（曾枣庄、刘琳主编，上海辞书出版社、安徽教育出版社 2006 年 8 月出版）。本书以《永乐大典》本为底本，《全唐文》本、《全宋文》本为参校本。

② “续”,《全唐文》本作“绪”。

③ “轸”,《全宋文》本作“彰”。

④ “救”,《全唐文》本作“苦”。

或乃身枷自解，母眼双明。口门光耀，肉体坚贞。天香馥郁，仙乐凄清。临法而三刀不断，命讲而束素俄呈。写在空中，点点而雨霑不湿；求於纸内，重重而文彩全生。

是知大报攸长，正宗罕措。旨妙而难解难入，信顺而不惊不怖。金刚神暗使变肉为骨，须菩提密令断薰啖素。因书力而忏罪，遇火光而得度。积禄延年，扶持拥护。

异哉！为群典之大，还上升觉路。

附：《金刚证验赋》注[①]

无住般若，

经云：菩萨于法应无所住，乃至若菩萨不住相布施，其福德不可思量。

教海威光。

夫般若者，是一切众生真如之心，灵台妙性，寂照无遗。诸佛约众生心，故说诸教。

讽诵而感通灵异，受持而果报昭彰。

迄古至今，灵瑞非一。受持感应，向下当明。

毕使凡身未来而位登宝觉，

经云："一切诸佛及诸佛阿耨多罗三藐三菩提法，皆从此经出。"又云："修一切善法，则得阿耨多罗三藐三菩提。"夫经者，即是众生心。其心之性恒常不变，故号金刚。明了自心者，即是如来。经云："如来者，无所从来，亦无所去，故名如来。"即是真如一心，不去不来，无生无住，故名如来。能信此心，即得成佛，是以经云："凡有心者，皆当作

① 本文载于《永乐大典》卷之七千五百四十三，原题"金刚证验赋"，赋与其注释合在一起，卷首注明永明沙门延寿撰。从该注释内容、文笔及所引用的文献、事迹的年代来看，此文应是永明大师的自注，即是永明大师的一篇轶文。

佛。”若直信者，现今是佛；为未信者，故云未来成佛。

能令促命现世而寿续金刚。

梵文颂言：“云何得长寿，金刚不坏身？”持此经人多增寿算，向下当说。

《洪范》五福，其一曰寿。坚持之者，偏承灵佑。

《洪范五行》云：世间有五种福人，其一曰寿。梁时招提寺琰师读诵三岁，有异於世。初出家，年十一岁，有善相语琰师云：“虽聪敏明慧，而寿不长。年至十八，必当命终。”琰师遂入山，于藏中发愿，随手探经，乃得一卷《金刚经》。志心课诵，昼夜不息。因夜静坐诵经，忽觉似天明，光照檐庑，见一僧，身长一丈，手执一卷《金刚经》，语琰师云：“此经功德最不可思议。汝年二十，始可出山。”琰师依教，二十出山。路逢前相者，大惊：“服何妙药延年？”琰师实答。相者叹云：“经力不可思议。”

又隋时雍州赵文，因疾而死。经七日，其妻欲殓，觉一脚暖，至晚却苏，云初死之时，引文见王，问生时有何福业，文答一生唯诵《金刚般若经》。王云：“若得此经，功德最上。汝虽暂来，更合加年。即放汝还生，必当延永。”

又荆州江陵县尉李玄宗女五娘，年二十四，情存出家，常持《金刚般若经》。忽因身患，三日卒亡。至阎罗王所，王勘其女，元无罪尤。女告王言：“五娘常持《金刚经》。”王闻持般若之名，便放还生。临放之时，王告曰：“汝虽再生，汝父不久当来，为汝父爱吃鲙鱼，今有七百头鱼来诉汝父。汝若不信，归问父，夜睡之时，常梦落网已否？昼夜常头痛不？乃是此鱼作此患耳。”其女还家，一一白父。李玄宗闻语，惊惧非常，遂改恶修善，发心常持《金刚经》，仍写四十九卷。造毕，梦见数百青衣童子来谢曰：“君昔杀我，我欲杀君。愧君造经，今我离苦。我当往生，君当长命。”李玄宗於后果得寿年一百二十岁。

湖神归命，受净戒而挫凶暴之威；

昔江南有宫亭湖神，能兴云致雨，祸福交至。时有西天二婆罗门僧，各善咒术，欲降彼神，入庙。侧有一寺，寺内有一小僧，专持《金刚般若经》。见二客僧俱死，即直入庙中，徐声念诵。须臾之间，黑云忽起，湖水沸腾。忽见一物，身长一丈，声如雷震，目似电光，仆从三百馀人，皆持刀戟，直入庙中。见一小僧诵经，低头合掌，胡跪听经。俄尔之间，云开风静。其神向前云："《金刚般若》威力甚大，愿师慈悲，与弟子忏悔。"僧问云："汝何故枉杀二僧？"神曰："其二僧虽恃咒力，持戒不精，见弟子形容，自然怖死。伏愿和尚，与弟子受菩萨戒。"师乃授之。尔后庙神舍大蟒之身，安然不敢为害。因兹举众盛持此经。

病者投诚，愈沉痾而轸慈悲之救。

鄜州宝室寺僧法藏，戒行精微，一生造寺写经，崇新修故。至武德二年闰二月，因染重疾，夜梦一僧，身着青衣，手执《金刚经》一卷，口云："若能造此经，受持读诵，一生已来所有罪障，悉皆消灭。"于是应声许造，当时所患得愈。自后发愿造《金刚经》一百卷，寿年九十八。

大旨甚深，罩古笼今。字字演无生之性，

天亲菩萨以无生无住之理，制论解释诸部般若。乃至龙树祖师解《摩诃般若经》，制《智度论》一百卷，及《中论》等，广述无生之旨。如《中论》云："诸法不自生，亦不从他生，不共不无因，是故说无生。"

重重敷不住之音。

经云："所谓不住色布施，不住声香味触法布施。须菩提！菩萨应如是布施，不住於相。何以故？若菩萨不住相布施，其福德不可思量。"释曰：无住相者，即是自心无住。不於前际住，已过去故；不於后际住，未至故；不於中际住，常念念无住故。既不得前后，亦无中间，以心不住故，即万境万缘皆无所住，心境一如故。若了此义，其福实不可量，即与虚空等。

任布七宝之珠珍，难偕四句；

经云："'若人满三千大千世界七宝以用布施，是人所得福德宁为多不？'须菩提言：'甚多。''乃至若复有人於此经中受持乃至四句偈等，为他人说，其福胜彼。'"

纵舍三恒之身命，莫比持心。

经云："初日分以恒河沙等身布施，中日分复以恒河沙等身布施，后日分亦以恒河沙等身布施，如是无量百千万劫以身布施。若复有人闻此经典，信心不逆，其福胜彼。"先德云：四句功深，三恒力劣。以功深故，言下契无生，便同法界性。以力劣故，但得人天果报，尽入轮回矣。

大教正宗，真如海藏。

无量教法，同诠般若，以真如遍一切处，若心、若境，若教、若理，尽为其体。但明般若，万法齐归。但契一如，自含众德。

灵神拥护，

海州东海县令王钦明，常持《金刚经》，因妻杀戮物命，追入冥司。王问："君今读得《金刚经》已否？"答曰："诵得。"即对王前，只诵四句偈讫，有二金刚忽然而现。金刚现时，即放钦明还生。冥司便注命簿，寿年一百二十岁。其妻承此经力，亦得免罪，再生人道。

阴官归向。

长庆二年，上都大温寺僧灵幽，死经七日，见阎罗，王问曰："和尚在生，受何经业？"答云："贫道一生常持《金刚经》。"王言："善哉！善哉！"王遂合掌请诵斯经。灵幽便念经，讫，王曰："犹少一偈。

师寿命已尽，更放归人间十年，劝一切人持念此经。真本在豪州钟离寺石碑上。”灵幽遂奏，奉敕令写此经真本，添此偈，在“无法可说，是名说法”之后。

坐一层之金榻，拨出冥中；

歧州女人阿王，忽然身死，见阎罗王，问曰：“汝在生作何善缘？”答云：“常持《金刚经》。”王即与金床，坐诵经讫，王问：“何不诵咒？”答：“未曾见个。”即令藏中取本授与，遂放归生路。王言便付嘱向后生天，更莫来此。其咒遍可传行，勿令遗坠。

降五色之祥云，迎归天上。

唐开元年，遂州人任善因疾致死，见数十人并一僧同被驱掠，将去见阎罗王，王遂问僧：“生时作何福田？”僧云：“唯诵《金刚般若经》。”王即合掌，须臾之间，忽有五色云垂下布地。又见诸罪人并被枷锁，各付地狱。次有一冥官指任善云：“此人曾读《金刚般若经》二十五遍，兼读庾信文章。”王即令人引庾信示之。乃见一龟，有数个头。王云：“庾信好事文章，善谈经典，诽谤三宝，受此罪报。”任善却放重活，还归人间，备说斯事。

斯经也，降心为要，

经问：“云何降伏其心？”佛言：“如来善护念诸菩萨，善付嘱诸菩萨。汝今谛听，当为汝说。善男子、善女人发阿耨多罗三藐三菩提心，应如是住，应如是降伏其心。”

释曰：《论》云：“一切境界唯心妄动。心若不起，一切境界相灭，唯一真心，遍一切处。”故一切经论以心为宗，以心为要。心若不起，万法一如，本无动静；唯心分别，差别义生。故但降其心，千途自正。如傅大士颂云：“飞禽走兽我皆伏，唯是心贼最难治。”以一切众生攀缘之心，念念不住，相继不断，如蛇舌、如暴流、如火焰、如风疾。故圣人唯令制心，以为纲要。

无我是宗。

经云："得闻是经，信解受持，是人则为第一希有。何以故？此人无我相、人相、众生相、寿者相。"又云："通达无我法者，如来说名真是菩萨。"以我、人、众生、寿者等四相本空，众生妄执为有。若了本空，便成菩萨，不堕众生之见。

信解而体齐诸佛，

以信无我之理，解无住之宗，现身成佛。以诸佛体达人法二空、入无生无住之性以成佛故。所以《华严经》颂云："法性如虚空，诸佛於中住。"

受持而福等虚空。

如前经说，不住相布施，福等虚空。

法力难思，不堕刀峰之所；

隋皇十一年，太府寺丞赵昌，岌州人也，因患致死，心上微暖，后苏云：初死之时，便被鬼使领见王，王云："合入刀山地狱。"使人领去。见一官人苏洁，侍从数人，皆持宝函。官人云："此间文案极细，生前罪善，必无遗漏。"乃开函检文，唯诵《金刚经》。官人却引见王，王云："诵经功德，更合加年。"即放重活，从南出，见周武王著三重钳锁，枷杻其身，语昌曰："汝似我国内人，为我报大隋天子，道我为信任卫元嵩谗佞，使我除灭佛法。其卫元嵩，寻觅不得，其人已出三界。直至如今，久处幽系，可能为我造功德济拔？"其赵昌遂奏大隋天子，帝乃出敕，令天下每人出一钱，为周武帝作功德设斋，转《金刚经》。周武王遂得解脱矣。

神功罔测，能超骇浪之中。

温州参军郭承思，将家口九人，赴任之时，先发愿云："乞家口平安日，别转《金刚经》一卷。"考满之日，将家口共司法元珍，同船归本州。承思让司法於船后房，承思将家口在前头。忽值恶风，至越州界，船作两撅，承思独帆前头，得至越州，司法家口当时没溺。其司法在任之时，断罪不择良善，致招斯祸；承思珍戴《金刚》之力也。

一心受持，千圣称赞。

经云："如来灭后五百岁，有持戒修福者，於此章句能生信心，以此为实。当知是人，不於一佛、二佛、三、四、五佛而种善根，已於无量千万佛所，种诸善根。闻是章句，乃至一念生净信者，须菩提！如来悉知悉见。是诸众生，得如是无量福德。"

滞魄投诚而归净道，

泗州涟水县书生赵璧，往京举选，其妻亡，后乃及第还乡，去家十里，乃遇亡妻告其夫曰："是见亡后，生时衣服并在阿家处。今在冥司受罪，痛不可言。望於家处，乞一腰裙，为造《金刚般若经》一卷相救。若写经时，预来相见。"其夫还家后，一依所嘱，索裙写经，才及半卷，忽忆亡妻之言，遂往妻之墓所，唯见一老人口称我是土地，汝妻於昨日午时，承《般若经》功德力已生人天中，地下不可得见矣。

苦战败阵而超危难。

汴州褚西伦，因乱被差充军。行营一镇河北，经得九年，家中莫知消息。其妻发愿，每年出钱一千文，为夫主写《金刚经》。为经生作净衣、备蔬食，每书一字合掌，又念一佛，写经、装潢并讫。至夜，其夫主在河北，入阵交战，大输失，便奔窜。遇夜风雨，不知东西。唯见一道大光犹如火引，寻光信脚，备涉山川，便到家舍。其妻忽见其夫，欢喜踊跃。遂开函示夫，经潢犹湿。当此之时，汴州一境，家家抄写《金刚经》，悉皆诵持，顶戴归命。

狱官现证，冥魂脱而世命增；

《往生传》云：时有县尉，性好鹰猎，杀害为业。其妻常持《金刚经》，曾劝夫读一遍。后忽然命终，引到王所，因问狱官，其人有杀罪，合入镬汤地狱。为曾读一遍《金刚经》，因令受残罪。其狱卒便将一铁勺汤淋背上，且放还家，仍得延寿。

恶友妒心，金文隐而霞条散。

徐州有一老女人，积得十千文，欲专写一卷《金刚经》。忽有一经生来，请为写经，当时付十千文。经生用二千文起写经堂，三千文作新净衣，馀者买纸笔墨等，及装潢。每日持斋，专心洁净，抄写染潢，表轴已讫，安置堂中。近有别经生数人，嫉他得钱太多，欲来偷经藏毁。潜入室中，并不见经，唯存一卷白纸，却问主人："此经今在何处？略借看之。"其老女人脱旧衣裳，遂被新服，洗洒，香熏两手，入经堂中取所写经。见还适来白纸，文字分明。经生视之，即知灵圣，装潢俨然，条首俱备。是诸经生发起恶心，当时眉须一时俱落。

或乃身枷自解，母眼双明；

吉州卢陵县主簿周诠，母梁氏随男赴任。因母患眼，不睹光明，乃请假三日，堂上扫洒，请佛迎僧，转《金刚般若经》四十九卷，母眼双明。公务人王龛，自生异见，捉此幡花，缚周诠，见巡察使张驷，便推考著，枷讫，诠于时枷锁自开，无能禁者。驷问事由，即答："母患眼，遂立道场转经，王龛自生异见。"驷遂放之。

口门光耀，

《传》云：王新，任蜀道县令，欲归蜀去，无粮食得往。时有一僧，乃是蜀人，亦欲还，彼与王新同归。其僧有钱十千文，乃寄王新，若到益州，望依数还。其僧常持《金刚经》。同至绵州，王新密起害心，贵免钱债。夜共渡江，乃沉僧於急水中。其僧逢一流槎，专於槎上诵经。口中忽出五色毫光，江畔村人见光，驾船载上。其僧先到益州，王新后到，见僧愕然，白汗交出。傍人拭汗，当时随手眉须皆堕。

肉体坚贞；

苏州重玄寺僧智俨，常诵《金刚经》，忽於一日奄然坐终。其时寺内及遐迩，悉闻异香，复闻音乐。时正当暑，肉身不坏。至贞观七年，众乃漆身供养。

天香馥郁，仙乐凄清。

昔贞观初，镇州司法李生，常诵《金刚般若经》。后往洛阳，忽然染患而终。是日俱闻空中天乐异香，三朝不歇。

临法而三刀不断，

昔崔昭为寿州刺史，时有一健儿，抱罪合至极刑，使人斩之，三刀不断。昭问云："汝有何术？"答云："唯受持《金刚经》。"昭使人往取经来，拟使令诵之。看经上三刀痕，断路分明。昭合掌赞言："此经甚不可思议。"其人免罪，后愿出家，昭给钱五十千文，令充衣钵，时人号为三刀和尚。

又，司法三绰，祖、父并诵《金刚经》，因逢薛举贼破城壁，但是官人，尽皆诛戮。贼至绰身，举刀便断，遂乃免死。又惧乱兵来捉，遂隐厕中，专诵斯典，口中放光。贼寻光而来，乃是刀斩寸寸断者，乃曰："君但出去，我等终不相害也。"

命讲而束素俄呈。

昔陈末，因慧禅师，年十八，声振寰宇，讲经及论，三时不辍。忽见一人来云："请法师。"因此命终。唯心头尚暖，七日方苏。初死之时，至一城中，见一王，合掌恭敬云："弟子恶业，受此罪身，暂请师讲《金刚经》七日，讲讫放还。"乃与赎绢三百疋。及至惺悟，唯见匮中之绢，分明盈满。

写在空中，点点而雨霑不湿；

昔有河北一儒生，因妻病，遂发愿，许写一卷《金刚经》。其妻病愈，后以困乏故，纸墨不办，常系丹心，心口思惟，时不待人，恐违诚愿，遂於一日发心，于旷野空中，自亲手於空中书一卷经文，礼拜发愿而去。尔后於虚空书经处，乃至猛雨，其雨不霑。牧童采樵之人，皆於此避雨。

求于纸内，重重而文采全生。

如前所说，徐州老女人著净衣裳，熏手取经，于前经生白纸卷中，文字重生，装染如故。

是知大报攸长，正宗罕措。旨妙而难解难入，

持此经者，现身增福寿，当来证菩提，岂非果报攸长？攸者，远也。经云："尔时须菩提闻说是经，深解义趣，涕泪悲泣而白佛言：希有世尊！佛说如是甚深经典，我从昔来所得慧眼，未曾得闻如是之经。世尊！若复有人得闻是经，信心清净，则生实相。当知是人，成就第一希有功德。"又云："当知是经义不可思议，果报亦不可思议。"

信顺而不惊不怖。

经云："於后末世，有受持读诵此经，所得功德，我若具说者，或有人闻，心则狂乱，狐疑不信。"以经旨趣，但述无我无生。即一切众生现执坚牢，初闻不信，则起狐疑。若直信无生，深知无我，则不惊不怖，故

《法华经》云：闻诸法空，心大欢喜。

金刚神暗使变肉为骨，

开元三年，京兆府武功县丞苏七郎，专心诵持《金刚经》。阖家五十馀口，并皆蔬食。其妻崔氏亦诵此经。崔氏有亲来，见其吃菜年深，面无颜色，劝令私买肉味，益其颜状。崔氏因使人窃于市内买羊肉三斤，暗处盗食。才吃一脔，而变为骨，咽塞不能得进，又不能出，至日暮气断。经九十日，身体微暖，未敢棺殓。从六月十五日死，至九月十日始苏。家人问其事，云行至冥道，阎罗王问，汝是武功县丞妻，汝夫是大菩萨，因何盗食肉？金刚善神变肉为骨，哽汝令死。汝寿合年七十，为汝受持《金刚经》，今更添二十年，通满九十，却放还生。武功一县，道俗咸知，悉来参问。夫人、县官具录申州，州申台。帝闻，因此发心受持《金刚般若》，得延年益寿。帝亲御笔注出经文，散下诸州，令道俗各写一本，使众生怀渴仰之心，令徒侣获未闻之益，甚深般若，愿天下知之。

须菩提密令断薰啖素。

大历年中，河北道卫州别驾周伯玉，常持《金刚经》。忽於私第房中，见一道光，光内有梵僧在床前，唤云："檀越。"伯玉问云："是何僧？"答云："我是须菩提。为汝诵经数年，不断肉食，汝若志心求佛道，必须断肉。"从此已后断肉、蔬餐，转加课诵。

因书力而忏罪，

如前所述，僧法藏造《金刚经》，神人告云：一生已来所造罪障，悉皆消灭。

遇火光而得度。

如前褚西伦，因见一道火光，随光所引，得达家舍。

积禄延年，扶持拥护。

增福加寿，备在前陈。持此经人，诸佛护念。

异哉！为群典之大，还上升觉路。

约道门说，若服还丹一颗，增世间寿，立地升天。若释宗中，顿悟无住无生，深入《金刚般若经》，则永脱凡夫之地，当升第一义天，入如来寿量之海矣。

十六、观音应现赋[1]

宝陀大士，本迹幽深。廓十方而为愿海，指万汇而作慈心。见影闻名，降祉而洪钟待扣[2]；标心举意，应机而虚谷传音。

尔乃云暗藏身，贼惊驰走。逾狱解缚，脱枷卸杻。玄功罕测，得神力而添筋；慈济难思，辩方言而换首。

或其临刑不死，身挂枝头。现狮子而奔驰恶兽，化童儿而引过惊流。施药洗肠，免沉痾之极苦；回风灭火，脱危难之深忧。

虎啮栅而脱命，鼠傅疮而去病。应机犹电，鉴物如镜。箭不射而获安，剑莫伤而自庆。救崩堂之众，拔苦非虚；脱垂死之人，扶危究竟。

是知本居寂土，迹现娑婆；隐身避难，伏外降魔。梦里观形，出迷亡之险道；江中睹像，透没溺之狂波。

悲愿最深，群贤罕匹。身投郊外而泯踪，火照山中而得出。精诚所感，神人惊起而值甘泉；妙力何穷，化佛现身而除业疾。

次或深济难漂，炽焰不烧，圣身代刃而亲验，慈眼观之而匪遥。正念当兴，睹金像而随心赴愿；夙因才指，登王位而众国咸朝。

---

① 《观音应现赋》，据《全宋文》第二册卷一三（曾枣庄、刘琳主编，上海辞书出版社、安徽教育出版社 2006 年 8 月出版），此赋载于明嘉靖刻本《感通赋》中。沪藏敦煌卷子 81255 号（见《上海图书馆藏敦煌吐鲁番文献》第四册，上海古籍出版社 1999 年 9 月版）载有残篇，称“观音证验赋”，今仅存八行。《智觉禅师自行录》中又称之为“观音灵验赋”。本书以《全宋文》为底本，沪藏本、《永明延寿禅师全书》（刘泽亮点校整理，宗教文化出版社，2008 年）本为参校本。

② “见影闻名，降祉而洪钟待扣”十一字，据沪藏本补入。

石裂救死，火光引径。愿一子而密孕圣僧，刀三断而不成法令。求哀救而跛者能行，入苦忏而梵音清净。

奇哉！大觉称扬，实曰圣中之圣。

十七、永明山居诗[①]

慧日永明寿禅师山居诗序[②]

吴之樵

妙圆正修智觉禅师《永明山居诗》六十九首，其本山云孙大壑得之游衲担头，重刻于万历丙午，板藏圆照楼。自宋初迄明末七百余载，始得表章。后复与楼具毁，今又百余年矣。佛国山人黄松石家有藏本，予又为之校刻以行，原本讹字悉更定。时雍正十二年重九日。

① 《慧日永明智觉寿禅师山居诗》一卷，共六十九首，清光绪乙酉年（1885年）江北刻经处单行本，题海天精舍弟子同校梓。《全宋诗》第一册卷二（北京大学古文献研究所编，北京大学出版社1991年7月出版）有收录。本书依江北刻经处本为底本，《全宋诗》本为参校本，编号为整理时添加。

② 此据《敕建净慈寺志》（收于《中国佛寺史志汇刊》第一辑第十九册）卷十八。

慧日永明智觉寿禅师山居诗

（一）

此事从来已绝疑，安然乐道合希夷。
依山偶得还源旨，拂石闲题出格诗。
水待冻开成细流，薪从霜后拾枯枝。
因兹永断攀缘意，誓与青松作老期。

（二）

古树交盘簇径深，阒无人到为难寻。
只和算计千般事，谁解消停一点心。
冻锁瀑声中夜断，云吞岳影半天沉。
寒灯欲绝禅初起，透牖疏风触短襟。

（三）

只图闲适乐箪瓢，莫讶烟霞道路遥。
龙穴定知潜碧海，鹏程终是望丹霄。
拨云岩下来泉脉，嚼草坡边辨药苗。
门锁薜萝无客至，阉前时有白云朝。

（四）

贪生养命事皆同，独坐闲居意颇慵。
入夏驱驰巢树鹊，经春劳役探花蜂。

石炉香尽寒灰薄，铁磬声微古锈[1]浓。
寂寂虚怀无一念，任从苍藓没行踪。

（五）

心地须教合死灰，藏机泯迹绝梯媒。
芳兰只为因香折，良木多从被直摧。
寒逼花枝红未吐，日融水面绿全开。
支颐独坐经窗下，一片云闲入户来。

（六）

达来何处更追寻，放旷谁论古与今。
风带泉声流谷口，云和山影浇潭心。
资身自有衣中宝，济世谁藏室内金。
策杖偶来林下坐，鸟声相和唱圆音。

（七）

事多兴废莫持论，唯有禅宗理可尊。
似讷始平分别路，如愚方塞是非门。
刳肠只为生灵智，剖舌多因强语言。
争似息机高卧客，年来年去道长存。

（八）

碧峤经年常寂寂，更无闲事可相干。
超伦每效高僧行，得力难忘古佛书。

---

① “锈”，江北刻经处本作“绣”，现按《全宋诗》本校订。

落叶乱渠凭水荡，浮云翳月倩风除。
方知懒与真空合，一衲闲披憩旧庐。

（九）

幽斋独坐绝参详，兀尔何如骤世忙。
拯济终凭宏愿力，安闲须得守愚方。
柴门半掩花空落，苔径虚踪草自荒。
最好静中无一事，悠然唯得道芽长。

（十）

旷然不被兴亡坠，豁尔难教宠辱惊。
鼓角城遥无伺候，轮蹄路绝免逢迎。
暖眠纸帐茅堂密，稳坐蒲团石面平。
只有此途为上策，更无馀事可关情。

（十一）

触目堪嗟失路人，坦然王道却迷津。
井藤梗上存馀命，石火光中保幻身。
任老岂知头顶白，忘缘谁觉世间春。
容颜枯槁元非病，亭沼消疏不是贫。

（十二）

言行相应宜此地，空谈大隐也无端。
升沉歧路非他得，生熟根机且自看。
嗔火微烟还渐息，贪泉馀润亦消干。
平生正直须甘取，虚幻门中莫自瞒。

（十三）

怡和心境了然同，大道无私处处通。
举世岂怀身后虑，谁人暂省事前空。
门开岩石千山月，帘卷溪楼一槛风。
羸体健来知药力，缘心寂后觉神功。

（十四）

进退应须与智论，浮萍自在为无根。
扫门何太抛途辙，解佩犹能弃渥恩。
草径旋封迷旧迹，苔阶乱织露新痕。
不唯此景供游赏，无限烟萝尽一吞。

（十五）

尘网休重织是非，冥心何不合玄微。
庄周梦里多迷旨，惠子鱼中少见机。
拶路古松和冻折，盘空枯叶带霜飞。
一言可达知音者，还得从吾此路归。

（十六）

抱朴澄神蕴道光，石炉间爇六时香。
曳空横野云和静，逗石穿崖水自忙。
晚圃雨来葵叶嫩，晴坡烧后蕨苗长。
一心包尽乾坤内，莫把闲文更度量。

（十七）

松萝间锁一身孤，履道安禅是密谟。
借问野云谁断续，思量春草自荣枯。
多见异兽心堪伏，来惯幽禽不用呼。
万物尽从成熟得，莫教容易丧工夫。

（十八）

平生初志已酬之，怀抱怡然寂有归。
古帙懒开缘得意，幽房长闭为忘机。
数行鸟阵连云没，一带泉声隔岭微。
道合古今浑总是，何须更虑昔年非。

（十九）

青山一坐万缘休，努力应须与古俦。
散诞襟怀因绝趣，消疏活计为无求。
花明小砌和春月，松暗前轩带雨秋。
景像自开还自合，怡然何必更忘忧。

（二十）

自甘疏拙懒经营，大道从来戒满盈。
但起贪心迷有限，谁能触目悟无生。
云融远景危峰小，风戛寒溪野艇横。
禅后不妨敷六义，只图歌出野人情。

（二十一）

忙处须闲淡处浓，世情疏后道情通。
了然得旨青冥外，兀尔虚心罔象中。
泉细石根飞不尽，云蒙山脚出无穷。
樵夫钓客虽闲散，未必真栖与我同。

（二十二）

且停多事莫矜夸，寂寞门中有道华。
隈岭静同猿窟宅，栽松闲共鹤生涯。
荣来只爱添馀禄，春过谁能悟落花。
唯有卧云尘外客，无思无虑老烟霞。

（二十三）

沉沉竹院锁轻烟，澹澹霞光欲曙天。
遇境偶吟情自逸，逢人话道意无偏。
古松交处眠青帐，细草浓时坐碧毡。
只此逍遥何所得，蔬食寒寝度年年。

（二十四）

危岭如登百尺楼，千般异景望中收。
浮生但向忙时过，万事须从静处休。
道直岂教容鬼怪，理平唯只使魔愁。
空门莫说无知己，满目松萝是我俦。

（二十五）

巨侵层峦本自平，只缘人世强分明。
五侯门外悲欢意，长乐坡头去住情。
学道不如忘有念，修身争是了无生。
三祇功业犹难及，谁信尘劳直下明。

（二十六）

雾锁烟霾宴寂堂，含虚凝绿水云乡。
搜玄偈里真风远，招隐诗中野思长。
真柏最宜堆厚雪，危花终怯下轻霜。
滔滔一点无依处，举足方知尽道场。

（二十七）

投足烟峦养病躯，驰求终是用工夫。
千般有作皆从智，万种无依自合愚。
意地已抛尘事业，心田唯种稻根株。
非时免见千人世，野食山袍自有谟。

（二十八）

急景韶颜不可追，岂堪回首暂思之。
浮云已断平生望，高节须存往日期。
庭树任猿偷熟果，崖松停鹤惜高枝，
轮蹄碌碌何时歇，辗尽红尘为阿谁。

（二十九）

幽栖岂可事徒然，昼讽莲经夜坐禅。
吟里有声皆实相，定中无境不虚玄。
直教似月临千界，还遣如空度万缘。
从此必知宏此志，免教虚掷愧前贤。

（三十）

何如深谷一遗人，宴坐经行不累身。
废宅可嗟频换主，凋丛愁见几回春。
尖尖石笋烟笼碧，点点苔钱雨洗新。
堪笑古人非我意，居山多是避强秦。

（三十一）

有山有水更何忧，知足能令万事休。
大道不从心外得，浮荣须向世间求。
冲开烟缕飞黄鸟，点破潭心漾白鸥。
好景尽归余掌握，岂劳艰险访瀛洲。

（三十二）

万事从来只自招，安危由己路非遥。
笙歌韵里花先落，松桧枝间云未消。
数下磬声孤月夜，一炉香爇白云朝。
谁人会我高栖意，门掩空庭思寂寥。

（三十三）

万象从来一径通，但缘分别便西东。
遗簪只为情难尽，泣路方知意未穷。
偃仰不抛青嶂里，往来多在白云中。
平生分野应难比，涧饮林栖得古风。

（三十四）

遁逸从来格自高，莫将泰岳比秋毫。
冷烟寒月真吾侣，瘦竹苍松是我曹。
霜树叶疏幽径出，云泉声急晓风高。
唯当话道闲吟外，时得工夫补毳袍。

（三十五）

任运腾腾无所依，闲游长坐性怡怡。
疏林不遣闲人到，密意多应夜月知。
骤雨过时苔路滑，拨云行处石桥危。
尘沙劫尽清风在，何假虚名上古碑。

（三十六）

抱拙藏锋过暮年，高名何必指前贤。
只于心上标空界，谁说壶中别有天。
郁密远林停宿雾，萧骚疏竹扫寒烟。
从兹不更移瓶锡，身外无馀意了然。

（三十七）

息业怡神道最孤，藏名匿迹合良图。
冥心难使龙神见，出语须教海岳枯。
云驻庵前疑有意，鸟鸣庭际似相呼。
资持随分安排了，最急应须与道俱。

（三十八）

松阴疏冷罩寒门，静见吾宗已绝论。
驱得万途归理窟，更无一事出心源。
烟云忽闭岩前洞，鸡犬时闻岭下村。
放旷本来无别意，免教停海起波痕。

（三十九）

景虚情澹两何依，抱一冥真绝万机。
松韵馀风凉竹户，柏摇残露湿禅衣。
岩灯雾逼寒光小，石像尘昏古画微。
得趣了然无所虑，任缘终日送斜晖。

（四十）

遁迹无图匿姓名，万重山后葺茅亭。
随情因事搜新偈，探妙穷微阅古经。
与道交时心绝念，从缘感到物通灵。
应须长远存高节，屹屹乔松老更青。

（四十一）

闲思尘世大悠哉，进趣门中尽可该。
抛却工夫平世路，枉劳心力构仙台。
隘空云水千重合，匝野烟霞一径开。
幸有圆成平坦处，辛勤谁解望山来。

（四十二）

千途尽向空源出，万景终归一路通。
忽尔有心成大患，坦然无事却全功。
春开小岫调新绿，水漾漂霞蘸晚红。
莫道境缘能幻惑，达来何处不消融。

（四十三）

身心闲后思怡然，缅想难忘契道言。
千种却教归淡薄，万般须是到根源。
疏疏雨趁归巢鸟，密密烟藏抱子猿。
禅罢吟来无一事，远山驱景入茅轩。

（四十四）

万境闲来情澹澹，群嚣息后思微微。
当时白业无门入，今日玄关有路归。
熟果不摇翻自落，生禽谁唤却惊飞。
到头何用空忙得，任运应须待对机。

（四十五）

携筇闲步望山行，竟日逍遥任野情。
上岭梯登危石侧，渡溪桥踏古槎横。
绿萝水皱岩根急，红锦霞舒海面明。
一轴咏怀高尚意，援毫因事偶吟成。

（四十六）

负气争权事可悲，金貂绣毂尽何之。
唯闻野棘盘荒冢，只见空陵叠坏碑。
灯暗竹堂行道夜，烟昏石窟坐禅时。
怡然自得真栖处，何用经营别路歧。

（四十七）

豪贵从他纵胜游，多欢终是复多愁。
茅茨舍宇偏安稳，粪扫衣裳最自由。
数片云飞书案上，一条泉路卧床头。
分明自有安身处，争奈人间不肯休。

（四十八）

高才宏略气凌云，世上浮名梦里身。
苏氏谩称降六国，韩公休说卷三秦。
当朝虽立千年事，古庙唯存一聚尘。
毕竟思量浑大错，何如林下养天真。

（四十九）

高怀怡淡景相和，才到尘途事便多。
碧嶂好期长定计，朱门唯见暂时过。
雄雄负气争权路，岌岌新坟占野坡。
成败分明刚不悟，未知凡俗意如何。

（五十）

得理元来行自成，万般情断一心冥。
樵人不到缘山僻，游客难逢为岳灵。
食蘗苦心何日就，看花醉眼几时醒。
索然身外无馀物，云满前山水满瓶。

（五十一）

名利梯媒事已忘，唯凭拙直定行藏。
探玄休炼长生药，助道时抄歇食方。
溪汲古痕山雨涨，树摧残枿野风狂。
一言欲寄休回首，尘路如今事正忙。

（五十二）

岂是疏慵僻爱山，且图馀事不相关。
休夸凤诏千年贵，难敌禅扉半日闲。
透水戏鱼随浪没，投巢孤鹤带云还。
自然得到无心地，寂寂虚堂一景闲。

（五十三）

林下安身别有方，营营何太路歧忙。
侯门梦过光阴促，禅室玄栖气味长。
引水灌花春日媚，移松夹道暑天凉。
衔恩略报元功处，一炷晨风散后香。

（五十四）

万般惟道最堪依，一瞬荣枯万古悲。
强笑低颜何忽忽，忘机绝虑自怡怡。
潜龙终要投深浦，巢鸟应须占健枝。
名利门中难立足，隐藏云水更何之。

（五十五）

退迹何人继昔贤，凡途终是事谋先。
只知竞逐浮云富，谁解惊嗟逝水年。
寒影半疏霜后树，秋声千点雨中禅。
千般不更经营得，一榻无馀任自然。

（五十六）

野景陶情皆得意，凡夫举目尽堪愁。
秦川几度埋番骨，棘路还曾耸玉楼。
幻体不知波上沫，狂心须认镜中头。
浮生役役贪荣者，求到真空卒未休。

（五十七）

一生占断白云乡，适意孤高志自强。
报晓音声栖鸟语，漏春消息早梅香。
吟经徐傍芙蕖岸，得偈闲书薜荔墙。
大道最亲无达者，苦携瓶锡叩禅堂。

（五十八）

养性摅情不记年，免寻云水更参禅。
有心用处还应错，无意看时却宛然。
析法尚嫌灰断果，烧丹堪愍地行仙。
欲知此理谁人会，水自朝东月自圆。

（五十九）

世途从此免相关，万虑潜消野思闲。
庵树逼春花自吐，岩巢欲暮鸟空还。
门前雾闭疑无路，槛外云开忽有山。
宴坐石岩樵径绝，姓名应不到人间。

（六十）

独行独坐任天然，幽隐难逢世网牵。
一志直教齐大道，万般总是涉因缘。
水磨涧石平如镜，春引岩藤直似弦。
虚幻已知休更续，蹄轮应不到山前。

（六十一）

散诞疏狂得自然，免教拘迫事相牵。
潜龙不离滔滔水，孤鹤唯宜远远天。
透室寒光松槛月，逼人凉气石渠泉。
非吾独了西来意，竹祖桐孙尽入玄。

（六十二）

绿柳堤边春色多，数树重重袅翠萝。
红白花枝争斗发，晴阴天气半相和。
中山谩醉千壶酒，易水徒悲一曲歌。
尘世无凭唯道外，荣枯瞬息尽消磨。

（六十三）

清平大业行皆奢，岂独尧时听所加。
丰俭由人天不远，安危在智道非赊。
关津防害翻为害，法令除邪却长邪。
争似无言敷密化，既能成国又成家。

（六十四）

焦翼枯鳞成底事，分明可验莫愁哉。
君恩只可量功受，世利应须任运来。
岂信败从成处得，谁知荣是辱边媒。
但看越分殊求者，唯向身中积祸胎。

（六十五）

栖真境界太玄乡，静见吾宗不可量。
好句只凭诗断送，闲缘唯遣道消亡。
雨丝云织轻条密，烟素风抽细缕长。
竟日虚怀无一事，金瓶秋水石炉香。

（六十六）

得丧从来事甚均，任缘徒用苦劳神。
野蔬随分堪充口，石室依稀可庇身。
碧海几时无去棹，红衢何日息征轮。
若教求道如求利，举世浑成无事人。

（六十七）

数朝兴废狂风过，千载荣枯掣电飞。
早向权门思息意，莫于尘世自沉机。
一条水引闲花出，万里云随独鹤归。
最要身安成大道，免教他后始知非。

（六十八）

幽栖带郭半山峰，密意虚怀莫可同。
事到定中消息静，景于吟处炼磨空。
玲珑色淡松根月，敲磕声清竹罅风。
独坐独行谁会我，群星朝北水朝东。

（六十九）

三度曾经游此地，从缘权顺世间情。
登山虽有谢安志，遁迹惭无慧远名。
翠叠寒枝松未老，影深幽径竹新成。
莫言去住关怀抱，云本无心水自清。

十八、诗 偈[①]

偈一首

欲识永明旨，门前一湖水。
日照光明生，风来波浪起。

宋 · 道原《景德传灯录》卷二十六

金鸡峰

松萝高镇夏长寒，透出群峰画恐难。
造化功成彰五德，洞天云散露花冠。

蛾眉峰

盘空势险露岩根，深洞声寒落石泉。
好是雨余江上见，水云僧出认西天。

① 以下为《全宋诗》(北京大学古文献研究所编,北京大学出版社 1998 年 12 月第二版)第一册卷二所整理收录的散见于《景德传灯录》《五灯会元》《嘉泰会稽志续志》《增广圣宋高僧诗选后集》《光绪奉化县志》《天台前集别编》等典籍中的永明大师诗偈。

积翠峰

翠压群峰地形直，落日猿声在空碧。
天风吹散断崖云，古松长露三秋色。

凌云峰

烟萝高巘势凌云，影泻斜阳出海门。
曾与支公探隐去，夜寒雷雨上方闻。

白马峰

湖外层峰泻危瀑，天际阴阴长寒木。
南北行人望莫穷，秋云一片横幽谷。

以上宋·张淏《嘉泰会稽志续志》卷四

偈一首

孤猿叫落中岩月，野客吟残半夜灯。
此境此时谁会意，白云深处坐禅僧。

宋·普济《五灯会元》卷十

舟　中

一水浮千棹，悠悠来去人。
缆开湘浦岸，帆落楚江滨。
风色东西变，潮痕旦暮新。
只兹澄汉色，几度化为尘。

闲居

闲居谁似吾，退迹理难遇。
要势危身早，浮荣败德多。
雨催虫出穴，寒逼鸟移窠。
野径无人剪，疏窗入薜萝。

野游

独步出衡茅，寒云著地交。
烧平多败穴，叶落见危巢。

以上宋·陈起《增广圣宋高僧诗选后集》卷中

同于秘丞赋瀑泉

大禹不知凿，来源亦自成。
色应怜众白，声合让孤清。
远势曾吞海，飞流欲喷鲸。
灵槎如可泛，天际问归程。

清·张美翊光绪《奉化县志》卷四

武肃王有旨，石桥设斋会，进一诗[①]

南有天台事可尊，孕灵含秀独超群。
重重曲涧侵危石，步步层岩踏碎云。
金雀每从云里现，异香多向夜深闻。
当知此界非凡界，一道幽奇各自分。

仙源佛窟有天台，今古嘉名遍九垓。
石磴嵌空神匠出，瀑泉雄壮雨声来。
景强偏感高僧住，地胜能令远思开。
一等翘诚依此处，自然灵贶作梯媒。

智泉福海莫能逾，亲自王恩运睿谟。
感现尽冥心境界，资持全固道根株。
石梁低翥红鹦鹉，烟岭高翔碧鹧鸪。
胜妙重重惟祷祝，永资军庶息灾虞。

凌晨迎请倍精诚，亲敬鲜花异处清。
罗汉攀枝呈梵相，岩僧倚树现真形。
神幡双出红霞动，宝塔全开白气生。
都为王心标意切，满空盈月瑞分明。

---

① 宋林表民《天台前集别编》收录，署名为延寿；《全唐诗》卷八百五十一亦载，题为吴越僧作。据《智觉禅师自行录》记载，永明著有《供养石桥罗汉一十会祥瑞诗》一卷，疑此诗即是其中的一部分。现以《四库全书》本《天台前集别编》为底本。

幡花宝盖满青川，祈祷迎来圣半千。
莫道胜缘无影响，须知嘉会有因缘。
空中长似闻天乐，岩畔尝疑有地仙。
何必更寻兜率去，重重灵应事昭然。

登云步岭涉烟程，好景随心次第生。
圣者已符祥瑞事，地灵全副祷祈情。
洞深重叠拖云湿，滩浅潺湲漱水清。
愿满事圆归去路，便风相送片帆轻。

附录一：智觉禅师自行录[1]

重刻《自行录》序[2]

永明寿禅师，显迹五代、宋初，我世宗宪皇帝嘉其专修净业、普利众生，锡封妙圆正修智觉禅师，标为佛门正宗。其书如《宗镜录》《万善同归集》《心赋》已入大藏。武林黄君松石搜访散佚，又得师《山居诗》及《永明道迹》，既梓于维扬，而《自行录》一编，为师百八实修，尤下学上达之津筏。尝携之京师，云间大司寇张公，以见之晚不及奏列藏函为憾。公薨，任子伯耕请校刊流布，以资公冥福。读是编者，敬信持行，人人如获师印弥陀塔，其亦公之神所默启夫！

西原居士蒋恭棐为识其缘起，时乾隆十年夏五月朔日。

---

① 收录于《卍新纂续藏经》第63册，经号1232。此录由永明大师弟子行明禅师记录整理，后由北宋释文冲重编，是永明大师自身行持的实录。

② 此文底本标号为No. 1232-A，标题为本次整理所加。

慧日永明寺智觉禅师自行录

永平道者山大云峰禅寺嗣祖居幻沙门释文冲 重校编集

恭惟古圣，罔伐己能；缅想前贤，靡彰自德。然释典有先自行后化他之教，儒宗标内举不避亲之文。师常示徒云：

“因观《弘明集》中，先德有检覆三业门，云：‘夫克责之情犹昧，审的之旨未彰，故以事检校心。凡所修习，既知不及，弥增悚恧[①]。何谓检校？我此身从旦至中，从中至暮，从暮至夜，从夜至晓，乃至一时一刻，一念一顷，有几心、几行、几善、几恶？几心欲摧伏烦恼？几心欲降伏魔怨？几心念三宝、四谛？几心悟苦空无常？几心念报父母恩慈？几心愿代众生受苦？几心发念菩萨道业？几心欲布施、持戒？几心欲忍辱、精进？几心欲禅寂、显慧？几心欲慈济五道？几心欲劝励行所难行？几心欲超求辨所难辨？几心欲忍苦建立佛法？几心欲作佛化度群生？

上已检心，次复检口。如上时刻，旦[②]已来，已得演说几句深义？已得披读几许经典？已得理诵几许文字？已得几回叹佛功德？已得几回称菩萨行？已得几回赞叹、随喜？已得几回回向、发愿？

次复检身。如上时刻，已得几回屈身礼佛、几拜？已得几回屈身礼法、礼僧？已得几回执劳、扫塔、涂地？已得几回烧香、散花？已得几回扫除尘垢、正列供具？已得几回悬幡、表刹、合掌供养？已得几回绕佛恭敬十百千匝？

如是检察，会理甚少，违道极多。白净之业，才不足言。烦恼重障，森然满目。暗碍转积，解脱何由？如上校察，自救无功，何有时闲议人善

---

① “悚恧”，底本作“疏忽”，现按《广弘明集》卷第二十七校订。

② “旦”，《广弘明集》卷第二十七作“从旦”。

恶？故须三业自相训责，知我所作几善、几恶。’

是以若不自先检责，何以化导群机。故菩萨为度众生，故先自修行。所以《净名经》云：‘资财无量，摄诸贫民；奉戒清净，摄诸毁禁；以忍调行，摄诸恚怒；以大精进，摄诸懈怠；一心禅定，摄诸乱意；以决定慧，摄诸无智。’又经云：‘自持戒，劝他持戒；自坐禅，劝他坐禅。’《大智度论》云：‘本师释迦牟尼佛，不舍穿针之福。’祖师龙树菩萨释云：‘如百岁翁翁舞。何以故？为教儿孙故。’况未居究竟位，全是自利门。从十信初心，历十住、十行、十回向、十地，直至等觉佛前普贤位，犹自利利他门。登妙觉位，至佛后普贤，方纯是利他之行。”

是以行明因示诲次，遂请问所行，或因师自说，编纪二三。既自治之行可观，则摄化之门弗坠。有斯益故，乃敢叙焉。今具录每日昼夜中间总行一百八件佛事，具列如后：

第一、一生随处常建法华堂，庄严净土。

第二、常昼夜六时，普为一切法界众生，代修法华忏。

第三、常修安养净业。所有毫善，悉皆念念普为一切法界有情，同回向往生。

第四、或时坐禅，普愿一切法界众生，同入禅智法明妙性。

第五、每夜上堂说法，普为十方禅众、法界有情，同悟心宗一乘妙旨。

第六、每日常念《妙法莲华经》一部七卷，逐品上报四重深恩，下为一切法界二十五有含识，愿证二十五种三昧，垂形十界，同化有情。上报四恩者，一报师长训诱恩，二报父母养育恩，三报国王荷负恩，四报施主供给恩。下为二十五有者，一为地狱界证离垢三昧，二为旁生界证不退三昧，三为饿鬼界证心乐三昧，四为修罗界证欢喜三昧，五为南阎浮提证如幻三昧，六为东弗婆提证日光三昧，七为西瞿耶尼证月光三昧，八为北郁单越证热焰三昧，九为四天王证不动三昧，十为三十三天证难伏三昧，十一为焰摩天证阅意三昧，十二为兜率天证青色三昧，十三为化乐天证黄色三昧，十四为他化自在天证赤色三昧，十五为初禅证白色三昧，十六为梵王天证种种三昧，十七为二禅证双三昧，十八为三禅证雷音三昧，十九为四禅证霆雨三昧，二十为阿那含天证照镜三昧，二十一为无想天证空三昧，二十二为空处天证常三昧，二十三为识处天证乐三昧，二十四为无所有处天证我三昧，二十五为非想非非想天证净三昧。

第七、每日常诵《般若心经》八卷，普为法界八苦众生，离苦解脱。

第八、每日常读《大方广佛华严·净行品》，依文发一百四十大愿，普令一切法界众生，见闻之中，皆得入道。

第九、常六时诵《千手千眼大悲陀罗尼》，普为一切法界众生，忏六根所造一切障。

第十、常六时诵加句《佛顶尊胜陀罗尼》，普为法界一切众生，忏六根所作一切罪。

第十一、普为一切法界众生，昼夜六时皈命敬礼三宝，及晨朝礼十方佛。

一礼佛宝：

稽首圆满遍知觉，寂静平等本真源，
相好严特非有无，慧光普照微尘刹。

一心敬礼十方三世尽虚空遍法界微尘刹土中一切常住佛宝两足尊、此界他方人间天上法宝、真身舍利形像一一塔庙。唯愿三宝威神，覆护所有诸佛住处。愿与法界一切众生，一一分身悉往礼拜。虽不得能礼之身、所礼之佛，然不坏幻相，影现法界。

二礼法宝：

稽首湛然真妙法，甚深十二修多罗，
非文非字非言宣，一音随类皆明了。

一心敬礼十方三世尽虚空遍法界微尘刹土中一切常住法宝离欲尊、天上人间龙宫海藏十二部经、一切圣典。同前礼佛，运心所有经卷之处，一一分身悉往礼拜。

三礼僧宝：

稽首清净诸贤圣，十方和合应真僧，
执持禁戒无有违，振锡携瓶利含识。

一心敬礼十方三世尽虚空遍法界微尘刹土中一切常住僧宝众中尊、宝刹净土岩阿石室诸大菩萨、缘觉、声闻、一切贤圣。同前礼佛，运心所有僧住之处，一一分身悉往礼拜。

次执炉云："严持香花，如法供养。愿此香花云，以为光明台，供养一切佛，经法诸菩萨，声闻缘觉众，及一切天仙，受用作佛事。普愿一切法界众生，悉入我供养法界海中，同证无生一实境界。"一心擎炉，观此香烟变为珍珠、璎珞、香台、宝楼、天衣、妙乐、异果、华云，种种供具，供养十方诸佛，大作佛事。

礼十方佛：

一心敬礼东方善德佛，尽东方法界一切诸佛。

一心敬礼东南方无忧德佛，尽东南方法界一切诸佛。

一心敬礼南方栴檀德佛，尽南方法界一切诸佛。

一心敬礼西南方宝施佛，尽西南方法界一切诸佛。

一心敬礼西方无量明佛，尽西方法界一切诸佛。

一心敬礼西北方华德佛，尽西北方法界一切诸佛。

一心敬礼北方相德佛，尽北方法界一切诸佛。

一心敬礼东北方三乘行佛，尽东北方法界一切诸佛。

一心敬礼上方广众德佛，尽上方法界一切诸佛。

一心敬礼下方明德佛，尽下方法界一切诸佛。

第十二、每日普为法界一切众生，礼释迦如来真身舍利宝塔，愿罪灭福生，障消道现。

第十三、自制《大乘悲智六百愿文》，每日普为一切法界众生，发愿礼拜。

第十四、晨朝，礼和尚本师灵鹫山中释迦牟尼佛，普愿一切法界众生，绍隆三宝。

第十五、晨朝，礼《妙法莲华经》真净妙法，普愿一切法界众生，同证法华三昧，咸生弥陀净方。

第十六、晨朝，礼阿阇黎金色世界大智文殊师利菩萨摩诃萨。普愿一切法界众生，入法界门，开根本智。

第十七、晨朝，普为一切法界众生，顶戴阿弥陀佛行道，承广大之愿力，慕极乐之圆修。

第十八、晨朝，普为一切法界众生，旋绕念《一字王心陀罗尼》。普愿圆证心王，居总持位。真言曰：

唵部淋泼。

第十九、晨朝，普为一切法界众生，旋绕念释迦牟尼佛，愿继能仁，成寂灭忍。

第二十、晨朝，普为一切法界众生，旋绕念文殊师利菩萨摩诃萨，愿成无性妙慧，作法王之子。

第二十一、午时，礼皈依主安乐世界阿弥陀佛，普愿一切法界众生，顿悟自心，成妙净土。

第二十二、午时，礼《大方广佛华严经》不思议藏。普愿一切法界众生，入缘起性德之门，游毗卢大愿之海。

第二十三、午时，礼忏悔师银色世界大行普贤菩萨摩诃萨。普愿一切法界众生，了罪性空，成无生忏。

第二十四、午时，普为一切法界众生，旋绕念《观世音本身陀罗尼》。普愿具圆通身，成普门行。真言曰：

唵悉罗毗婆尼萨诃。

第二十五、午时，普为一切法界众生，旋绕念多宝佛。愿分身散形，同证一乘。

第二十六、午时，普为一切法界众生，旋绕念普贤菩萨摩诃萨。愿成差别之智门，运无始终之妙行。

第二十七、午时，普为一切法界众生，顶戴观音行道。成观音实际之身，运同体大悲之行。

第二十八、黄昏，礼教授师兜率天宫当来下生弥勒尊佛。普愿一切法界众生，成无等真慈，继一生补处。

第二十九、黄昏，礼《大般若波罗蜜多经》清净法藏。普愿一切法界众生，行无所得之方便，具一切种智之圆门。

第三十、黄昏，礼同学法侣宝陀洛山大慈大悲救苦观世音菩萨摩诃萨、尽十方法界一切菩萨摩诃萨。普愿一切法界众生，入圆通门，运法界行。

第三十一、黄昏时，普为一切法界众生，旋绕念《文殊心陀罗尼》。普愿入阿字门，了无生性。真言曰。

阿啰跛佐曩。

第三十二、黄昏时，普为一切法界众生，旋绕念释迦牟尼分身佛。愿广布身云，八相成道。

第三十三、黄昏时，普为一切法界众生，旋绕念观世音菩萨摩诃萨。愿具十四无畏，福佑众生。

第三十四、黄昏时，普为一切法界众生，顶戴释迦宝塔行道。普为绍隆佛种，永为法界福田。

第三十五、初夜，礼证明师七宝塔中过去多宝佛、尽十方三世一切诸佛。普愿一切法界众生，不违本愿，助转法轮。

第三十六、初夜，礼《大宝积经》真如海藏。普愿一切法界众生，依了义经，通佛妙旨。

第三十七、初夜，礼慈悲导师安乐世界大势至菩萨摩诃萨及一切清净大海众。普愿一切法界众生，引导利济众生，同了唯心净土。

第三十八、初夜，普为一切法界众生，旋绕念《观音莲华部心陀罗尼》。普愿具大悲门，圆自在慧。真言曰。

唵阿卢勒继娑嚩诃。

第三十九、初夜，普为一切法界众生，旋绕念弥勒慈尊佛。愿生内院，亲成法忍。

第四十、初夜，普为一切法界众生，旋绕念大势至菩萨摩诃萨。愿摄诸根，净念相继，托质莲台。

第四十一、初夜，普为一切法界众生，顶戴《法华经》行道，尽入法华三昧，同归究竟一乘。

第四十二、中夜，礼十方释迦牟尼分身佛。普愿一切法界众生，不动道场，分身百亿。

第四十三、中夜，礼《大般涅槃经》诸佛秘藏。普愿一切法界众生，明自性心，住秘密藏。

第四十四、中夜，礼大慈大悲救苦地藏菩萨摩诃萨。普愿一切法界众生，证无垢三昧，度恶趣众生。

第四十五、中夜，普为一切法界众生，旋绕念《佛顶金轮陀罗尼》。普愿无见顶相，作法轮王。真言曰：

唵齿临。

第四十六、中夜，普为一切法界众生，旋绕念药师琉璃光佛。愿成本愿风轮，往生宝刹。

第四十七、中夜，普为一切法界众生，旋绕念药王菩萨摩诃萨。愿作大医王，救度一切。

第四十八、中夜，普为一切法界众生，顶戴《华严经》行道。咸入海印三昧，顿悟法界圆宗。

第四十九、后夜，礼东方满月世界药师琉璃光佛。普愿一切法界众生，发大誓心，摄无边众。

第五十、后夜，礼《般若波罗蜜多心经》无生奥典。普为一切法界众生，冥合真心，了无所得。

第五十一、后夜，礼药王菩萨摩诃萨。普愿一切法界众生，说妙法药，除烦恼病。

第五十二、后夜，普为一切法界众生，旋绕念《金刚经心中心陀罗尼》。普愿证金刚三昧，坚固佛身。真言曰：

唵乌伦尼萨婆诃。

第五十三、后夜，普为一切法界众生，旋绕念阿弥陀佛。愿成无上慧，摄化有情。

第五十四、后夜，普为一切法界众生，顶戴《大般若经》行道。愿入无住观门，成就无生法忍。

第五十五、后夜，普为一切法界众生，旋绕念地藏菩萨摩诃萨。愿布无缘慈，救拔三涂苦。

第五十六、稍暇时，旋绕行道，普愿一切法界众生，得紫金光身，相好圆满。

第五十七、看读大乘经典，普愿一切法界众生，同明佛慧。

第五十八、昼夜六时，普为一切法界众生，念七如来名号。念宝胜如来，愿一切众生，积劫尘劳，悉皆清净。念离怖畏如来，愿一切众生，离五怖畏，得涅槃乐。念广博身如来，愿一切众生，咽喉广大，禅悦充足。念甘露王如来，愿一切众生，饮甘露味，成大菩提。念妙色身如来，愿一切众生，离丑陋形，相好圆满。念多宝如来，愿一切众生，永离贫穷，法财具足。念阿弥陀如来，愿一切众生，离恶趣形，神栖净土。

第五十九、晨朝，普为一切法界众生，受持大乘六念：一念佛，愿成佛身；二念法，愿转法轮；三念僧，欲覆护众；四念戒，欲满诸愿；五念施，舍诸烦恼；六念天，欲满天中天一切种智。

第六十、昼夜六时，普为尽十方一切法界众生，逐方焚香，供养十方面三宝。愿此香变为珍宝璎珞、楼台宝阁、音乐花果、衣服饮食、种种供具等，供养十方诸佛。

第六十一、昼夜六时，普为尽法界众生，逐方皈命十方面三宝。愿入三乘之圣位，成五分之法身。

第六十二、昼夜六时，普为十方法界众生，赞叹三宝，愿具梵音声，色像第一。

第六十三、晨朝，普为十方面众生，代发菩提心，并愿念念圆满无上菩提，直至后心，无有间断。发菩提心真言曰：

唵冒地唧多母怛播那野弭。

第六十四、昼夜六时，普为尽法界众生，散花供养十方面三宝。愿此花满法界虚空界，大作佛事，令一切众生皆得依报严净，常居妙土。散花真言曰：

唵萨婆怛他萨多布社摩尼吽吽。

第六十五、晨朝，普为尽十方面众生，擎炉焚香，忏悔先业。念《七佛灭罪陀罗尼》，普愿三业无瑕，毕竟清净。真言曰：

离波离波谛求诃求诃谛陀罗尼谛尼诃罗谛毗唎尼谛摩诃迦谛真灵乾谛萨诃。

第六十六、晨朝，普为十方面一切法界众生，授菩萨戒。愿承三宝威神，一一现前，皆得亲受。

第六十七、晨朝，普为尽十方面众生，念《施戒陀罗尼》。普愿具佛律仪，谨洁无犯。真言曰：

娑啰波罗提药叉咽唎陀野萨婆诃。

第六十八、午时，普为尽十方面众生，擎炉焚香，念《诸佛心中心真言》。普愿发真妙心，开佛知见。真言曰：

唵摩尼达哩吽发吒。

第六十九、黄昏时，普为尽十方面众生，擎炉焚香，念《阿弥陀佛心真言》。悉愿证悟佛心，同生安养。真言曰：

唵阿密栗多帝际贺啰吽。

第七十、初夜，普为尽十方面众生，擎炉焚香，念《般若大悲心陀罗尼》。悉愿谛了自心，圆明般若。真言曰：

怛侄他揭谛揭谛波罗揭谛波罗僧揭谛菩提萨婆诃。

第七十一、中夜，普为尽十方面众生，擎炉焚香，念《七俱胝佛母准提大明陀罗尼》。悉愿安法界胎，孕菩提子。真言曰：

稽首皈依苏悉谛，头面顶礼七俱胝，
我今称赞大总持，惟愿慈悲垂加护。

曩谟引飒钵多（二合引）喃（引）三藐迦三没驮（引）俱胝（引）喃（引）怛你也（二合）他（引）唵（引）左隶祖隶尊提萨嚩（二合引）诃。

第七十二、后夜，普为尽十方面众生，擎炉焚香，念《阿字一切佛心智门陀罗尼》。悉愿入无生门，具真佛智。真言曰：

南无三满多勃陀喃阿。

第七十三、昼夜六时，普为一切法界众生，受持金刚铃、金刚杵、跋折罗等。先加持铃杵，真言曰：

唵嚩日罗健茶虎。

次振铃警觉尽虚空界一切如来，真言曰：

唵嚩日罗（二合）庢瑟姹。

次振此铃，遍周法界，大作佛事，警悟一切愚昧异生。愿一闻铃音，觉悟摩诃般若波罗蜜多。

第七十四、昼夜六时，修行五悔，忏涤六根。普为一切法界四恩、二十五有、十二类生，承三宝力，对十方佛前，志心忏悔：与一切法界众生，从无始有神识以来，至于今日，因无明妄造一切生死。随逆顺境，起爱憎心，鼓动六根，造尘沙罪。从多劫来，眼根因缘，贪著色故，贪爱诸尘。以受尘故，受此人身世所生处。或著诸色，色坏我眼，为恩爱奴，故色使我经历三界。为此弊使，盲无所见。眼根不善，伤害我多。十方诸佛常在不灭，我浊恶眼障故不见。今始觉悟，诵持大乘不思议藏，皈命普贤、一切世尊，令我与法界众生眼根所造一切重罪，毕竟清净。

忏悔耳根：从无始来，耳根因缘，随逐外声。闻妙音时，心生惑著；闻恶声时，起百八种烦恼贼害。如此恶耳，报得恶事，恒闻恶声，生诸攀缘。颠倒听故，堕落恶道、边地邦疆，不闻正法，处处惑著，无暂停时。坐此窍声，劳我神识。十方诸佛常在说法，我浊恶耳障故不闻。今始觉悟，诵持大乘功德海藏，皈命普贤、一切世尊，令我与法界众生耳根所作一切重罪，毕竟清净。

忏悔鼻根：从无始来，坐此鼻根，闻诸香气，迷惑不了，动诸结使，诸烦恼贼卧者皆起，因此分别，堕落生死。十方诸佛功德妙香充满法界，我浊恶鼻障故不闻。今始觉悟，诵持大乘清净妙藏，皈命普贤、一切世尊，令我与法界众生鼻根所造一切重罪，毕竟清净。

忏悔舌根：从无始来，舌根所造不善恶业，贪著美味，损害众生，破诸禁戒，开放逸门。又以舌根起口过罪，妄言绮语，两舌恶口，诽谤三宝，赞叹邪见，非法说法，法说非法。诸恶业刺，从舌根出；断正法轮，从舌根起。以是因缘，当堕恶道，百劫千生永无出期。诸佛法味弥满法界，我浊恶舌障故不能说法。今始觉悟，诵持大乘诸佛秘藏，归命普贤、一切世尊，令我与法界一切众生舌根所造一切重罪，毕竟清净。

忏悔身根：从无始来，身根不善，贪着诸触，颠倒不了，烦恼炽然，起三不善，谓杀盗淫，与诸众生作大怨结。乃至破塔坏寺，焚烧经像，用三宝物，无有羞耻。如是等罪，无量无边，从身业生，说不可尽。十方诸佛常放净光，照烛一切，我浊恶身障故不觉，唯知贪著粗弊恶触，现受众苦，后受地狱、畜生、饿鬼等种种诸苦，没在其中，不觉不知。今始觉悟，诵持大乘真实法藏，皈命普贤、一切世尊，令我与法界一切众生身根所造一切重罪，毕竟清净。

忏悔意根：从无始来，意根不善，贪著诸法。狂愚不了，随所缘境，起贪嗔痴，八邪八难无不经历。如此意根，即是一切生死根本，众苦之源。如经中说："释迦牟尼名毗卢遮那，遍一切处。"当知一切诸法即是佛法。妄想分别，受诸热恼，是则于菩提中见不清净，于解脱中而自缠缚。今始觉悟，诵持大乘圆满法藏，皈命普贤、一切世尊。令我于一切法界众生意根所造一切重罪，乃至六根所起无量无边恶业罪障，已起、今起，未来应起，断相续心，毕竟清净。

第七十五、昼夜六时，同与一切法界众生，劝请十方一切诸佛，现出应世，常转法轮；将般涅槃，惟愿久住。遍众生界，尽出苦轮，皆达本心，同归净海。

第七十六、昼夜六时，同与法界一切众生，随喜十方诸佛、诸大菩萨无尽功德，及一切凡夫所作漏与无漏一切微细善根，皆入圆因，同成种智。

第七十七、昼夜六时，同与法界一切众生回向：从无始来，至于今日，三业所作一念善根，尽用普施一切法界众生，回向无上菩提，同生西方净土。

第七十八、昼夜六时，同与一切法界众生发愿，与一切法界众生亲证法华三昧，顿悟圆满一乘。临命终时，神识不乱，浊业消灭，正念现前，随愿往生西方净土。皈命弥陀佛，成就大忍心，遍入法界中，尽于未来际，护持正法藏，开演一乘门，圆满佛菩提，修习普贤行。广大如法界，究竟若虚空，誓与诸含灵，一时成佛道。

第七十九、每日，普为一切法界众生，昼夜六时，一心焚香，皈命天王，别置道场，尽形供养。承菩萨威光，安然履道。

第八十、每日，普为一切法界众生，昼夜六时，念《天王心真言》，曰：

唵悉唎曳莎婆诃。

第八十一、每日，普为一切法界众生，昼夜六时，念《天王护身真言》。愿诸众生，身安道隆，永消魔患。真言曰：

唵药义瓦惹萨诃。

第八十二、普为一切法界众生，昼夜六时，别建道场，供养般若，诵摩诃般若波罗蜜多，课念名号。悉愿诸众生，承大威德法门，发明十方佛慧。

第八十三、普为一切法界众生，昼夜六时，别建道场，供养观音尊像，六时旋绕，课诵名号。愿诸众生五眼圆明，十身显现。

第八十四、普为一切法界众生，昼夜六时，别置香花，供养《妙法莲华经》。同悟究竟一乘，咸证法华三昧。

第八十五、每夜，普为一切法界众生，常施一切旷野鬼神及水陆空行一切饥饿众生等食及水。

第八十六、每夜，常与九品鬼神、法界众生，受三皈依法。

第八十七、每夜，常施一切鬼神、六道冥官三昧耶戒。真言曰：

唵三昧耶萨怛噤（蒲禁切）。

第八十八、每夜，常为一切鬼神、法界众生，说三乘法。

第八十九、受持《秽迹陀罗尼》，普愿一切法界众生，所向之处，身心内外境界悉皆清净。真言曰：

唵（引）佛舌屈聿（唯律切）摩诃钵啰恨那㖃（音许）勿汁勿醯摩尼微吉微摩那栖唵斫急那乌深暮屈聿訡訡（呼含切）吽（于令切）泮泮泮泮泮（音泼）娑诃。

第九十、昼夜六时，受持《内外五供养陀罗尼》。愿一切法界众生，内外心境，理事无碍，悉成供养之具，供养无量如来，遍至十方大作佛事。真言曰：

唵萨利缚怛他萨哆度波补瑟波逸波阿迦末利补左茗伽三母啰野三母啰野三摩曳萨娑诃。

第九十一、受持《回向真言》。一回向真如实际，心心契合。二回向无上菩提，念念圆满。三回施法界一切众生，同生净土。真言曰：

唵三摩啰微罗摩莎罗摩诃斫迦啰嚩吽。

第九十二、受持《往生真言》，愿临终命时，与一切法界众生，同生净土。念《往生咒》一遍。

第九十三、普为一切法界众生，受持《一切如来大宝出生灌顶陀罗尼》。悉愿决定成就无上菩提，为法王之真子。真言曰：

唵萨婆怛他萨多尼摩罗三婆吠吽吽。

第九十四、昼夜六时，普为一切法界众生打钟。先愿此钟声周遍法界，大作佛事，奉请十方一切凡圣四众，各具威仪，随众行道。次愿此钟声周遍法界，警觉一切长夜生死，皆得惺惺。后愿此钟声周遍法界，普愿一切三涂八难受苦众生，闻此皆解脱。仍书《破地狱真言》，于中口诵三遍，愿破诸地狱，闭恶趣门，声遍十方。受苦一切众生，闻此钟声，悉皆解脱。破地狱真言曰：

喃谟阿瑟吒始帝喃三藐三勃陀俱胝喃惹罗嚩啰萨斯地利地利萨婆诃。

第九十五、昼夜六时，普为一切法界众生，受持锡杖。愿振此锡声，周遍法界，大作佛事，觉悟一切地狱众生，离苦解脱；觉悟一切饥渴众生，口中悉是甘泉；觉悟一切虫兽，悉皆开道回避，皈命解脱。

第九十六、常时采鲜花，供养一切尊像。普为一切法界众生，善根柔软，成就妙圆。

第九十七、常劝一切人念阿弥陀佛。因修净业及修福智二严，习戒定慧六度万行熏修等，乃至广结香花净会，供养大斋，种种施为，恒有导首。

第九十八、常与四众授菩萨戒。

第九十九、常印施天下弥陀佛塔，般若宝幢，《楞严》《法华》等经及诸神咒，劝十种受持、三业供养。

第一百、三衣之外，所有财帛，逐时旋施，作有为功德，救济贫苦，供养众生。常放一切生命，慈覆有情。

第一百一、遇缘广施医药，愿尽未来际，常作医王，普救一切众生身心重病。

第一百二、常带持大佛顶，普愿一切法界众生，永祛魔障。

第一百三、常带持大随求等一百道不可思议神咒，普愿一切法界众生所求如意。

第一百四、常香花、灯水、幡盖等种供养道场，精严佛事。

第一百五、常供养悲敬二田，或泼弃荡钵之水，乃至一唾，皆施饿鬼众生，或施畜生一抟之食，皆令发无上菩提心。

第一百六、常焚香供养僧伽黎大衣。每披挂之时，恒发誓愿，与一切法界众生，常服如来无上福田之衣，具足如来微细禁戒。

第一百七、每受粥饭之时，恒发愿先供养法界一体三宝，廓周沙界，大作佛事，十方施主六度圆满，一切饥渴众生法喜充足。为补饥疮，修西方净业，成无上菩提，故受此食。今此食者，不润生死身，惟成佛果法身。愿定慧今增长，施生之时，普施六道众生，具足六波罗蜜。

第一百八、常纂集制作祖教妙旨《宗镜录》等，法施有情，乃至内外搜扬，寄言教化，共六十一本，总一百九十七卷：

《宗镜录》一部百卷

《万善同归集》三卷

《明宗论》一卷

《华严宝印颂》三卷

《论真心体诀》一卷

《唯明诀》一卷
《正因果论》一卷
《坐禅六妙门》一卷
《灵珠赞》一卷
《坐禅仪轨》一卷
《华严论要略》一卷
《布金歌》一卷
《警睡眠法》一卷
《住心要笺》一卷
《唯心颂》一卷
《华严十玄门》一卷
《华严六相义》一卷
《无常偈》一卷
《出家功德偈》一卷
《定慧相资歌》一卷
《施食文》一卷
《文殊灵异记》一卷
《大悲智愿文》一卷
《放生文》一卷
《文殊礼赞文》一卷
《罗汉礼赞文》一卷
《华严礼赞文》一卷
《警世文》一卷
《发二百善心、断二百恶心文》一卷
《观音礼赞文》一卷
《法华礼赞文》一卷
《大悲礼赞文》一卷
《佛顶礼赞文》一卷

《般若礼赞文》一卷

《西方礼赞文》一卷

《普贤礼赞文》一卷

《十大愿文》一卷

《高僧赞》三卷一千首

《上堂语录》五卷

《加持文》一卷

《杂颂》一卷

《诗赞》一卷

《山居诗》一卷

《愁赋》一卷

《物外集》十卷五百首

《吴越唱和诗》一卷

《杂笺表》一卷

《光明会应瑞诗》一卷

《华严感通赋》一道

《供养石桥罗汉一十会祥瑞诗》一卷

《观音灵验赋》一道

《示众警策》一卷

《神栖安养赋》一道

《心赋》一道七千五百字

《观心玄枢》三卷

《金刚证验赋》一道

《法华灵瑞赋》一道

《杂歌》一卷

《劝受菩萨戒文》一卷

《受菩萨戒仪》一卷

《自行录》一卷

右总前每日所行一百八件佛事，乘戒兼急，权实双行，体用相收，理事无碍。今引《万善同归集》后偈，以显圆修。颂曰：

菩提无发而发，佛道无求而求。
妙行无行而行，真智无作而作。
兴悲悟其同体，行慈深入无缘。
无所舍而行檀，无所持而具戒。
修进了无所起，习忍达无所伤。
般若悟境无生，禅定知心无住。
鉴无身而具相，证无说而谈诠。
建立水月道场，庄严性空世界。
罗列幻花供具，供养影响如来。
忏悔罪性本空，劝请法身常住。
回向了无所得，随喜福等真如。
赞叹彼我虚玄，发愿能所平等。
礼拜影现法会，行道步蹑真空。
焚香妙达无生，诵经深通实相。
散花显诸无著，弹指以表去尘。
施为谷响度门，修集空花万行。
深入无生性海，常游如幻法门。
誓断无染尘劳，愿生唯心净土。
履践实际理地，出入无碍观门。
降伏镜像魔军，大作梦中佛事。
广度如化含识，同证寂灭菩提。

自行录（終）

《自行录》跋[①]

夫心者，乃万法之本源，智慧之灵府也。只因历劫染习深厚，障蔽妙明，种种幻妄，纷纷不息，故生生汩没于轮回之中，备受楚毒，升坠不常，何可而得已也。及今四众人等，回向佛乘，虽依佛祖明训修持正法，以作出世之津梁，奈功行悠悠，光阴虚度，不能勇猛精进，速取无上正等菩提。

今阅《永明寿祖自行录》一书，每日所行一百八件功行之事，行愿双持，自他兼利，无有片刻虚费光阴，至此方见寿祖是古佛再来，非予等下劣凡愚所敢望也。今刻此录，惟愿同人兴决烈之志，开特达之怀，切不可望洋而退，但量己力，于此录中，或取一二则，三五十则，逐日精进，以为常课。切不可懈怠心生，一暴十寒而虚度光阴也。果能如是，自然功不浪施，渐入渐深，渐广渐厚，至于无上菩提，不期然而得也。如其不修实行，岂不辜负发心出家之志也。伏愿此录流传四方，目睹亲闻者，追古德之勤修，满平生之志愿，早授灵山记莂，广度一切含识。是为跋。

时维道光癸卯嘉平月佛成道日，武林古闲地庵苾刍梅屿谨识。

---

① 此文底本标号为 No. 1232-B。

跋[①]

窃维咸丰庚申、辛酉两次兵灾，余妻室子弟侄等，均皆同时殉难。迨于同治甲子岁，杭城收复，余由越地回省，室如悬罄，形单影只，泪如泉涌。欲剃发为僧，罪孽根深，至不得已，再整门庭。即于是岁季秋，五体投地，立愿为善。至今时日已久，屡为佛恩护佑，余信更深。光绪己卯岁，进山瞻拜南山净慈寺侧永明寿禅师古塔。惟久远失修，余即解囊装整，中兴三宝，建造山门、两傍念佛堂、客堂、僧房、香积厨。于庚辰岁，一律完竣。始于己卯岁四月佛诞日开设，每月十七日启建莲社法华道场，庄严净土，礼塔念佛。惟恐居士路途远近不等，特设素斋供养，以安跋涉之劳。去岁腊底，幸得许君赠有《永明寿禅师自行录》一卷。余伏诵之下，不胜欢喜。安养缘是书原板兵燹无存，伏念禅师躬行一百八件，功德无量无边，余心慕而力未逮焉，惟有捐资重刊刷印，布送十方，俾大众等宣扬以广流传，庶几佛法远行。谨跋。

---

① 此文底本标号为 No. 1232-C，标题为本次整理所加。

附录二：永明智觉禅师方丈实录[①]

（宋）释元照 撰

智觉禅师实录序

佛始出世，行化西竺，乃当此土姬周之时。灭后千年，后汉明帝时，摩腾、法兰初至此方，其化行于关辅河洛而已。又数百年，至三国时，僧会来吴，始流于荆楚耳。东南二浙虽有佛祠，而未甚兴振。逮于唐末、五代，钱氏武肃据有吴越，大崇佛事，寺院不下数千，僧尼无虑数万。此时多诸僧杰，辅翊王化，如天台韶国师、陆莲岩禅师、永明寿师、汇征、希觉、赞宁等，皆王公师敬，名冠一时。其间善巧提诱，唯寿禅师最有力焉。予窃谓当时一会名贤，将非大权示现、共扬佛化于此一方乎？是以方今天下言佛法之盛无出浙右者，盖此也。予尝于先祖遗文中，得《寿师实录》，观其奥学峻行、远识大度，实吾门真善知识、末世四依大士。惜乎斯文不传于世。但旧本繁琐，不足可观，故重加删治，镂版流行，千载之下，得不为宗师之衡鉴欤？

芝园元照叙

① 国家图书馆藏宋刻本，附于宋释行拱等所刊刻《心赋注》之后。

永明智觉禅师方丈实录

灵芝兰若元照 重编

禅师名延寿，字冲玄，号抱一子。本丹阳人，父王氏金三，复侍郎之辅，因縻兵寇，乃归吴越，武肃王赐节度先锋兵马使，遂为钱塘人。母张氏。十二月旦降生。初在襁褓，早异群童，才及周岁，父母有诤，人谏不从，辄于高榻奋身于地。二亲惊惧，抱泣而息诤焉。

甫志学，一日束带喟然叹曰："丈夫不可自坠于凡伦中。若夫立身行道、光显宗亲者，莫若学。"乃构书斋，不参人事，孜孜披阅，昼夜匪懈。不二三载，大有所成，吟断清新，迥出常格。尝对雪吟云："江边千里海涛深，蟾蜍彻旦光不沈。"群儒叹伏，皆言此乃神仙之苗裔，淮水未干，故王氏代有人焉。年十六，献武肃王《讲德诗》《齐天赋》，众推少俊，谓间世之才。

年二十一，悟世无常，掷去笔砚，誓归佛氏，志乐禅宗。父母在堂，未从所请，遂刺心血，濡毫立誓，终期亲丧，当副夙心。年二十八，顿断荤血，进诵《莲经》，感羝羊伏听。

至年三十四，始得出家，依龙册寺慧日永明大师落剃。一食三衣，长坐不卧。朝供众僧，夜习禅定。才登戒品，持守清严。因读《华严经·净行品》云："若诸菩萨善用其心，即获一切勝妙功德。"又闻佛言："不发大愿，是菩萨魔事。"遂七夜忘寝，撰《大乘悲智六百愿文》，代为含生日发一遍。因见《智度论》说："佛世一老人来求出家，舍利弗等不受。佛观此人曩劫曾作樵人，入山为虎所逼，奔驰上树，失声一称南无佛。以此微善，合遇佛出家，后得果证。"因念世间业系众生，耽滞欲境，执著坚牢，惟念佛一门，可能诱化。乃结一万人弥陀社，曾亲手印弥陀塔十四万本，遍施寰海。吴越国中念佛之兴，由此始矣。又遍募士庶，结礼塔等会，皆为导首。又印《楞严》《法华》《弥陀》《观音》等经，

《佛顶》《大悲》等咒，普劝受持。

年三十六，于大慈山建兴教塔院，以答师恩。因思禅门顿旨，直截根源，唯资正受，乃入天台华顶南峰，独栖林麓。霜寒焰失，则累日虚斋；或风紧林喧，则掷瓢于地。因著颂云："渴饮半掬水，饥餐一口松，心中无一事，高卧白云峰。"寻为游人所知，虑妨禅寂，遂深入天柱山高玉禅师故地，隐居三载。后因蹙江请住大罗山，即拂衣而起，再入天台山石桥。仅于二载，暑天洮米，见小虫甚多，叹曰："为资一身，伤几物命？"即出，国清寺入法华忏。深夜行道，见一神人持戟而入，师诃云："忏室之内，鬼神何得擅入！"对云："久积净业，方到于此。"中夜旋绕，次见普贤像前供养莲华忽然在手。因思夙有二愿：一愿终身常诵《莲经》，二愿毕生广利群品。忆此两愿，进退迟疑，莫能自决。遂上智者禅院罗汉堂中，作二纸阄，一曰一心禅定阄，一曰诵经万善生净土阄。中夜冥心，先自期曰："倘于此二途功行必成者，须七度拈阄，以为证验。"遂掷于佛前，随手拈之，乃至七度，并得诵经万善生净土阄，一无间隔。遂振锡金华天柱山，诵经三载。次诣东阳双林寺，披寻大藏。凡睹灵迹，皆兴供养。寻往句章慈溪西峰院，发扬祖道，四方禅学奔赴如归。续有檀信请住护国华严院，未及半载，又入四明山梨州院。慕法者不远千里，追随不舍。未几，又迁乳窦旧峰，结茅而居。先句章太守康宪公，师资奉事，服膺宗旨，请住郡下莲社。师不从之，遂入雪窦山资国观音院，聚徒十载。庚申岁，国城新创灵隐寺，王命出山，赐智觉禅师号。未愈年，又奉命住永明寺。携锡一来，聚徒千众。凡投师出俗，不择豪贱，才登寺门，便与剃落，前后计一千五百余人。

师随处诵《法华经》，皆建法华忏堂，长时代为法界众生修法华忏。每行忏时，皆愿毕命道场，代众生死。以至禅定之时，皆思早逝，愿速生安养，得忍力已，却来此土，广度含生。又随处普为四众授菩萨戒，从师而受者约数万人。因举《梵网经》云："上至国王，下至鬼神，但解法师语者，悉皆受此戒。"后江南庙神降语云："我于延寿长老处受菩萨戒竟，凡有祭奠，只用蔬素，永绝烹宰。"

师一生常时散花供养三宝。凡当春夏，广采鲜英；及至秋冬，代将缯彩。每日擎炉，向十方面，普为一切法界有情归命三宝，忏悔先业，代发菩提心。长时施食，制《施食文》，国内广行，亦多效仿。又慈念物命，常行放生，凡遇水陆飞走、虾蚬微物，皆倾财赎命，亲自加持说法，集众念诵，散花施食，然后放之。因发愿，誓放三千大千百亿头数，遂撰《放虾序》云："救一期汤炭之苦，减万家食噉之冤"等。国家前后赐钱五千贯，以助放生。所放物命，不可计数。因见钱塘湖渔人采捕，遂乃奏闻，乞为放生湖。王亲自制文立碑，禁绝渔捕。

师或食一果、啜一茶，皆先供养十方众圣，然后普施一切含生。乃至涕唾、荡器之水，普救一切饿鬼，皆令离苦解脱。又常振金刚铃，上警十方如来起身应化，下警六道愚昧众生觉悟般若。每夜为众上堂说法，然后执香炉，巡堂供养，陪众坐禅。上堂有颂云：

欲识永明旨，门外满湖水，
日照光明生，风来波浪起。

其余语要，已载《别录》。法嗣弟子，吴越、高丽总四十二人，皆为宗匠。

师常受持《华严经》，习海幢比丘般若波罗蜜境界清净光明三昧。又诵《法华经》，习妙音菩萨妙幢相三昧等十六三昧。余则坐禅，以为常业。昔住天柱山，习数息观，遂有群鸟飞入怀中，移时不去。出定叹云："鹊巢覆顶，也只如是，自是功夫不到。"因赋《山居诗》云：

多见异兽还堪伏，来惯幽禽不用呼。
万物尽从成熟得，莫教容易丧工夫。

师因览《高僧传》，计有千人，各睹异事，而患世未闻，遂述赞千首，画像千帧，乃作供养高僧会。又观《三劫佛名经》，佛言："从地垒摩尼珠至梵天，供养十方佛，不如末世造三劫佛像，其福过彼。"乃请官铜，铸三千佛，通金装镀。见赐千身，永明忏堂供养。师一生好严佛像，所有施利，尽营佛事。乃造法华忏堂，广备七珍，国内殊绝，宣德侍中立石以记之。堂内常集三七僧，读诵《莲经》。每日清旦，集徒百人，普为法界含生，礼《大佛名经》三十六卷一万五千佛，及礼阿育王塔、《梁武忏》、《法华经》。又立华严堂，日集八十僧，共转一部，自制赞呗。黄昏再集，诵观音、摩诃般若名，因立观音堂，转《楞严》《孔雀》《仁王》《般若》等经。又于台后山东面石壁间，造石佛、观音像各三身。并十八罗汉法堂东挟，作法华堂，昼夜集众，讽诵《莲经》。或诵通一部者，各施衣物，以奖进修。将近百人，全部通利。或见耽睡者，则严加诫约，广说睡眠之过，因有颂云："懈怠精进人，身心各殊异。或有勤精进，能弘于大志；或有懈怠人，空消于信施。懒堕无明坑，勤居诸佛地，一等是出家，同价不同利。"

师一日告众云："《四分律》文，是佛寿命，理无分隔。近代禅宗，翻成忌讳。后生新戒，触事面墙，罔辨威仪，宁知触净？人自执着，妙见本通。"遂长讲律文，常行布萨。或讲《法华》《维摩》《光明》《起信》，天台、贤首等诸宗经论。以至诸方寺院有敷阐者，或舍衣物，或备香茶，皆为发扬，躬为请首。

壬申年仲春月，夜梦人告云："募取十万人各念《弥陀经》一卷，当生安养。"俄然惊觉，遂开弥陀经印版，旋施有缘。辛未年，于龙山之南，开月轮山，募缘造释迦砖塔，所费金帛，多出于国家。其塔九层八角，高四十丈。三十二神从地擎出，举国兴心。尊卑老幼，至于犬马，负土抬砖，盈衢满谷，动发人心，无不随喜。又募缘造夹纻育王塔一万所，及请国家铸八万四千铁塔，与一切众生作得度缘。甲戌年，开二十四应观音像版，王赐钱千贯，用绢素印二万本。又开法界心图版，印七万余本，辗转遍施，劝诱于人。师因发气疾，遂课观音名。未愈数旬，夜梦孔雀王菩萨，梦中展礼，从此病愈，遂印孔雀王菩萨名、消灾集福真言各十万本，普施天下。又雕西方九品变相、毗卢遮那灭恶趣咒、阿閦佛咒等凡一切灵验真言，无不印施，以为开导。

师每有制撰，皆以心为宗，或寄诗赋而序述之。尝制《心赋》，总七千五百言，并自注释，镂版印施。又制《心镜录》一百卷，每引《楞伽》云："佛语心为宗，无门为法门。当知万法以心为宗。"遂目为心镜焉。元帅大王亲为序引，仍施钱三百千，缮写散入诸藏。宣德大王施财写十一部。后传至海东诸国，高丽王差使赍书，寄销金袈裟、紫水精念珠、金净瓶等，以伸敬信。

师之法嗣天台大寂禅师，见所撰《心镜录》，莫不降叹，常自看阅，举以示众。寻请国家，于天台般若寺后，造大觉普[①]

① 底本至此，此后缺失。

附录三：永明大师传记资料

《宋高僧传·宋钱塘永明寺延寿传》[①]

释延寿，姓王，本钱塘人也。两浙有国，时为吏，督纳军须。其性纯直，口无二言。诵彻《法华经》，声不辍响。属翠岩参公盛化，寿舍妻孥，削染登戒。尝于台岭天柱峰，九旬习定。有鸟类尺鷃，巢栖于衣褶中。乃得韶禅师决择所见。迁遁于雪窦山，除诲人外，瀑布前坐讽禅默。衣无缯纩，布襦卒岁。食无重味，野蔬断中。汉南国王钱氏，最所钦尚，请寿行方等忏，赎物类放生。泛爱慈柔，或非理相干，颜貌不动。诵《法华》计一万三千许部。多励信人，营造塔像，自无贮畜。雅好诗道，著《万善同归》《宗镜》等录数千万言。高丽国王览其录，遣使遗金线织成袈裟、紫水精数珠、金澡罐等。以开宝八年乙亥终于住寺，春秋七十二，法腊三十七。葬于大慈山，树亭志焉。

《景德传灯录·杭州慧日永明寺智觉禅师延寿》[②]

余杭人也，姓王氏。总角之岁，归心佛乘。既冠，不茹荤，日唯

---

① 见宋·赞宁《宋高僧传》卷第二十八。

② 见宋·道原《景德传灯录》卷第二十六。

一食。持《法华经》，七行俱下，才六旬，悉能诵之，感群羊跪听。年二十八，为华亭镇将。属翠岩永明大师迁止龙册寺，大阐玄化。时吴越文穆王知师慕道，乃从其志，放令出家，礼翠岩为师。执劳供众，都忘身宰。衣不缯纩，食无重味，野蔬布襦，以遣朝夕。寻往天台山天柱峰，九旬习定，有鸟类尺鷃，巢于衣褶中。暨谒韶国师，一见而深器之，密授玄旨，仍谓师曰："汝与元帅有缘，他日大兴佛事。"密受记。

初住明州雪窦山，学侣臻凑（咸平元年赐额曰资圣寺），师上堂曰："雪窦这里，迅瀑千寻，不停纤粟；奇岩万仞，无立足处。汝等诸人，向什么处进步？"时有僧问："雪窦一径，如何履践？"师曰："步步寒华结，言言彻底冰。"建隆元年，忠懿王请入居灵隐山新寺，为第一世。明年，复请住永明大道场，为第二世，众盈二千。僧问："如何是永明妙旨？"师曰："更添香着。"曰："谢师指示。"师曰："且喜勿交涉。"师有偈曰：

欲识永明旨，门前一湖水，
日照光明生，风来波浪起。

问："学人久在永明，为什么不会永明家风？"师曰："不会处会取。"曰："不会处如何会？"师曰："牛胎生象子，碧海起红尘。"问："成佛成祖亦出不得，六道轮回亦出不得，未审出个什么不得？"师曰："出汝问处不得。"问："承教有言：一切诸佛及佛法皆从此经出。如何是此经？"师曰："长时转不停，非义亦非声。"曰："如何受持？"师曰："若欲受持者，应须用眼听。"问："如何是大圆镜？"师曰："破沙盆。"

师居永明道场十五载，度弟子一千七百人。开宝七年，入天台山，度戒约万余人。常与七众受菩萨戒，夜施鬼神食，朝放诸生类不可称算。六时散华行道，余力念《法华经》一万三千部。著《宗镜录》一百卷，诗偈赋咏凡千万言，播于海外。高丽国王览师言教，遣使赍书，叙弟子之礼，奉金线织成袈裟、紫水精数珠、金澡罐等。彼国僧三十六人亲承印记，前后归本国，各化一方。

以开宝八年乙亥十二月示疾。二十六日辰时，焚香告众，跏趺而亡。明年正月六日，塔于大慈山。寿七十二，腊四十二。太宗皇帝赐额曰“寿宁禅院”。

《禅林僧宝传·永明智觉禅师》[1]

智觉禅师者，讳延寿，余杭王氏子。自其儿稚，知敬佛乘。及冠，日一食。诵《法华经》，五行俱下。诵六十日而毕，有羊群跪而听。年二十八，为华亭镇将。尝舟而归钱塘，见渔船万尾戢戢，恻然意折，以钱易之，放于江。裂缝掖。投翠岩永明禅师岑公，学出世法。会岑迁止龙册寺。吴越文穆王闻其风悦慕，听其弃家，为剃发。自受具，衣不缯纩，食无重味，持头陀行。尝习定天台天柱峰之下，有鸟类尺鷃巢衣褶中。时韶国师眼目世间，北面而师事之。韶曰：“汝与元帅有缘，它日大作佛事，惜吾不及见耳。”

初说法于雪窦山。建隆元年，忠懿王移之于灵隐新寺，为第一世。明年又移之于永明寺，为第二世，众至二千人，时号慈氏下生。指法以佛祖之语为铨准，曰：迦叶波初闻偈曰：“诸法从缘生，诸法从缘灭，我师大沙门，尝作如是说。”此佛祖骨髓也。龙胜曰：“无物从缘生，无物从缘灭。起唯诸缘起，灭唯诸缘灭。”乃知色生时但是空生，色灭时但是空灭。譬如风性本不动，以缘起故动。倘风本性动，则宁有静时哉！密室中若有风，风何不动？若无风，遇缘即起。非特风为然，一切法皆然。维摩谓文殊师利曰：“不来相而来，不见相而见。”文殊乃曰：“如是，居

① 见宋·慧洪撰《禅林僧宝传》（收于《卍续藏》第79册，经号1560）卷九。

士。若来已更不来，若去已更不去。所以者何？来者无所从来，去者无所至。所可见者，更不可见。”此缘起无生之旨也。

僧问：长沙偈曰：“学道之人未识真，只为从来认识神，无始时来生死本，痴人唤作本来人。”岂离识性别有真心耶？

智觉曰：如来世尊于首楞严会上，为阿难拣别详矣，而汝犹故不信。阿难以推穷寻逐者为心，遭佛呵之。推穷寻逐者，识也。若以识法随相行，则烦恼名识不名心也。意者，忆也。忆想前境，起于妄，并是妄识，不干心事。心非有无，有无不染。心非垢净，垢净不污。乃至迷悟凡圣、行住坐卧，并是妄识，非心也。心本不生，今亦不灭。若知自心如此，于诸佛亦然，故维摩曰：“直心是道场。无虚假故。”

智觉以一代时教流传此土不见大全，而天台、贤首、慈恩性相三宗又互相矛盾，乃为重阁，馆三宗知法比丘，更相设难。至波险处，以心宗旨要折中之。因集方等秘经六十部，西天此土圣贤之语三百家，以佐三宗之义，为一百卷，号宗镜录，天下学者传诵焉。

僧问：如和尚所论宗镜，唯立一心之旨，能摄无量法门。此心含一切法耶？生一切法耶？若生者，是自生欤？从他而生欤？共生、无因而生欤？

答曰：此心不纵不横，非他非自。何以知之？若言含一切法，即是横。若言生一切法，即是纵。若言自生，则心岂复生心乎？若言他生，即不得自，矧曰有他乎？若言共生，则自他尚无有，以何为共哉！若言无因而生者，当思有因尚不许言生，况曰无因哉！

僧曰：审非四性所生，则世尊云何说意根生意识，心如世画师，无不从心造，然则岂非自生乎？又说心不孤起，必藉缘而起，有缘思生，无缘思不生，则岂非他生乎？又说所言六触因缘生六受，得一切法，然则岂非共生乎？又说十二因缘非佛、天、人、修罗作，性自尔故，然则岂非无因而生乎？

智觉笑曰：诸佛随缘差别，俯应群机，生善、破恶，令入第一义谛，是四种悉檀方便之语，如以空拳示小儿耳，岂有实法哉！

僧曰：然则一切法是心否？

曰：若是，即成二。

僧曰：审尔，则一切不立，俱非耶？

曰：非亦成二。汝岂不闻《首楞严》曰："我真文殊，无是文殊。若有是者，则二文殊。然我今日非无文殊，于中实无是非二相。"

僧曰：既无二相，宗一可乎？

曰：是非既乖大旨，一二还背圆宗。

僧曰：如何用心，方称此旨？

曰：境智俱亡，云何说契？

僧曰：如是则言思道断，心智路绝矣。

曰：此亦强言，随他意转。虽欲隐形，而未忘迹。

僧曰：如何得形迹俱忘？

曰：本无朕迹，云何说忘？

僧曰：我知之矣。要当如人饮水，冷暖自知。当大悟时节，神而明之。

曰：我此门中，亦无迷悟、明与不明之理。撒手似君无一物，徒劳辛苦说千般。此事非上根大器莫能荷担。先德曰："尽十方世界觅一人为伴，无有也。"又曰："止是一人承绍祖位，终无第二人。"若未亲到，谩疲神思。借曰玄之又玄、妙之又妙，但是方便门中，旁赞助入之语。于自己分上亲照之时，反视之，皆为魔说。虚妄浮心，多诸巧见，不能成就圆觉。但以形言迹，文彩生时，皆是执方便门，迷真实道。要须如百尺竿头放身，乃可耳。

僧曰：愿乞最后一言。

曰：化人问幻士，谷响答泉声。欲达吾宗旨，泥牛水上行。

又尝谓门弟子曰：夫佛祖正宗，则真唯识。才有信处，皆可为人。若论修证之门，则诸方皆云功未齐于诸圣。且教中所许，初心菩萨皆可比知。亦许约教而会，先以闻解信入，后以无思契同。若入信门，便登祖位。且约现今世间之事，众生界中，第一比知，第二现知，第三约教而知。

第一比知者。且如即今有漏之身，夜皆有梦。梦中所见好恶境界，忧喜宛然，觉来床上安眠，何曾是实，并是梦中意识思想所为。则可比知觉时之事，皆如梦中无实。夫过去、未来、现在三世境界，元是第八阿赖耶识亲相分，唯是本识所变。若现在之境是明了意识分别，若过去、未来之境是独散意识思惟。梦觉之境虽殊，俱不出于意识，则唯心之旨，比况昭然。

第二现知者，即是对事分明，不待立况。且如现见青白等物时，物本自虚，不言我青我白，皆是眼识分，与同时意识，计度分别，为青为白。以意辨为色，以言说为青，皆是意言自妄安置。以六尘钝故，体不自立，名不自呼。一色既然，万法咸尔，皆无自性，悉是意言。故曰：万法本闲，而人自闹。是以若有心起时，万境皆有；若空心起处，万境皆空。则空不自空，因心故空；有自不有，因心故有。既非空非有，则唯识唯心。若无于心，万法安寄？又如过去之境，何曾是有？随念起处，忽然现前。若想不生，境亦不现。此皆是众生日用可以现知，不待功成，岂假修得？凡有心者，并可证知，故先德曰：如大根人知唯识者，恒观自心意言为境。此初观时虽未成圣，分知意言，则是菩萨。

第三约教而知者。《大经》云："三界唯心，万法唯识。"此是所现本理，能诠正宗也。

智觉乘大愿力，为震旦法施主，声被异国。高丽遣僧，航海问道。其国王投书，叙门弟子之礼，奉金丝织成伽梨、水精数珠、金澡瓶等。并僧三十六人，亲承印记，相继归本国，各化一方。以开宝八年乙亥十二月示疾。二十六日辰时，焚香告众，跏趺而化。明年正月六日，塔于大慈山。阅世七十有二，坐四十有二夏。

赞曰：予初读《自行录》，录其行事日百八件，计其貌状必枯悴尪劣。及见其画像，凛然丰硕，眉目秀拔，气和如春。味其平生，如千江之月；研其说法，如禹之治水，孔子之闻韶，羿之射，王良之御，孙子之用兵，左丘明、太史公之文章。呜呼！真乘悲愿而至者也。

《新修净土往生传·杭州慧日永明寺智觉禅师延寿》①

余杭人，姓王氏。总角之岁，六旬之内，诵《法华经》全帙。既冠，不茹荤，日惟一食。长为县衙校。壮年慕道，弃吏业，投翠岩禅师出家，衣不缯纩，食不重味。尔后参见韶国师，授以心法。初住天台智者岩，九旬习定，有鸟巢衣裓中。修法华忏经七年，禅观中见观音菩萨，亲以甘露灌于口，遂获观音辩才，下笔成文，盈卷乃已。志求西方净土，著《神栖安养赋》《证验赋》《万善同归集》《宗镜录》，共数百卷。住持雪窦山院，朝暮演法，夜则念阿弥陀佛，行道发愿。日课一百八事，未尝废辍。钱忠懿王请住永明，徒众二千，昼夜修持愈精进。学者参问，则壁立千仞，总心为宗，以悟为诀。日暮往别峰，行道念佛。自为难继，不欲强众，然密相随者，常及百人。夜静，四旁行人，闻山中螺呗天乐之声。伺求之，见师于山腹中平夷处，旋绕行道。忠懿王叹曰："自古求西方者，未有如是。"住永明十五年，度弟子一千七百人，常与七众授菩萨戒。夜施鬼神食，昼放生命不计其数，皆回向净土。至开宝八年二月二十六日，晨起焚香告众，加趺而逝。

没后数年，有僧结囊，访师所居寺并真塔之所在，勤惓瞻礼，数日不已。问之，答曰："某名契光，抚州人也，素不知师名。昨因疾死，至阴府，见所司殿宇，若王者居，阅文籍曰：'汝未当死，速返。'遣人护送之。仰观殿间，挂画僧像，王焚香顶拜。乃问狱吏：'此何人，王奉之勤？'吏曰：'凡人之生死，无不由此者，唯此一人，不经于此。王欲识之，乃画其像，是杭州永明寺寿禅师也，今已西方九品上生矣。自释迦灭

① 见宋·王古《新修净土往生传》（收于《卍新纂续藏经》第78册，经号1546）卷下。

度已来，此方九品上上生，方第二人，王所以奉之之勤耳。’某既得生，昼夜思想：圣人真身塔骨之难遇。是以不远千里而来耳。”问抚州僧者，法名志全。其人虽已老，今净慈长老圆照禅师，亲见之问之，如所传云。

五代永明智觉禅师舍利塔铭并序①

吴用先

《起信》以净土为初门，《坛经》拨之；大鉴以西方为浮想，永明主之。明暗交参，开遮自在，双融事理，迥绝中边。水月空华，全归般若；泉声谷响，泯合真如。此永明延寿禅师善入住出空虚国土色相庄严梵网三昧之妙宗也。同体大悲，等观法界；无师正智，顿契毗卢。不姓而姓，修子道于杭州王氏者三十余年；非家为家，受僧腊于翠岩天台者四十二夏。转法华，感群羊之跪听；冥禅观，致斥鷃之巢衣。福慧双圆，乘戒俱急。手即行王手，觉华引万德慈云；身即观音身，甘露注普门法雨。愿无愿愿，心灯遍照于九品之莲台；言无言言，海印森罗于三宗之贝叶。或雪窦或灵隐，尘尘法眼之机；若慧日若国清，刹刹空王之座。十五载永明意旨，象子牛胎；百八事香光庄严，龟毛兔角。妙唱遍周于吴越，元风远播于华夷。拂迹定光，记弥陀之饶舌；栖神安养，摄阿逸之分形。宗镜堂前，迅瀑流悬万仞；大慈山下，含花蕊结千秋。无尽身云，舍利绚天华之彩；广长舌相，江潮发宝树之音。十一刹共处毫端，七百年不离当念。非存非殁，泥牛将木马争鸣；何亲何冤，北斗共西山不住。逆顺皆成，垂手负趋。远继分骸，乃有云孙，厥名大壑，水源木本，深悲法乳之劬劳；响异瞻奇，屡感梦心之警策。问其主也，翘诚雨泣而林壑知哀；语其故也，

① 此据《敕建净慈寺志》（收于《中国佛寺史志汇刊》第一辑第十八册）卷十一。

洞幽彻冥而阐提悔祸。处革囊于宝所，七遮之弥戾奚辞；忏罪性于泥犁，三宝之洪慈是冀。扶沉疴而强步，荷锸先登；指别瘗以重开，灵根斯在。珠还赤水，惊看戒定之余熏；芥纳须弥，始信虚空之不坏。似昔人从定而出，横木均赡；类西方乘愿还来，有情等摄。覩兹不思议，谁无尘刹之殷勤；宛彼妙庄严，共荷铁轮之加被。宰官、居士，投智种于檀波；菩萨、比丘，植悲华于觉岸。净慈寺里，擎归七宝之楼台；功德水边，幻出六和之影像。三乘三辈，交参于宗镜元门；一文二文，遍满于华藏世界。恭敬围绕，俨山眉海目以分辉；燃灯散花，漾金地宝池而动色。千七百成熟之象，应运偕来；三十六印记之徒，报恩有分。可谓一心不二，万善同归。越生死海之桥梁，蹈涅槃域之径路者矣！用先早荷悉檀，久负优昙之渴仰；欣逢窣堵，弥增子母之瞻依。愧供养之后时，宁输一滴；拟赞扬而莫逮，尚冀三加。聊提勒石之辞，用待转轮之请云尔。

铭曰：

舍利之体，非假非空，风来水上，日照湖中。
舍利之色，非金非碧，运无缘慈，变有种识。
舍利之数，非寡非多，如刹在尘，鳞砌则那。
舍利之藏，非秽非净，如月照泥，波澄斯映。
含利之处，非住非迁，不起本座，而遍大千。
舍利之受，非今非昔，匪异刹那，而超劫石。
凡诸有相，皆师妙身；凡诸有情，皆师妙心。
师妙余妙，如镜相照，余仰而悲，师顾而笑。
永明一径，直透西方，云兼山白，雨浥华香。
解脱之相，不离文字，余乃默然，五体投地。

《莲宗十二祖赞颂·宋六祖杭州永明延寿大师》[①]

印光大师

《法华》一部，佛事百八。四重料拣利愚黠，万善作警察。普期超拔，往生极乐刹。

视诸众生皆是佛，只顾救生忘国宪，
赴市心乐颜不变，蒙赦得遂出家愿。
日课佛事百八件，法华一部佛十万，
若非大权示世间，法幢谁能如是建！

① 见《印光法师文钞续编·莲宗十二祖赞颂》。